图书在版编目（CIP）数据
新加坡大屠杀 / 黄浪华，宇之著. -- 北京 :
线装书局，2015.7
ISBN 978-7-5120-1860-0
Ⅰ. ①新… Ⅱ. ①黄… ②宇… Ⅲ. ①纪实文学－中
国－当代 Ⅳ. ①I25
中国版本图书馆CIP数据核字(2015)第143367号

书　　名 **新加坡大屠杀**
作　　者 黄浪华（执笔） 宇 之 著
策划监制 曾凡华 李鞍明
责任编辑 李 旻
书籍设计 晓笛设计工作室 舒刚卫
出版发行 线装书局
社　　址 北京市西城区鼓楼西大街41号
邮　　编 100009
电　　话 (010) 64045283（发行部） 64045583（总编室）
经　　销 新华书店
印　　刷 北京中科印刷有限公司
开　　本 880mm×1230mm 1/16
字　　数 357千字
印　　张 24
印　　数 0001－3000册
版　　次 2015年8月第1版
印　　次 2015年8月第1版第1次印刷
书　　号 ISBN 978-7-5120-1860-0
定　　价 49.00元

黄浪华（执笔） 宇之 著

新加坡大屠杀

XINJIAPO DATUSHA

线装書局

日本侵略军骑着脚踏车
南下新加坡

序

庄炎林
第四届中国侨联主席、现任庄希泉基金会主席

在迎接中国人民抗日战争胜利70周年暨世界反法西斯战争胜利70周年之际，出版这部控诉日本法西斯在马来半岛与新加坡对华侨犯下滔天罪行的书，显然是很有意义的。自安倍晋三上台以来，日本右翼势力加快复活军国主义的步伐，这不能不引起中国人民和亚洲人民的高度警惕。温故而知新。日本军国主义是什么样的货色，读读这本书就可以一目了然。

20世纪80年代，改革开放总设计师邓小平在会见外国领导人时，说过这样的话：干对不起中国人民的事情，第一要数日本。这话不假，远的不说，明代倭寇在东南沿海烧杀抢，就说1840年鸦片战争以来，挑起中日甲午战争，割据台湾省，迫使袁世凯签订丧权辱国的21条，制造济南惨案，发动“九一八”事变、卢沟桥事变……日本野心特大，企图一步一步灭亡中国。

我今年94岁，经历过抗日战争全过程。16岁那年，我在上海读书，正逢日军发起“八一三”事变，进攻上海。日军的飞机大炮对平民狂轰滥炸，楼舍化为断垣残壁，百姓尸横街巷。我当时参加了上海童子军抗日战时服务团，上前线协助抢救伤员。太平洋战争爆发后，我的十六叔庄朝松当时在新加坡任《南洋商报》的校对部主任，他毅然参加了马来亚共产党领导的抗日地下斗争，后

来不幸被捕，被日本宪兵绞杀在狱中。我姑父陈桂琛在菲律宾宿务任中华中学校长，日军占领菲律宾后，因组织抗日也被日寇杀害。国恨家仇，每一个有正义感的中国人，都会奋起反抗。抗战期间，我和六叔庄惠泉分别在广西和印度参加了抗日武装斗争。我先后参加了广西抗日学生军与中共领导的抗日武装——桂北临阳联队，直接与日寇作战。庄惠泉参加的是中英两国共同组织的盟军136部队。他多次潜回马来亚刺探日军的情报。父亲庄希泉积极参加了国内外的抗日斗争。早在1925年，日本在上海制造“五卅”惨案，激起了国人的公愤。我父亲庄希泉在厦门组织外交后援会，领导各界罢工、罢市、罢课，抵制日货。日本驻厦门领事竟以我祖父庄有理在台湾设有商号，领有台湾籍居民护照为理由，派人拘捕了他。因为日本占领台湾后，颁布了“台湾特别法”，强行规定台籍居民均为日本侨民，不准参加“外国”政治结社。我父亲被抓到台北，关了九个月，在狱中受尽折磨。经台湾同胞多方营救，才释放。我父亲回到大陆，立即登报声明：“我是中国人，并非日本殖民。”还干脆把名字改为“庄一中”。抗战爆发后，他先在菲律宾向华侨宣传、组织抗日救亡运动，后到香港向香港同胞宣传抗日、组织抗日。香港沦陷后，又转移到广西继续参加抗日斗争，还推荐许多有为的归侨青年加入136部队。

本书执笔者黄浪华也是华侨之家，他的大哥就是在马六甲被日寇杀害的。黄浪华是1989年5月从部队调到我们中国侨联来的。当时我任中国侨联党组书记、副主席，不久任主席。黄浪华原在总政任解放军文艺出版社副社长。该社是老社，条件很优越，但黄浪华却放弃了优越条件，到我们新成立的中国华侨出版社担任副社长（后任社长），这完全是基于他自己是归侨，有一颗心甘情愿为侨胞服务的心。他正是凭着这么一颗侨心，上任后，发挥自己是归侨作家的优势，很快团结了新加坡、马来西亚、印尼、泰国、菲律宾、美国、巴西、法国、意大利、芬兰、毛里求斯等国的一大批华文作家，组织出版了一系列的海外华文作家的作品，给这些发表华文作品相对困难的海外华文作家予以大力帮助。特别是 1991 年，他组织出版了一套《新加坡华文文学大系》4 卷本、100 多万字的丛书。收录了活跃在新加坡当代华文文坛的 47 名小说家、83 名散文家、80 多名诗人的作品。可以说，当时 80% 的当代新加坡华文作家的代表作，均在此“大系”中。此丛书还在新加坡举办了隆重的首发式，引起当地主流媒体的强烈反响。这是新加坡当代华文文学作家与作品，第一次在中国集体亮相，为中新文化交流谱写了华丽的乐章。此后，黄浪华又调到中国侨联机关刊物《海内与海外》任社长兼总编，他继续发挥归侨的优势，团结与拓展海外华文作家的写作队伍，努力使该刊成为团结海内外侨胞的桥梁与纽带。

难能可贵的是，黄浪华在繁忙编务活动中，不忘自己作为一名作家的社会责任，为了尽快实现从军旅作家到归侨作家身份的转变，他下了很大功夫了解、研究华侨历史。在这期间，他出版了一部纪实文学集《星洲屠城录——华侨漂泊异乡纪实》，反映的是华侨华人被迫漂洋过海、漂泊异乡过程中的血泪史、奋斗史，展现了在异域的华侨华人的不屈不挠的奋斗精神。其中的《星洲屠城录》一文就是本书的雏形。这以后，他集中精力收集新加坡大屠杀的历史资料，积近 20 年，字数多达好几百万。读这本书，你会有这样的感觉，觉得里头尽是干货，就是因为它建立在丰富翔实的史料基础上。

《新加坡大屠杀》以严谨的态度，用大量史实，十分本真地记述了新加坡大屠杀的全过程。新加坡大屠杀已经过去 70 多年，国人，特别是年轻人，对这一段历史知之甚少。海外华侨华人，因种种复杂的原因也逐渐淡忘。作者重现了这段历史的一幅幅画面，让读者身临其境，再次体验当亡国奴的痛苦，进而激活人们对这一段历史的记忆。日本法西斯为什么对华侨如此惨无人道？本书告诉我们：这是与华侨积极支持中国抗战分不开的。华侨历来有爱国爱乡的光荣传统。抗日战争期间，祖国面临着生死存亡关头，华侨有钱出钱，有力出力，为保卫祖国，为保卫第二故乡——侨居国，不惜毁家纾难、抛头颅洒热血。日本法西斯杀人越货，占领别国领土，却不准受害国民抗争，谁抗争就要斩尽杀绝。这是日本法西斯的逻辑！

日本法西斯发动了对中国的侵略战争，接着又发动了太平洋战争，杀人无数，制造了不知多少“千人塚”、“万人坑”。据有关资料统计，中国死伤3500多万人，马来西亚仅马来半岛死伤不下50万人，菲律宾110多万人，印尼200多万人。而其中杀人最多的要数南京大屠杀、新加坡大屠杀和马尼拉大屠杀。除了马尼拉大屠杀杀的主要是菲律宾人外，南京大屠杀、新加坡大屠杀杀的主要都是中国人（南京大屠杀杀的是国内的同胞，新加坡大屠杀杀的是海外侨胞）。

这本书不仅再现了当时新加坡大屠杀的场景，还深刻地揭露了日本法西斯战争狂人的极端残酷。这残酷堪比德国法西斯对犹太人的大屠杀。新加坡大屠杀是日军指挥官有计划有组织地屠杀。它不仅战前通过间谍搜集了华侨抗日积极分子的名单，屠杀之前还制定了详细的实施方案，包括检证的地点、宪兵分工、屠杀的办法等，异常严密。新加坡大屠杀与南京大屠杀、马尼拉大屠杀一样，屠杀的方法无奇不有，如集体射杀、枪刺、砍头、活埋等，一群群、一车车把华侨送入枉死城，企图进行种族灭绝。至于刑罚，更是无所不用其极，如灌水、拔指甲、火烙、电击、奸杀……日本法西斯对待这些手无寸铁的百姓与放下武器的军人的屠杀，极其残忍。

法国著名的启蒙思想家孟德斯鸠对日本民族性格有过这样的评价：“日本人动不

动就杀人，动不动就自杀，不把自己的生命放在心上，更不把别人的生命放在心上。所以，日本充满了混乱和仇杀！”日本法西斯精神支柱是什么？就是他们的武士道精神。武士道的哲学，就是一个人活着就要为所欲为，一个“勇士”最大的悲哀就是写完自己的最“辉煌”历史时没有自杀。日本右翼分子年年参拜靖国神社，那里供奉着许多武士道的典形人物——甲级战犯、乙级战犯、丙级战犯……

我写下上面的这些感慨，并不是要人们去复仇，而是要大家不要忘了这段包含着民族耻辱的血泪史。忘记过去就意味着背叛，知耻而后勇。我们要时时刻刻睁大眼睛，紧盯着那些企图复活军国主义的日本政客们。我们要自强不息，努力建设好自己的国家，增强综合国力，一旦军国主义复活并卷土重来，我们才会立于不败之地。我想，作者写这书的意义就在此吧！

目录

目睹亲人遗骨失声痛哭

开篇

血债要从头数

1962 年 3 月的一天，新加坡中华总商会董事黄奕欢带领一批扛着锄头、铁锹、铁镐的工人，驱车来到离章宜 16 公里一个叫“三百依葛”的荒废橡胶园里。他刚跳下车，胶园主王财生便跑过来，指着周围长着零零落落橡胶树的山岗说：“当年英军为了保卫新加坡，在这里挖了 60 多条战壕，后来这里就变成了日本人的杀人场，这里的每一条壕沟都填埋着我们华侨的尸体。”

黄奕欢顺着王财生手指的方向望去，那山岗上零落的橡胶树下依稀还看得出战壕的痕迹。近前，壕沟经受多年热带暴雨的冲刷，露出许多骷髅、腿骨、脚骨、胸骨、手骨……白森森的，很是瘆人。此时，有几名妇女正在壕沟边燃香烛焚烧冥纸，想必是她们的亲人当年被日本人所杀，听说今天中华总商会要派人来挖掘遗骸，特地来这里寻找亲人的遗骨，祭祀亲人。点燃的香烛、冥纸，飘起缕缕青烟，烟雾伴着哭泣声在橡胶园里，在这片山岗上飘荡着，久久不去。面对眼前的情景，黄奕欢仿佛听到壕沟里的白骨——不散的冤魂，在诉说着、哭喊着，在……他回头看看已下车的工人，大手一挥高喊道：“开挖！”

1962 年初，随着新加坡初步脱离英国殖民主义统治成立自治邦之后，以李光耀为首的自治邦政府，积极推行加速工业化的政策，使这个面积 700 多平方公里的蕞尔小国，处处变成建设工地。就在这些建设工地上，相继发现在日本占领新加坡时期被集体屠杀的华侨遗骸与枯骨。新加坡中华总商会虽然为华侨华人的商会组织，但自 1906 年成立以来，就一直起着新加坡华侨华人社会领导机构的作用，它一直以维护华侨华人利益为自己的宗旨。为了不让那些死难同胞的遗骨暴露荒野，令人悲切，中华总商会董事会于当年 1 月 30 日决定派董事黄奕欢、林应标、沈弘 3 人负责前往发现遗骸处进行调查、核实。并同时成立了以黄奕欢为召集人的“日本占领时期死难人民遗骸善后委员会”，专门负责遗骸的调查、发掘以及处理。今天，黄奕欢来“三百依葛”正是他执行“善后委员会”的一次例行公事的任务。

壕沟被掘开了，一堆堆深埋在沟底的白骨被挖了出来。这些白骨经 20 多年的泥水浸泡，已经变黑、腐烂，变得残缺不全，但还看得出被刺刀刺伤和子弹射穿的累累痕迹。白骨堆里，还有残留的绳索与锈迹斑斑的铁丝，很显然当年这些死者是被捆绑着双手并连成串，一起被推到壕沟里集体屠杀的。在挖掘的过程中，不时在白骨堆里发现戒指、首饰、银角等物品。围在壕沟边上的妇女，看见这些白骨和物品的出现，想起冤死的亲人，忍不住放声大哭起来，哭声震动了整片胶园。

黄奕欢虽然参加过多次遗骸的发掘工作，对如此悲痛的场景可谓司空见惯，但此时此刻也禁不住泪流满面。他拍了拍王财生的肩膀，说："你是目睹这场大屠杀的，你讲讲当年的情况！"

王财生蓦地跪了下来，向那堆白骨叩了三个响头，大声喊道："你们都是冤死的兄弟啊！你们死得太惨了！"他耳边仿佛又听到 20 年前元宵节响起的那机枪的突突声……

1941 年元宵节那天，"三百依葛"橡胶园的几户华侨，正处在惊恐万状之中。因为这些天，新加坡市区的日本占领军正在对华侨进行大搜捕、大屠杀。恐慌中谁还有心思过元宵节呀，他们担心日军很快会来胶园大搜捕，又心存侥幸希望能躲过这一劫。

下午 5 点钟左右，一辆卡车疯子般驶进胶园，从车上跳下了十几个荷枪实弹的日本兵，他们凶神恶煞般大声号叫着。通过翻译，大家才明白日本兵是要他们马上离开胶园。于是，王财生和其他华侨一起，连东西都顾不上拿，拔腿就逃。日本兵还不时地向天上放枪，吓得手无寸铁的老百姓只恨爹娘少给自己生了两条腿，拼命往外跑。他们刚跑出不远，就看见有日本兵押着的大卡车一辆接一辆驶进胶园，卡车上挤满青壮年，一个个双手被反捆在背上，并用一根长长的绳索连成串。最后一辆车全是日本兵，车头顶上还架着一挺重机枪。

王财生他们跑出大概 800 米，就听到背后胶园里响起了机枪声，突突突……连成一个音儿，瞬间，整个胶园一下子寂静无声，像死一般的沉寂。王财生心里一震："完了！那一车车活生生的人全完了！"他的心像被电击一样，颤抖着，痉挛起来……人们不约而同地停止了脚步，回头呆望着，机枪声似乎响了很久很久才停止。

第二天下午，王财生与几个胆大的乡亲们悄悄返回胶园，想看个究竟。当他们一踏入胶园，立刻被眼前的恐怖景象惊呆了：山岗上、壕沟里到处躺着鲜血淋漓的尸体，经过多半天热带酷热的太阳曝晒，尸体有的已开始肿胀，发出一阵阵难闻的尸臭味。有一条战壕里，尸体被埋上薄薄的泥土。有一具尸体从泥土中伸出半截子身体，显然是被杀后没有一下子死去，还挣扎着想爬出壕沟，再次被日本兵枪杀。许多尸体的胸口和背后，留有一个一个的大洞，洞周围流出的污血一片一片的，似乎还在汩汩地不断流出。那是被日本兵用刺刀活活扎死的。日本兵太残忍了，他们丧尽天良，太惨无人道了！

黄奕欢听着王财生的血泪控诉，胸膛里在冒火，似乎有热浪在汹涌，在翻滚。他面对着眼前的堆堆白骨，心在滴血。澎湃在心中的仇与恨情不自禁地一下子从心底喊出："我那冤死的兄弟们呀！我一定要让你们的忠骨不再丢在这荒山野岭之中，一定要你们有个千秋万代受人祭拜的宝地，让你们有个安稳、平安的家！"他立即让工人们把挖出来的白骨擦拭干净，一具一具装进带来的瓦坛之中。遗骨整整装满 10 多个大坛，估算这"三百依葛"被杀的同胞至少有 700 余人。

就这样，黄奕欢率领"日本占领时期死难人民遗骸善后委员会"先后在实纥纳七条半石山谷、南洋女子中学背后山坳、杨厝港、南洋大学云南园、惹兰加由、实笼岗花园、裕廊八条石、章宜马淡依干、浮罗敏、万国园、直落亚逸、格兰芝十三条石、三巴旺等 39 处地方，挖掘出遗骸。挖过的地方，范围有大有小，发现遗骸少则十几具，多至几十具上百具，共装满 607 个大坛。由于尸骨残缺不全，具体人数无法统计。

20 年前的惨剧随着被屠遗骸的发掘重新撞击、撕裂了新加坡华侨华人心头的创伤，血泪恨重新点燃对日本军国主义残酷暴行的怒火，一场轰轰烈烈的向日本讨还血债的运动在新加坡爆发了！ 1963 年 8 月 24 日，汇集各地的 10 万多人参加的“向日本追讨血债大会”在新加坡政府大厦前的广场上隆重召开，主席台两边的大副对联这样写道：

枯骨未泯，生者敢忘情，试问冤魂何托？
日凶赖债，血债从头数，且凭众志力争！

新加坡大屠杀是华侨华人历史上最惨痛的一页！是华侨华人永不会忘却的心头之痛！

马来亚陆军总司令白思华

第一章

山雨欲来风满楼

1 日本战车正在发动

1941 年秋，在台北市市郊一座用木板搭建的营房里，一批日本军事参谋人员正没日没夜地在制订一项行动计划。这座营房大门口挂的招牌是“台湾陆军研究所”。挂这招牌只是一个幌子，它并不研究什么军事学术，而是策划、研究、制订一个天大的阴谋计划，这就是日本帝国统帅部正准备发动的大规模海、陆、空攻势的“82 部队南击计划”的重要组成部分——进攻东南亚计划。

推动这计划的是年轻的高级参谋过政信。这是一位狂热的法西斯分子，曾参与暗杀近卫亲王的事件。后来获得“马来之虎”称号的日本上将山下奉文在他的日记里这样评价过政信 :“过中佐自前线归来，向余作种种报告。此人自我意志坚强，长于小才，但对国家大事而言，小人而已！须善于驾驭有济。”说他是“小才”，有点小看他。因为，东南亚军事行动计划，特别是山下奉文后来组织的攻占马来半岛、新加坡的军事行动计划，都出于过政信之手。战后，山下奉文被处以绞刑，而被看作“小才”的过政信却穿上袈裟，躲过盟军的抓捕，潜行三千里逃回日本。不久，还当选为参议员，在政治舞台上有声有色地表演了一番。他的那本《潜行三千里》，是日本战后一本畅销书。1961 年 4 月，过政信到东南亚旅行，进入到老挝后销声匿迹，不知所终。

话说回来，这时过政信正处在亢奋之中。因为“南进”计划已为日本天皇批准，那是他多年的梦想啊！

日本自明治维新走向工业化之后，一直就有建立“八纮一宇”独霸世界的野心。早在 1927 年 7 月，当时的首相田中曾经向天皇上奏《帝国对满蒙的积极政策》，即著名的田中奏折。在这份奏折中他提出:“欲征服支那，必先征服满蒙;如欲征服世界，必先征服支那。”虽然此奏折之真伪史家仍在争论，但却真实地表达了日本帝国当时基本的国策。

辻政信十分了解日本要实现称霸世界，必须分三步走：第一步是侵占中国东北、内蒙与外蒙。这一步自发动“九一八”事变后基本上已经得以实现；第二步是发动全面侵华战争，排除列强在华势力，建立所谓“日满华政治经济一体”，并以此为基地向北进攻苏联，占领西伯利亚和远东地区。这一步自发动卢沟桥事变之后，正在进行中。日本把全部 27 师团部队中的 21 个师团多达 85 万兵力派到中国，意图速战速决中国问题。但事与愿违，却陷入中国战场泥潭之中不能自拔。北攻苏联，日本也曾尝试过两次：1938 年 7 月间，日本关东军借苏联占领中国图们江上游一个战略要地——张鼓峰为由，发动了张鼓峰事件，向苏联发动 20 多次冲击，结果以一个师团兵力被消灭而告终。1939 年 5 月，日本关东军以苏蒙军队进入蒙古东部与中国黑龙江交界的诺门坎地区为借口，发动了诺门坎事件，结果失败更惨重，死伤 5 万多人，损失飞机 180 多架，火炮损失高达 72%。两次挑衅，两次惨败。正如战后一位参加过诺门坎战役的日本老兵回忆：“当时日本就像是一个半大小子，舞舞扎扎地向河畔的俄国大汉频频挑衅，最后大汉恼火了，一拳将毛小子揍到河里。”辻政信当然不相信苏联是一个彪形大汉、日本是毛头小子之说。他认为日本失败有两个原因：一是因当时前线已无用之兵。他说，如果中国问题不解决，日本大部分军队陷入中国战场，要北进打败苏联那只能是天方夜谭。另一个是被日本同盟国——德国出卖了。因为，当时希特勒偷偷地背着日本，与苏联签订了《苏德互不侵犯条约》，使苏联没了后顾之忧。这样看来，日本一时很难征服中国，而占领苏联又不可能，出路只有提前实现第三步了。第三步按原来计划，是在占领中国和蒙古、苏联有关地区的战略资源为后盾，向南进攻，占领英、美、荷的殖民地，建立“大东亚共荣圈”，实现建立大日本超级大国的美梦。

“大东亚共荣圈”被划入圈内的国家包括中国、朝鲜、法属印度支那、印度、马来亚（现马来西亚，后同）、荷属东印度（现印度尼西亚，后同）、缅甸、菲律宾、暹罗（现泰国，后同）、澳大利亚、新西兰，以及西南太平洋上所有岛屿。这就把英、法、荷、美等国在亚太地区的殖民地列入了日本要南侵的范围。为什么要把这些地区与国家划入“大东亚共荣圈”？很重要的一条，就是这些地区有着丰富的战略资源，是日本称霸世界不可或缺的条件。特别是马来亚出产的橡胶当时占世界总产量的 78%，出产的锡占世界总产量的 67%。至于荷属东印度则是东亚石油宝库，它年产 800 万吨石油，而当时日本每年需要石油大约 500 万吨，其自给能力只有 10%。南洋各国还盛产大米、食糖、铁、铝、矾土，等等，这些资源都是日本长期所需要的。更重要的是，这些国家所处的战略位置十分重要。其中，有两个重心，一个是新加坡，一个是马尼拉。前者为英国军港，后者为美国空军基地。特别是前者，是老牌帝国——英国在东南亚的政治、海运、商业、军事中心，也是南洋华侨抗日中心，夺取马来亚、菲律宾，摧毁英美军事力量，就可以一举把英、美、法、荷的殖民地囊括进自己怀中，从而控制西南太平洋，进而顺利进入印度洋，占领印度与锡兰（现斯里兰卡，后同），再南下澳大利亚、新西兰……

但是，辻政信深知，日本与英国荷兰若开战，必然要冒“不惜同美国一战”的危险。辻政信记得有一位长期从事日美谈判的外交官叫岩畔豪雄的，曾经把日美军事潜力做过对比，如果以日本为 1 个单位的话，美国的钢铁为 20，石油为 100，煤为 10，飞机为 5，海运为 2，劳动力为 5，总比例是 1 ∶ 10，实力差得太悬殊了！然而，要建立“大东亚共荣圈”，不跟美国发生冲突是不可能的。因为，东南亚的战略资源，特别是荷属东印度与马来亚生产的锡与橡胶绝大部分都卖给了美国，其中锡占 90%，橡胶占 75%。日本想独吞这些战略资源，美国岂能无动于衷？！何况菲律宾还是美国殖民地。

第二次世界大战前，几乎每个日本人都读过武士道的经典著作《叶隐》《落穗集》《武道初心集》《岩渊夜话》。辻政信对这几本武士道圣经可以说是倒背如流，而且深谙其中三昧。他懂得作为日本法西斯精神的武士道，可用两个字来概括，就是“去死”。武士道即死之道。因此，他从小就树立起一个人活着就要为所欲为的人生哲学，能够“采取到疯狂边缘行动，以响应《叶隐》的号召”，落实到眼下就是要用勇士姿态向美国挑战。辻政信认为，为了大日本生存利益，让千百万日本人去死是值得的。但具有讽刺意味的是，在日本天皇向同盟国宣布无条件投降之时，辻政信却没有剖腹自杀，相反却悄悄地跑回了日本。当然，这是后话了。

话说回来，这会儿，辻政信正当武士道精神勃发的时刻。他站在挂在墙上的世界地图前，那两只黑暗中狼一样的眼睛，闪着绿光。大概是第二届近卫内阁的外相松冈于 1940 年 8 月 1 日第一次提出“大东亚共荣圈”之后，辻政信总喜欢用“圈”来观察世界。他把世界现状分为“大东亚圈”、“欧洲圈”（包括非洲）、“美洲圈”、“苏联圈”四大圈。他认为，现在这样划分是不合理的，因为大部分为西方列强所占有，必须重新分配。1940 年 7 月 26 日，日本帝国制定的《基本国策纲要》中很得意地说“大东亚共荣圈”是“按照肇国之大精神完成皇国之国是”。又说：“皇国之国是，在于按照纳入八纮为一宇的肇国之大精神。”尽管说得有点像绕口令似的，但意思很明白，就是要把天下与日本合为一家，由日本来统治。当然，要实现这一终极目标还有很长的路要走。目前，德国与日本，一个在西方，一个在东方正在重新瓜分世界。德国在西方要建立“欧洲新秩序”，日本在东方要建立“大东亚共荣圈”（也称“大东亚新秩序”）。辻政信觉得，这正是走向“八纮一宇”的关键一步。

想到“欧洲新秩序”，辻政信不得不给他崇拜的德国希特勒投去赞赏钦佩的目光。自 1939 年 9 月 1 日，德国 150 万大军踏过波兰边界，宣布第二次世界大战爆发后，希特勒在一个月的时间内就占领了巴黎，使法国乖乖地举起了双手，英军实行敦刻尔克大撤退，缩回英伦三岛。接着，比利时、荷兰、卢森堡相继失守，被德军占领。德国可谓在欧洲大陆风卷残云，秋风扫落叶一般。德国的胜利，就像给日本打了鸡血，使他们不得不迅速地从中国战场的被动局面中振作起来，要在瓜分世界的谋划中有所作为。由于英国受困于英伦，法国、荷兰均已败亡，美国又采用孤立主义，无暇东顾，使他们在东方的殖民地一下子变成了海外孤儿。日本像猫闻到鱼的腥味，感到这正是日本夺取东南亚最好的时机。真是机不可失,时不再来呀！辻政信一拍双手，连声叫道：“英明！英明！太英明了！”

所谓“英明”，辻政信说的是日本大本营的决策英明。1940 年夏，第二届近卫内阁上台不久，日本就确立了蓄谋已久的南进计划。

6月，德国突然发动了对苏联的进攻，解除了日本南进的后顾之忧。9月9日，日本与德、意签订了三国同盟条约，日本对德、意在欧洲的“领导地位”予以承认，德、意对日本在亚洲的“领导地位”也予以承认。条约还规定，三国任何一方受到别国攻击时，三国应以政治、经济、军事的所有方法进行支援。这项“条约”的签订，又给日本称霸亚洲壮了胆，使其更加快了南进的步伐。1941年7月24日，日本通过外交手段，不战就迫使法国傀儡政府——维希政府同意，让日本在印度支那南部建立海军基地。7月28日，4万日军在印度支那南部登陆，占领了越南西贡与金兰湾，并建立了8个空军基地和2个海军基地。这就为日本进攻占据东南亚，奠定了有利的战略地位，巩固了前进的桥头堡。日本这一行动大大激怒了美国，美国立即做出冻结日本在美国所有资产的决定，并宣布停止对日本石油输出。接着，加拿大、新西兰、埃及等国也采取了同样措施。这样一来，日本石油储备本来还能够用两年，可一旦打起仗来，最多只够用一年半。日本没有退路了，用天皇的话说："这将是背水一战。"于是，1941年9月6日，日本御前会议断然通过了《帝国国策施行纲要》:

帝国鉴于当前紧迫的形势，特别是美、英、荷等各国所采取的对日攻势和苏联形势，以及帝国国力的灵活机动性，等等，贯彻《适应局势演变的帝国国策》中规定的关于南方的措施：

一、帝国为了完成自卫，在不辞对美（英、荷）作战的决心下，拟以十月下旬为目标，完成战争准备。

二、与此同时，帝国对美、英尽管争取，努力贯彻帝国的要求：各种外交手段，努力贯彻帝国的各项要求。

三、上一条规定的外交谈判，到10月上旬尚未达到我方要求的情况下，立即下决心对美（英、荷）开战。

对南方以外的策略是，根据既定国策，应特别努力，不使美、苏结成对日联合战线。

这个“施行纲要”，辻政信反复研读，读出了其中的真谛：以完成战争准备为主，以外交谈判为辅。但是，时任首相的近卫却说：“战争能否打胜，我没有把握。”这使辻政信十分恼怒。他果断采取行动，要阻止“必将带来可耻的和平”。他挑选了一名叫儿玉誉士夫的民族主义极端分子充当杀手，暗杀近卫首相。9 月 18 日那天，近卫乘汽车正要离开其东京郊区别墅，突然 4 个刺客带着匕首和军刀，跳上汽车两旁的踏板，正要砸车窗门玻璃，即刻被便衣警察抓住了。这次刺杀的流产，使得辻政信终生遗憾。虽然刺杀未成功，可却因祸得福，加速了第二次近卫内阁的倒台，使他最崇拜的偶像——东条英机当上了首相。

近卫文磨是天皇宠信的宫廷贵族，他两次出任首相时，把日本投入了中国战争。特别是第二次组阁，任用东条英机与松冈洋右两位好战分子为陆相和外相，使内阁真正成为战争内阁。但是与近卫相比，东条的战争狂热性更为暴烈。东条英机有“刺刀将军”的绰号，曾任关东军司令官和参谋长。“七七事变”后，他直接指挥日军侵占中国东北。他极力主张趁德国发动欧战之机，夺取英、法、荷、美在东南亚的殖民地，叫嚣“不要误了这班车”。东条英机制定的《战阵训》，辻政信也可以倒背如流：

夫战阵乃根据敕命发挥皇军之精神，攻必取，战必胜，广泛传布皇道，使敌人感受天皇凌威尊严之场所。临阵者，必期深刻体会皇国之使命，坚守皇军之道义，以宣扬皇之威德于四海。

辻政信认为：这是日军之精髓，即效忠天皇，发扬武士道精神。有了这种精神，日军就正如东条英机所说：“攻必克，战必胜，勇往直前，百事不惧，沉着大胆，处理难局，以克困苦，突破一切障碍，一心为获得胜利而迈进。”因此，他在制订东南亚行动计划的同时，还根据东条英机的《战阵训》精神，编写了一本小册子，准备发给入侵东南亚的日军士兵人手一册。册子上他还写道：“只要读这本小册子，战争就可打赢。”

想到这些，辻政信得意地摩拳擦掌了。此时，正值台北的秋天，俗话讲秋老虎热死人，辻政信大概也太激动了，他满脸通红，满身是汗。他也顾不得军容风纪了，干脆脱光上衣，裸胸赤臂地坐在办公桌前疾书。不时地有参谋人员给他送来从东南亚各国收集来的情报。日本帝国大本营为准备发动这场侵略战争，派出了大量的谍报人员，有装扮成商人的，有装扮成小贩的，有装扮成旅游者的，有的还装扮成华侨苦力的，深入到东南亚各国的各个角落，收集英、法、美、荷等国家在其殖民地的有关防务、机场、公路、桥梁、登陆海滩等情况，甚至搜集华侨抗日团体与积极分子的名单。辻政信还记得从新加坡送来的情报中，有一篇是专门介绍陈嘉庚的资料。情报中说："若将此人（指陈嘉庚）除外，不但马来亚之抗日运动，即凡其他华侨社会活动，均不得考究矣。……去年，1938 年 10 月 10 日双十节，全南洋华侨代表大会于星洲，任此会之主席者即为陈嘉庚。被抑制一部分华侨之盲动，而指导之以从事冷静而有秩序之大运动，实一不可侮之人物也。……如上所述，彼陈嘉庚者实为南洋之排日货及抗日之巨头，其风貌态度手腕及'拥抱力'正可谓蒋介石之南洋版也。"辻政信当时就痛下决心，拿下新加坡后，第一个要杀的就是陈嘉庚！

经过整整 6 个月的精心策划与日日夜夜的周密制订，辻政信还与其他参谋人员研究了日本商人与宗教组织存放在台湾的东南亚的全部地理、种族和政治情况的资料，以及一个打着外交官名义的参谋军官亲自到马来半岛、新加坡的考察报告。辻政信还嫌这些材料不够准确与全面，又亲自乘坐日本商业航空公司的飞机和日本海军海岸巡逻队的小船，对马来亚半岛进行了全方位考察。直到 10 月份，辻政信才很有把握地给东京参谋本部呈上了一套完整的日本陆军东南亚行动方案，辻政信把这套方案命名为"一号行动方案"：

一、作战目的：摧毁美、英以及荷兰东南亚的主要根据地，并占领和确保南方重要地区。占领的范围是菲律宾、关岛、香港、英属马来亚、缅甸、爪哇、苏门答腊、婆罗洲、苏拉威西、俾斯麦群岛、荷属帝汶岛等。

二、作战指导方针：在陆海军紧密配合下，对美属菲律宾和英属马来亚同时开始作战，争取在短时间内达到作战目的。

三、作战要求：以派往马来的先遣兵团的登陆和对菲律宾的空袭作为战斗序幕，然后利用航空作战的成果，主力部队先后在菲律宾和马来登陆，并迅速攻占之。另外，在作战初期要占领关岛、香港和英属婆罗洲等要地，并确保泰国和印度支那的安定。在此期间，尽速占领俾斯麦群岛、荷属婆罗洲、苏拉威西等要地，然后，随着马来作战的进展，占领苏门答腊南部等要地，并作好对爪哇的作战准备，同时确保重要资源地区，占领马古鲁群岛和帝汶岛要地。随着对爪哇的航空基地的整备，钳制敌方空军势力，攻占爪哇。另外，在占领新加坡后相继占领苏门答腊北部重要地区。——在进行上述作战的同时，即使出现联合舰队必须转入迎击美军主力舰队的准备状态，或者出现苏联参战的局面，也要继续进行在菲律宾和马来的作战，并尽速达到既定的作战目的。在此期间，伺机奇取缅甸南部的航空基地等；另外，待作战大致告一段落，只要情况允许就进行解决缅甸的作战。登陆作战要以击退敌陆海空联合作战和强行登陆为原则。在作战准备期间，如果英军先于日军侵入泰国时，应不失时机地以一部分兵力由陆地和海上攻入泰国，确保曼谷，并尽力在南方取得航空基地。在上述情况下，如果日军先遣兵团已从集结地点出发，就按既定计划进行作战，如尚未出发，就推迟先遣兵团主力的登陆时间，等航空作战有了进展之后再强行登陆。——在作战准备期间，如受到敌方先发制人的攻击时，则以就近部队相机迎击之。如果已下达开始作战命令，就迅速开始进攻作战。

日本陆军参谋总长杉山元将军捧着这份作战计划，不得不佩服辻政信的“大手笔”、“大气魄”，而且又如此缜密细致。他相信，这南进计划不仅可行，而且完全可以迅速兑现。他回过头来问辻政信：“这份计划实施需要多长时间？”

辻政信两脚一并，雄赳赳气昂昂地回答：“如果我们在 11 月 3 日开始行动，我们将在新年夺取马尼拉，在 2 月 11 日占领新加坡，在陆军纪念日（3 月 10 日）占领爪哇，在天皇生日（4 月 19 日）占领仰光。”

杉山元又问道：“你的预言能如此准确吗？”

过政信很有把握地答道："保证八九不离十！"

在后来的入侵东南亚行动中，证明了过政信的预言及入侵计划的准确性，从此，他赢得了"行动计划大佐"的名声。

按照过政信制定的作战蓝图以及山本五十六为首制定的海军作战蓝图，日本南进计划，将陆军重点进攻放在马来半岛南部和新加坡，海军重点放在奇袭美国珍珠港。这两套作战计划，统称为"82 部队南击计划"。

按照"82 部队南击计划"蓝图，日本海陆空军队马不停蹄地投入了战前准备。海军在日本鹿儿岛本州市，进行模拟飞机轰炸停在海港里船只的训练，因为本州市海港近似于美国珍珠港。与此同时，陆军纷纷进行沙盘演习，演习陆军在海空军队配合下，同时进击马来亚、菲律宾、威克岛、关岛、婆罗洲和爪哇的协同作战。过政信还亲自组织了驻守在海南岛的日军进行热带丛林战的训练。从马来半岛北部到南部，有 1000 公里距离，穿越的大部分是莽莽的热带丛林。过政信要让这些入侵马来亚的战士，除了学会在丛林中对敌作战战术技术外，还要适应周围的环境。他还把战士与战马关在令人窒息的房子里，只带有限的水，进行在极端恶劣的环境中如何生存的训练，锻炼士兵的生存力与忍耐力。同时，他还对丛林战中携带的武器装备、食物、穿越技术等进行了试验和训练……1941 年 3 月下旬至 4 月下旬，大本营还组织了攻占新加坡的海陆空联合演习。他们从中国长江口舟山群岛出发的登陆部队，在海军与陆军航空兵的掩护下，通过中国东海，在日本九州登陆，并"攻占"佐世堡要塞。在 1941 年 6 月，日军又在中国海南岛进行演习，演习部队环绕海南岛一周，行程 1000 多公里，正好是从泰国南部登陆新加坡的距离。日军还总结了这次热带丛林演习的经验教训，编写了《战务必读》小册子，发给准备投入东南亚战场的每个士兵。

日本东条战车的发动机已经轰隆隆地发动起来，一场惨无人道的战争即将横扫东南亚。对日本来说，实现他们"大东亚共荣圈"的梦想，已是万事俱备，只欠东风了。

2 东方直布罗陀

1941 年 5 月，英国伦敦唐宁街首相府作出决定，任命 53 岁的白思华中将为英军马来亚陆军总司令。白思华很明白他临危受命的意义。自英军从欧洲大陆龟缩回英伦三岛后，从 1940 年 9 月的第一个星期开始，德国法西斯就开始猛烈夜袭伦敦，企图迫使英国投降。同时德日两国外交频繁活动，希特勒极力唆使日本进攻新加坡，以配合他灭亡英国的战略。为此，日本正加紧策划与组织“82 部队南击计划”。糟糕的是，英国已无暇东顾，因为保卫欧洲本土已力不从心。

但是，白思华中将在走马上任时，心情还是自豪的。因为，他的英军马来亚陆军总司令部就设在新加坡，而新加坡在英国殖民史上有一段光荣史，何况新加坡更是英国这个日不落国皇冠上的一颗明珠。

新加坡这颗明珠的发现是和一位英国殖民者的名字分不开的。白思华很佩服这个人。而这个人确实不一般，他就是当年英国东印度公司驻爪哇的总督莱佛士。1819 年，莱佛士利用统治新加坡的柔佛帝国内部矛盾，以帮助苏丹侯赛因恢复柔佛王位为条件，换取了准许英国在新加坡设立商馆的权力，实际上是占领了新加坡。这年 1 月 28 日，莱佛士登上了新加坡，他第一眼就看中了它的地理位置：新加坡是扼守东西太平洋的深水良港，而且还居马来半岛的中心。莱佛士决心要把新加坡建成东西方海上贸易的重要基地。莱佛士登岛时，岛上只有 150 人，其中有 30 名中国人已在岛上开辟了 20 个甘密、胡椒种植园。莱佛士就在新加坡建立起免税自由港，利用中国人经商特长，广泛吸引中国人来此经商。开港之后仅 4 个月，新加坡人口就增至 5000 人，一年后增至 1 万人。开港第二年，新加坡的进出口贸易就达 400 万元。随着港口设施与市政建设的发展，新加坡很快就成为大商港。19 世纪 40 年代上半期，每年到达新加坡的商船已达 150~250 艘，贸易额在 1825 年就达 2600 余万元，1840 年达 5850 万元，1859−1860 年达 1000 万英镑，1926 年达 26400 万英镑，大大超过了英国其他殖民地贸易额总和，成为世界上第四大商港。1824 年，莱佛士强迫柔佛苏丹签订了割让新加坡的条约。1826 年，槟城、马六甲、新加坡联合组成英国海峡殖民地，首府设在槟城，1832 年移至新加坡。

白思华中将想起这一段历史，心潮似乎有点激荡起来。他觉得他不应该辜负了当年对新加坡殖民与建设的英雄莱佛士，更应当保卫好这一座世界第四大商港，保卫好英国远东这块不可多得的最具有经济价值与战略价值的殖民地。

这位毕业于英国陆军大学的高才生，曾经参加过第一次世界大战，并建立过功勋，看他为人性格温和，却对军事科学颇有研究。为此，他曾在母校担任过教官，颇受学员们的好评。他一到新加坡，立即带领他的参谋人员驱车来到岛屿东北的章宜角视察。因为，在这个章宜角上，从 1924 年开始，英国就先后花费 6000 万英镑的巨资，建起了号称“东方直布罗陀”的海军基地。尽管这个基地建了又停停了又建，拖了十几年，但它终于迎接了英国第一艘战列舰和第一批舰艇官兵。不仅如此，在这里还建起了世界第三大的船坞，可以修理世界上最大的主力舰。这里的地下油库装满了油，可供舰队使用半年以上。特别是基地后的高地上，筑起 38 厘米的大炮炮台，这大炮可以击穿世界上最大主力舰的甲板。章宜基地实际上就是一座可以与法国马其诺防线媲美的钢铁堡垒。在英国军事家看来，新加坡四面环水，南面有新加坡海峡，北面有柔佛海峡，而柔佛海峡对面就是马来半岛。马来半岛北部横亘着大汉山脉、中央山脉等 8 座呈西北至东南走向大体平行的山脉，其中 5 座海拔 2000 米以上，而且全是热带雨林布满的层峦叠嶂，自然形成一道天然屏障，从北到南，有 1000 多公里的距离，而柔佛海峡又宽至 22 公里。因此，进攻新加坡唯一方向就是新加坡海峡。英国人从 1588 年击败西班牙无敌舰队后，迄今整整当了 453 年的海上霸王，日本只是后起之秀的海洋国家，他们想要从新加坡海峡进攻新加坡，岂不是以卵击石？！当然，英国军事家们还不至于如此麻痹大意，他们还想到如果从新加坡海峡发起进攻，日军可能在军舰掩护下，用小艇强行登陆。但强行登陆地点也只能在章宜角一带，因此，英军在这一带进行了填土工程，修建了许多炮台，炮口一律对准新加坡海峡，他们要让那些来犯者有来无回。至于柔佛海峡一线，有自然形成的一道天然屏障，英军在那一带几乎没有设防。他们认为日军不会愚蠢到不顾兵家大忌去跨越天然屏障来进攻新加坡。

然而，马来半岛确实是天然屏障吗？当这位有军事战略眼光的白思华将军摆开马来半岛军事地图时，他不禁惊出了一身冷汗，连连大叫："愚蠢！愚蠢！"不错，从马来半岛北部到南部的1000公里的距离，到处是重峦叠嶂和原始森林，人迹罕至，猛兽毒蛇丛生，就是飞鸟想安全越过都很难。但是，就在这崇山峻岭之间却有一条条可以与世界任何国家媲美的公路网，它有12538公里长，从北直通南部，其中有8000公里还是柏油路。不仅如此，马来半岛还有两条铁路，一条在西海岸，一条在中央，都由泰国蜿蜒南下，在金马士会合，然后直通新加坡。这两条铁路合起来总长为1378公里。战争一旦打起来，敌人完全可以利用这公路和铁路长驱直下，从后面兜新加坡的屁股。何况，1940年9月，日本已强迫法国维希傀儡政府允许日军进驻越南。1941年6月，日本又强迫暹罗签订了互不侵犯条约，12月还结成日暹攻守同盟，暹罗允许日军使用一切交通、军事设备等。明眼人一看就清楚：日军对马来半岛、新加坡早已垂涎欲滴，对马来半岛、新加坡已是磨刀霍霍了；而且剑指新加坡的方向，就是它的北部，就是柔佛海峡，而非新加坡海峡。但是，就在此时，白思华将军还是不大相信，日本人敢与英国挑战，来进攻马来半岛与新加坡。他认为日军占领越南和泰国的目的，不在于马来半岛与新加坡，其目的是中国。日本人想通过占领越南与泰国，切断国际唯一通往中国的援华物资运输线——滇缅公路，以逼使中国投降。在白思华将军的历史知识中，在第一次世界大战期间，英国与日本曾经是同一阵营——协约国的兄弟。1914年10月，英国与日本还组成联军，发起对德国在中国的势力范围——山东青岛的进攻，从而使日本获得德国在山东的权益。在这之前的1904年，英国还唆使日本对俄国开战，以图遏阻俄国在中国东北的扩张势力，另外，还通过军贸大量卖给日军军火，使日本获得日俄战争的胜利。英国与日本是患难之交呀，日本人绝不会背信弃义与朋友英国兵戎相见。同时，在白思华将军的眼中，在大英帝国面前，日本只是个小兄弟而已。日本的明治维新，照搬的也是西方政治制度，基本上就是以英国政治制度为蓝本的。日本海军现代化也是以英国海军为标杆的。因此，在新加坡的英国官员都和白思华将军的思想一样，忽视了日本的威胁。新加坡开国总理李光耀在他的回忆录《风雨独立路》中这样写道：当时“政府和报纸忽视日本的威胁，究竟是出于愚蠢或是过于自信？我认为是英国对敌人的力量与本质一无所知。英国人和本地人深信白人有其优越性，黄种的日本人不可能向白种人挑战并得逞。根据记录，马来亚英军总指挥官白思华将军的几名副官，曾经要求兴建防御工事，例如在新加坡岛北部和新柔长堤另一端柔佛，挖掘战壕和设立路障，但事实是，谁也不相信日本人会那么鲁莽，敢跟英国人较量。如果他们真动手，定会惨遭痛击”。李光耀的事后分析一针见血！

一叶蔽目，过于自信的英国殖民者们，对于早已蠢蠢欲动的日本人视而不见。这使新加坡的华侨们颇感诧异。因为，当时新加坡多家华文报纸，已经纷纷预测日本人可能发动对马来半岛和新加坡的进攻，号召广大侨胞要早做应对准备。1940年11月27日，《南洋商报》就发表了一个专论，题目就是《侨胞应有的准备》。全文如下：

当我们检讨日寇南进的问题时，曾列举四点理由，以说明目前还不是日寇扩大南进的所谓“黄金机会”。不过，南进是日本的既定国策，今后国际形势的演变，只要稍稍有利于他采取这一步行动，他是不会放过机会的。我们以为“处乱世犹如用兵”。根据孙子所言“用兵之法，无恃其不来，恃吾有以待也”，而激励我们侨胞应做些未雨绸缪的工作。最近数周来，我们侨胞相聚的时候，辄以应做些什么未雨绸缪的工作相诘，关心吾侨安全的侨团，亦有以怎样准备为座谈论题的。据今晨本报香港专电，广东省政府并曾召集会议，详细研讨各种便利撤退南洋侨胞及资产回国的计划，可见在“撤侨方酣的今日，国内外人士都一致关怀到南洋千余万侨胞的安全。然则，我们侨胞自己应有怎样的准备呢？这是大家都热切的关心的问题，也是最难求得切实而具体的解答的问题”。

提起这个问题，首先有人会问：日寇究竟是否南进呢？如敢断言日寇绝对不会冒险南进，那我们就无须乎什么准备；如敢断言日寇必然要冒险南进，那我们便要加紧准备，这是一定的道理。以为日寇不敢冒险南进的理由，是日本内外的苦闷更趋沉重，如经济崩溃的危机日趋尖锐，统治阶级的分化日益加深，军事力量的脆弱，社会危机的深刻，以及外交中的处处碰壁。诚然，所有这些问题，都足以使日寇在发动更大的南进侵略前，不能不多顾虑。但我们知道，日本帝国主义临于最后崩溃的阶段，冒险是它唯一能够寻得的出路。所以我们不能以日本内外问题有着重大的苦闷，对于日寇南进的问题把持过分乐观的态度。然而，我们也不以为日寇在今后数日内，就要扩大南进。总之，南进是日寇计划中的步骤，有机可乘的时候，他是要采取这个步骤的，是则，我们的准备便有迫切的需要。

我们当准备些什么？要怎样准备呢？第一是人的安全问题，第二是资产的安全问题。关于前者，英美及其他国家，早已劝告其侨居远东与未来战争有关各地的人民，进行撤退或从事准备。我们侨居南洋各地的同胞，能否也如英美及其他国家的侨民一样撤退回国呢？这显然是很难做到的。一因我们的国家正努力于求生存的战斗，目前尚未能给我们侨胞以最大的便利，如交通工具的供给，回国后居住与工作的分配，使我们安然回到抗战后方去；二因我们侨胞在南洋多有悠久的历史，或因事业关系，或因资产关系，恐怕大多数人也未必能立刻回国。为适应实际情形，我们应有如下的三种准备：

一、技术人员从速自动回国服务；

二、自动疏散各重要市镇的妇孺；

三、自动组织华侨战时服务团，准备在战事发生时，维持社会秩序，保护侨胞以及从事救伤扶弱的工作。

关于资产的安全问题，我们得先说明，南洋各属地方当局已在积极增强防务，日寇纵敢冒险南犯，亦难图一逞。不过，关于战争破坏性的剧烈，当然也应有相应的准备。这，实行经济撤退是最上策。无如事实告诉我们，现在已经没有充分的可能限度，将资金撤退回国，投入祖国的生产事业中去。除此之外，我们侨胞要各自斟酌个人的环境，筹备各种可能的方法，极力避免战争的破坏，以冀减少损失。

1941 年 3 月，南洋华侨筹赈祖国难民总会第二次代表大会期间，华侨已经充分认识到此时“狂敌正图掀起南太平洋风浪，危机四伏，一触即发”，因此，大会宣言明确指出：“吾侨身家寄托何地乎？曰：南洋；吾侨产业寄托何地乎？曰：南洋；敌人今日觊觎何地乎？曰：南洋。知敌人今日之觊觎南洋，则知吾侨在南洋之身家岌岌可危，吾侨在南洋之产业摇摇难持。知吾侨在南洋之身家可危，产业难持，则知南洋非保卫而自保卫。”这里，南洋华侨筹赈祖国难民总会已提出了华侨的双重救亡任务——保卫祖国，保卫南洋！这是华侨对日本帝国主义本质深刻认识的结果。他们认清日军的侵略是无止境的，他们绝不会以攻占中国大陆为满足，他们会继续进攻东南亚，他们即使占领东南亚各地仍不会满足，他们要继续“击灭英美”，与德国纳粹携手，统治世界。他们迷信着西方的一句成语“控制热带，便得控制世界”。所以他们必会在最短时间，不顾一切地进攻南洋，占领新加坡，他们要改变世界的历史。特别是美、英、荷等对日本实行石油禁运，使日本军事部门与工业部门以每天 12000 吨的速度消耗着国家石油储备，这样，留给日本南下夺取东南亚石油等战略资源的时间就不多了，他们不在日本生命所需的石油血液枯竭之前采取行动，他们就得自取灭亡。战争已在眉睫！华侨热血沸腾，投身到了准备保卫南洋的运动之中。当时，还处在地下活动的马来亚共产党，就提出了“行动起来，武装起来，抗日为马”的口号，号召马来亚人民不分种族、宗教、政治、信仰与派别，结成全马来亚反法西斯统一战线，为反对日本法西斯侵略而斗争。同时，也呼吁英国殖民当局，改变殖民政策，开放民主，武装群众，为反对日军入侵做好准备。可惜，英国殖民者害怕人民力量壮大，只想依靠自身力量来抗击日本侵略，对马共的呼吁充耳不闻。

据 1941 年有关统计：马来亚当时有总人口 500 多万，其中 227 万是马来人，74 万是印度人，由于长期受英国残酷的殖民统治与剥削，使他们在日本与英国发生战争的整个过程中，几乎站到了旁观者地位，不可能积极支持英国抵御日本法西斯对马来亚的侵略。至于其中 237 万的华侨，他们抗日热情极高，是英国抗击日本侵略最可依靠的力量。但英国殖民者却不相信他们。华侨成立的救亡组织，也不准公开打出支援祖国抗战的旗号，只准许以筹赈会等慈善组织的名义活动。华侨许多抗日活动，如抵制日货，等等，都被宣布为非法。许多抗日积极分子还被逮捕，或投入监狱，或驱逐出境。1938 年 1 月 9 日，新加坡印度裔侨民组织为了支援中国抗战的大规模“中国日”游行，英国殖民当局以“非法游行”的罪名，逮捕了近百名参加游行的华侨,其中有 38 人被驱逐出境。著名的马来亚共产党主要成员林江石、戴英浪、陈荣火、江田、杨果、陈锡清等，因公开宣传抗日被捕判刑。这样一来，在马来亚反击日本进攻，就只剩下区区 10 万英军孤军作战了！

英国人太过于自信，他们认为要阻击日军南侵，最主要办法就像拳击手角斗之前，屈臂显示一下自己的肌肉一样，以吓唬敌手。他们采用威慑的办法，大力加强了在马来亚的兵力部署。

鉴于柔佛海峡对面的马来半岛热带雨林并不是不可逾越的判断，白思华将军强调必须加强保卫马来亚的军事力量，他向首相丘吉尔提出给马来亚增派 48 个步兵营和两个坦克团的要求，但丘吉尔没有批准，因为当时英国本土正面临着德国入侵的威胁。不过，丘吉尔给白思华派来了一批杂牌军，其中就有新组成的印度军第 11 师，驻守在北马；新组成的印度军第 9 师，驻守在东北；澳洲军第 8 师与印度军第 12 旅以及两个营的英军，驻守在南部，总计 6 万人。后来，又调来了英军第 18 师、印度军两个旅。加起来，总共兵力达 10 万之众。这些杂牌军，从名称上就可以看出，当兵的都是英国殖民地的人，但当官的都是英国人。由于曾发生过印度兵叛乱，使英国人很不放心这些殖民地的士兵。因此，这些杂牌军官兵之间的关系很不融洽，严重影响了战斗力。另外英国皇家海军不太可能派出一支舰队去保卫新加坡，英国远东空军司令波伯姆上将认为：让轰炸机和战斗机去保卫马来半岛和新加坡更可靠和划算。当时，防卫马来亚的英国空军有 150 架，其中有些轰炸机已服役 6 年以上，最好的战斗机也就是水牛式的。为应付未来战争，英国殖民者还匆匆抢修起一批飞机场，使全马机场数高达 20 处，可惜，这些机场都离海太近，容易受到敌人的攻击。波伯姆空军上将还吹嘘：水牛式飞机虽然不是最新式飞机，但足以应付日本任何一种战斗机。他还说:“把‘超级喷火式和飓风式战斗机’留给英国吧，对马来亚有‘水牛式’就足够了！”后来，这些落后的水牛式战斗机，碰上日军时速比它快 90 公里的零式战斗机，可谓老鼠碰见猫——不堪一击。

10 月 2 日，丘吉尔忍痛抽出部分保卫英吉利海峡的海军兵力，又派遣以最新型的战列舰“威尔士亲王号”和战列巡洋舰“反击号”为主的 Z 舰队开赴新加坡，目的是“威慑日本”。丘吉尔首相说得更直白：“只要提的那舰队（指 Z 舰队）一到，日本更会迟疑，这可能起到威慑作用。”4 日，新加坡英文版的《海峡时报》用大字标题进行了报道，题目是《舰队的到来，产生极大的鼓舞》。但是，这支 Z 舰队却没有空军的保护，原因是：原计划里有一艘载有 70 多架舰载机的“无敌号”航空母舰伴随的，不巧航行到西印度洋牙买加触礁搁浅了，不得不返回基地修理。为此，这支失去空军掩护的舰队不仅没有“威慑”敌人，在到达新加坡后仅仅 8 天，就被日本空军炸沉了。

可见，英国虽然认识到日军可能从泰国边境进攻马来亚，但其防御重点仍然失误地放在沿马来半岛东部海面一线，以海战为主来防止日军从海上登陆。

1941 年 11 月 5 日，日本御前会议做出决定：12 月上旬向美国、英国、荷兰开战。第二天，日本大本营发布《南方军作战要领》，太平洋战争悄然开动。这时，日军频繁调动：驻扎在海南岛与台湾岛的日军大批开进越南，开进批次多达 20 多次，使驻

英国“威尔士亲王号”战列舰

越日军增至 4 万多人。与此同时，日方还命令日本侨民，尽快撤离马来半岛、新加坡。日军行动目的已是司马昭之心——路人皆知，就是先占领泰国缅甸，然后发动对马来半岛、新加坡的进攻。英国参谋部这时才醒悟，彻底抛弃日军进驻越南的目的是控制南中国海和滇缅公路，以切断中国的外援通道的错误认识错误判断，认清日军的真正目的是觊觎马来半岛与新加坡。1941 年 9 月 29 日，英国政府在新加坡召开了一次高级军政干部会议，会议认为："日本之主要立足地为越南，可能成为攻击马来亚的跳板，但在近数个月内不致对南方有所动作，因此时日方正集中力量应付苏联，无力南进，加上从 12 月至 2 月间，马来亚东海岸正值东北季候风时节，海上波涛汹涌，日军不可能渡海作战。而日本特使来栖三郎此时正在访问华盛顿，美日双方正在就石油禁运问题进行谈判，新、马不致立即受到日军的军事威胁。"白思华将军也错误地判断，日军要进攻马来亚，时间当在 1942 年元旦之后。他的理由是：当时正当雨季，湄公河水大浪急，日军的机械化部队很难渡河。英军的判断比日军进攻马来亚的时间整整晚了三个星期。正因为错误的判断，英国派驻泰马边境的增援军仅仅五六千人，根本无法抵挡由山下奉文率领的日军最精锐的第 25 集团军的进攻。英军将军在战略上的一次次的犯错、失误，致使战机一误再误。所以，失守、失败是必然的。

"反击号"战列舰

3 马来之战

1941 年 12 月 4 日，就在英殖民当局宣布马来亚今日进入战争紧急状态后的第三天，由山下奉文率领的日本精锐部队第 25 集团军，在海军的护航下，悄悄地离开了海南岛三亚港。

山下奉文，56 岁，毕业于日本陆军大学，曾赴德国留学 4 年，对德国的闪电战颇有研究。回国后，历任日本陆军大学教官、步兵第 40 旅团旅团长等职。还以中将身份被任命为必须以大将身份才能胜任的大本营军事参谋官。1938 年 7 月，任日本华北方面军参谋长，参加了全面侵华战争。在这期间，他协助司令官寺内寿一，指挥日军对华北中国共产党领导的冀中抗日根据地进行过多次大扫荡，实行残酷的抢光、杀光、烧光的“三光政策”，历时 5 个多月，屠杀了数以万计的抗日军民，是个沾满了中国人民鲜血的刽子手。

这次日军进攻马来亚，要远距离渡海登陆，还要突破 1000 多公里马来半岛上敌人的层层防御与重峦叠嶂，然后夺取被英国称为“东方直布罗陀”的要塞新加坡，没有最精锐部队显然是啃不下这块硬骨头的。因此，12 月 2 日，日本南方派遣军总司令寺内寿一接到大本营“寿甲第 5 号为山形”（“寿甲”即寺内寿一，“第 5 号”即第 5 号命令，“山形”即 12 月 8 日，这就是进攻马来亚的时间）的紧急密令，即刻命令他的老搭档——山下奉文率部队向马来亚开拔。

他很了解山下奉文，也非常欣赏山下奉文的经历和能力。山下奉文在中国华北战场，与国民党正规军打过硬仗，也与共产党的游击队交过手，有着丰富的实战经验。特别是对山下奉文那轻装前进、迂回穿插、近战夜战的战术简直到了崇拜的程度，

“马来之虎”山下奉文

认为他学习德国的闪电战已学到炉火纯青的地步。

此时，山下奉文正站在军舰的甲板上，他眺望着大海，深蓝色的海水在舰首两边被犁开白色的浪花，它翻滚着向后退去，使山下奉文顿然感到有一种一往无前的豪情。站在他身边寸步不离的是他的高级参谋,这次进攻马来亚计划的制订者辻政信。

辻政信心里却没有山下奉文这么充满豪情，有点忐忑不安，因为他知道，这次行动完全是一次冒险。他后来在一次谈话中这样说：从泰国南部到新加坡“1100 公里的长距离，要怎样突破进军，这种作战过去还从没有任何记录。只在德国西部战线波兰作战，很短时间的长距离作战，有若干程度的基准，大约德国军队一天进军 15 公里，很顺利的时候就有 20 公里。所以，像德国的纪录，能充分发挥其最大能力的时候就需要五六十天。可是，登陆本身也大约需要 1 个月，所以大概 3 个月就可以到达新山。新加坡的攻略至少也需要两个礼拜，因此如能做到最有利的作战，自开始登陆至新加坡的攻略，需要 100 天也只是一个大概的标准。所以参谋长向天皇陛下上奏时，攻陷需要多久，曾有所垂询时，启奏大致以 100 天为目标正在准备。我要出发这里（按：指东京）的时候，曾禀告这些。这方面的战争是最困难的，而又要叫我去主持，感觉非常光荣。但是有一个条件，如果在 11 月 3 日的明治节开战，到纪元节（2 月 11 日）这种事情就可以攻取。就很大胆地以约 20 艘的船团，公然地指向北方的曼谷，而在途中改变了线路冲进到宋卡海岸，是完全拼命的战术。结论是这样的。可是究竟这个作战，和海军部队间是否有好的联系呢？事实到最后还是有不同的意见。海军方面的意见是‘这样近于不合理的作战是很困难的’。但是，南遣舰队小泽司令长官可以说是真正的战神，而和山下阁下配搭起来要从事这个困难的作战。小泽司令长官决意说：‘陆军如果要有那样的决心，海军也来干一番吧！’因此，终于在完全一致之下，决定下令不妨断然地实行这种很困难的上路。这一点就是最费心思的。另外一点，就是可能大家也知道，在法属印度支那的南部，日本军有飞机的基地。而在其掩护之下距离约 800 公里之地点敌前登陆。敌军在 100 公里或 200 公里的地点，有根据地的机场，而我方却在距离 800 公里至 1000 公里的地点才有机场。一是在这种恶劣条件下怎样进行登陆作战，另外一点是呼唤友军的飞机来泰国南部方面，陆军和空军步伐整齐，来突破敌人的国境。就是要这样，可是很不妙的是泰国南部的机场的状况很坏，而且在这种不好的机场作为基地，必须和拥有良好机场的敌人战争，这一点可以说极其没有胜算。我 10 月 1 日到任于西贡，即可巡视附近一带的机场，发现都是大约在 8 月间开始赶紧建起来的粗制滥造的机场，情况都很不好，并且距离马来太远，不能飞到。陆军的飞机飞到马来，再回来为最大的极限。于是找遍了所有可能的地点，在蒲谷岛，发现可作为机场的地方。在那里即花了 15 天建造了飞机场。法国总督对这事怎样都不肯答应，终于打断了一根法国领事的肋骨，强逼着他承诺，而独断专行建造起来了。向东京和法属印度支那当局什么也没有讲。紧急必要的时候，这个行动是万不得已的。在这蒲谷岛建造了两个飞机场是登陆作战成功的一个主要原因。如果经过外交的交涉，就会泄露企图，乱七八糟地交换文书就来不及战争的期日，法国也会阻乱。向东京陈述，就会被申斥，所以这是万不得已的。在现地负责建造了飞机场，于是就可以从容地往返宋卡了。于蒲谷岛设置基地，就可有战斗机的掩护，因此确信登陆作战会成功的。”

战术上的冒险，对于辻政信来说，均已解决，那么还有什么问题让他忐忑不安呢？辻政信对马来亚历史颇有研究，他深知马来亚与华侨华人是分不开的。这不仅是因为马来亚的三大民族（马来人、华侨华人、印度人）中，华侨华人占总人口的将近一半，尤其是新加坡华侨华人占总人口的 70% 多。更重要的是，自 1786 年英国占领槟榔屿开始，迄今 200 多年的殖民统治，有数以百万计的契约华工和马来人、印度人等一道，为开发这块殖民地做出了巨大的牺牲。特别是早期马来亚的开发，主要集中在垦殖业与采矿业上，而垦殖业与采矿业在英国工业革命之前，都是非技术性的重体力劳动。当地居民多束缚在土地上，不需也不习惯于垦殖与采矿的繁重劳动。因此开发主要靠外来劳动力——中国人与印度人。特别是 19 世纪，开发马来亚的主力是能吃大苦耐大劳的中国人。所以英国历史学家也不得不承认：“英属马来亚的繁荣是建筑在华工的劳动之上的，这样说一点也不过分。”因此，马来亚也自然而然成了华侨华人的第二故乡。从“七七”抗战以来，华人华侨在马来半岛与新加坡的抗日救亡运动非常高涨，在华侨历史上达到空前未有的高度。进攻马来亚，必然要遭到华侨剧烈的反抗，这是无疑的。而华侨的反抗，又和马来亚共产党紧紧地联系在一起。尽管这个政党在英国殖民政府的统治下，还处在没有自由与非法地位；尽管这个政党是马来亚的政党，他的奋斗目标是建立“马来亚民主共和国”，但是，他的当前纲领是“行动起来，武装起来，抗日卫马”。这与华侨抗日救亡的利益是一致的。何况，马共自“中国事变”（即卢沟桥事变）以来，一直同情与支援中国抗战。早在1938年4月，马共中央常委会就决定当时的迫切任务是建立马来亚各民族统一战线，确定的“十大斗争纲领”中的第七条就是“援助中国自卫战争，不替日本法西斯侵略者搬运、开矿、割胶和一切工作，实行抵制日货运动，募捐或组织慰劳队和国际义勇军，积极援助中华民族”。辻政信认为：马共在支援华侨抗日救亡运动中起着举足轻重的作用。他们组织并领导的半公开的秘密组织“马来亚华侨抗敌后援会”，协助南洋华侨筹赈祖国难民总会及马来亚各地筹赈会的各项工作，大大提高了华侨的抗日决心和信心。1939年4月，马共六中扩会，根据国际形势变化，重申“十大斗争纲领”，并在“民族利益高于一切”原则下，向英国提出建议，如果英国接受此“十大斗争纲领”，实现保卫世界和平、保卫马来亚安全的主张，马共愿意站在反法西斯最前线，来为民族服务。1940年2月，马共中央执委会更把六中扩会的精神具体化。提出对华侨方面，“必须以援助其祖国抗战为中心”。并指出这是“由于中国抗战的坚持，唤起了全马来亚上中下各阶层，日益倾向抗日救国为中心的斗争目标”。因此，“反日反汉奸应当成为华侨斗争的基本目标”。据情报了解，前几天，马共又召开了二中执会，还提出了两大紧急任务和三大口号。两大紧急任务是：一、团结和动员全民力量，成为英政府抗战的后盾，打倒日本法西斯；二、建立马来亚各民族反法西斯统一战线，为保卫马来亚而斗争。三大口号是：一、拥护英国政府坚持抗日斗争！二、全民团结，保卫马来亚，争取抗战胜利！三、援助苏联、中国抗战，打倒德、意、日法西斯蒂！辻政信根据这些有关马共情报判断：日军一旦进攻马来亚，马来亚的华侨华人一定会纷纷投奔于马共高举的武装抗日旗帜下；而英国面临最严重的关头，为了挽救自己以及马来亚这块殖民地的灭亡，英国政府可能会满足马共的要求，让马共合法化，让马共来替他抗日。根据辻政信的经验，如果马来半岛与新加坡的华侨被武装起来，马来亚这块土地就会燃起熊熊抗日烈火。那么，在马共这个与中国共产党性质一样的政党领导下，便会有许多像八路军、新四军的游击队，出没在山林、乡野之中，他们神出鬼没……这对于进攻马来半岛与新加坡的日军来说，简直就是噩梦！

山下奉文却没有辻政信忐忑不安的心情，他对这场战争信心满满。山下奉文对这场即将开始的战争，充满必胜的信心是有根据的。因为他率领的第 25 集团军在日本陆军中是装备最先进的一支部队。当时，日军陆军只有 3 个机械化师团，即近卫师团、第 5 师团与第 48 师团。而近卫师团与第 5 师团，就隶属第 25 集团军。3 个机械化师团，第 25 集团军就占了两个。而配属第 25 集团军的空军支援部队——陆军航空兵第 3 飞行团，也是陆军航空兵中实力最强的。至于配属海上支援的南遣舰队马来编队，也是海军中的厉害角色。这支部队有坦克 210 辆，飞机 560 架。更主要的是率领这支部队的师团长都是久经沙场赫赫有名的战将。像第 5 师团师团长松井，就曾在中国战场参加过多次战役，可谓身经百战，特别是参加过徐州大会战，有协同作战的丰富经验。因此，山下奉文在马来之战中，一直把第 5 师团作为主力来使用。至于第 18 师团师团长牟田口，他的最大战功就是挑起卢沟桥事变，促使侵华日军发动对中国的全面进攻。当时，日本一些外交官还在羞羞答答反诬卢沟桥事变是中国军队挑起的时，他就公开声言“中国事变是我挑起的”。军人就应当好战，就应当敢作敢当，山下奉文特别欣赏牟田口这一性格。后来马来之战关键一仗——麻坡河战役，这块硬骨头，山下奉文就是让牟田口啃的。还有像近卫师团师团长西村琢磨、海军南遣舰队马来编队司令小泽冶三郎、第 3 飞行团司令营原道大，等等，个个都有丰富的实战经验。

所以，11 月 10 日在东京一次午餐会上，山下奉文与山本五十六坐在一起，他就满有信心地对山本五十六说，他的部队“只要登上陆就一定能成功”。山下奉文还从情报上了解到，尽管英军在马来亚的守军有近 10 万人，而且 2/3 布防在马来半岛，但是，都分散部署在东岸国境附近的双溪大年以及怡保、吉隆坡、哥打巴鲁、关丹、柔佛、丰盛港这些战略要点上，用到每一处的兵力不足 5000 人。因此，自己兵力虽然只有 17000 人，只要敢于迂回分割包围，并克服马来亚河流多，想办法占据或修复桥梁，机械化部队就能发挥充分作用。何况，英军装备也很差，据情报了解，除新加坡要塞外，马来半岛守军连一门 10 厘米口径以上的炮也没有，坦克一辆没有。飞机虽然有 158 架，可全是老式的，根本不是日本零式战斗机的对手。为此，山下奉文回头拍了拍辻政信的肩膀，说："德国的闪电战，是从中央楔入敌阵，而以两翼迂回进行包围战术。这里则是从公路上一直硬钻到柔佛巴鲁（即新山——引者注）去。不必包围敌人，将残敌交给后续部队去收拾。这不是闪电战，是电钻战！"山下奉文对"电钻战"这个战法概括似乎很得意，他再三交代辻政信，登陆后，不给英军喘息机会，像电钻那样钻进去，轻装前进，采取近战夜战、陆上穿插迂回、海上逐段蛙跳等多种形式作战方法，一定能打败英军，占领马来半岛与新加坡。

"二战"前，山下奉文与许多日本人的潜意识中，自认为日本大和民族是世界上最优秀的民族。在日本神话中，天照大神是创造神，而天皇就是天照大神的后代，大和民族就是天照大神选定的民族。这就是所谓日本的"皇国史观"。皇国史论的典型代表人物佐藤写过一本书《天日记》。他说："观察世界之地理，万国皆以皇国为根本，皇国乃万国之基。"山下奉文对这一论点最为信服。因此，山下奉文认为日本发动太平洋战争，在东西约 8640 公里、南北约 3840 公里的地区作战，这在日本战争史上是空前的。战争的目的，不仅仅是要夺取、英、美、荷、法的殖民地，夺取这一地区战略资源；他认为还有一条，就像希特勒在欧洲驱逐与消灭他认为劣等民族的犹太人，让亚利安这个最优秀的民族占领与统治世界一样，在亚洲要实现大和民族的独占与统治。中国人，"非我族类，其志必异"，在中国战场拖住了那么多日本兵力，在南洋又如此剧烈地反对日本，岂能让他们生存下去？后来，美国总统罗斯福说过："假如没有中国，假如中国被打垮了，你想会有多少师团的日本兵，可以调到其他方面来作战，他们可以马上打下澳洲，打下印度……"这也许是山下奉文这时想说的话。他占领新加坡后，在一次对华侨的训话中说："华侨在战前，由于受英美的反宣传，更由于重庆政府的欺骗怂恿，曾经有反日的运动。更为严重的是参加了英美的宣传，帮助英军来抵抗日本皇军，按道理应以敌人论处的。"所谓"以敌人论处”，就是要通通枪毙！所以，山下奉文心中早有盘算：当前第一步就是拿下马来半岛与新加坡，让日军尽快占领爪哇油田，以解决由于扩大战争而带来的石油日益枯竭的燃眉之急。第二步等拿下马来半岛与新加坡后再来收拾这些不愿意接受大和民族统治的华侨。那时，要狠狠地对华侨算总账！他那人丹胡子上的两只眼，发出凶光。辻政信看着司令官的眼，仿佛有一股杀气在胸膛里汹涌澎湃！

舰队“公然”向暹罗湾前进，使人感到它的目的地是泰国曼谷，是准备去切断滇缅公路。但是，6日清晨，舰队突然转向西南，直驶泰国与马来亚边境的宋卡、北大年以及哥打巴鲁。

中午时分，一架从哥打巴鲁机场起飞的英国轰炸机发现了这支日本舰队，立即报告了设在新加坡的英国马来亚陆军司令部。马来亚陆军司令部虽然召开了紧急会议，但无法判断日军进攻的目标是泰国还是马来亚。于是又报告了伦敦，等待伦敦指示。这一来，严重贻误了战机。

泰国的宋卡、北大年与马来亚的哥打巴鲁，是山下奉文与参谋们反复研究，精心选定的登陆点。因为，从宋卡、哥打巴鲁各有一条南下马来半岛中部与西部的铁路，还有一条沿马来半岛东海岸直达南端的公路。一旦占领了这两条铁路与这条公路，日军的机械化部队就可以如鱼得水，直插马来半岛南端。

辻政信跟着第15师团登陆宋卡。他回忆说：“搭船到达宋卡沿岸时，实在感到高兴，就是老百姓家里的灯火，照得亮堂堂，根本没有灯火管制。”日军上岸后，在日本驻当地领事带领下，轻易地收拾了暹罗警察局的轻微反抗，很快拿下宋卡。于是，日军马不停蹄向泰马边境突进。这边境，英国建有坚固工事，命名为“吉打防线”。当晚，大雨滂沱，日军冒雨前进。这里守卫的印度军一接触就崩溃了。辻政信发现“敌军战车极其粗劣。战车没有盖的，从头顶上扔进手榴弹就会裂”，他还说“就是有好几百也不要紧”。英军一边往后逃，一边破坏桥梁，不让日军追上。辻政信按照山下奉文的战法，钻进去，迂回到敌人后方，一方面防止敌军破坏桥梁，一方面掩护工兵抢修破坏的桥梁，保证了日军坦克前进的道路。就这样，日军接着占领了吉打机场。

在15师团登陆宋卡并突破泰马边境同时，第18师团佗美少将率领的支队，冒着 10 级的大风大浪，冲向哥打巴鲁。他们的舰艇刚抵近海岸，就被英军发现了，突击没法实现了，只好强行登陆。英军用猛烈炮火进行了顽强抵抗，还派遣飞机轰炸日军登陆与运送军事物资的船舰。有一艘军舰被炸沉，另一艘被炸伤。日军不顾死活，一股劲儿向海岸冲。经过 4 个小时的激战，日军终于占领了滩头。稍作巩固，滩头阵地掩护大部队登陆后，又继续向前，很快占领了英军海岸防御阵地。哥打巴鲁及其机场很快落入日军之手。

宋卡与哥打巴鲁的陷落，迫使英军打开了马来亚北部大门，也打响了太平洋战争的第一枪！

与此同时，日军陆军航空兵第 3 飞行集团，出动了所有飞机，轰炸了英军在马来半岛的所有飞机场，使英军仅有的 158 架飞机只剩下了 10 架，而且剩下的这 10 架飞机又被全部撤到了新加坡。马来半岛上，英军完全失去了制空权。

“不让敌人有喘息的机会！”山下奉文的命令，使南下的日军加快了步伐。根据辻政信的回忆：一路上，“步兵的挺身队先迂回闯进到敌军阵地后面，掩护工兵占领与修复桥梁，所以我方的机械化部队可以闯进去，并和敌军的战车、汽车掺杂在一起，之所以这样做，是为了防止敌军爆炸桥梁，因为所有的战车、卡车掺杂在一起，敌军无法下手。这样乘虚而入，混着敌军像米粉粒一样，闯进敌军阵中”。在整个马来之战，日本工兵先后修复被英军炸毁的主要桥梁有 250 座。山下奉文就是用这种战法，保证了机械化在战争中的强大作用。

黎明时分，山下奉文用欢欣鼓舞的语调向日军大本营发去了一份电报：“8 日 4 时我军奇袭成功！”

此时凌晨 4 点，新加坡街市上还像往日一样，灯火辉煌，街灯闪烁。突然，响起了一阵爆炸声，人们从梦中惊醒，纷纷跑到街道上。透过黎明的曙光，人们看见几十架日本轰炸机掠过屋顶，不断地往下投炸弹。街道上根本没有掩体与防空洞，人们只好往水沟里钻、往屋檐下躲。看得出，日本飞机轰炸的目标是英国海军基地——章宜基地和华侨华人聚居地——牛车水一带。一连串的炸弹响后，警报才“呜呜”地拉响起来，街灯才一个个熄灭。随后，章宜基地的高射炮以及“威尔士亲王号”

帝國米·英に

西太平洋に戰鬪開始

布哇米艦隊航空兵力を痛爆

【大本營陸海軍部發表】（十二月八日午前六時）帝國陸海軍は今八日未明西太平洋において米英
鬪狀態に入れり

【大本營海軍部發表】八日午後一時

一、帝國海軍は本八日未明ハワイ方面の米國艦隊並に航空兵力に對し決死的大空襲を敢行せり

宣戰の大詔渙發さる

【情報局發表八日十一時四十五分】只今アメリカ、英國に對する宣戰の大詔が渙發せられ、また同時に
時議會召集の詔書が公布されました

詔書

天佑ヲ保有シ萬世一系ノ皇祚ヲ踐メル大日本帝國天皇ハ昭ニ忠誠勇武ナル汝有衆ニ示ス

朕茲ニ米國及英國ニ對シテ戰ヲ宣ス朕カ陸海將兵ハ全力ヲ奮テ交戰ニ從事シ朕カ百僚有司ハ勵精職
ヲ奉行シ朕カ衆庶ハ各々其ノ本分ヲ盡シ億兆一心國家ノ總力ヲ擧ケテ征戰ノ目的ヲ達成スルニ遺
カラムコトヲ期セヨ

抑々東亞ノ安定ヲ確保シ以テ世界ノ平和ニ寄與スルハ丕顯ナル皇祖考丕承ナル皇考ノ作述セル遠猷
シテ朕カ拳々措カサル所而シテ列國トノ交誼ヲ篤クシ萬邦共榮ノ樂ヲ偕ニスルハ之亦帝國カ常ニ國
ノ要義ト爲ス所ナリ今ヤ不幸ニシテ米英

日本报纸刊登向英美宣战的诏书

和“反击号”战列舰的高射炮才开火。然而,日本飞机已完成轰炸任务,掉头回家了!这次轰炸的亲历者冯仲汉后来回忆说 :“我还记得日本飞机的炸弹落下时，其中一颗就落在海山街马路中央，马路顿时被炸出一个大窟窿。另外一颗落在豆腐街，许多人被飞机的炸弹碎片击中。我的店铺后面就是海山街南园茶室(即现在的钊记面家),南园茶室一位工友当晚因留下来照看店，结果在睡梦中被炸死。落在豆腐街的炸弹，除了使一些居民枉死外，碎片也击中了大马路街口的耀发镜庄、森泰当铺和星洲书局，使伤亡人数增加了很多。当晚，耀发镜庄有两名学徒同睡在一张长桌子上，其中一人被来自海山街口的炸弹碎片击中，当场丧命;另外一位被这情景吓得魂飞魄散。由此可见，炸弹的威力多么可怕！紧接着，豆腐街、单边街及靠近华侨银行一带也受到炸弹的袭击。当年位于莱佛士府街，在百货界名气响当当的罗敏申公司，也在被炸的行列中。”这显然是违反国际法的不宣而战的战争行为，是屠杀和平居民的战争罪行。当天，新加坡被炸死的居民高达 63 人，炸伤 133 人，其中绝大部分是华侨。

也许白思华中将过于沉着，也许是他过于慌张，他竟把 8 个月前草拟的安民通告拿出来不改一字地发表。通告说 :“我们已做好准备，我们早有警觉，有备无患，我们充满信心。我们的防御巩固，武器精良。敌军何足惧？日本连年肆无忌惮地进军中国，已筋疲力尽。信心与决心、胆识与为事业献身的精神，必将鼓舞我们军队中每个战士。至于市民们，无论马来人、华人、印度人或缅甸人，我们期望你们发扬东方人固有的美德——耐心、坚韧与冷静。这些美德必将有助于将士们取得最后和彻底的胜利。”这份通告成了笑柄，被称为“史无前例的充满错误判断的文件”。

8 日上午 7 点，东京日本广播公司宣布:“大本营陆海军 12 月 8 日上午 6 点宣布，帝国陆海军于今日拂晓在太平洋同美英军进入战斗状态。”接着，奏起了杀气腾腾的军乐，奏毕，广播员用歇斯底里的声音宣读了战争宣言 :“列祖列宗未竟之功必将继续完成，罪恶的根源必将迅速铲除，持久和平必将在东方牢固建起来，由此保持我帝国的光荣！”日本已破釜沉舟与英美决一死战了!

就在这一天，坏消息不断地传到新加坡 : 在轰炸新加坡的同一天里，日本海军舰队，在空军配合下，在短短一个多小时里，奇袭了美国珍珠港，共击沉、击伤美军各类舰船40余艘，其中击沉战列舰4艘、重巡洋舰2艘、轻巡洋舰2艘、驱逐舰2艘、油船1艘；重创战列舰3艘、巡洋舰2艘、驱逐舰2艘；击毁飞机265架。美军伤亡2403人，美军太平洋舰队几乎全军覆没。

9日，英军白思华司令接到皇家水上飞机报告：日军已在宋卡登陆，当即下令“威尔士亲王号”和“反击号”两艘战列舰北上拦阻。“威尔士亲王号”是当时英国乃至世界上最先进的战列舰。它满载排水量43780吨，舰长230米，舰速高达29节。舰上有100多门巨大火炮，其中360毫米口径的巨炮就有10门。它曾立过赫赫战功：1941年5月，它参加围歼德国新式战舰“俾斯麦号”的战斗。同年8月，英美两国首脑召开的“大西洋宪章会议”，就在“威尔士亲王号”甲板上举行。“威尔士亲王号”与“反击号”接到命令后，立即向宋卡方向驶去。10日凌晨，它们又接到日军在马来半岛东南部的关丹登陆的消息，于是又转头南下。其实，日军并未在关丹登陆，只是海岸边英军埋设的地雷不知什么原因引起爆炸，造成日军在此登陆的恐慌。

“威尔士亲王号”与“反击号”一驶出新加坡不久，就被日军潜艇和飞机发现。12日这天，晴空万里，在关丹海域上空，突然出现了9架飞机，它们从1000英尺高空向“威尔士亲王号”与“反击号”俯冲下来，炸弹在军舰两边炸起冲天水柱。“反击号”与“威尔士亲王号”由于没有空中飞机掩护，变成了日本飞机的活动靶子，两舰先后中了多枚鱼雷和炸弹，随着巨大的爆炸声，两艘被称为无敌舰队的英国军舰就被汹涌的波涛吞没。随同它们被吞没的还有870名英国官兵，其中包括“威尔士亲王号”舰长菲利普斯海军中将和“反击号”里奇舰长。而日军只损失了3架飞机，27架受损，死亡21人。马来之战，英军从此失去了制海权。英国首相丘吉尔闻讯哀叹道，这是他“一生中最沉重和最痛的打击”。

一直以来把保卫马来亚与新加坡寄托于英国强大海军舰队的新加坡人，“威尔士亲王号”与“反击号”这两艘军舰的沉没，无异于在人们心中炸响了重磅炸弹，他们知道新加坡已经是朝不保夕了！

取得制空权和制海权后，进军马来半岛的日军就可以更加为所欲为了。

12月8日这天正好是星期日，本来是新加坡人民的节假日，却变成了黑色的星期天。从这天开始，新加坡陷入了极度恐慌之中。

日本的轰炸机，每天都有 70 架至 150 多架，飞到新加坡上空来投弹。日机炸中了章宜基地储油库，漆黑的浓烟布满了整个天空；炸毁了唐人街无数店铺和民居，尸体到处都是；炸毁了许多汽车，它们像烧焦的乳猪，蜷缩在马路上。英军的高射炮稀稀落落地向天空发射着，日机似乎理也不理。不仅如此，噩耗迭传：英军在马来半岛已溃不成军，望风而逃。马来半岛各州与军事要地纷纷失守。12 月 9 日，日军占领哥打巴鲁飞机场；12 日占领阿罗士打飞机场；16 日占领双溪大年；18 日占领丁加奴；20 日占领太平；26 日占领怡保及怡保飞机场；31 日占领关丹……这些在中国战场饱尝中国军民强烈抵抗的法西斯士兵，有着天然的仇视中国人的心态，他们在占领这些地方的同时，便开始对当地华侨实行奸淫烧杀。占领吉打州的高劳吉底埠时，日军士兵四处搜罗华侨、马来人、印度人的鸡、鸭、牛、羊和一切食品。强迫他们交出有价值的物品，如首饰、手表、钞票。稍有怠慢，马上遭受拳打脚踢。这些兽兵还到处找女人，特别是中国女人。他们语言不通，碰到路人就指着自己下身，表演与女人交合的姿态，强迫带他们去找。他们把该埠前后蹂躏了整整 7 天才开走。他们在用过的床上拉屎撒尿，吃剩的东西到处乱扔，使全埠变成了垃圾场。日本军走时，该市区已是臭气熏天。

占领槟榔屿时，日军抓了两个华侨，硬说他们是“抢劫犯”，于是两位华侨被押解到一个叫“四方楼”的地方，当众砍头。过去许多人觉得日本军在中国战场上的野蛮暴行是报刊的过分渲染，此时此刻目睹日本军对华侨的砍头场面，才知道那是日军残暴的冰山一角！根据亲历者林举廷的回忆，日军占领霹雳州的仕林时，“对我华侨，初则以敢收藏枪支为名，用刀刺毙二三十人。继则以反日为名，继续逮捕击毙一二十人。在街场，屡于三更半夜，敲户撞门，使人不知所措，将人赶出街场，而军警则从中取物。”这些坏消息，每天接踵而来，使新加坡人惶惶不可终日。他们许多人都是把保卫马来亚、保卫老百姓生命财产的希望寄托在英国人的身上。为什么？正如李光耀所说：当时“英国人的霸权本来是建立在优越的科技和组织上的。因为多数亚洲人相信英国人天生优越的神话，并以为要向英国挑战是不明智和枉费心机的，使这种霸权得到了进一步的巩固”。

但是，英国这一神话，在日军面前被击得粉碎。1942 年 12 月 8 日，日军在哥打巴鲁登陆的消息传到槟城，华侨们个个摩拳擦掌，认为英军必将给日军迎头痛击。然而，出乎人们意料，传来的消息是前方不断吃紧。于是，人们开始恐慌起来。统治槟城的英国人更是惊慌失措，纷纷收拾家当准备逃生。市里一切行政管理立即陷入瘫痪状态，警察们随之作鸟兽散。槟城马上陷入无政府状态。从 13 日开始，一些非法之徒开始抢劫活动，他们砸店铺和住户的大门，把里面的财物洗劫一空。抢劫很快蔓延到每一条街道。这座华侨人口占绝大部分的城市，一下子万劫不复。此时，槟城的英国殖民政府名义上还存在，但他们再也顾不了老百姓的死活了。16 日晚，这些白人“父母官”及家属，登上槟城开往新加坡的最后一班列车，带着他们大包小包的财物，逃之夭夭了。这时，离日军进入槟城还有 3 天的时间。这些达官贵人到达新加坡时，英国新加坡总督汤马士还专程到车站迎接。此事传开，极大地激起了新加坡人的公愤。后来，李光耀说：“白人只顾自己逃命的传说，使他们在亚洲人心中沦为自私、胆怯的一群……亚洲人一向依赖白人的领导，如今白人却辜负了他们的一片期望。”

英国马来亚陆军总司令白思华面对着日本南下的节节胜利，开始并不气馁。他先派出“威尔士亲王号”和“反击号”两艘军舰去支援抵抗的英军，结果被炸沉在海底；他又命令英军把防御重点放在日得拉，要求守军至少坚持 3 个月。日得拉位于马来亚吉打州的北部，正好卡住由泰国进来的日军南下交通要道上。这条防线上，英军筑有众多的混凝土的机枪工事，还挖有纵横交错的防坦克壕和散兵壕，周围还埋有无数地雷以及密密麻麻的铁丝网。12 月 11 日，那天下着瓢泼大雨，日军正是利用这疾风暴雨的天气，以坦克为前导，发起了对日得拉防线的进攻。战斗一接触，英军就开始后退，辻政信这样形容：“当时我方的战车吼了声飞走上去，在敌军后面的战车和我方的战车同时走，形成了‘三明治’。”这样，“敌军想炮击，却不能打，会打中自己的战车，所以把半身伸出来，用手榴弹和手枪直接射击。体积庞大的日本战车的尾部扑上去，敌军就控制不住舵轮，撞上道路两边去。实在很有趣的，这样捣毁了差不多 20 台敌军战车”。天黑下来，日军乘势闯入英军阵地中，“一直突破去，敌军就没有工夫破坏道路”。但是，英军也还算顽强，后来日军抓到一个英国军官，一审问，才知道守军的是一个印度师。为此，日军伤亡不小，死伤高达 1/4。这时，日本士兵的“武士道精神”发挥作用了。辻政信写道："最后不知道情势，像初生之犊，初生之犊不畏虎，踢开吧！气势汹汹地闯进去，却遭遇到坚固阵地，接连地死伤。既然这样，想退也不能退了，于是，不顾一切硬干下去。后来仔细观察，战死伤一共只有 100 多名。如果堂堂排阵攻击，怎么能巧妙地作战？可能也需要 10 天，而须付出数千名的死伤。”这次攻占日得拉后，讯问英军俘虏，他们认为：日军进攻像日得拉这样坚固的阵地，至少得有两个连队的兵力，没想到只有 400 人。还有一个被俘的英军中校，甚至说本来想至少可以守住 3 个月，没想到日军坦克突然闯进来，日本士兵又摸黑展开近战，使英军大吃一惊。这惊恐的情绪很快传遍了每一个士兵，因此斗志一下子垮掉了！这一仗让骄傲的白思华真正尝到了日军法西斯铁拳的厉害！他已经明白，他的军队在马来半岛已无法阻挡日军的南下步伐了。他 12 月 10 日曾给马来亚指挥部下达的“战斗到最后一个人”的命令已变成了笑话，英军已成了惊弓之鸟，拦也拦不住地拼命南逃。12 月 15 日，首相丘吉尔无可奈何地给马来半岛的英军下达命令："请务必注意，最后用来保卫新加坡岛的部队在马来半岛作战或被切断。没有什么比这座堡垒更重要。”英军已经决定放弃马来半岛，把战略重点转移到保卫新加坡了！

4 临时抱佛脚

“电钻战”果然厉害，从宋卡与北大年登陆的日军第 5 师团与第 18 师团，以及从泰国南下的近卫师团，沿马来半岛西海岸分两路前进；从哥打巴鲁登陆的第 18 师团佗美支队沿马来半岛东海岸前进，形成东西呼应，直往马来半岛最南端的柔佛州钻去。每个指挥员都牢记山下奉文的两条命令：一条是“以最快的速度攻占新加坡，消灭远东根据地”。这是马来之战的作战目的，每个官兵都要切切牢记。另一条命令是：“行动要迅速，只管前进，只管向前冲，车抛锚了就扔掉它，一辆坏了就扔掉一辆，两辆坏了就扔掉两辆。切记，兵贵神速！”这是战法，一个字就是“快”。三路大军均以坦克为先导，飞驰南下。这可苦了跟随坦克前进的步兵。不过，这些经过热带丛林中训练的日本步兵也有办法，他们早已准备了 2 万多辆自行车，还大量抢夺沿途老百姓的，因此，进军路上形成了一道奇特风景线：前面是轰轰隆隆飞驰的坦克车，后面跟着长长的铃声叮叮当当的自行车队。一位躲藏在森林中的英军指挥员，目睹日军前进这一情景：“多数人骑着自行车，三人一堆，共有四五十排，他们有说有笑，好像是去看足球赛。”日军每人只带了一周粮食，以每天几十公里的速度前进。自行车队还可以穿越胶林、越过河涧，坦克只能走公路。近卫师团 5 天奔袭了 100 多公里，占领了战略要地——吉打州的亚罗士打。日军常常追在英军逃跑的后路上，兜了敌人的屁股。

山下奉文把第 25 集团军司令官设在亚罗士打，并对作战计划做了调整：命令佗美支队占领关丹后，挥师向西，去支援占领吉隆坡；第 18 师团在宋卡待命，准备在马来半岛东南岸的丰盛港登陆，切断马来半岛的英军与新加坡英军的联系，好各个击破。因为，在拿下新加坡之前，他们得先拿下柔佛州。

1942年1月11日，吉隆坡在英军毫无准备的情况下，就被突袭的日军第5师团占领。山下奉文巡视了这座颇具英国殖民色彩的城市，看见英军逃跑前丢在街道上的汽车、火炮、枪支……回头对辻政信说："这些英国佬不堪一击。看来，我们应当着手新加坡攻略了！你马上给我拿出进攻新加坡的方案来。"

辻政信后来回忆说："本来对于新加坡我们的判断是面海防御已经相当强，而向陆的背面防御并没有什么。面海的防御有45厘米的大炮在，还有其他无数的炮兵，堪称铜墙铁壁。然其弱点是在向陆这一面的防御，这是一个常识。从战斗的经过加以考虑，敌军一直不停地逃跑，所以在新加坡大概不会有很大的抵抗，下了这种判断的人有一半以上。但是我们的判断是很可能敌军会坚守到只剩最后一名士兵。判断分歧很大，结局谁也不知道。1月13日侵入吉隆坡时就已经着手攻陷新加坡的计划。在两个星期以前就采取必要的对策。那时候叫我手下的参谋说了大概的决心。大约炮弹要10个基数，野炮弹11000发，对于陆军来说这个炮弹数量是很可观的。子弹15个基数，船要征集300艘来。发起进攻时，一兵也不留下，要使用全部兵力。决定了这样的大纲，设计地面用西边的地面部队一部攻击东面，以夹击敌人。1月13

进军马来亚的日军

日对后方要求极力设法修理铁路，并命令输送1门1000发的炮弹于新山的战线。对此有人说：辻先生，你到底怎么啦，这么胡来，要那么多的炮弹干吗？敌人并没有那么强。有这样的意见。对此，我说：一定要用的，如果不必用，那再好也没有了。作战准备是为了应付最不利的情况，应竭尽全力。于是不顾反对征集了炮弹10个基数。攻略草案，原来是第5师团和近卫师团出现在这里，第18师团现在出现在这边，改变了预定移至宋卡——撤回所有卡车去宋卡接送。譬如在下关登陆一个师团，而用东京的卡车到下关接来，是在日本想象不到的事情，我们就那样实行了。理由是这里的防御非常牢固。如果上路于这里，就会受到极大的损坏。机动性受损是很不妥当的。送到安全的地点，不损一兵，把第5、第18师团移动到这里。将新锐的兵团没受损完整地搬运。由于这种想法，变更了登陆地点。预计1月31日将会完成，其实很难办，有12月23日所写日记，打开这本日记簿看，有如下作战经过的预测。新加坡要在2月11日攻占，那么进去新山的战线是1月31日，由这倒过来料想突破居銮的主要抵抗线是1月25日，进去金马士、麻坡是1月20日，吉隆坡是1月15日。要在纪元节的2月12日攻占新加坡，由此倒过来算，在脑袋里做了一个作战预定日期表。其实，吉隆坡是11日，早3天，金马士早5天，居銮是如预期，新山是1月31日傍晚。那时候我高兴得不得了。因一个月前的预测完全说中了，占领新加坡的时候也实在高兴。”

杀人放火的强盗已冲破大门进入院内了，可是主子还不准家里人反抗，真是岂有此理！这时，院内的每一个人都不得不发出最后的吼声了！

12月18日，日军发动太平洋战争的第10天，日军已逼近马来半岛的吉打州与霹雳州了。马来亚共产党在新加坡召开了七届二中执委会，分析了当前的国内形势。会议一致认为：日军攻破英军泰马边境防线，沿着马来半岛的铁路与公路长驱直下，南部的英军防线将受到严重威胁，那么，新加坡将难于守卫，马来亚将有沦为日本法西斯殖民地的危险。执委会决定：党的当务之急是全民动员，奋起抗击马来亚最凶恶的敌人——日本法西斯侵略者。至于英国，由于它在抵抗日本法西斯侵略的立场与马共一致，因此，党在反抗外来侵略者斗争策略上应有转变，即联合英殖民当局和英国军队，共同抵抗日本法西斯。执委会议号召马共党员立即“行动起来，武装起来，抗日卫马”，并强烈要求英殖民当局立即武装人民，实行全面抗战。与此同时，在马共领导下，新加坡的火炬联合会、货仓工友会、米业运输工友互助会、码头工友互助会、人力车工友互助会、鞋业工友互助会、石业工友联合会、华人司机互助会、码头工友互助会等华侨华人工人团体召开联席会议，会议联合致函新加坡总督，要求给予华侨华人武装抗日的权力与自由。

不愿当奴隶与亡国奴的华侨，在马共支持与领导下，在沦陷区开始组织抗日武装。在森美兰州，1942 年 2 月就开始着手组织“森美兰抗日游击队”，指挥部设在知知港，有数百人。没有武器怎么办？他们开始从小警察局夺取枪支弹药，或向群众征收散弹枪，武装了少数队员。不久，游击队发展到 1000 多人。听说日叻武警察局要运一批军火到双溪罗，游击队向他们要，他们没有答应，却把这批武器扔进一个水塘里了。等警察走后，游击队派人去打捞，一家伙捞出了 300 多支来复枪，近万发子弹。可惜，其中有 100 多支来复枪被损坏了。原来，日叻武警察局的头头同情抗日，他怕这些武器被日军夺去，专门把它运到知知港，但又担心日军知道后追究他们，所以把它们扔进水塘里，让游击队捞走。真是用心良苦！

日军占领哪里，哪里就会诞生一支或多支抗日游击队。他们的武器，几乎都是捡拾英军逃跑时扔掉的枪支弹药，或者是向群众征收的土枪土铳。马来亚人民就这样武装起来了！他们身在沦陷区，用不着也无法让英国殖民当局批准了！

不过，12 月 18 日，就在马共在新加坡召开七届二中执委会发表宣言那天，日军已经占领了吉打、槟城，马来亚半壁江山已经沦陷，英国伦敦当局感到马来之战对他们来说大势已去，马来半岛要守住恐怕很难了，于是不得不接受马共的抗日主张，并与马共共同签订了合作协议。英国政府取消了马共不合法地位的禁令，无条件释放了关在牢狱的 200 多名政治犯，并答应由 101 特别训练学校分批训练马共派遣的抗日游击队的骨干，还承诺配给少量的武器。这实际上是同意马共武装群众，组建抗日队伍了。

英国政府对马共策略的改变，意味着什么？意味着他们将放弃马来半岛，把抗击日军南下的重担扔给马来亚共产党与马来亚各族人民去承担了！

形势万分危急，但马来亚共产党没有畏惧，他们勇敢地挑起了这副拯救国家危亡的重担。12 月 20 日，英国殖民当局无条件释放政治犯的同时，马共立即从中以及从各州选拔一批骨干到新加坡 101 特别训练学校进行短期军事培训，以作为各地成立抗日游击队的骨干。

101 特别训练学校设在新加坡西海岸裕廊海边。学校的训育长为英国人查普曼，教员有英国人台维斯等，都是马来通。这座学校实际上是个军事训练营，隶属于英军特别行动执行部。其原来的任务是训练从沦陷国家招募的特殊人员，然后派回敌后去打游击。马共先后选拔了 5 批人员：第 1 批 15 人，来自新加坡；第 2 批 30 人，来自霹雳与新加坡；第 3 批 60 人，来自雪兰莪、霹雳、西彭亨与新加坡；第 4 批 60 人，来自柔南、新加坡。第 5 批人员刚集中，马来半岛已陷落，无法再进入，因而被遣散。因此，前后 4 批共 165 人，绝大部分为华侨。原定训练时间为半个月，因为英美溃退太急，只训练了 13 天就结业了。

此时，日军三支主力就像三支利箭，射向柔佛。他们不仅走陆路，为了尽快插到英军后方，他们还走海路。辻政信说："有很多事前没想到的困难，许多地方几乎没有办法通过。怎样来通过？把新古拉（即宋卡）的船只用铁路搬来放于印度洋面，这是一个颇费神的事。将第 5 师团的一个联队分乘于 50 艘船，除夕从这里出发。还在攻击金保的时候，两个大队在洋面向敌军背后机动作战。"英军不时从苏门答腊派飞机来轰炸日军这些船艇，日军船只随时有沉没的可能，所以日军这些部队出发前把军旗交给司令部代管，以做好全军覆没的准备。至于走陆路的日军，他们顶酷暑、战高温、穿密林，士兵们个个泥水一身、汗水一身，那套军装很快就变成了布条条。但是，他们也有办法，那就是向老百姓抢夺，于是，一路前进的日本兵穿着五花八门的衣服，不是肩上扛着枪，人们可能会误认为是骑自行车赶集的老百姓，因为自行车上还常常挂着抓来的鸡、鸭、鹅及其他抢来的食品。而在这些日本军前面溃逃的英国军却一个个军帽、军装、军鞋整齐，却扔了枪与炮。

还在 1941 年 12 月底，英国首相丘吉尔与美国总统罗斯福就在华盛顿召开过一次会议，除了继续声明坚持“欧洲第一”的战略外，还讨论了远东局势问题。丘吉尔明确指出:新加坡保卫战必须坚守半年，英国政府才能赢得时间，给予军援。为此，两巨头还决定成立英美荷澳四国最高司令部，负责远东战区对日作战，并任命英国将军韦维尔为司令官。

1 月 7 日，韦维尔飞抵新加坡检查马来之战的战况。面对英军在马来半岛节节败退，白思华解释说 :“那是英军士兵连续作战过于疲劳的缘故。”并要求继续后撤。韦维尔连连摇头，但最终还是同意了白思华将军的要求 : 准予后撤 240 公里，在柔佛州双溪麻坡河一线构筑防御阵地进行坚守。柔佛州与新加坡只隔一条柔佛海峡，也就是说柔佛保卫战是新加坡保卫战最后一道陆地防线了!

柔佛州首府新山是马来亚仅次于吉隆坡、槟城、新加坡的大城市，当时有人口 55 万，其中华侨华人就有 23 万，是马来亚华侨救亡图存运动最活跃地区之一。华侨每天看见从新加坡开来的火车，拉着一车车英军和武器装备 ; 公路上穿行着铁甲车、坦克车和大炮疾驰北上，心里顿然踏实了起来 : 这回英军真的要跟日本鬼子来真的了！这回柔佛要变成英国保卫新加坡战略要点了！许多人相信，凭着赫赫有名的日不落帝国，怎么也能在柔佛对日军抵挡一阵子！华侨们揪着的心似乎松了点。13 日，又听说从中东开来增援的部队整整一个旅，还是清一色英国士兵，不是杂牌军，已开到了新加坡，还派来了 51 架最新式飓风式战斗机，可惜飞行员只有 24 位。何况柔佛州不像马来半岛其他州一样山地连绵，而是平原地区，英国的机械化部队在这里能够充分发挥其优势。因此，新山的老百姓没有像其他城市老百姓那样，日军还没到，他们早已躲进深山老林里了。新山人依然像往日那样，店门照样开，生意照样做。当然，也有人信不过英军的战斗力，预先做好了逃难的准备。

然而，白思华将军却没有把阻止日军南下柔佛的主要任务交给刚到的英军第 18 师 53 旅，而是交给一路从北到南败退下来的澳大利亚部队。据说，这支增援来的英军，从非洲到新加坡，硬是坐了两个半月的船，人人筋疲力尽，要休息两个星期才能恢复体力上战场作战。澳军指挥官贝内特少将，对他的上司白思华保证 :“我军不仅要阻止日军进击,而且有信心把他们逼入守势。”他似乎下了破釜沉舟的决心。但是，白思华却没有信心。早在吉打州之战他的马来旅被日军击溃而大退却时，他就说过：“这样过早而长距离的退却，会给全军的士气带来灾难。”这话不幸言中。那些大退却到柔佛州的澳军、印度军、马来军，甚至于英军，早已成了惊弓之鸟，他们还有斗志吗？还有战斗力吗？

战后，有个英国勋爵叫斯特莱波利，他写了一本书，书名为《新加坡及其后事》，总结了马来之战失败的教训。他写道：“就理来说，人种肤色不应有界限存在，这固然是英帝国的主要原则，司法亦已平等。但实际说，尚不使当地马来人、印度人和中国人各种公民，感觉他们和欧洲人处在平等的地位。在今日的世界，当兵的义务和权利是公民身份的真凭实据。不幸英政府在1941年提起印度兵变事件尚有余悸，所以不敢在新马招募一支中国人的军队，一直等到日军迫进到柔佛了，汤马士总督才临时允许华侨参加抗日，但华侨动员时，日军已迫近柔佛海峡了。”当时，白思华应有同感。

大厦将倾，独木难支。现在才来允许华侨抗日，允许马共抗日，允许武装群众，白思华也觉得太迟太迟了！他觉得马来半岛无论如何挣扎，他都守不住了。他已经把他的任务，放在了固守新加坡上。

但是，尽管是临时抱佛脚，但新加坡总算是开始允许华侨抗日。

槟城失守前夕，英国官员先行逃跑，敌未到而已先乱，随后发生严重抢劫事件。新加坡总督汤马士想到了著名侨领、南洋华侨筹赈祖国难民总会主席陈嘉庚。他亲自登门拜访了陈嘉庚，请求陈嘉庚出面领导新加坡华侨，协助英国殖民局共同保卫新加坡，并且还告诉陈嘉庚，中国政府最高统帅蒋介石也给他们发来电报，要求华侨协助当地政府。陈嘉庚虽然感到自己缺乏在战时组织民众协助政府的经验，但最终还是同意了。因为，汤马士只要求华侨做三件事：组织各街道居民做义务警察及宣传队员，并代政府雇用劳工。何况，此时中英两国已是同一战线，华侨理应协助当地政府共同抗日。

12月28日，汤马士在总督府召集200多位侨领开会，宣布：“本总督府委托陈先生领导一切，凡各社团报界侨生等，均须服从。”30日，陈嘉庚在中华总商会召开会议，正式成立“新加坡华侨抗敌动员总会”。按照英国殖民当局的要求，下设保卫团，负责组织义务警察，维持社会治安；宣传股，负责战时宣传鼓动；劳动服务团，负责替政府雇用有关劳工。但是，在这次成立大会上，刚刚从监狱释放出来的以林江石为首的10名马来亚共产党代表，对英国殖民当局眼看敌人就要兵临城下，还在发动群众、武装群众上缩手缩脚，还对“动员总会”诸多限制十分不满。于是，在会上提出增设“民众武装部”，立即着手组织“星洲华侨义勇军”的建议。虽然陈嘉庚担心现在才着手组织义勇军训练，一旦上战场要吃大亏，将来还会给日军报复华侨提供口舌。但是，与会者同仇敌忾，一致同意马共代表主张。何况，经蒋介石批准，国民政府外交部已于去年3月15日做出了两项决议：“一、由外交部试向有关政府交涉，同意我国在南洋各地编组南洋华侨义勇军；二、在义勇军未成立之前，由中央海外部侨务委员会及外交部分别密令南洋各地党部侨团及领馆，迅即在当地政府法律范围内，会同策动组织南洋自卫团、体育会、球队等，并鼓励华侨壮丁参加当地军训或当地政府组织之义勇军或自卫团等。”此决议并通过领事馆通知了有关政府。武装起来，保卫第二故乡，已成了祖国赋予每个华侨的神圣职责。因此，“动员总会”不仅同意设立了“民众武装部”，还选举林江石为该部主任。

马共的提案被采纳，马共党人被选为抗敌动员总会最重要一个部门的负责人，这可以说是众望所归。

林江石原名黄伯遂，因为长得黑，又名老黑或阿黑，是马共中央委员，马共新加坡市委书记。1941年3月，因宣传抗日在新加坡被英殖民当局逮捕。在公开审判林江石的英国法庭上，英国法官公开了林江石的身份，并大肆渲染马共的“罪行”。林江石干脆把英国法庭当作宣传群众的大好讲堂。他不顾法官的阻挠，大讲马共“抗日卫马”的主张，大揭英国殖民当局破坏人民反法西斯运动的劣行，大声呼吁当局政府与马来亚人民携手，共同反对日本帝国主义的侵略。因此，林江石以及马共的主张，通过当地报刊报道，在新加坡乃至马来亚产生了强烈的反响。1942年12月下旬，林江石等马共党人被无条件释放时，新加坡工人及各界人士还举行了盛大的欢迎会，使马共的抗日主张再一次深入人心。

其实，当时马共在新加坡已有了很深厚的群众基础，它大力支持华侨的抗日救亡运动，在华侨救亡图存运动中占有举足轻重的地位。马来亚华侨当中，除了影响最大的南洋华侨筹赈祖国难民总会及各地筹赈会外，另一个就是马来亚华侨抗敌后援会（简称“抗援会”），它是马共于 1937 年 9 月上旬在柔佛成立的半公开地下组织。在短短一个月内,“抗援会”组织遍布全马各州,参加“抗援会”的人数多达 20 万（有说 40 万）。“抗援会”组织除了锄奸，抵制日货，援助中国八路军、新四军，除被英国殖民当局认为“妨害”其“法律和秩序”不能公开活动外,都以公开合法形式进行。他们积极参加南洋华侨筹赈祖国难民总会号召的各项工作，支持南洋华侨筹赈祖国难民总会开展的一切有利于抗日救国的活动。“抗援会”活动的基础在下层群众，而捐款的 60% 是下层群众。因此，马来亚华侨抗敌后援会自然而然就成了马华抗日组织中最活跃的一支力量。但是，随着“抗援会”活动的深入发展，英国殖民当局害怕这支力量“很可能排日与抗英”，便开始镇压。1938 年 8 月 24 日，英当局拘捕了“抗援会”4 名主要领导人——王琰之、黏文华、辜俊英、苏棠影，并强迫这 4 人离境，此事件被新加坡华侨称为“四君子事件”。后来，“抗援会”主要负责人戴英浪也被驱逐出境。这些事件,使马来亚新加坡人人都知道“抗援会”是马共领导的组织，马共是最积极抗日的。

新加坡华侨抗敌动员总会办事处设在晋江会馆，这是个不分党派的统一战线的组织。除民众武装部主任是马来亚共产党人外，两位副主任均为中国国民党人。劳动服务团主任林谋盛也是中国国民党人，后来在抗日战争胜利前夕牺牲在马来亚。宣传股主任胡愈之，则为著名的进步作家与记者。

与新加坡华侨抗敌动员总会组成并展开活动的同时，马共选派的一批又一批干部正在 101 特别训练学校接受短期军事训练。这些人全部都是没有拿过枪的工人、店员、农民和学生等。训练内容极其简单，只包括如何瞄准、射击，枪支的维护、保养，以及使用雷管、炸药等军事常识，至于如何指挥作战与战略战术则丝毫没有涉及。为此，这些学员在以后抗日游击战中付出了惨重代价。英方原来承诺学员结业时，每人配长短枪各 1 支，手提机关枪 3 人 1 支，轻机枪 5 人 1 挺，手榴弹每人 5

箱（60 枚）。但结业时，却大打折扣，4 批学员领到的枪支总共不到 200 件。由于英军兵败如山倒，第一批学员毕业时，原本是到北马开展敌后游击战的，但到达吉隆坡时，吉隆坡已沦陷，再也无法北上，只好就地组织游击队。其他三批学员也因为上述原因，均未能到达原预定目的地。第二批只到达森美兰，第三批只到达柔佛北，第四批只到达柔佛南,就地开展武装斗争。这些从 101 特种训练学校培训出来的学员，均成为马来亚人民抗日军的骨干。后来，英军组织潜伏在马来亚的 136 部队的策划人之一——布伦米上尉，曾这样回忆这段历史，他说："当 1941 年 12 月初，日本进犯马来亚时，我们是一无所备，措手不及。我们临时抱佛脚，尽速部署。不久，事实证明，在抗日的共同事业中，马来亚共产党是我们忠诚的同盟。他们已有高度的组织训练，不像欧洲人，他们在沦陷区中，能在不受人注目的情形下，展开活动。"

1942 年 1 月初，新加坡华侨抗敌动员总会民众武装部在林江石领导下，立即在新加坡各区设立报名站，着手招募星洲华侨义勇军工作。马来亚华侨抗敌后援会在新加坡工商界、学生界、店员、妇女、文化等各界都成立有抗敌后援会分会，数量多以千计。在各界抗敌后援会积极宣传与配合下，一周内报名参加义勇军的青年人就超过了 3000 人。其中大多数是工人、手工业者，还有店员、学生与渔民……第一批参军的马共党员就有 60 余人。有一名小贩，名叫岑振符，当年已经 68 岁，也积极报名参加星洲华侨义勇军。这位老华侨曾是筹赈活动的模范。据 1937 年 9 月 16 日马来亚新加坡筹赈祖国伤兵难民委员会的报告，他曾先后 27 次卖物报效祖国，共筹得 1054.13 元叻币。他的事迹在全马各大华文报纸被宣传后，可谓家喻户晓。这次报名参军，他说，救国是他一生的志愿。现在，战争就在眼前了，救灾恤难已不能拯救祖国存亡了，因此，他要毅然加入义勇军，奔赴抗日最前线。后来，他随义勇军在新加坡柔佛海峡沿岸与武吉智马一线，与日军做过殊死战斗，并立下战功。可惜，新加坡沦陷后，被汉奸出卖被捕，最后被活活打死在敌人的警察局里。

1 月中旬，义勇军就开始集中军事训练。英军派来了联络官——打理上校，负责处理义勇军一切事务。但是，英军却不发给正规军服，只发给一批深蓝色的斜纹布，让民众武装部自行制作服装。于是，民众武装部又动员裁缝界与妇女界志愿人员，在民众武装部临时成立了军服工场，日夜赶制军服。后来，星洲华侨义勇军的战士一律身着深蓝色军服，头缠一条黄色裹头巾，脚穿一双本地产的黄胶鞋，左臂缀有红三角形袖标，背背一条毡子，腰挎一只水壶，装备简陋得出奇。义勇军后来一共编成7个连，连长均由英国人担任，副连长才由中国人担任。马共给每个连派有党代表，但英军不给编制，然而又不得不容许党代表存在，不得不让英籍连长尊重和拥护党代表。这实际上是默认马来亚共产党对星洲华侨义勇军的领导。2 月 3 日，日机再次轰炸新加坡，丹绒百葛码头粮食仓库中弹起火，火势很猛，星洲华侨义勇军奋不顾身，抢运出大批粮食。就在这场救火中，有两名义勇军战士不幸被大火吞没，牺牲在火场，有数十人受伤。这是义勇军的“初战”，他们的英勇奋战，赢得了新加坡人民的好评。可是英军却迟迟不发给他们武器。英军不信任群众，不信任华侨，更不信任这支由马共领导的武装部队。

但是，保卫柔佛的第一仗却给白思华将军挣回了一点面子。1 月 14 日，有一个连的澳军在奇门乍河上一座桥梁边设伏，并埋上了地雷。他们预计这里是日军进攻柔佛金马士必经之路。不出所料，当日下午 4 时，日军一支先遣队登上了大桥，澳军连长一声令下，拉响地雷，轰隆一声，大桥和 30 多名日本士兵同时被炸上了天空。紧跟着，埋伏在桥两边丛林中的澳军向日军开火，据说，在整个战斗中干掉日军 500 多人。这大概是马来之战中，英军获得的唯一胜利，也是最后一次胜利！日军恼羞成怒，用 20 吨的中型坦克和 10 吨的小型坦克开路，并向澳军设伏的丛林猛烈开火，澳军哪里阻挡得住，只好撤退。此后，英军再也没有如此积极防御过，只顾逃跑了。

1 月 26 日，日军在东海岸柔佛州兴楼登陆，企图包抄逃跑的英军。白思华派出刚抵达新加坡的飓风式飞机加以阻拦，英日两军发生了猛烈的空战，英军损失 20 架飞机，日本只损失 12 架。27 日，空战继续，英军又损失飞机 14 架。担任防守东海岸的印军一个旅被日军截断了退路，只好乖乖地举起了白旗。29 日，又有一批英军援军乘船来到新加坡，日军 9 架飞机狠狠地轰炸了这批满载英军的船只，“亚洲皇后号”被炸沉，大部分武器装备随船沉到海底，所幸的是大部分士兵被救起。就在这一天，战火已离柔佛首府新山只有 20 英里了。白思华将军知道柔佛保卫战已接近尾声，英军在马来半岛的日子已宣告结束！31日，白思华将军向上级报告战争进展情况，并获得批准，英军主力退至新加坡，只留一小部分英军殿后。白思华将军后来被日军俘虏后，在狱中写了一份马来之战的总结报告。他在报告中说："一小队日本军在兴楼登陆后，就向丰盛港推进，并向该处的澳洲兵开火。自峇株巴辖之役后，为了防止唯一退路受封锁，只好将柔佛的军队迁移到新加坡去，但在这次行动过程中，印度第9师22步兵营，大部分为日军所俘虏。"可见，英军撤退有点兵败如山倒的味道了，面对无力自救的局面，哪还顾得上盟军的生死！

从1941年12月8日日军进入泰国，突破泰马边境，直到1942年1月31日占领柔佛州，前后只用了55天。日军高级参谋辻政信，后来很得意地回忆道："1100公里，我们用了55天突破，完全创造了一天20公里的纪录，战斗次数92次，修复大小桥梁250座。其结果等于每一天突进20公里，打两次仗，平均修复5座桥，55天里连续不断。这是在过去战争史上所没有的纪录……"整个马来之战，英军伤亡、被俘达25000人，而日军伤亡只有4600人。辻政信曾经这样评价英军："虽然军官是欧洲人，但军士和其他士兵几乎都是当地人，军官和士兵之间的团结意识等于零。"他的这番话确实切中了英军要害。

1942年2月1日上午，英军殿后部队——来自英国阿盖尔和萨瑟兰地区的苏格兰高地联队第二营的残余部队共剩90人，他们的军乐队只剩下2名风笛乐手。这2名乐手坚定地迈着整齐的步伐，使劲地吹着《高原之子》和《浅棕色头发的珍妮》两首歌曲，越过连接柔佛与新加坡的长堤。音调悲壮，颇有英国绅士的风度。后来，李光耀在回忆录里写道："这2名风笛手，表现了他们凛然不屈的精神，这使我留下终生难以磨灭的印象；英国人面对战败厄运时，依然保持冷静沉着的态度。"随着风笛的军乐声向新加坡远去，英国皇家工兵在连接柔佛与新加坡210米长的用石块铺就的长堤靠陆地一侧，埋下大批炸药，当工兵按下电钮，随着震耳的"轰隆隆——"一声巨响，飞石腾空，长堤被炸开一条60米宽的缺口，同时，也把从柔佛通往新加坡供送饮用水的大水管炸断了，致使新加坡被围困期间，饮用水供应困难。被炸开缺口后，海水漫泻过来，新加坡与柔佛的联系切断了。不过，大概是工兵所用的炸药不够量，或是炸药所放的位置不够准确，被炸开的缺口水深不到 1.2 米，退潮时，人们可以蹚着海水过去。

柔佛保卫战仅仅坚守了 10 天就以失败告终，新加坡保卫战被迫开始了。

辻政信伫立在柔佛海峡岸边，心潮澎湃。现在正是涨潮时刻，汹涌而来的浪花拍打在被英军炸断的长堤上，发出雄狮般的轰鸣。他望着望着，眼前突然闪现出一个人和一个团体的许多活动画面。正因为这个人和这个团体把新加坡 45 万华侨结成新的长城，使新加坡成为南洋 800 万华侨的抗日中心。山下奉文经常说，如果没有华侨，中国问题早解决了。一团怒火蓦地在辻政信胸中燃起，他心里默默吼道："血洗，我要血洗新加坡！"他回头对跟在他身边的参谋说，马来之战只是"战争开端"，"真正战争是在新加坡"。

南洋机工合影

第二章

南洋华侨抗日中心

1 华侨的一面旗帜正冉冉升起

辻政信风雨兼程，一路杀伐，仍不忘这个人，因为日本情报部门对这个人的判断给他的印象太深刻了："其风貌态度手腕及'拥抱力'正所谓蒋介石之南洋版。"后来这个人的行动证明了这判断的绝对正确。这个人就是陈嘉庚。

话还得从头说起。

自1937年8月15日，马来亚新加坡筹赈祖国伤兵难民委员会(简称新加坡筹赈会)成立以来，人们惊讶地发现，作为该会主席的陈嘉庚，这位60多岁的老人，竟然有如此充沛的精力和旺盛的斗志。每次接见华侨社团领袖来访，他总是用他那浓重的闽南口音慷慨激昂地向大家讲述抗战与中华民族的存亡关系，讲述华侨有钱出钱有力出力共担国难的职责，讲到最后，总是鼓舞大家回去后，告诉各社团的成员，一定要抱定不当亡国奴的决心，支持祖国"打到底，打到最后胜利"。所以，所有见过陈嘉庚的人都深受其鼓舞，觉得要更加努力带领本社团的华侨，全力支援祖国抗战，为打败日本侵略者做贡献。

第二次世界大战前，英属马来亚殖民地包括海峡殖民地(含槟榔屿——又叫槟城、马六甲、新加坡——又叫星洲)，马来联邦(含霹雳州、雪兰莪州、森美兰州、彭亨州)和马来属邦(含柔佛州、吉打州、玻璃市、吉兰丹州、丁加奴州)。新加坡是英国殖民地马来亚12邦(州、市)中的一个邦。不过，在新加坡，在马来亚，甚至在华侨称之为南洋的——英属马来亚、美属菲律宾、荷属东印度与婆罗洲(今印尼的苏门答腊岛，后同)、暹罗、法属印度支那(今越南、老挝、柬埔寨，后同)、缅甸等地，提起陈嘉庚也是无人不知、无人不晓。这不仅仅因为他是南洋著名的企业家；

新加坡筹赈会主席陈嘉庚

是新加坡与马来亚橡胶王国四大开拓者之一；是打破英国资本垄断，把华侨企业生产的橡胶制品直接输出国际市场的第一人。同时，他还是一位赫赫有名的慈善教育家。在他的家乡——福建同安县集美社，他先后创办了幼儿园、小学、中学、大专等学校，使集美社成为全国独一无二、规模宏大、体系齐全的“学村”。创办厦门大学时，他的资产只有 400 万元叻币（新加坡币），他却认捐开办费 100 万元，经费 300 万元，分 12 年支付。中国近代以来，个人创办大学的，除南开大学的张伯苓、复旦大学的马相伯，就是陈嘉庚了。而且，陈嘉庚是独资创办，并独立维持长达 16 年之久。

人们对陈嘉庚的崇敬，更重要的还因他是一名不折不扣响当当的爱国者。这位 17 岁出南洋，曾参加同盟会，积极支持孙中山领导的辛亥革命的侨领，历来“爱国不甘人后”。

远在 1928 年，日本利用第一次世界大战德国战败，强占了在山东青岛的德租界。这一年 5 月 30 日，为了阻止北伐军进驻济南，日本又强占了济南城，杀害了中国公使蔡公时和许多百姓，制造了震惊中外的“济南惨案”。消息传到新加坡，陈嘉庚义愤填膺，立即倡议组织“新加坡山东惨案筹赈会”，向华侨募捐，救济在济南惨案中被杀害者的家属。这个筹赈会还发动了新加坡华侨的反日示威游行与抵制日货运动。过去，新加坡华侨帮派林立，一盘散沙。“筹赈会”的成立第一次把全体华侨团结在一起，这在华侨史上具有标志性意义。

1931 年 9 月 18 日，日本关东军炸毁了沈阳北郊柳条湖地区南满铁路一小段铁轨，并以此为借口，对沈阳的中国军队发动进攻，挑起了震惊中外的“九一八”事变。接着，不到 5 个月的时间，日本军就占领了全东北。“九一八”事变是日本实现侵略中国的第一个重大行动，它的狼子野心，野蛮侵略的行径，极大地激发了广大华侨的民族义愤。

9 月 22 日，作为非政府组织的华侨华人社会最高机构——新加坡中华总商会通电国民政府，呼吁停止内战，团结对外，并把 9 月 23 日定为“国耻日”，表达海外侨胞对祖国国土沦丧的悲愤心情。

“国而忘家，公而忘私”的陈嘉庚更是怒发冲冠。在他的倡议下，中华总商会于

9 月 24 日召开了新加坡侨民大会。大会由陈嘉庚主持。由于当时蒋介石坚持不抵抗主义，企图借助列强把日本逼出东北。所以，与会代表一致通过与日内瓦的国际联盟通电，要求国际社会“履行各种条约，维持世界和平”。在陈嘉庚的表率作用下，新加坡各侨团纷纷致电国民政府，展示了华侨同仇敌忾的悲愤心情，以及誓做祖国后盾的决心。

1937 年 7 月 7 日，日本发动卢沟桥事变，不久，又发动了“八一三”上海事变，平津危急！华北危急！中华民族危急！在这中华民族生死存亡关头，陈嘉庚想得最多的一个问题是：身在海外的华侨，如何与祖国人民一道去救亡图存？当时中国政府的最高统帅蒋介石说过：“爱国为国，每一个国民都应当尽力，每一个国民都不应自外于国民之责任，不论职司之大小，地位之高低都有同等之贡献。”陈嘉庚想，华侨距国万里，大多数不可能像国内同胞一样从戎杀敌，报效祖国。但可以利用侨居地暂时还处于安居乐业的环境，慷慨输将，毁家纾难，筹集款项，支援国家，使前方将士无枪械不足之虑，后方难民无饥寒交迫流离失所之苦。陈嘉庚意识到，筹赈巨款应当成为华侨报效祖国、救亡图存的第一要务！正在此时，新加坡侨领叶玉堆、

陈嘉庚在演讲

南侨总会副主席李清泉

李俊承、陈延谦、周献瑞、李光前等一同来到怡和轩俱乐部，要求陈嘉庚出面领导新加坡华侨的筹赈工作。陈嘉庚欣然同意。于是，他登高一呼，立即得到了新加坡 118 个侨团的响应。

8 月 15 日，“马来亚新加坡筹赈祖国伤兵难民委员会”（简称新加坡筹赈会）宣告成立。陈嘉庚被推举当选为主席。这又是一个新加坡华侨大团结的组织。该会委员共 32 人，包括了福建帮、潮州帮、广府帮、海南帮、客家帮、三江帮的代表。不久，筹赈会先后在新加坡市区外设立了 30 多个分会。

新加坡筹赈会一成立，立即投入募集捐款工作之中，在短短的 4 个月里，就募集捐款国币 300 万元，其中 60% 为工人、店员等中产阶级以下的华侨所捐。

新加坡筹赈会的成立，在马来亚产生了巨大反响，马来亚各地几乎有华侨的地方，都效仿新加坡纷纷成立筹赈会组织。起先这些组织各自为政，后来以州或以较大商埠为单位成立有系统的机关，设立筹赈总会，下设若干分会，各分会所募资金由总会统汇。全马 12 个邦（州、市）有 12 个筹赈总会。据统计，马来亚的筹赈会及其分会、支会，合计有 207 个。

一场为祖国筹赈资金与物资的运动在全马来亚轰轰烈烈展开了。240 万马来亚华侨，融入祖国全民抗战的洪流之中。当时，中国政府为充实抗战力量，发行了 5 亿元公债，分配给海外华侨认购的额度是 1 亿元。马来亚就认购了 2000 万元，平均每个华侨认购 10 元。认购最多的是“万金油大王”和“报业大王”的客家帮侨领胡文虎，他认购了 50 万元；其次是陈嘉庚、叶玉堆等，各认购 10 万元。但是，这些筹赈会由于分散各地，相互之间又缺少联系，很难形成合力，同时由于彼此不了解情况，也很难相互激励，使筹赈工作受到了很大限制。陈嘉庚深感有组织全马筹赈会之必要。于是，陈嘉庚又自告奋勇，亲自给马来亚各地区筹赈会发函，提出在吉隆坡召开全马华侨筹赈会代表大会的建议，此建议很快得到了各地区华侨筹赈会的响应。

1937 年 10 月 10 日，全马华侨筹赈会在吉隆坡正式成立，与会 100 多位代表一致通过了陈嘉庚的建议：

一、所有捐款一律作义捐，不作为公债；

二、捐款一律汇至国民政府行政院；

三、本年度全马应募集资金的目标：叻币 1000 万元。其中新加坡 300 万元，其余由各地区分摊。

马来亚华侨筹赈会统辖全马 12 邦 (州、市) 的筹赈总会。它虽然不是全马筹赈会的领导机关，只是联络机构，但它的成立标志着全马华侨支援祖国抗战的爱国活动有了统一纲领、统一规划、统一行动。同时，马来亚华侨筹赈会的成立，也给东南亚各国华侨筹赈组织树立了榜样，为适应华侨高涨的抗日热潮，纷纷成立统一组织。如由李清泉任主席的菲律宾华侨援助抗敌委员会，团结了全菲 367 个侨团；由邱元荣任主席、庄西言任副主席的巴达维亚华侨捐助祖国慈善事业委员会，团结了荷属东印度 110 多个侨团。

这样一来，迫切要求有一个机构，能够统率南洋华侨各地救亡组织，以领导南洋 800 万华侨更好地支援祖国抗日斗争。

1938 年 5 月，日军攻占福建厦门。许多国内外人士要求陈嘉庚电请中央政府派兵支援福建抗敌，并筹集援款。菲律宾著名的爱国侨领李清泉给陈嘉庚发来电报，建议陈嘉庚牵头“在香港或新加坡组织筹赈总机关”领导募捐。接着，荷属东印度著名爱国侨领庄西言也给陈嘉庚来函，建议在新加坡组织南洋华侨筹赈总会。鉴于陈嘉庚在支援祖国抗战中的突出表现、威望与组织能力，庄西言还建议由陈嘉庚担任领导。当时，由于南洋各地华侨所处的环境差异很大，有的是英国殖民地，有的是荷兰殖民地，有的是法国殖民地，有的是美国殖民地，有的还是中立国，这些国家与日本、中国关系相当复杂，公开号召华侨支援中国的抗日军事斗争很敏感，因此，陈嘉庚没有答应。

1938 年 7 月 30 日，陈嘉庚突然接到中国驻新加坡总领事转来的孔祥熙发自汉口的电报。孔祥熙时任国民政府行政院院长。电报全文如下：

陈嘉庚先生：

庄西言建议，在星（指星洲——引者注）组织华侨领导机关，有无必要，环境能否许可，如何组织，始有成效。盼核覆，电喻。

孔祥熙

陈嘉庚读罢孔院长的信，心里激动不已，既高兴又内疚。高兴的是祖国对华侨如此重视，内疚的是自己动员广大华侨支援祖国抗战还没有做到尽心尽力。自从“七七”抗战以来，南洋 800 万华侨先后筹集捐款和购买祖国发行的公债，总计有 1 亿元，平均每月 700 万元。加上华侨寄给祖国亲人的汇款，平均每月 1000 万～2000 多万元，合计每月才 2000 多万元。而当时，中国抗战所需的战争费用，每天就需 250 万元，每月共需七八千万元。这样算起来，华侨的捐款、购买公债款、汇款只占国家军费开支的 1/3。对比敌国日本，仅“七七事变”那天，日本人的献金就高达 4000 万元之多。敌我对比，真有天壤之别之感。陈嘉庚越想越不安，越想越感到组织南洋华侨筹赈最高领导机关，更好地调动华侨爱国热情，为争取抗战最后胜利做出更大贡献之必要。他激动了，提笔写了下面的电文：

重庆孔院长鉴：

来电悉。菲荷各属，前曾对庚建议，集星组建组织机关，意在请中央援闽及研究筹款成绩，然关于军事，庚不赞同，若筹款则可。环境无问题，如以国命令电各属埠，集星组织机关，研究有益筹款，庚甚欢迎，并可以资以激励督促。如赞成，乞电示举行。

陈嘉庚 叩世

陈嘉庚在这里提出了不谈军事只谈筹款的外交策略。

孔祥熙很快就回了电函：

陈嘉庚先生：

吧城（即巴达维亚，今雅加达——引者注）庄西言先生建议，应由尹在新加坡组织筹赈总机关，领导各属华侨筹款。本院以委外部（即外交部——引者注）电知南洋各领馆，通知各属侨领派代表到新加坡开会，希筹备一切。

孔祥熙

有了祖国的撑腰，陈嘉庚立即行动。他通过南洋各大华文报纸刊登广告或写信通知当时英属香港、马来亚、缅甸、婆罗洲；荷属爪哇、苏门答腊、西里伯斯（即今苏拉威西）；美属菲律宾；法属安南（今越南）及中立国暹罗等地的华侨筹赈会以及有关慈善组织，要求他们派出代表，于当年10月10日国庆节，来新加坡参加南洋各属华侨筹赈祖国难民会代表大会。

大会议题，经陈嘉庚反复研究，有如下几项：

一、成立南洋筹赈总会；

二、选举总会主席及有关领导；

三、各地筹赈会认领捐款数目。

会期7天。

经过4个多月的紧张筹备，1938年10月10日，来自南洋45个地区的代表168人，汇集于新加坡离市区5英里的南洋华侨中学大礼堂。一个南洋华侨空前绝后的盛会就这样开幕了。据陈嘉庚的回忆，大会会场“布置颇堂皇，并拍有声电影”，“祖国重庆及各省主席或战区司令长官，多来电祝贺”。其中包括林森、蒋介石、汪精卫、孔祥熙、宋美龄等“训词”及各省主席、各处机关及各战区司令官贺电共100件。大会一致推举陈嘉庚为临时主席。

陈嘉庚在开幕式上，报告了大会筹备经过，指出：“唯抗战严重期间，凡我侨胞自应精诚团结，集思广益，俾能加紧出钱出力，增强后方工作，此为召开大会之第一要义，欲求达到此目的，故需组织机关为之领导也。”接着，各地代表纷纷发表演讲，支持南洋华侨筹赈领导机关的成立。大会一致通过并庄严地向世界发表了《南洋各属华侨筹赈祖国难民会代表大会宣言》：

南洋各属华侨筹赈祖国难民代表大会，建议于荷属华侨庄西言，经中国国民政府行政院孔院长同意而召集。大会目的在谋组织领导机关，增筹赈款，推销公债，以救济中国抗战中之难民，并协助政府完成建国大业。军政问题，概不讨论。各属参加者有香港、菲律宾、爪哇、苏门答腊、西里伯斯、婆罗洲、安南、暹罗、缅甸、马来亚等地代表，凡四十五团体，百六十四人。此华侨史上之空前盛会，蒙新加坡居留政府赞许，得于本年十月十日开幕，大会同人谨先掬致恳挚之谢忱。

中国立国五千年，夙以和平正义昭天下。不幸邻邦日本，军阀专横，妄图吞并中国以为征服世界之准备，民国四年二十一条件之提出，十七年济南惨案之发生，特荦荦大端，世所共闻者，其他无理压迫，非法要求，擢发罄竹，难以具举。二十年“九一八”日本更挟其坚甲利兵，攫夺中国东三省，继以占据热河，翌年，“一·二八”，又不惜启衅于淞沪。中国自念加入国际联盟，且为九国公约、非战公约之签字国，凛于盟国之尊严，惕于和平之神圣，不得不负重忍辱制愤抑悲；勉循外交途径，以求合理解决，而冀日本之觉悟，乃侵略者野心未戢，变本加厉，转鹰瞬为虎瞰，舍蚕食而鲸吞。去岁卢沟桥炮声，盖世界和平与国际盟约之丧钟，中华民族与人类公理生死存亡之警号也。中国政府鉴于最后关头以至，毅然发动全国全民长期抗战，将以争取领土主权之独立完整，将以争取国家民族之平等自由，故中国之抗战，实为御侮而战，实为自卫而战，实为维护国际盟约而战，实为保障世界和平而战。中国国民政府乃中国国内外四万万七千万同胞共同信赖之唯一政府，中国最高领袖蒋委员长乃中国国内外四万万七千万同胞共同拥戴之唯一领袖，国民政府之主张即中国全国国民之主张，蒋委员长之意志即中国全国国民之意志。大会同人，集议伊始，用首次决议通电拥护国民政府及蒋委员长抗战到底。

同人于此，愿更揭举数义，为我南洋八百万侨胞告：

其一，抗战十五阅月，敌财消耗百万万元，敌兵伤亡七十万众，我之物质损失虽巨，敌之物质损失亦巨，我之国土，虽涂满黄帝子孙之血，亦涂满三岛丑夷之血。唯我有无限之资源足以支持，我有无穷之人力足为后盾，忍万屈以求一伸，拼千输以博一赢，艰苦奋斗，义无反顾，否极之后，终有泰来。敌则资源有限，人力易穷，踵决肘见，百众不安，时间愈延长，危机愈逼近，墓由自掘，祸由自取，行见鼠窜而败，鱼烂而亡耳。故当前领土之沦敌，无关大局，最后胜利之属我，绝对可期。此种理势，吾人必须认识，此种信念，吾人必须坚抱！

其二，华侨素有“革命之母”之令誉，爱国精神，见重寰宇。“七七”以来，输财纾难，统计不下一万万元，南洋方面，占十之八，此在道德的义务上，可谓已尽，而在国民天职上，究有未完。盖国家之大患一日不能除，则国民之大责一日不能卸，前方之炮火一日不能止，则后方之刍粟一日不能停。吾人今后宜更各尽所能，各竭所有，自策自鞭，自励自勉，踊跃慷慨，贡献于国家，使国家得借吾人血汗，一洗百年之奇耻，得借吾人物力，一报九世之深仇，而吾人之生存与幸福，亦庶几有恃而无恐。大会开幕之日，我国府林主席之训词曰：“急难轻财，护兹祖国。”我国最高领袖蒋委员长之训词曰：“财力增厚，即战力增强。”林蒋二公，语重心长，凡我侨胞，宜皆铭诸肺腑，奉为金玉。而各代表所报告，今后常月捐义款，总计每月约近四百万元，尤当分别依其自定标准，努力求其实践。

其三，南洋各属华侨，山海修阻，云天遥隔，声气欠沟通，感情失联络，常时犹病其不可，非常时更何能集中力量，效劳国家。大会同人，有鉴及此，爰议决组织“南洋华侨筹赈祖国难民总会”于英属新加坡，期使筹赈购债之效率，得以增强，抗战建国之功业，有所补助。是项组织实现，不特各属筹赈机关，可密切联系，而冶于一炉，即全南洋八百万侨胞，亦可精神团结，而化为一体。吾人既共成之，既共有之，则吾人必须养之育之，予之以生命，赋之以灵魂，俾能发挥活力，为国家用。敢假借此组织以遂个人之私图者，固为吾人所不许，敢破坏此组织以快个人以之私意者，亦为吾人所不容。

其四，吾国丰于矿产，啬于产品，故建设难以进步，贸易难以发达。今欲一面抗战，一面建国，借自力之更生，谋自强之不息，则开发矿藏，推销产品，实不容缓，唯政府专力御侮，未遑兼顾，海外侨胞应速分负其责。南洋华侨筹赈祖国难民总会之成立，于此亦将加以注意，务使国产品深为侨胞所认识，永为侨胞所乐用，以振我工商业，而厚我经济力，更拟组织公司，开发祖国富源，维持难民生计。凡此加强战时经济机构，奠定战后复兴基础，皆属至急之要图，为我国内外同胞所当尽心尽力以求之者。

其五，南洋各属当地政府，平昔爱护华侨，不存歧视，此次吾国发动战争，各属侨胞，本慈悲之怀，为救济之举，当地政府皆能深表同情，予以协助，凡我侨胞自应致其敬佩与感谢。然各属环境不同，法律不同，我侨胞宜各顺势环境，遵守法律，屏叫嚣而尚沉着，崇理智而制感情，步伐必求其齐，路径必取其正，使各方获好印象，而利我进行。吾人须知，吾人之敌，只有一个，敌以外皆吾人之友，吾人应以左手握拳挥以击敌，应以右手伸掌以握友，然后足以孤敌困敌，然后足以加速博取最后之胜利。

以上五端，为吾人之态度，亦为吾人之方针。本此态度，循此方针，以求达目的，则在乎大会全体代表与南洋全体侨胞之共同努力。大会同人谨乘休会之时，更郑重致意曰：唯精诚始足以言团结，唯团结始足以言力量；精诚充，则团结未有不固，团结固，则力量未有不宏。愿我八百万同胞自今日起，充大精诚，固大团结，宏大力量，以为我政府后盾，则抗战断无不胜，建国断无不成，鞠躬陈词，幸相与勉之。

中华民国二十七年十月十六日

大会宣言气势磅礴、高屋建瓴，充分展现了南洋800万华侨同心同德与祖国站在一起救亡图存的坚定决心，以及坚持抗战，最后胜利必属于我们的必胜信念。号召广大侨胞继续发扬爱国主义精神，给祖国抗战以更多财力、物力、人力的支持！

大会一致决定成立南洋华侨筹赈祖国难民总会（简称“南侨总会”）。推举陈嘉庚为主席，庄西言、李清泉为副主席。大会还决定“南洋总会”会址设在新加坡乌吉巴梭怡和轩俱乐部。

会散了，心情还沉浸在激动之中的陈嘉庚，站在南洋华侨中学大礼堂门口久久不愿离去。他深知这一次南洋华侨大团结的意义深远及重大——卢沟桥事变的爆发标志着中国全民抗战的开始，标志着祖国全民抗战统一战线的形成。这次大会——南洋华侨筹赈总会的建立，是否也标志着南洋华侨支援祖国抗战进入了一个新的阶段？是否预示着南洋华侨支援祖国抗战统一战线已经形成？想到此，他蓦然感到自己肩上担子的沉重。想到这份重担、这份责任，他心中倏然又增添了无比的勇气：有祖国做后盾，有南洋 800 万同胞的支持，有什么困难不可克服！他暗下决心：一定要和同人们把南侨总会办成名副其实的领导机构，使之成为南洋华侨支援祖国抗战的一股宏大的力量，成为南洋华侨支援祖国抗战的一面高高飘扬的旗帜！

一个伟大的时代必然要造就一批伟大的人物。南侨总会的成立，标志着以新加坡为中心的南洋华侨抗日救亡运动达到了高潮，也标志着陈嘉庚这位后来被毛泽东称为“华侨旗帜，民族先锋”的华侨领袖巨星已冉冉升起在东南亚的地平线上。陈嘉庚的出现，使南洋 800 万华侨的救亡图存运动有了领路人，有了主心骨。

南洋华侨这一巨大变化，引起了日本大本营的极度恐慌。早已陷入中国战场泥沼之中的日本侵略军，面对南洋华侨抗日救亡的遍地烈火，加速了他们“三个月灭亡中国”迷梦的破灭，也成为他们不久将来实现“南进计划”——占领东南亚各地的心腹大患。他们决定，一定要千方百计将这片烈火尽早扑灭。

日本军方与外交部不断派出谍报人员，以各种不同身份出现在新加坡。日本发动太平洋战争攻占马来亚之后，为了下一步攻占荷属东印度，东京参谋部情报机关的藤原，就曾从槟榔屿派出 6000 多名间谍，深入苏门答腊岛的亚齐，然后又潜入荷属东印度各群岛收集情报，为日军攻占荷属东印度做准备。日本情报机关派往新加坡、马来半岛的谍报人员，数量比派往荷属东印度的应该多得多。日本谍报机关在新加坡的主要任务就是收集军事情报与华侨反日情报，收买侨领，破坏华侨救亡运动。

1941 年 8 月，新加坡著名商界领袖张永福到安南西贡等地访问，日本立即派出专门负责南洋华侨事务的军官大良野，陪张永福一路同行，拜会西贡各侨领，企图收买法属印度支那华侨的人心，策动侨领们支持汪伪政权，结果一无所获。日本占领新加坡后担任昭南市民生部厚生科科长的筱崎护，就是 1938 年调到日本驻新加坡总领事馆，以新闻官的公开身份暗地里专门收集新加坡防务情报工作的。据说，新加坡北部防线薄弱的情况，就是他收集并报给日本军方的。1940 年 9 月，他在刺探英军军情活动中，当场被捉，被关入章宜监狱，直至日军打下新加坡，他才被释放。很快他便摇身一变，成了昭南市的红人，担任了教育部门的负责人。

1938 年 1 月 9 日，印度民族独立运动领袖尼赫鲁为支持中国抗战，募集义款，帮助中国的难民与伤兵，举办了“中国日”活动。新加坡印度籍侨民与华侨一起，在红头码头举行群众大会，会后还进行了公开演讲与游行。在游行当中，突然有 200 多人，趁群众游行到中央警察局附近时，向警察局冲击，并进行打砸抢，一时秩序大乱。为此，英殖民当局以有违游行法为由，拘捕了中印侨民 200 多人。后来查明，原来是日本情报部门，纠集浪人与汉奸所为，以此来嫁祸游行群众。经侨团多方救助，这些被捕的华侨才被释放。

日本情报机关——F 机关，对陈嘉庚领导下的新加坡华侨抗日活动情况收集得更为详细。新加坡有多少华侨救亡团体，这些团体领袖及主要职员、会员是谁，他们有哪些抗日言论和爱国行动，这些反日骨干都住在哪里，门牌号码多少，他们都一一造册登记，以备一旦日军占领新加坡后，进行抓捕与报复。所以，后来山下奉文在新加坡进行大屠杀中，每支宪兵队都发有《华侨抗日手册》，让宪兵可以轻易地按名单抓人。1939 年日本企划院根据收集的情报专门编纂了一本《华侨之研究》，其第五章就详细介绍了南洋华侨各抗日团体的情况。这一章的第一节介绍的就是陈嘉庚。书中说：“彼为福建出身，在世界恐慌前，其经济力唱霸全马来亚，发挥绝大势力……其后受世界恐慌波浪所袭，经济遂致失败，然其昔日之势力仍不减少，其社会地位及声望依然‘独步’，对全华侨有强大之影响力。彼现为星华筹赈会之主席，又为抗日及排斥日货之主动机关，难民救济会之主席，‘奔命’于抗日之运动。一时传闻彼欲辞职，然此系误传，实则彼仍旧在抗日阵营中指挥工作。彼早于 1913 年（应为 1924 年）特为排日之目的，而创办《南洋商报》，置言论界于其势力之下，现今其销行额约一万份。去年 1938 年 10 月 10 日双十节，全南洋华侨代表开大会于星洲，在此会之主席即为陈嘉庚。彼抑制一部分华侨之盲动，而指挥之以从事冷静而有秩序之大运动，实一不可侮之人物也。去年‘七七’纪念日，彼在星洲大会中演说，告诫华侨应遵守当地之法律，勿破中英之友好关系，而为敌国所笑云云。华军虽屡败，然彼不停其怒号。”

“南侨总会是抗日民族战线的组织，陈嘉庚先生是爱国华侨领袖。”这是周恩来对陈嘉庚以及他领导的南侨总会的评价。随着祖国抗战斗争的深入，陈嘉庚及其领导的南侨总会在动员千百万华侨支援祖国抗战方面发挥的作用，越发显示其威力！

2 有钱出钱有力出力

四海为家，祖国山河常在念；

五洲寄迹，家乡风物总关情。

这是 20 世纪三四十年代，南洋华侨过春节时喜欢贴的对联，这春联典型地反映了华侨对家乡对祖国念兹在兹的心态。

1840 年鸦片战争之后，清王朝腐败无能，国土面临被列强瓜分，南洋华侨掀起了第一次爱国的高潮。据历史记载：辛亥革命的领导人孙中山曾 8 次到新加坡，其中 3 次就在至今仍为新加坡人辟为纪念孙中山遗址的晚晴园驻足。此后，晚晴园就成了革命志士聚会的地方，成了南洋华侨革命党的总指挥机关。孙中山领导的多次武装起义，如黄花岗起义、镇南关起义，等等，都是在晚晴园策划的。马来半岛也是孙中山革命活动的主要地区。他为了宣传革命，在新加坡、马来半岛创办过许多报刊、书店和读书所。至今仍在马来西亚中部与西部风行的华文报《光华日报》就是孙中山创办的。黄花岗起义的秘密策划会议就是在马来西亚的槟榔屿召开的。会后，南洋华侨与美洲华侨共同筹集了 187000 元武装起义活动经费。参加这次起义的华侨有数百人之多，其中著名的烈士李雁南、余东雄、温生财、陈文豪……都是马来亚的华侨。

1938 年，陈嘉庚创办的《南洋商报》发表过一篇题为《南洋与祖国的联系》的社论。社论说："南洋距离中国最近，我国侨居海外的人民，为数最多的亦为南洋。以我国侨民问题关系国家的兴亡，则南洋侨胞对祖国的关系尤切，其理由可得而言者，在经济方面:我国为一入超国家，每年漏卮，多赖海外侨胞汇款回国，以资弥补，尤所赖于南洋侨胞最大；在政治方面：华侨素有‘革命之母’之荣誉，近五十年来，我国历次的革新运动，莫不为侨胞赞助最多。此次为争取民族生存的抗战，南洋侨胞拥护之热烈及输将之踊跃，亦为人所目击的事。只从经济与政治两方面来看，南洋侨胞对祖国关系之密切已不言而喻了。”

抗日战争是华侨爱国热潮第二次大迸发。1937年卢沟桥事变爆发，中国人民反抗日本帝国主义侵略战争的形势，发生了急剧变化。7月8日，中国共产党发布《中国共产党为日军进攻卢沟桥通电》，指出“平津危急！华北危急！中华民族危急！只有全民族实行抗战，才是我们的出路！”号召“全中国同胞、政府与军队团结起来，筑成民族统一战线的坚固长城，抵抗日寇的侵略！国共两党亲密合作抵抗日寇新进攻！驱逐日寇出中国！”17日，蒋介石在庐山就国民政府对日方针与立场发表声明，指出卢沟桥事件“不是偶然的”，“从这事件经过，知道人家处心积虑的谋我之极，和平已非轻易可以求得”。又说，“我们知道全国应战以后之局势，就只有牺牲到底，无丝毫侥幸求免之心理，如果战端一开，就地无分南北，年无分老幼，无论何人，皆有守土抗战之责任，皆应抱定牺牲一切之决心”。国共两党在中华民族生死存亡的关头，抛弃前嫌，一致对外。一个全民族团结抗战的统一战线的时代到来了！南洋华侨欢欣鼓舞，激奋起前所未有的爱国热情，开展了热烈蓬勃的支援祖国救亡运动。

随着日本侵略者发动上海事变，加快灭亡中国的步伐，华侨各地团体纷纷高举爱国旗帜，誓做祖国后盾。同时，侨胞新的救亡组织更如雨后春笋般大批涌现。南侨总会成立时，参会的新成立的救亡团体就有80多个。总会成立后，这80多个团体均成为南侨总会的团体会员。到太平洋战争爆发前夕，这样的华侨救亡团体已发展到700多个。

从这80多个团体的名称可以看出，他们的主要任务是筹赈，即为祖国难民和伤兵募集救济资金与物资。明眼人一看就明白，这些组织其实打的是为难民与伤兵筹赈等慈善组织的旗号，实质是为祖国抗战筹赈战争经费与物资。这是由南洋华侨所处的殖民地环境所决定的。

新加坡娱乐文艺界女艺人为抗日筹款

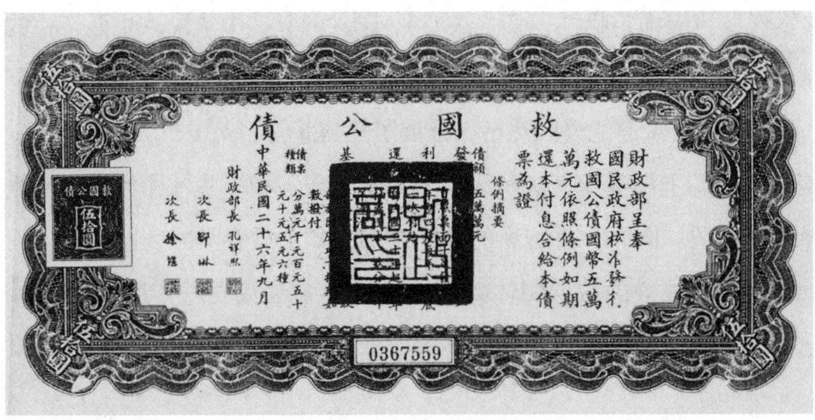

中国政府发行的救国公债

新加坡筹赈会成立的前一天，英国殖民政府怕开罪日本，华民政务司左顿专门召见陈嘉庚，声言陈嘉庚要对新加坡筹赈会负责，并提出 4 项必须遵守的条件：

一、不得表明筹款帮助中国购买军火，因为英国对中日战争取中立立场；

二、不得提倡抵制日货；

三、款项须统筹统汇；

四、汇款交给中国哪个机构，由总督决定。

鉴于英国殖民当局明令禁止华侨筹款为祖国抗战购军事物资与枪械，所以，马来亚、北婆罗洲等英属殖民地的华侨救亡组织，均效仿新加坡筹赈祖国伤兵难民大会委员会，命名为筹赈祖国难民委员会。如霹雳华侨筹赈祖国难民委员会、玻璃市华侨筹赈祖国难民大会委员会、森美兰华侨筹赈祖国难民大会、沙捞越华侨筹赈祖国难民大会委员会。暹罗虽然是中立国，但不久即与日本签订了攻守同盟，因此，也多以筹赈祖国难民委员会为旗号，如曼谷华侨筹赈祖国难民委员会、陶公华侨筹赈祖国伤兵难民会等。至于荷属东印度，荷兰殖民当局公开反对华侨募捐，所以，华侨救亡组织多以慈善会命名。如巴达维亚华侨捐助祖国慈善事业委员会、勿里洞华侨捐助祖国慈善事业委员会、任抹华侨赈灾会、硕顶华侨公益社，等等。公开打出救国或抗战旗号的，只有越南南圻华侨救国总会、菲律宾华侨援助抗敌委员会等少数几家。但是，不管名称如何，华侨均统称筹赈会。

由于殖民政府对华侨爱国行动的干涉，因此南侨总会发表的宣言中，告诫华侨在救亡活动中要“顺势环境，遵守法律”。陈嘉庚更提出了两手对策，即明暗两手：“对于祖国抗战应负任务有明暗两种工作，明之一面，即组织筹赈会，公开劝募分会，推举若干委员，负责筹赈及劝募公债；暗的一面，即组织爱国团，惩戒汉奸，抵制仇货。然明暗两种工作，必须分开办理，各守责职。”又说：“故负责明之一面者如筹赈会及公债劝募分会诸委员，宜更同心勠力，加紧工作，并须贡献相当金钱，以增厚国力，庶乎无负明者之任务，而不愧暗者之忠诚也。”所以，南侨筹赈大会通过的南侨总会的组织大纲，明确提出总会的宗旨是：“甲，联络南洋各府华侨研究筹赈方法，策动救亡工作；乙，筹赈祖国难民，并倡导集资发展实业，以维难民生计；丙，积极募捐公债，推销国货。”

日本侵略中国的罪行，是人类历史上最野蛮、最残酷的一页。1938 年“七七”事变周年纪念，国民政府行政院院长孔祥熙在对侨胞讲话中明确指出：“抗战之最后胜利，不仅取决于军事上的进退得失，更需财力物力的长期撑持。敌之谋我，亦以摧毁我国经济基础为主要目标。”从“九一八”事变到日本投降的 14 年间，在日本侵略者的屠刀下，中国死伤人数高达 3500 多万。按 1937 年比值计，给中国造成直接经济损失 1000 多亿美元，间接损失达 5000 多亿美元。所以，当时陈嘉庚就高瞻远瞩认识到华侨从财力物力上支援祖国抗战的重要意义。同年 10 月 15 日，他在新加坡“七子班”歌女剧团筹款演出晚会做演讲时就说：“今诸位具有爱中国之心，应北望我国，大盗已入我室，劫我财产，杀我妻子无缘无故，而日寇凌我如是。”又说：“吾人愿早日驱逐日寇于神州境之外，有何妙策乎？有之，唯有大众踊跃捐输。无论男女老幼，富有者多多出钱，平民之家亦各尽所能，3 元、5 元，1 元、8 角，皆应捐之。诸位勿以此区区之款，未能成大事。须知集腋成裘，聚沙成塔，此笔款项，即可以购大炮子弹打倒日本也。”他还当场表扬一位卖鸡蛋度日的老妇人，她竟把平日积蓄的 7 元钱，全部捐给了筹赈会。

在祖国的号召下，在陈嘉庚的推动下，从财力物力上支援祖国抗战就成了华侨救亡运动的核心内容，也成了南洋华侨救亡运动最突出最富有成效的表现。1938 年 1 月 1 日，有人在《南洋商报》上总结过去一年的马华救亡运动时，说：“在这次筹赈运动中最大的特色乃在于所运用的各种方式，是相当周详的，譬如除了临时认捐之外有月捐，有特别捐，有售物报效，有卖花以及演剧跳舞等，几乎所有可用来募捐的方法都运用了。”这些办法是第一个成立的新加坡筹赈会以及随后马来半岛各地相继成立的筹赈会的共同创造。

陈嘉庚相当重视这些行之有效的筹赈劝募公债的办法，他担任南侨总会主席之后，立即根据代表大会的决议，总结了各地筹赈办法，并形成文字，发布了《各埠筹赈办法举要》，并发给南洋各地的救亡组织。

各埠筹赈办法举要

仅依据代表大会决议："总会应行订定筹捐赈款办法之细则及其方式，通告各属会尽量采用"一案，特草拟本文筹赈办法举要，都为十二种类，以供各属会参考，而采用之。在此十二种类之外，各属会如有更切实有效之办法，亦得举报本总会分达各处。

（一）特别捐

【甲】每若干月相机出捐一次，视地方景况而决定之。

【乙】逢大纪念日，可倡行献金运动。

【丙】采用国内新发生某种灾难名义，即同时进行特捐——例如黄河水灾等类。

【丁】国内有何种倡捐，在时间上急需者——例如劝募寒衣等类。

（二）常月捐

【甲】各行店公司应捐认者。

【乙】各店员伙伴应捐认者。

【丙】自由职业应捐认者。

【丁】劳动界应捐认者。

按此项常月捐在都市而外，并应推行及山内、乡村，以求普遍，办法应雇员催收，如各地方有热心家负责催收更妙。

（三）货物助赈捐

【甲】出产品或入口货。

【乙】如与环境有关者，应设法避免干涉。

【丙】此项货物助赈捐，如办理得妥时，实惠而不费最可持久。

（四）纪念日劝捐

【甲】1 月 1 日开国纪念，及旧历正月初一、二等日（约阳历 2 月间）可借此年节劝侨胞节省各费助赈。

【乙】3 月 12 日总理诞辰（应为孙中山逝世纪念日——引者注）及 3 月 29 日黄花岗烈士纪念择一举行。

【丙】5月9日国耻纪念日（即袁世凯接受日本提出的21条卖国日——引者注）。

【丁】7月7日卢沟桥惨案纪念日。

【戊】8月13日抗战（即上海抗战——引者注）纪念日。

【己】9月18日暴敌入寇东三省纪念日。

【庚】10月10日国庆纪念日。

【辛】10月30日蒋委员长寿辰纪念日。

【壬】11月12日总理诞辰纪念日。

【癸】12月25日云南起义纪念日。

按每逢纪念日劝捐办法，或口头劝募，或演剧，或卖纪念品，或卖花，均可随时地而决定。其中唯卖花较为简便，若距离月余或二个月举行一次，虽颇麻烦，然以国难严重关头，出力出钱，固应勉为其难，爱国侨胞，当能原谅，而乐表同情。若逢一月之间，有两纪念日者，可以就地变通，观局打算，总求加强筹赈成绩是也。

（五）卖花卖物捐

【甲】每逢纪念日组织卖花队出发向各行店及个人劝售。

【乙】要以广大队伍普及劝售求成绩之伟大。

【丙】卖花而外或兼售别种纪念品物，如蒋委员长像章等类。

蒋委员长像章铜质每个大宗六占（分——引者注）余，镀银约近一角、镀金约近两角，如需要可代介绍购办。

（六）游艺演剧球赛捐等

【甲】此数种之中，各有不同且多属娱乐性质，虽每月多举几次亦属无妨。

【乙】场内卖票，多出游客自由购买，若场外卖票，则须用工作鼓励，方有成效。

【丙】场内货物，多用征求义务捐助者。

【丁】场内卖物，亦有当场鼓励顾客加价之效率。

（七）舟车小贩之助赈捐

【甲】舟车小贩等应经若干时日，请报效一次，须察情形而定，但应派员鼓励，方能有效。

【乙】每次给以救济箱，收来若干，应为之表扬，俾互相观感。

【丙】报效之日应大书特书，挂布表扬，俾买者更不计值，而多捐助。

（八）迎神拜香演剧捐

【甲】迎神等虽近于迷信，然习惯难除，便宜利用，有此机会宜劝诸当事人节约开费，移款助赈，此举甚有效果。

【乙】旧历七月盂兰胜会（俗称普度）此项习俗，耗费更巨，若能设法利用鼓励其节资移赈，收入定必不少。

【丙】各社神诞香火热闹，人山人海，彼等难为迷信诚心而来，倘乘机组队，卖花卖物，亦可收巨效。

（九）设救济箱于公共场所

【甲】制木柜高约二尺余，大约尺余方，柜后面墙枋高出约十寸，绘一伤兵或写标语，以引致观感。

【乙】该木柜安置于公共出入场所，或任何大机关门户口，托其所内人员兼管。

【丙】该木柜应加封锁，按若干时日，由筹赈会派员会同所内人员公开核算，得若干赈款即给收条，并表扬之。

（十）宣传有效方法

【甲】多设阅报室及壁报，任人观阅。

【乙】另拟白话文告，隔若干时日，印发一次。

【丙】利用世俗各种纪念日，作演讲会，会场或借戏台一半小时便足。

【丁】通俗演讲，意在感化文盲，切勿多用文言，宜用乡土浅白之语句，能令男男女女家喻户晓者为要。

【戊】通俗演讲，每人不过半点钟，讲时应简短，及能感动者为合，并多招演讲人员，每次集会至多一点余钟，至两点为限。

【己】注意在市区外各山芭村落演讲，俾能普及出钱。

（十一）各处应多设筹赈会分支会

【甲】各埠市区之外，所占地区更广大，应派员向各内地乡村鼓励，组织分支会（语云：十室之邑，必有忠信，无论何处，吾侨定必有热心家，可负其地方之职责）。

【乙】分支会若有成立则其常月捐或何项特捐，定有多少可以增加收入，在组织初期，应宜派员指导。

【丙】乡村内地如多设分支会，则必相互观感，互相竞进，盍不甘后人。不甘受不爱国之恶名，此乃我民族之特性。但期各埠会领袖，尽力设法领导为要。

（十二）各埠会常月捐应求有进无退

【甲】各埠会对此次大会报告之常月捐额数，此后当求增加，不可减少。

【乙】要达到所期之目的，势必用心用力，勤事工作，然救国筹赈，责无旁贷，所望负责筹赈会领袖，与同事人员之努力。

【丙】本节所谓各埠会常月捐乃包含各埠会逐月收入一切捐款而言，非仅指各类捐款中之一类常月捐而已。

这个“举要”的下发，因为它颇具操作性，遂使各地募捐救亡运动更加轰轰烈烈与扎扎实实。

1938 年 12 月 25 日，这天是当年蔡锷将军在云南起兵反对袁世凯称帝的日子，也是新加坡华侨利用国家规定的纪念日举行筹赈活动的日子。这一天，新加坡的大街小巷到处活跃着一支支小分队，他们或四五人一群，或十几人一队，人人手里都抱着一束束由红黄纸扎成的鲜花，沿途叫卖：

“卖花哟，卖花！”

“多买一枝花就是多给祖国抗战做贡献！”

“义无反顾，抗战到底！”

“出钱又出力，出力又出钱！”

“努力筹赈，誓做祖国后盾！”

“最后胜利一定属于我们！”

口号声、叫卖声在街巷中此起彼伏。这些卖花队伍，或是由新加坡各华文学校的学生与教师职工，或是由各华侨社团的会员，或是由各华侨家庭的成员组成的。

这一天卖花队伍多达 400 支。

原来，他们都是响应新加坡华侨筹赈会第 6 号通告而自动组织起来的。

第 6 号通告实际上就是一个卖花活动的实施方案，它公开发表在 1938 年 12 月 10 日《南洋商报》上，全文如下：

本年 12 月 25 日，为我祖国云南起义纪念日，经本会第 18 次议决，由是次纪念日起，改善卖花办法在案，所有改善办法，业经报端发表。兹以云南起义纪念日行将迫近，各种卖花队之组织，领花手续之接洽，应宜早日准备，以免临时张皇，爰特通告各条如下，望各帮会各团体，依据此次规定，照行办理为荷：

1. 各帮组织特别队，先期出发，向各店行公司殷实侨商劝购四种花，即名誉花无定价，一等花每朵 15 元，二等花 10 元，三等花 5 元。其办法业由本月 15 日起至 23 日止，先行登记，待 20 日至 23 日则将花及证书送去，回时收款回来，该商店可将证书挂贴在其店前，以免 25 日普通售花队再入店劝售。

2. 普通花则定 25 日由各队照本会所定地限，出发劝售。

3. 各帮领四种花之证书，每种定若干，请于本月 20 日以前来函告知，当照送交。

4. 各帮普通花劝售队，拟定何街界劝售，请编定表格，于本月 20 日前来函告知。

5. 市区内除已编在各帮者以外，凡要组队劝售普通花者，本会经议决，以会馆、社团、学校三种团体为标准，请于本月 15 日前来函报名，至于队数箱数或要兼售像章、金戒指若干，须并说明。

6. 蒋委员长像章现有三种：镀金、镀银及古铜，戒指亦已镀金。兹定售价，金像章 6 角，银像章 3 角，古铜章 2 角，金戒指 2 角。

7. 领取赈箱及普通花、像章、戒指等，定于本月 22 日至 24 日止。

8. 市区外，学校社团仍请努力组队。在市区外劝售，本会原无代为分界，唯如函报告，当为登报表扬。

一次售花活动，竟布置得如此具体！

劝售的这些花都是由各校师生、各社团会员或个人自愿亲手制作的，然后上交筹赈会，再由筹赈会分配给各卖花队。1938 年九十月间，一共制作花 96000 多朵。11 月 12 日，为纪念孙中山先生诞辰，全市 12 所华文学校共制作花 30 多万朵。这些花分为一等花、二等花、三等花、普通花几大种类，价格亦不相同。

卖花是南洋各地筹赈会募款的最普通最有效的办法，也是南洋华侨最受欢迎最积极参加的爱国活动。每一次卖花活动，不仅为祖国募集大批捐款，也是一次抗日救国大宣传活动，更是爱国精神在侨胞身上大发扬的充分体现。

新加坡的卖花队，动员了无数的男女老幼参加。其中最引人注目的是活跃在恭锡街与惹兰勿刹红灯区的“菊花姐妹卖花队”。这是一支由风尘女子组成的队伍。她们个个姿色动人，穿的上衣上还绣有一朵小红花。古诗云 ：“商女不知亡国恨，隔江犹唱后庭花！”这些身份低微的风尘女子却相反，她们深知“亡国恨”，牢记“天下兴亡，匹夫有责”，也积极参加到抗日救国的活动中。因此，她们的花被市民纷纷抢购，“菊花姐妹卖花队”一时传为佳话。

仅 12 月 25 日这一天，全市卖花队共卖出花 20 余万朵。当时，全新加坡华侨人口不超过 50 万人，可以说，除小孩子和老人外，几乎人人都买了花，个个都参加了救国运动。

除卖花筹赈外，各文艺团体还广泛开展演出活动。演出不仅仅是筹款，更主要的是宣传抗日。著名的马来亚华文作家与文艺理论家方修，曾经这样评价当时的戏剧活动。他说：“马华戏剧表演艺术的发展，到了新文学的繁荣时期（1937—1942 年），便汇合了抗战救亡的热潮，成为救亡戏剧运动，呈现了马华新文学史上空前绝后（迄今为止）的场面。”主要表现在各地戏剧团体纷纷建立，数目不下千百个。著名的有新加坡的星洲业余话剧社和爱国校友会话剧团、槟城的今日剧社、加影的前卫剧社、马六甲的南岛剧社，等等。这些剧社都相当活跃，演出不管是在市区或山芭，只要有人居住，有块空地，就可以“作战”了。他们演出的戏剧，都具有鲜明的主题，那就是救亡。

1939 年 4 月 1 日，英国殖民政府发布禁止华侨学生参加抗日救亡法令的同时，查封了著名的星洲业余话剧团。但是很快他们在南侨总会的支持下又组织了一个新的剧团——“四一”流动宣传队。

这个宣传队不仅演戏还有歌咏，并配有方言演讲员，因此，很受观众欢迎。他们演唱歌曲《有钱出钱，有力出力》时，不仅演员唱，还一句一句教观众唱，使台上台下歌声连成一片。常常是一唱这歌儿，群情激昂，纷纷捐款。有的人带钱少了，就把身上的金银首饰摘下来捐给筹赈会。华侨文艺界利用文艺武器，宣传群众、教育群众，成为华侨救亡运动一支不可忽视的力量。

1938 年武汉失守后，由上海国立音乐学院几位学生倡导，联合一部分爱国青年，组织起“武汉合唱团”。该团以陈仁炳为领队，夏之秋为团长兼指挥。演员有项坤、江心美、陈文仙、周保宁等 28 人。他们以演出抗日救亡歌曲为主，以话剧为辅。12 月 14 日，他们抵达新加坡进行抗日救国的宣传、募捐演出，受到南侨总会和广大侨胞的热烈欢迎。他们的演出一律由南侨总会主办，演出收入和募捐款项也全部交给南侨总会，并由南侨总会汇回祖国。

12 月 18 日，“武汉合唱团”做第一场演出，演员们情绪高昂地演唱了《义勇军进行曲》《毕业歌》《大路歌》《大刀进行曲》《八百壮士》等抗战歌曲，立即引起了轰动。

同胞们，细听我来讲：
我们的东邻舍，有一个小东洋，
几十年练兵马，东亚逞霸强，
一心要把中国亡！

九一八，平地起风浪，
一夜里领人马，抢占我沈阳，
杀的杀，抢的抢，老百姓遭了殃，
东北四省（东三省加热河省——引者注）被灭亡！

卢沟桥，二次又动刀枪，
抢占了黄河北，又占我扬子江；
南京杀人几十万，国都变屠场，
哪个见了不心伤！
……

一曲如怨如诉的歌曲，引起侨胞对祖国国土沦丧的悲痛，对日寇狼子野心与野蛮行径的愤恨。

中华民族到了最危险的时候，
每个人被迫着发出最后的吼声，
起来！起来！起来！
我们万众一心，冒着敌人的炮火，
前进！前进！前进！进！

一曲激越的战歌，又鼓舞了多少侨胞救亡图存的勇气与信心！

接着，他们在新加坡一连演出了 8 场，场场爆满。在侨胞热烈欢迎下，武汉合唱团在新加坡三大游艺场连续演出 3 个月，售票收入达 2 万余元。接下来该团又到马来半岛演出，先后演出地点有柔佛、马六甲、森美兰、雪兰莪、霹雳、槟城等。演出期历时一年多，共筹得叻币 200 余万元，按当时汇率 15 元叻币换 100 元国币计算，共筹得国币 2000 多万元。

南侨总会除了最出色、最有成绩的筹赈外，还肩负当时国家交给的有关募集物资的任务。1939 年 9 月 21 日，蒋介石夫人宋美龄领导的重庆妇女慰劳总会，来电通知南侨总会，说经行政院批准，委托南侨总会在南洋为前方将士、后方难民伤兵募集 30 万件寒衣。南侨总会接到通知后，立即发布 24 号通告。通告指出：“值此倏眉，将士无衣，忍冻受寒，辛劳为国，实堪轸念。海外侨胞，应即仰体蒋夫人恻隐之心，而发为慷慨之助。……至若寒衣劝募，诚为应时急需，霜雪降临，时刻难耐，挥戈浴血，寒冻奚堪，吾侨安居乐业，须不忘后方之任务，不论团体个人，男校女校，宜当更加努力……”

为此，南侨总会按 30 万件寒衣的任务，进行了分配：

英属马来亚 12 万件；

英属婆罗洲 2 万件；

英属缅甸 1 万件；

美属菲律宾 4 万件；

荷属东印度 6 万件；

暹罗 2 万件；

香港 2 万件；

法属安南 1 万件。

任务下达后，南洋各地华侨都积极参加缝制寒衣的活动，无法参与者，则以捐款计算：冬季大衣按每件国币 15 元算，棉背心每件按 2 元算，30 万件寒衣折款 510 万元。不到一个半月，各地华侨不但完成了任务，还超额了 10 多万元。

南侨总会自 1938 年 10 月 10 日成立，至 1942 年 12 月停止工作，据不完全统计，总共捐款国币 4 亿多元，平均每月 1000 万元。如将此款存国内银行做纸币基金，可发行 4 倍的纸币，即 4000 万元。当时国军有 300 万人，每月平均食饷 4650 元，南洋华侨每月捐资几乎可供养全体抗日将士每月的生活。此外，南洋华侨还有大批侨汇汇回家乡。

陈嘉庚在他的《南侨回忆录》中对捐款与汇款有详细记载：

南洋各属义捐总比较

南洋英荷法美暹各属华侨，对祖国抗战捐输金钱，努力工作即如上述，兹将三年间各属除暹罗外，人数及逐月捐输，平均比较如下。按民国二十八年、二十九年、三十年汇水平均，新加坡币 15 元伸国币 100 元。

菲律宾华侨 14 万人，每月捐输平均国币 70 万元，即每人平均 5 元。

马来亚华侨 235 万人，每月捐输平均国币 420 万元，每人平均 1 元 7 角半。

缅甸华侨 45 万人，每月捐输平均国币 54 万元，每人平均 1 元 2 角。

荷印华侨 160 万人，每月捐输平均国币 160 万元，每人平均 1 元。

安南华侨 45 万人，每月捐输平均国币 20 余万元，每人平均 5 角。

英婆罗洲及暹罗属小埠，每月平均约汇国币 10 余万元。合计华侨 500 余万人，每月平均捐输国币 734 万元。

若香港华侨稍肯努力，每人每月按捐输国币 1 元 5 角，即可得 150 万。

荷印中东两爪哇及苏门答腊，若肯如西爪哇之努力，每人增捐国币 5 角，逐月可增 80 万元。

安南华侨如肯努力，每人每月按捐增国币 1 元，逐月可增 40 万元，此三条逐月可加国币 275 万元。

合共华侨 600 余万人，每月捐输可得 1000 万元。美洲及欧俄等处，逐月按国币 350 万元，共海外各华侨逐月义捐可得 1350 万元。如将义捐存银行做纸币基金，在国内便可发四倍之纸币 5400 万元。民国二十八年全年战费，共开国币 18 万万元，则华侨义捐可当三分之一。若单就饷款而言，据政治部长陈诚将军所述，民国二十九年间军兵每名食饷仅 11 元半，近因米价贵，每名津贴米价 4 元，合计 15 元半。按战后正规军至多 300 师，计 300 万人，即每月须 4650 万元。尚可余 700 余万元，以为诸军官之饷金。

准此而言，则华侨义捐，安可谓之杯水车薪，而袖手观望乎。然此不过单指义捐而已，海外华侨汇回国内之款，尚有寄家费一条，比义捐数目更多 10 倍。此条为我国最大之资源，对政费战费更有重大关系，前已详言之。

民国二十六年“七七”事变后，下半年海外华侨，汇归国币约 3 万万元，时汇率新加坡币 52 元申国币 100 元；二十七年汇款约 6 万万余元，是年汇水平均新加坡币 44 元申国币 100 元；二十八年汇款 11 万万余元，汇水是年平均新加坡币 20 元申国币 100 元;二十九年汇款 15 万万余元，是年汇水平均新加坡币 15 元申国币 100 元;

三十年汇款十七八万万余元，是年汇水平均新加坡币 12 元中国币 100 元。以上自抗战以来五年间共汇家费义捐国币 50 余万万元。

辻政信大佐一路杀伐，从泰马边境到柔佛海峡边，念念不忘要血洗陈嘉庚和南侨总会，就是因为他们动员南洋华侨向中国捐款太多，大大增强了中国抗战力量。

3 驰骋在滇缅公路上

辻政信对陈嘉庚的刻骨仇恨，还有一条就是陈嘉庚和他领导的南侨总会动员了几千名华侨青年回国参战，保障了中国唯一的国际外援生命线的畅通。

1938 年 8 月底，南洋各地的华文报纸都刊登了一条特大喜讯——滇缅公路通车了！这条国际大通道的修通，正如当时《云南日报》社论所说：滇缅公路完工，就像给中国抗战建立了一条输血管。南洋华侨闻讯，无不欢欣鼓舞。

正在怡和轩俱乐部办公室办公的陈嘉庚得知此讯，心情也久久不能自已。他凝望着墙上挂着的中国大地图，陷入沉思：眼前仿佛闪现出一条长蛇般的公路，蜿蜒于层峦叠嶂的高山深谷之间。这条起自云南昆明，内连四川、贵州、西康、广西四省，外连缅甸曼德勒，直达仰光，硬是把中国抗战大后方与印度洋接连起来。

看着，看着，陈嘉庚猛然感到这条公路修通的意义重大：10 月 21 日，日军占领广州后，中国东南沿海所有的港口，均为日寇占领，使国际援华物资的两条重要通道——通过香港和越南海防的中越铁路，已处于岌岌可危的地步。它们被日军掐断，已是早晚的事。国民政府之所以痛下决心，动员 20 万民工，而且因为男丁大都上了战场，能出工的几乎都是老人、妇女与儿童，在缺乏必要的机械设备的条件下，凭着双手硬是在这横断山脉大山之间开凿出这条公路，不仅具有战略眼光，也创造了人间奇迹！

陈嘉庚又想起不久前，刚刚成立的西南运输处，当时运输处主任宋子良在滇缅公路还没有通车的时候，就急急忙忙给南侨总会来电，转告了蒋介石委员长关于“华侨如有志愿回国驾驶汽车者，应尽量罗致”的指示，并要求南侨总会在南洋代为招聘有经验的汽车司机和熟练的汽车修理技术人员。当时，祖国交通落后，非常缺乏司机与汽车修理工。而这条滇缅公路正急需大量的司机和修理技术人员。何况这条公路又如陈嘉庚所说“以崎岖惊险著称，非极有经验、技术高明的老驾驶员是难以胜任的”。这一未雨绸缪的重大决策关乎祖国的抗战胜利,关乎中华民族的生死存亡！陈嘉庚眼前又闪现出在这条崎岖艰险的山路上，在烟尘滚滚里，载满军用物资的无数汽车时隐时现……

陈嘉庚当即做出决定，以南侨总会的名义，向南洋各地的筹赈会发出通告。

南洋华侨筹赈祖国难民总会致函

各地属会发动征募机工回国服务

径启者：兹接奉我国政府电令，在海外征募汽车驾驶员500名，修理人员50名，以应需要。本会为此不得不分函各地筹赈会，极力设法，多方罗致。除在报端发表通知外，仅附致此项通告一份，希按照内开各条，从速进行办理，并转知贵处分支各会，协同征募，或派人往贵处机器工会、汽车工会等，鼓励应征。但需注意有妥人介绍，勿令汉奸混入为要。至于各应募人前往国内旅费，应请各地筹赈会分别担任，因本总会未有向外捐筹及何项存款者也。大约每人由星启程60元叻币便足。又此等驾驶员，在马来亚征募者，现第一批约60人，可于本月18日出发，并此告闻，尚希鼎力办理，顺盼见覆。

南洋华侨筹赈祖国难民总会

民国二十八年二月七日

陈嘉庚知道这些司机与修理技术人员，不仅要求有爱国思想，而且还要有过硬的驾驶和修理技术，各地招聘必须严格把好质量关。因此，他又以南侨总会的名义，发布了第6号通告，对司机与技术人员的入选条件提出了严格要求。

南洋华侨筹赈祖国难民总会第六号通告

（征募汽车修机驶机人员回国服务）

为通告事，本总会顷接祖国电委征募汽车之修理人员及司机人员回国服务（修机者按数十人），凡吾具此技能之一，志愿回国以尽其国民天职者，可向各处华侨筹赈会或分支各会接洽，并注意下列各条方可：

（一）熟悉驾驶技术，有当地政府准证，识文字，体魄健全，无不良嗜好（尤其不嗜酒者），年龄在 40 以下 20 以上者。

（二）薪金每月国币 30 元，均由下船之日算起，如驶机及修机兼长者可以酌加，须在工作时，审其技术而定。

（三）国内服务之地，均在云南昆明，或广西龙州等处，概由安南入口，旅费则由各地筹赈会发给。

（四）凡应征者，须有该地妥人或商店介绍，知其确具有爱国志愿者方合。

（五）本总会经函达各地筹赈会负责征募，各筹赈会如经征取考验合格者，计有若干人数，须即列报本总会。至应募者前往安南路程，如能由所在地筹赈会办妥手续，直接出发固妙，否则可由本总会设法办理。

事关祖国复兴大业，逼切注意办理是要，此布。

中华民国二十八年二月七日

天下兴亡，匹夫有责。陈嘉庚振臂一挥，立即得到了南洋各地华侨的热烈响应。首先响应的是新加坡机器行。它于 2 月 10 日发出通告，说："窃思我星岛机工不少忠贞爱国之士，具此两项技能者，实繁有徒。际兹国族凌夷之日，正好男儿报国之时，况吾侪平时每感向往有心，请缨无路者，对国家需才孔亟，当可联袂而起为国服务，共肩民族复兴之责，以尽国民之天职也。本行为此特行通告，凡我机工同业，具有司机或修机之技能，而愿为国家服务者，请来本行报告，以便进行也。机工乎，良机勿失，盍早来乎！"

仅仅一周时间，到新加坡机器行应征报名者如潮，经过严格挑选，共招聘了 32

名司机与技术人员（统称机工），加上马来亚沓株巴辖招聘的48人，两地合计80人，组成第一批南侨机工回国服务团，于2月17日在新加坡集合。首批南侨机工回国服务团的成立，在全南洋华侨中产生了极大的影响。当时任职于新加坡《星洲日报》的著名作家郁达夫给予高度评价，他在《送沓华机工回国服务》一文中，这样写道："这48位勇士，非但代表了华侨，证明了侨胞出力出钱，在绝大牺牲下，誓死争取自由与独立，并且代表了中华民族的正气，证明了我中华民族是绝不会做亡国奴的民族！"

陈嘉庚更是十分重视这第一批南侨机工回国服务团。他于当天在怡和轩接见了全体团员，并发表慷慨激昂的演讲。他说："新加坡、沓株巴辖华侨机工放弃在海外的职业，愿回国服务，不但利益减少，工作亦较辛苦。然以青年有志具此牺牲精神，是为全马来亚之模范，感召所及，不但劳动界可增加出钱出力之意念，就是其他商学各界，更当有绝大之感奋，尤其是资本家看到诸君此种伟大牺牲之精神，应当更加出钱，庶可以对诸君而无愧。"

2月18日，正是中国农历除夕，这80名被华侨誉为"八十先锋"的南侨机工，由新加坡登上了法国邮轮"安打拉文号"启程回国，成千上万的新加坡华侨拥上码头欢送他们。"打倒日本帝国主义！""中华民族万岁！""抗战必胜！"等口号声此起彼伏。这80名机工站在甲板上，心潮澎湃，热泪盈眶，大有"风萧萧兮易水寒，壮士一去兮不复还"的感慨。这时有人起头，唱起了《再会吧，南洋》，顿时歌声四起，船上船下一齐高歌：

再会吧，南洋！
你海波绿，海云长，
你是我们的第二故乡。
我们民族的血汗，
洒遍了这几百个荒凉的岛上。

再会吧，南洋！

你椰子肥，豆蔻香，
你受着自然的丰富的营养。
但在帝国主义的剥削下，
千百万被压迫者闹着饥荒。

再会吧，南洋！
你不见尸横着长白山，
血流着黑龙江，
这是中华民族的存亡。
再会吧，南洋！
再会吧，南洋！
我们要去争取一线光明的希望！

此时，船上岸上的人群，情绪激奋，歌声口号声震撼整个码头……

回国的80名南侨机工，显然远远不能满足滇缅公路运输任务的需要，于是，南侨总会又于3月9日发布第8号通告。马来亚是南洋各国华侨人数最多、最富有爱国精神的地区之一，因此，这第8号通告里特别提到马来亚华侨。

南洋华侨筹赈祖国难民总会第8号通告

（第二期征募机工回国服务）

本总会主办征募汽车驶修理机工回国服务事，第一期名额，自通告发出后，各地爱国机工，踊跃投效，修机百名，业已募足，驶车名额，亦将满数。唯祖国方面，以滇缅路线悠长，车辆众多，货物运输，云屯山积，兹拟第二期续募驶车员350名，修车员50名，共400名，用特通告马华各地筹赈会，即各侨团，协助努力，继续征募，各地爱国机工，热烈应征。

我马来亚华侨，历次效忠祖国，所得荣誉，多属出钱，至于出力，应以此次机工回国投效最为显著。西南国际公路，在最近两月之间，输入罗厘车（运输车——引者注）达三千余辆，需用修驶人才，不言可喻。马来亚闽粤两省侨胞，对此项技术经验，已早在国内声誉噪驰，故函电频来，催促劝募，深望趁此良机，更以显出侨胞出力之令誉，则出钱出力，兼而并进，侨胞之光荣。又滇缅公路，对机工待遇，极为完善，即如卫生一项，每隔数十里，便有设备周全之医院一所，以资健康保障，即此一端，可概其余，尚盼各地，积极进行是要，此布。

中华民国二十八年三月九日

总结第1批回国服务团招聘与组织的经验，细心的陈嘉庚还领导南侨总会的同人，制定了《司机回国服务组织法及其手续》和《登记表与介绍书》分发给各地筹赈会，以便更好做好回国服务团的工作。

司机回国服务组织法及其手续

甲、组织

一、每队以50名为限（如不足队数可来星洲凑足之）。

二、队内举正副领队各1名，文书1人，财政1人，宣传1人，负责管理全队事务。

三、正副领队须具有相当学识及判断能力、服务精神者，方可领导全队为国努力。

四、队员训练须注重忠诚为国、肯牺牲、能耐苦、有恒心等精神教育。

乙、手续

一、每名队员须拍照像8张，两张贴于入队登记表（一表存于当地机关，一表交新加坡西南运输公司），3张贴于护照，另3张用于华侨登记证（如已有华侨登记证者可免）。

二、各埠队员来星之前，（一）须先派人将名单登记表及护照应用之照片等，先于5日内来星办理；（二）并于事先10日内通知总会，以便向中国旅行社接洽船期。

三、回国船线概由安南河内登岸再转祖国，旅费以散仓票及火车输送，约费叻币55元，另队员每名给予需用5元，制服1套，雨衣1套，御寒卫生衣1领，牙刷、漱口杯、毛毯、面巾各1件，约合叻币计80元（由内地来星火车费不计在内）。

丙、本队之简则

一、须具有熟练技术有当地政府准证者。

二、须体魄健全略识中国文字。

三、须热诚爱国具有牺牲精神者。

四、年龄在40以下，20以上。

五、无不良嗜好如烟酒等类。

六、须有相当店铺代为介绍。

七、每埠暂以××名为限。

八、旅费悉由埠机关负责供应。

第2批南侨机工回国服务团共208人，于3月13日从新加坡回国。陈嘉庚还特地为这批服务团给西南运输处写了封介绍信。

介绍王亚龙（能）等前往中国参加抗日战争函

径启者：此次机工归国服务人员计有208名，其中有印籍王亚龙（能）1名，马来籍马亚生1名，均由太平埠筹赈会转派前来。查两名外籍人均能操中国语言，又能初识中国文字，因其从幼即当地华侨一地生长，对中国抗战甚表同情，故此次亦愿参加华侨青年回国服务。经由该地筹赈机关详细调查，除同情中国抗战外，并无其他企图，如不许以前往，未免使其失望。又修机领队王文松君每月薪水国币100元，其余每名月薪50元，经前次接洽时当面应许。除请西南运输公司代转一函外，特再修函奉达，谨希查照是荷。

此致

昆明西南运输处

南洋华侨筹赈祖国难民总会主席陈嘉庚

1939年3月12日

信中提到的王文松，原是新加坡英国摩尼汽车公司的工程师，不仅英语水平高，而且技术精良，是新加坡汽车行不可多得的人才，很受陈嘉庚的器重。他的月薪高达 250 多叻币（相当于当时的国币 700 多元），并有一个美满的家庭——母亲、妻子和三个孩子。为了祖国抗战，他毅然放弃了在新加坡优越的生活，奔赴滇缅公路的战场。王文松不仅自己参加，还带了 10 多位同伴以及全套修理工具与机器回国服务。他回到祖国后，被分配到缅甸仰光汽车修理厂担任厂长，专门组装美国援华的道奇汽车。在他的领导下，这个修理厂创造了每天可组装 10 辆以上道奇汽车的奇迹。王文松是南洋机工中月薪最高的一个，也只有每月仅 140 元国币的薪金，远低于他在新加坡的月薪。可惜，这位受到西南运输队主任宋子良嘉奖的华侨机工，受到同行敬佩的修理厂厂长，竟于抗战胜利前夕，因车祸以身殉职。

至于陈嘉庚介绍信中提到的两名外籍人，一位是中国名字为马亚生的，他是马来族人；另一位中国名字为王亚能，是印度族人。两位都是由马来亚太平埠筹赈会招聘来的。这两位外籍人，是否准予参加南侨机工回国服务团，西南运输处新加坡分处处长陈质生还专门进行了考察，认为“该外人能谙中国语言，粗通中国文字，同情我国抗战，矢志投效，并无其他企图”，特别是马亚生“报效意志坚决，戎装待发，其志可嘉，其情可感”，因而“准予录用”。这是南洋华侨救亡运动赢得所在国各族人民广泛同情与支持的有力见证。印度族人王亚能到滇缅公路后，由于工作积极，很快被提升为西南运输队 11 大队的分队长，受到司机们的好评。马亚生还是一名出色的马来武士，因此，队里常常派他担任保安员，守卫车队运送的军用物资。

从 1939 年 2 月 7 日，南侨总会号召南洋各地筹赈会招聘机工归国服务开始，至 8 月 14 日最后一批机工回国，前后有 9 批 3192 名熟练的汽车驾驶员和汽车修理技术人员被招聘回国报效。这些回国报效的机工人员里，涌现出许多动人事迹，展现出华侨极其高涨的爱国热情以及拳拳赤子之心。如在陈嘉庚创办的橡胶厂做驾驶员的李荣竹，毅然放弃优越生活待遇，回国报效；又如原不会开车，为了能回国参战，与几位好友凑了一笔钱，合租了一辆汽车，并请来一位马来人当教练，硬是在极短时间学会了驾驶技术的新加坡机工王云峰；再如马来亚华侨洪华民，尽管他自身是中日混血儿（母亲是日本人），他16岁就当上司机，月薪40多元叻币（相当于国币200多元），18岁那年，为了回国抗战，他竟谎称20岁，报名参加了回国服务。

最具有传奇色彩的，当属女扮男装的南侨机工李月美。

李月美是马来亚槟城华侨，她出身于一个商人家庭，有兄弟姐妹9人，她排行老四。她自小喜欢运动，还学会了汽车驾驶技术，当得知南侨总会发出招聘机工回国服务通告时，她兴冲冲地跑到当地筹赈会要求报名，结果吃了闭门羹，因为回国机工不招女的。李月美想起了“花木兰替父从军”的故事，于是，她穿上弟弟李锦容的衣服，女扮男装到另一个埠的筹赈会报上了名。从此，她以一个铁血男儿的身份，与千百名南侨机工一起，奔驰在滇缅公路的崇山峻岭之中。直到1940年的一天，她发生意外翻车，身负重伤，被人送进医院，她的女性身份才真相大白。

当她伤愈出院，回到汽车大队，战友们都惊呆了。真是“出门看火伴，火伴皆惊忙”，谁想到朝夕相处几百个日日夜夜的战友，这位赳赳武夫，竟是女儿身！她的事迹很快传遍了南洋各地，当地报纸均以《当代花木兰》为题，进行了大篇幅的报道。著名社会活动家廖仲恺夫人何香凝，还题写“巾帼英雄”四个大字赠给李月美。此后，李月美脱下军装，加入“白衣天使”的队伍，继续在滇缅公路上为南侨机工的伤病员服务。

在她的英雄事迹感召下，她的弟弟李锦容也积极报名来到滇缅公路的战场。姐弟二人同为抗战服务，这段事迹又被传为佳话，流传在南洋和滇缅公路上。

这3000多名南侨机工，大多数经新加坡直接回国，也有一部分从槟榔屿经缅甸回国。他们在昆明经过短期军事训练，便被派往滇缅公路。因为西南运输处直属国民政府军事委员会，是个准军事组织，何况他们从事的正是在战争状况下的军事物资运输，没有军事知识与技能显然是不能胜任的。南侨机工从立正、稍息开始，学会了防空、防炮等军事知识，很快实现了普通老百姓到军人的转变。

俗话说得好：不比不知道，一比吓一跳。这些南侨机工尽管有熟练的驾驶技术，一旦驶上滇缅公路，才知道自己过去的那些技术完全是在城市里的驾驶技术，在如

正在军事化训练中的南侨机工

奔驰在滇缅公路上的南洋机工车队

此险峻的滇缅公路上驾驶，不仅需要勇气和胆量，还要完全从零开始掌握行驶技术。

滇缅公路可谓当时世界上罕见的惊险公路。它从昆明到缅甸腊戍，要翻越苍山、怒山、高黎贡山等海拔三四千米的横断山脉，要穿过漾濞江、澜沧江、怒江等几条大江大河，那河谷深达五六百米。全程 2/3 的路是沿着悬崖峭壁行驶，还要穿越 369 座大小桥梁。汽车行驶其间，时常一分钟内要盘转五六个旋弯、急弯，眼看“山重水复疑无路”，转眼又“柳暗花明又一村”。两山之间虽是咫尺，但汽车盘旋大半天还不一定到达那山边。司机在这样的公路上开车，要精力高度集中，全神贯注，稍有不慎就会翻下山崖，粉身碎骨。

同时，滇缅公路还是条抗战急需而修起来的简易公路，是条没有铺柏油的泥巴路，路基很不坚固，时常有塌方。到了雨季，路面则变成了烂泥路，汽车一旦陷进泥泞中很难自拔。因此，公路两旁常备有从热带雨林中砍伐下来的大树干，车子陷进泥中不能自拔时，可将这大树干垫在车轮下面。滇缅公路经过的地方属于热带雨林气候，时常是云雾缭绕，那里还是瘴疠肆虐的地区，汽车司机长期在这样的环境中生活、工作，中瘴及得各种疾病是经常发生的事。

在公路边扎营的南侨机工

南侨机工在装配汽车

可以这样说，滇缅公路上，处处是鬼门关，处处是阎王殿！面对种种艰难险阻，南侨机工依然义无反顾，就是上刀山下火海，也要勇往直前。据1939年9月《南洋商报》特派记者楚琨、戈丁的报道，“南洋机工半年来他们驾车失事只有二人，而国内同胞失事的不下五十余人”。

南侨机工失事少，除了他们有高超的驾驶技术外，还与他们高度的责任心和组织管理水平有关。机工谢川周后来回忆说：他的车子之所以能保持安全，不出事故，有一个重要原因，就是他非常爱护汽车，精心维护保养。每次出车前，一定要先仔细检查汽车各个部位，消除隐患，带齐零部件及机修工具，稍有故障便及时维修。南侨机工所以事故少，还因为他们善于开动脑筋想办法。据机工李竹荣回忆：汽车开到最陡处上不去时，后车司机便下车来用垫木垫住前车后轮，然后让前车继续往上爬。就这样后车帮前车，前车顾后车，相互帮忙，使汽车继续上路。又如，上下陡坡碰上急转弯时，他们就在急转弯悬崖边沿架上渡板，前轮过后，后轮靠外边的轮子正好从渡板上轧过，避免后轮悬空而翻车的惨剧发生。当时，西南运输处有10个团级大队，1万辆汽车，3000多名南侨机工自然成为滇缅公路运输战线上的主力与骨干，被誉为“抗战运输战线上的一支生力军”。

1940年9月，日军占领越南，致使中越铁路中断。自卢沟桥事变之后，日军迅速占领了上海、南京、北京、广州、香港等大城市，控制了从长江口到广东潮州的中国海岸，使中国95%的工业和50%的人口陷入日寇之手。本来就工业基础薄弱的中国更是雪上加霜。因此，中国要坚持抗战必须依靠盟国的大力援助。此时，剩下的唯一国际通道，就是滇缅公路了。为此，日本加大了对滇缅公路的轰炸。从1940年10月份开始，在不到半年的时间里，日军先后出动400多架次飞机，轰炸滇缅公路上的3座大桥——功果桥、昌淦桥、惠通桥。

南侨机工王亚六就曾经遭遇到日机轰炸功果桥的惨烈情况，后来他回忆道：

“1940年10月，日本侵略者专门设立了‘滇缅公路封锁委员会’，由安南河内频繁出动大批飞机，对滇缅公路的重要桥梁——功果、惠通两桥进行重点轰炸。

“同年年底的一天，我们分队驾驶着15辆满载军火的大卡车车队从保山返回下关，途经功果桥时遇到敌机空袭。我开第一辆，刚行驶到桥头，宪兵阻止前进，我看到已挂了两个红灯笼，立即跳下车，猫着腰钻进路边石崖下凿好的防空洞。霎时，功果桥那边由远而近响起了轰隆隆的爆炸声，短暂间歇之后炸声又响。原来是敌机 27 架分 3 批轮番轰炸，炸弹爆炸掀溅起水柱高达十几丈，连江中的鱼都被炸死，不少翻起白肚浮在水面上。功果桥终于不幸被炸中了，桥身一边的铁索炸断了，整个桥面吊板往下坠着。江两边的汽车也有被炸坏的,我的那一辆的车头盖板亦被弹片射穿。

“这次空袭造成桥断，江两边堵塞的几百辆车子，排成了长龙。机工们十分焦急，个个义愤填膺，切齿痛骂日本强盗。为了尽快设法抢修功果桥，机工们与桥工们积极出谋献策，联想到橡皮艇打气在水中漂起来的浮力原理，提出利用空油桶代替浮船使用。这个临时抢修渡江的施工办法很快决定下来。同胞们个个奋勇，齐心协力，投入这场紧张的战斗，出现了一个沸腾紧张、激动人心的场面。保山汽车运输分处马上做出反应，派了一个伙食团赶来支援。

“南侨机工和当地桥工连夜突击抢修，从附近仓库征集了几百只空油桶和大批板材，用钢索连接，捆成一只长方形大浮船，上面铺木板，船两头用钢丝绳拉到两岸的滑轮上，由两岸汽车轮流对拉钢丝绳，浮船便来回把两岸的汽车送过江。前后仅花几个小时便可通车了，这确实是一大奇迹。起初，每次只拉运一辆车，太慢了。随即进行了改装，多搞几个浮船，连成浮桥，汽车通行就快了。为了防御敌机，浮桥还搞成活动式的，空袭时可将浮桥左右分开，隐蔽于两岸树木草丛之下，避免暴露目标。欲通车时，再拉出来连成一条浮桥。敌机炸断功果桥那天，日本电台曾幸灾乐祸地广播：‘功果桥已被炸断，滇缅公路国际孔道，3 个月之内没有通车希望。’可是，日本侵略者哪里知道，南侨机工们个个是英雄汉，他们都有一颗火热的爱国心，用火热的心筑成的运输线，是炸不断的。”

据统计，整个 8 年抗战，中国政府获得美国、苏联、英国等盟国的援华贷款共计 1317 亿美元，加上侨胞献金与购买公债款，平均每月购得援华物资 2000 多吨，这些物资主要是武器弹药、车辆、机械、汽油、军用被服、衣物及其他日用品，都是中国坚持抗战不可缺少的物资。

据《中华民国统计提要》记载，从1939年7月至1942年7月3年中，滇缅公路共计运输物资高达452000吨。另据《华侨先锋》记载，南侨机工平均每月运输物资都保持在300吨以上。从这些数字中可以看出，南侨机工在滇缅公路上的巨大作用。

1942年3月，日本占领缅甸仰光，5月攻至惠通桥，滇缅公路被全部切断。腐败的国民政府改组了西南运输处，许多南侨机工被裁员。这些自愿回国服务的华侨机工，竟被政府抛弃不管，陷入流离失所的困境。此时，太平洋战争已爆发，南洋正陷于日军铁蹄之下，这些南侨机工真是有家不能归，有国不能投。好在还有一部分南侨机工被盟军招聘到中国远征军赴印度从事抗日运输工作。这已经是后话了！

在抗战8年中，南侨机工共牺牲了1000多人，占机工总人数的1/3；留在祖国的有1000多人，约占总人数的1/3。

南侨机工在中国抗战史上，在华侨史上写下了浓墨重彩的一笔！他们的爱国主义精神与山河同在，与日月同辉！因此，海内外炎黄子孙纷纷树碑立传，以讴歌表彰他们的丰功伟绩。

1946年7月7日，马来亚槟榔屿华侨筹赈会在该城制高点——升旗山与鹤山的交界处，筑建起了一座“槟榔屿华侨抗战殉职机工罹难同胞纪念碑”。碑文是这样写的：

慨自滔天祸水，起于卢沟；刮地腥风，播及槟屿。凡是侨居华族，莫不且恨倭奴，出力出钱，各尽救亡之天职；无老无少，咸怀抗战之决心。是以募机工，大收骊驾辇车之利；技参军运，竟树蜚刍挽粟之功。矢石临头，都无畏色，而疆埸殉职，宜慰忠魂也。迨日敌偷渡重洋，首沦孤岛，先布肃清之令，更颁炮烙之刑。公冶被诬，同羁缧绁；嬴秦肆虐，重演焚坑；暴骨露尸，神号鬼哭。虽扬州十日，无此奇冤；嘉定三屠，逊兹浩劫也。所幸两声原子，三岛为夷；八载深仇，一朝暂雪。第飞扬白旆，虽远竖于东瀛；而内烁青磷，尚游离于南廓。客过岘首，空怀坠泪之碑；鹤化辽东，未见表忠之碣。言念及北，情何以堪。槟屿赈会，早经议决，极思掩盖，借安英灵。奈经处处搜寻，始得一丘之萃。兹者卜地旗山之麓，建立丰阡；招魂槟海之滨，来归华表。漫说泽枯有主，定教埋石无忧；庶几取义成仁，亘千秋而不朽；

槟榔屿华侨筹赈会抗战机工罹难同胞纪念碑

英风浩气，历万古而常昭。

1947 年 11 月 30 日，马来亚雪兰莪华侨筹赈会也在吉隆坡广东义山亭为殉难机工建立了一座纪念碑，碑文如下：

民国廿六年，七七事变，倭寇猖獗，蹂躏神州。我国政府，颁发动员令，全面抗战，歼彼倭奴。南岛华侨，纷起响应，组织筹赈机构，从事救国运动。斯时沿海各地，均遭封锁，寇患日深。我国政府，为运输孔道，以资接济，唯战区辽广，辎重运输，急如星火，驾车人才，须尽量搜罗，方可奏效。本会奉命选拔精于技术华侨，遣送回国，肩此重任。抗战八年，沐风栉雨，备尝艰苦，幸获最后胜利，完成光荣任务。生者固受奖南归，死者则名留史迹。此种爱国精神，至为可风，爰为之铭曰：

技工技术，驾轻就熟。机工勤劬，风尘仆仆。机工任务，滇缅往返。不畏天险，褒斜绾谷。祸生陡变，丧身寒骨。为国牺牲，谁不敬服。自来殉国，必有记录。勒诸丰碑，良志芳躅。

1987 年 7 月 7 日，正值南侨机工回国参战 50 周年纪念之际，为了缅怀南侨机工的历史功绩，表彰和发扬华侨的爱国精神，云南省人民政府特在滇缅公路的起点——昆明竖立起一座雄伟庄严的“南洋华侨机工抗日纪念碑”。碑文如下：

七七事变爆发，日寇猖獗入侵，神州大地，烽烟四起，国土沦丧，生灵涂炭，中华民族处于危急存亡关头。全国同胞抗日怒潮汹涌澎湃，气壮河山。海外华侨敌忾同仇，义愤填膺，积极参加抗日，广泛开展义演、义卖、募物、捐款等救亡活动，万众一心，共赴国难，波澜壮阔，四海翻腾。

一九三九年，在南洋华侨筹赈祖国难民总会主席陈嘉庚先生的号召下，三千多名热血奔腾的南洋华侨机工，满怀“国家兴亡，匹夫有责”的高度民族责任感，毅然离别父母亲人，远涉重洋，回到祖国，投身于神圣的抗日救国服务工作。

当时，沿海港口均已沦陷，滇缅公路成为唯一的国际通道，世界各地和海外华侨支援我国抗日的军需物资均赖此路输入。南侨机工不顾个人安危，冒着弥漫的战火，夜以继日地抢运军需辎重及兵员，组装、抢修车辆，培训驾驶、机修人员。滇缅公路沿途山高谷深，地势险恶，道路崎岖，设施简陋，加之敌机狂轰滥炸，路塌桥断，险象丛生。南侨机工沐雨栉风，披星戴月，历尽千难万险，确保了这条抗日生命线的畅通，被誉为“粉碎敌人封锁战略的急先锋”。在执行任务中，有一千多人因战火、车祸和疫疠为国捐躯。在滇黔、滇川、广西、湖南公路以及印度阿萨姆邦丁江机场，南侨机工也担负抗日军事运输任务，勋劳卓著。他们以自己的生命、鲜血和汗水，在华侨爱国史上谱写出可歌可泣的壮丽篇章，也在中国人民抗日战争史和世界人民反法西斯战争史上建立了不可磨灭的功勋。

抗日战争胜利后，约有一千名南侨机工复原回到南洋；留在国内的同志，新中国成立后在社会主义建设事业中，继续作出了积极的贡献。

半个世纪过去了，南侨机工的伟大献身精神一直鼓舞着海内外的炎黄子孙高举爱国主义的旗帜，为振兴中华、实现四化、统一祖国而努力奋斗！

为了表彰南侨机工的光辉历史功绩，并激励来兹，特树丰碑，永志纪念。

云南省人民政府

一九八九年五月

4 铮铮铁骨

辻政信念念不忘要抓捕陈嘉庚，还因为陈是最坚定的降日亲日反对派，也是最坚定的国共合作共同抗日的促进派。

周恩来曾经对陈嘉庚有这样的评价："陈嘉庚先生是伟大的爱国主义者，骨头很硬，有极可贵的民族气节……"这一点，在抗日战争期间最为突出。

1938 年 10 月 21 日，广州被日军占领；12 月 13 日，当时中国的首都南京沦陷，接着日军在南京实行了惨绝人寰的大屠杀，屠杀时间达 1 个月之久，屠杀人数达 30 余万。这种人神共愤的法西斯暴行，激起广大侨胞极大的义愤。"抗战到底！不获全胜决不收兵！"成了海内外中华儿女的共同呼声。可就在此时，国民党副总裁、国民参政会主席汪精卫却放出了要与日本和平妥协的谈话，一时间在战时临时首都重庆各大报充斥着"和平"厥词。在国民党实行"批评官吏就是反政府"的新闻管制下，妥协之风甚嚣尘上，抗日民族统一战线出现了最大危机。这时，南侨总会刚成立不久，陈嘉庚尽管与汪精卫有交往，他创办的厦门大学曾经想聘汪精卫当校长，但一听汪精卫要与日本和平妥协的言论，立即拍案而起。他认为，在敌人已经充分暴露其灭亡中国野心的前提下，提倡和平妥协，岂不是要将华北、华南数省拱手让给日本？这样一来，用不了数年中华民族就将亡国灭种，这不是汉奸行为又是什么！他马上起草一份电报，以南侨总会的名义责问并劝告汪精卫："精卫先生勋鉴：敌暂时得意，终必失败。路透社电传先生谈和平条件，侨众难免误会，谓无抗战到底决心。实则和平绝不可能，何若严加拒绝，较为振奋人心也。"

王八吃秤砣——铁了心当汉奸的汪精卫不仅不听陈嘉庚的劝告，还复电狡辩说：

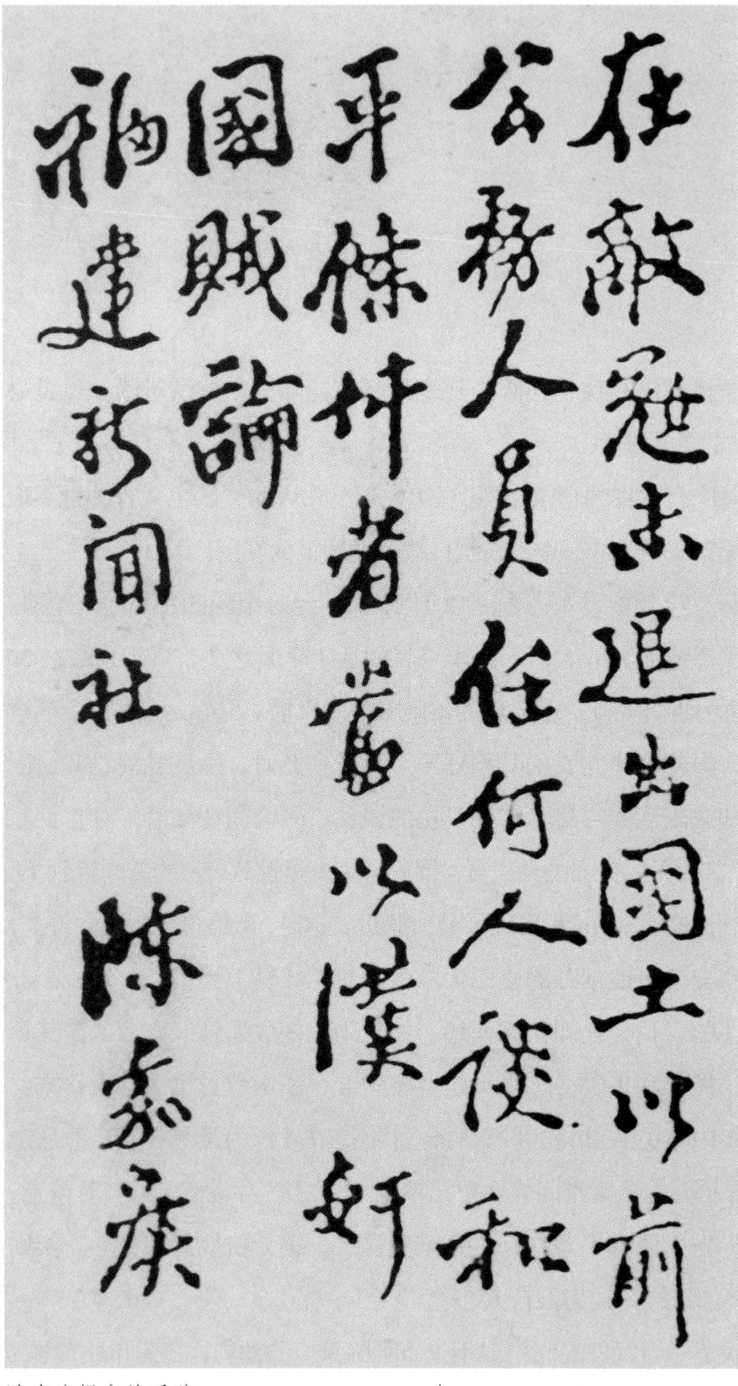
在敵寇未退出國土以前
公務人員任何人談和
平條件者當以漢奸
國賊論
福建新聞社
陳嘉庚

陈嘉庚提案的手稿

“抵抗侵略，与不拒绝和平，并非矛盾，实乃一贯。和平条件如无害于中国之独立生存，何必拒绝。”在日本欲灭亡中国的形势下，他们还会有“无害于中国之独立生存”的和谈条件，岂非咄咄怪事！陈嘉庚立即复电反驳：“今日国难愈深，民气愈盛，宁为玉碎，不为瓦全，继续抗战，终必胜利，中途妥协，实等自杀！”他愤怒指出：此时提倡对日和平妥协，就是“秦桧阴谋，张昭降计”，并进一步劝告汪精卫，“海外全侨，除汉奸外，不但无人同意中途和平谈判，抑且闻讯痛极而怒，料国内群情，亦必如是。万乞俯顺众意，宣布拥护抗战到底，拒绝中途妥协，以保令誉，而免后悔”。然而汪精卫毫无悔意，还指使他的党徒国民党派驻新加坡的领事高凌百来劝陈嘉庚。陈嘉庚干脆把他与汪精卫来往电报全文，交当地有关报纸公开发表，揭露汪精卫和谈的阴谋。

恰巧此时，国民政府最高咨询机关——国民参政会第二次大会在重庆召开，汪精卫是参政会主席，要主持这次会议。陈嘉庚是参政会参政员，他因事无法出席会议。但他认为这正是揭露汪精卫卖国阴谋的最佳时机，便起草了一份电报提案，发给大会。这份电报提案很短，但字字千钧：“敌人未退出我国以前，公务员谈和平便是汉奸卖国贼！”这提案犹如石破天惊，振聋发聩，在会上引起了强烈反响。

按照参政会的要求，提案要有20名参政员联署，才能提交大会讨论表决。当时，采访参政会的著名记者邹韬奋在他的《抗战以来》一书中，有这样的记载：“这个电报提案，在会场上不到几秒钟联署已超过20位。”联署的参政员还把这份电报提案做了文字上的进一步修饰，压缩为11个字：“敌未出国前言和即汉奸！”邹韬奋对这11字提案有极高评价，他说：“寥寥11个字，却是几万字的提案所不及其分量，是古今中外最伟大的一个提案！”

这份提案把汪精卫推到一个极其尴尬的境地。因为主持大会的他在提案付诸讨论与表决时，必须将提案全文向参会者朗读一遍。当这个卖国贼一字一字读这份痛斥卖国贼的提案时，仿佛万箭穿心，脸色苍白。讨论时，虽然有汪记走狗起来反对，但大会还是通过了这项提案。汪精卫看着参政员个个兴高采烈，群情激奋，真是心惊肉跳，坐立不安。

陈嘉庚的提案剥去了汪精卫拥护抗战的外衣，使他的卖国真面目完全暴露在光天化日之下，他再也待不下去了。1938 年 12 月 31 日，汪精卫离开重庆经河内到达香港，发表“艳”电，公开投降日本。但是，很奇怪，国民党却对汪精卫的叛国行为迟迟不做处理。陈嘉庚闻讯后，十分生气。12 月 31 日，是 1938 年的最后一天，陈嘉庚又以南侨总会的名义，向蒋介石直接发出电报，指出：“汪精卫其冒不韪，公然赞同日寇亡国条件，稽其行迹，仅为总理之叛徒，抑且为中华民族之国贼。”要求蒋介石：“公宜宣布其罪，通缉归案，以正国法，而定人心。八百万华侨，拥护抗战到底！”

然而，国民党只做了开除汪精卫党籍的党内处分，就没有下文了。如此“宽大为怀”，使陈嘉庚大惑不解，他又给蒋发了一份电报，责问：“今日前方将士，浴血奋战，后方民众，卧薪尝胆，战区受难同胞无虑数千万，蒋委座复锐意推动精神总动员，而独容汪贼与其党羽，逍遥法外，实南洋八百万侨众所莫解。”他坚持要求对汪精卫“严加惩处”。后来，汪精卫公开投降日本后，还恬不知耻地来电劝陈嘉庚赞成他的降日亲日政策，陈嘉庚一笑置之。

陈嘉庚领导南侨总会出手不凡，在与投降派汪精卫的斗争中，一战告捷。他敢怒、敢说、敢斗的民族气节，在这场斗争中展现得淋漓尽致，赢得南洋华侨的广泛爱戴，从而巩固了他在南洋华侨中的领袖地位。

正是基于陈嘉庚对祖国、对民族的大义与大爱，1939 年冬，他在南洋总会又提出了组织“南洋各属华侨筹赈会回国慰劳团”的倡议。这个倡议的提出，是经他深思熟虑的。他认为：自“七七”抗战以来，已经历两年之久，祖国沿海重要进出口已全部被日寇占领，致使华侨回国困难重重，因此华侨对祖国抗战情况很不了解。而且不断风闻国内国共两党时有摩擦发生，全民抗日统一战线并不牢固。陈嘉庚虽然半信半疑，但也担心国内各党派不能一致对外，影响华侨抗战必胜的信心。加上国民党政府贪污腐败早为侨胞了解，陈嘉庚更是担心南侨总会募集的捐款能否全部落实在抗战上。当然，陈嘉庚还认为，南洋华侨出钱出力，为国捐躯，做出了重大贡献与牺牲，但还远远不够。派代表回国慰劳前方将士、后方受苦受难的同胞，了解抗战之必需，以便更好地为祖国服务，乃华侨不可推卸的责任。不然的话，用陈嘉庚的话说，就是“海外华侨于义务有未尽”。

他的倡议，很快变成了南侨总会的决议。于是，总会立即向各地筹赈会发出通告。

南侨总会通告

南洋华侨筹赈祖国难民总会，组织“南洋各属华侨筹赈会回国慰劳团”通启：本总会现拟征求各属会选派代表组织“南洋各属华侨筹赈会回国慰劳团”，预定明年3月间出发，此举有二要义。

其一，正式代表全南洋各属侨胞向祖国各省区军民敬致热切恳挚之慰劳，并明示全南洋各属侨胞拥护祖国抗战到底之决心。

其二，沿途考察祖国战时各方面实况，并做详细而有系统之报告。关于第一点，盖以励军心，鼓民气，坚上下一信念，厚内外之感情，且使奸逆闻之，知欲食其肉而寝其皮者，非徒国内中央政府与军民，尚有国外百千万侨胞在，而风声所播，亦不无益于国际对我之视听。

关于第二点，尤为当前急务，盖自“七七”祸变，二十八阅月来，祖国抗战力量，愈增愈强，侨胞爱国情绪，愈涨愈高，然彼此消息之沟通，格于情势，犹有所未至，得诸报纸，则东鳞西爪，缺而不全，得诸传述，则异说纷纭，莫衷一是，遂使少数动摇分子或丧心病狂者，资为口实，造为蛊词，无形中妨碍赈务，而予一般侨胞心理上以不良影响。今若慰劳团组织实现，则祖国战时各省区之军事、政治、经济、教育，以及其他各方面情形。吾侨不久自可于该团报告中得一较真确较整个之认识，而免重为蛊词所惑。间有国内缺乏如药物之类为吾侨力所能致者，吾侨亦可获知而尽量供给。间有政治上、交通上或其他应行与革之处，吾侨亦可相与检讨研究而贡献意见于政府。然则各属会诚能慎选代表，而各代表能黾勉从事，则慰劳团此行，裨助抗战建国前途，正非浅鲜。

至如发展建设，振兴实业，固同为抗战建国中之要图，政府殷殷以投资祖国期诸侨胞，侨胞亦何尝不拳拳引为己任，唯此次慰劳团回国，有资力侨胞参加者，恐未必众，而审度时机，或亦未然，故本总会不讬空言，力求切实，视是项考察为次要，未拟明文列入各团员工作范围。意者，抗战最后胜利之日，侨胞自动回国考察而愿投资实业协助建设者，必争先恐后，踵接肩摩，虽其日去今或尚须一二年，或尚须三五载，不可逆料，要为我所必得，则可断言。然则慰劳团今日先做初步考察，于吾侨将来投资实业，协助建设之进行，又岂无补？

为慎重起见，慰劳团团员仅限各属选派之代表，其非各属会选派而由相当侨团保荐者，旅费自备，全程行期约六个月，每员旅费按叻币一千元，除国外舟车来往须消耗二百元左右外，其余用于国内者，此挹彼注，仍为国家所有不能目为损失。本总会极望此举能得各区深切同情，踊跃参加，使国内外同胞获一更适当机缘，借以相互激发淬励，从而推进军务、政务及赈务。尤望各被选派代表，引为无上荣幸，矢勤矢勇，必信必忠，努力完成同侨付托之使命。

吾国抗战前，交通便利者，东南滨海诸省，抗战既起，西北西南积极开辟，悉成国际通道复兴之业，亦得以础其基。而丁此之时，国家民族，大苦，大难，大觉，大悟，大团结，大振刷，大奋斗，大进步，一切蓬蓬勃勃气象，是亘古所未有。是以欧美人士见者称，闻者慕，联袂观光者，趾相错于途。吾侨生于斯长于斯，祖宗坟墓，田园舍宅，无不在于斯，其闻而慕之之心，自更切于欧美人士；特因组织乏人，孤往未便，遂亦有怀莫达，有志莫申。今本总会负责征求，设法组织，则平时有怀有志者，可以获达获申而无憾矣，幸勿自失。附慰劳团组织大纲，团员须知，慰劳与视察各项于后，请细阅并裁正之。

主席陈嘉庚启

中华民国二十八年十二月四日

考虑到这是一次代表南洋 800 万华侨的慰劳团，其意义与影响巨大，南侨总会还制定了《南洋各属华侨筹赈会回国慰劳团组织大纲》，以供各筹赈会推举代表。“组织大纲”规定：

南洋各属华侨筹赈会回国慰劳团任务是：代表南洋各属华侨回国慰劳各省区军民，并考察战时各方面实况。本团团员以南洋各属华侨筹赈会选派代表为限。团员年龄，以 22 岁为最低限度，以 55 岁为最高限度，但身体强健，勇于任事，而年龄较高者，经特别请示亦可准许。团员须具备下列各条件：通国文，晓国语，能演说，无不良嗜好，曾努力参加筹赈工作或热诚服务华侨社会。本团由南洋华侨筹赈祖国难民总会征求各属会选派代表组织之。凡南洋英美荷法各属及泰国各区筹赈会得各选派代表 1 至 2 人，区域较广，侨胞较多者，可增派 1 至 2 人，如有特别情形要求增派，经函陈理由得本总会同意者，亦可准许。

南侨总会组织回国慰劳团的消息很快传到国内，立即引起各界的强烈反响。蒋介石来电给南侨总会表示赞赏，并指示南洋各地领事馆给予协助。南洋各地筹赈会按照“组织大纲”要求，很快选派出 52 名代表，除了取道越南、缅甸、香港回国者外，其余 41 人全部到新加坡集中。

1940 年 3 月 8 日，作为东道主的新加坡筹赈会在中华总商会会址设茶话会欢迎各地代表。陈嘉庚致欢迎词。他强调：“至谓慰劳团诸代表，对外代表全南洋侨胞，对内亦可谓代表国内同胞，是以诸代表此行，预须格外慎重，以达到吾人之愿望。由此观之，诸位代表，皆是代表全南洋，而非代表一会或一区也。”他又说：“南洋侨胞，自抗战 32 个月来，所有义捐，依先后汇水核算，约国币 2 万万元，若以侨胞资产为比例，所出不过数巴仙（百分之几——引者注），比较祖国沦陷区之城市，如天津、广州、汉口各地，任举一处，其商民损失之多，与非 2 万万可能比拟。我侨胞切不可以以此自满，应当以不能尽后方任务为缺憾，况我侨安居乐业，不受危险已极幸福，值此国族生死存亡之严重关头，诚为数千年来仅见之局面，每个代表务必明白此理，切勿夸耀自大，是为至要。……‘革命之母’一语，系孙总理初时提倡革命，奔走海外四十余年，所有用费，多向侨胞筹集，虽非千百万巨款，然于总理初期革命事业之完成，颇有关系，故总理加以称誉。此乃过去之事迹。今日国内同胞对海外侨胞尚加以如此美名，愿应归前人之功，乃有后辈之人，身居华侨地位，亦引此名词妄自夸耀，未为识者笑，希各团员注意之。”因此，在慰问团动身回国之际，陈嘉庚给团员们的临别赠言就两个字——谦逊。陈嘉庚对华侨在抗战期间以及历史上的地位与作用有着清醒的认识，所以他领导南侨总会支援祖国抗战永不满足。

不过，慰劳团回国并非一帆风顺。国民党顽固派，尤其是汪精卫的党徒们，想方设法极力阻挠与破坏。他们向重庆国民政府和新加坡英殖民地当局告刁状，说代表团成员多半是共产党。国民政府驻新加坡总领事高凌百还特地飞回重庆，造谣说陈嘉庚这次是自己决定回国，不想再返南洋，才发起组织慰劳团沽名钓誉罢了。

陈嘉庚也明白，自己回国有三大困难：一是不通国语，交流困难；二是年老体衰，经不住国内寒冷天气；三是多年患腰疼，不能长久坐立。但这位老人却横下一条心，一定要尽一份华侨对祖国的责任，决定带团回国。行前，他请南侨总会秘书李铁民同行，担当自己的翻译。还专门请中医医治自己的腰疼病。于是，陈嘉庚在致完欢迎词，便搭乘飞机直飞仰光。行前，他还光明磊落地向英殖民政府华民政务司司长辞行。

3 月 26 日，陈嘉庚由仰光飞抵重庆。在仰光停留期间，陈嘉庚受到各界侨胞的热烈欢迎，各团体纷纷设宴招待，他不得不忙于应酬，已感心里不安。一到重庆又听说政府拨款 8 万元作为慰劳团的招待费，陈嘉庚急了，立即向报界发表声明：“现在抗战艰难期间，此来系有工作，而非游历应酬，愿彼此极力节省无谓宴会。”并说，“慰劳团一切费用已充分带来，不欲消耗政府或民众招待之费”。还说“今日我愿恳请首都各界从余要求为感”。在“前方吃紧，后方紧吃”的重庆，陈嘉庚的声明，使人耳目一新，受到各界的拥护。因此，陈嘉庚在重庆只参加了少数几场欢迎会，使他有更多时间进行考察。

他先后拜访了国民政府军事委员会参谋总长何应钦、军事政治部部长陈诚、参政会秘书王世杰、副会长张伯苓、考试院院长戴季陶、监察院院长于右任、教育部部长陈立夫、司法部部长居正、外交部部长王宠惠、交通部部长张嘉敖、经济部部长翁文灏、副总参谋长白崇禧、立法院院长孙科、国民党中央组织部部长朱家骅、中国银行董事长宋子文、行政院院长孔祥熙等，了解了国内抗战以来的政治、军事、经济、交通、金融等方面的情况。重庆的见闻，陈嘉庚有这样的概括：“余到重庆所见，男则长袍大褂，满清制服仍存；女则唇红口丹，旗袍高跟染红指甲，提倡新生活尚且如是。行政官可私设营业，监察院不负责任。政府办事机关，除独立五院及行政院所辖各部外，尚有组织部、海外部、侨务部及其他许多机关，各处办事人员多者百人，少者数十人，月费数以万计，不知所干何事？酒楼茶馆林立，一席百余元，交际应酬互相争逐，汽车如流水，需油免计核，路灯日不禁止，管理乏精神，公共汽车、客车、人力车污秽不堪入目，影响民众卫生。报纸为舆论喉舌，责在开化民智，则钳制严密，致每日仅出一小张，何能模范各省？其他政治内容非余所知，就外表数事，认为虚浮乏实，绝无一次感到满意，于抗战艰难时际不甚适合耳。”

蒋介石还专门接见了陈嘉庚，询问他的重庆观感，陈嘉庚直言不讳地谈了对临时首都的上述见闻，蒋介石心里很不是滋味。陈嘉庚在同这些国民党官员接触中，了解到国民党对共产党很有成见，恨不得去之而后快，心里很不安。他当面对白崇禧说：“抗战后约一年间，国共两党相安无事，追后便意见日深。我平素对共产党并无恶感，对他们的所作所为也多表同情，因此，我愿做中间人调解你们两党关系。回国这些日子，了解到你们之间矛盾日益加深，已到了剑拔弩张的地步。以前在南洋早就听说你们国共有矛盾，我还以为是敌人在造谣。到重庆才知道比听说的还严重。如果不幸破裂发生内战，南洋华侨对抗战一定大失所望。对日抗战，就是全国同心协力，恐怕还不容易胜利。假若国共两党能长期合作，抗战到底，则胜利一定大有希望。如果发生内战，那无益于自杀！”陈嘉庚希望白崇禧能出面斡旋：“化干戈为玉帛，这样能一致对外，实国家民族之福也！”陈嘉庚的规劝，可谓语重心长，可国民党人没几个能听得进去。

在重庆期间，作为国民参政会参政员的共产党人叶剑英、林伯渠、董必武也登门拜访了陈嘉庚。陈嘉庚问起白崇禧有否斡旋之举，叶剑英说：“我十分赞成你提出的国共两党双方进行调解，就是不知道国民党有没有诚意。我们共产党这边绝对没问题，只求能一致对外，国民党只要不企图消灭我们就行了！白参谋长能主持公道，他提的条件我们都可以接受。”陈嘉庚语重心长道：“南洋华侨无党无派，自抗战以来，慷慨捐输，以佐军费。因此，希望国内和协对外，战胜敌人。如果不幸发生内战，华侨一定大失所望。我到重庆后听说国共两党交恶，心中十分焦灼。今天听诸君诚意，愿意调解，感到十分欣慰，希望你们以国家利益为重，互相迁让。”

后来，陈嘉庚在重庆军政民联合召开的欢迎会与中共办事处召开的欢迎会上，又再三强调了团结的重要性。他在欢迎会上说："南洋华侨，自抗战以来，月月义捐不断，有增无减，非完全依靠资本家，实际上如上所言，系各处筹赈会，日日动员数千人，努力劝募而得。我国民众辛苦抗战，牺牲生命财产，而海外华侨安居乐业，略尽义务，何敢言劳，出钱出力实国民人人天职。在救亡时代，中国同胞当然一体。”他又说："唯望祖国能实行团结以作模范。”“若不幸国共两党意见日深，发生内战，海外华侨定必痛心失望，对义捐及家汇，不但不能增，势必反形降减……万望两党关系人以救亡为前提，勿添油助火，这样，国家幸甚！”陈嘉庚的一腔爱国之心，溢于言表。

由于蒋介石、国民党一再在他面前攻击共产党，陈嘉庚下决心到延安去看看，了解一下真实情况。他把这个打算告诉了叶剑英。叶剑英满口答应，并帮助陈嘉庚解决进延安的车辆问题。

在重庆停留这 10 多天，陈嘉庚一行还参观了一些工厂企业，包括军械厂和工业合作社等。

5 月 1 日，南侨慰劳团 45 人，分为 3 个分团出发慰劳。

第一分团慰劳路线是由广元往南郑、西安、河南、湖北，再回成都。

第二分团则由重庆往湖南、江西、浙江、福建、广东、广西。

第三分团则由广元经往天水、兰州、青海、宁夏、绥远、陕西、山西。

慰劳团的足迹可以说行遍大半个中国。3 个分团主要任务是慰问前方各部队将士，并以南侨总会的名义，赠予官兵们价值 320 万元的慰问品。这 3 个分团慰问活动，基本上达到了“励军心，鼓士气，坚上下之信念，厚内外之情感”的目的。

陈嘉庚随第三分团行动进大西北。出发前，蒋介石找陈嘉庚谈话，问起准备去延安的事情。后来陈嘉庚回忆说："蒋公于是大骂共产党，无民族意识，及种种口是心非，背义弃信，但感气尚平和。”蒋介石还说：“周恩来不日要来重庆，再看看会谈有什么结果吧！”陈嘉庚说：“我是以南洋华侨代表的名义回国慰劳与考察的。凡是交通无阻的地方，我都应当前往慰劳与考察，以尽自己的职责，这样回南洋后才有事实可向侨胞汇报。”蒋介石很不高兴地说：“去就去吧，但不要上当受骗！”基于蒋介石的这种态度，陈嘉庚更坚定了去延安的决心。

第三分团西北行，一路慰问了地方、军队许多单位，期间也受到了国民党的许多干扰。他们千方百计阻挠慰劳团前往延安。朱德从延安赶到西安迎接陈嘉庚，并约陈嘉庚第二天到八路军办事处午餐，国民党政府借故说那天已另有安排，还故意把慰劳团拉到别的地方，致使陈嘉庚错过见朱德的机会。国民党还派人随慰劳团出入，监视慰劳团成员的一举一动。陈嘉庚不信此邪，亲自到七贤庄八路军办事处与中共接洽。

5 月 30 日一大早，中共派了 3 辆车，慰劳团立即乘车向延安进发。

车到洛川县，前面就是陕甘宁边区了。在这里，陈嘉庚目睹了一出国民党导演的闹剧。午饭后，车刚行驶到洛川边界，就看见有几个农民打扮的人拦车，给陈嘉庚送上一份投诉状，要陈嘉庚为他们做主申冤。陈嘉庚打开一看，写的全是“诉共产党不法事”。陈嘉庚的秘书李铁民、侯西反也各收到一份，内容完全一样，明眼人一看便知是出自同一人之手，是有人在操纵此事。陈嘉庚随手就将投诉状撕了。下午 5 点多钟，车队到达延安，中共在广场开了一个盛大的欢迎会，正开着，国民党特务又派人来捣乱。第二天一早，随团来的国民党蒋科长，又给陈嘉庚送来一份投诉状，一看与昨天在洛川收到的内容完全一样，他会心一笑，又随手撕掉了，并对蒋科长说：“这是离间计！洛川与共产党地区毗邻，如果国民党不存友善和睦，惹是生非，再向上告刁状，岂不是增加国共摩擦！”蒋科长没敢再吱声。

陈嘉庚本来打算在延安待上两三天的，但到延安第二天，秘书李铁民不小心碰伤脑袋住进医院，使陈嘉庚多待了 7 天，也使他有时间和机会更多地了解共产党。

6 月 1 日，陈嘉庚应邀与毛泽东会面。

陈嘉庚后来回忆说：“下午 4 点钟，余与侯君（侯西反——引者注）乘车赴毛主席之约，到时毛君早已等在门外迎接。毛的住居与办事所亦是山洞，大小与余寓略同。屋内十余只木椅，大小高下不一，写字木桌比学生桌较大，系旧式乡村民用家私，铺盖甚是简单也。毛君形容多与日报所载无殊，为头发颇长，据言多病，已两月未剪发，或系住洞内寒冷所致。”在谈话当中，他看见一批原来他在家乡创办的集美学校和新加坡创办的南洋女中的学生来参加座谈。他们进进出出，无拘无束，十分随便，使陈嘉庚感觉到共产党领导人与普通群众亲密无间的关系。此后，毛主席又多次到陈嘉庚住地会面。陈嘉庚向毛主席汇报了南洋华侨为抗战出钱出力的情况，并再三希望毛主席以民族、国家为重，谦让迁就国民党。毛主席满口答应。

这几次谈话，使陈嘉庚大有“拨云见青天”之慨。陈嘉庚在延安，广泛接触了集美学校、厦门大学、南洋女中的校友与归侨学生，参观了抗日军政大学第三分校、第四分校，西塞县铁工厂、印刷厂，访问了普通老百姓，对比重庆与延安，真是两重世界两重天啊！他后来在《南侨回忆录》的序言中写道：“耳闻目睹各事实，见其勤劳诚朴，忠勇奉公，务以利民富国为前提，并实行民主化，在收复区诸乡村推广实施，与民众辛苦协作，同仇敌忾，奠胜利维新之基础，余感之余，表示无限兴奋，梦寐神驰，为我大中华民族庆祝也！”

6 月 7 日，李铁民秘书伤好出院。陈嘉庚计划离延安赴太原。临别前，毛主席又来看陈嘉庚，还嘱咐他：“你在延安多日，所见所闻，希望回到南洋能如实向侨胞报告。”陈嘉庚也满口答应。

陈嘉庚访问延安后，他的思想产生了一大飞跃。以前在南洋，常听人说，延安的老百姓是如何如何悲惨痛苦，生活是如何如何穷困，稍有资产的人被剥夺，甚至于被活埋，男女混杂不讲人伦道德，等等，他一直是半信半疑，所以这次回国慰劳一定要冲破国民党的重重阻挠亲自到延安看看。多日的延安考察，完全不像传言的那回事。后来，他对延安见闻也有这样的概括：“所见所闻，不论政治与军事，大出我之意外。军事与民众合作，联络一气，同甘共苦，推诚相待，已将军队扩充至 20 余师，使敌人在华北势力，仅交通线及若干大城市而已。至政治方面，其领袖及一般公务员，勤俭诚朴，优待学生，慎选党员，民生安定。其他兴利除弊，都积极推行。

余观感之下，衷心无限兴奋，喜慰无可言喻，认为别有天地，如拨云雾见青天。前忧建国未有其人，兹始觉悟其乃素蒙恶名之共产党人物，由是断定国民党蒋政权必败，延安共产党必胜。”

之前，陈嘉庚一直是个坚定的“拥蒋派”。早在1936年秋，蒋介石50大寿，南京国民政府发起捐资购买飞机的祝寿活动，要求马来亚华侨捐10万元国币，购买飞机一架。陈嘉庚主持成立了“购机寿蒋会”，并担当了主席。由于他的努力，全马共捐助了130余万元，此款全部汇给了南京。昔日他主持召开南洋各属华侨筹赈祖国难民代表大会，发表的宣言，开宗明义地指出：“中国国民政府乃中国国内外四万万七千万同胞共同信赖之唯一政府，中国最高领袖蒋委员长乃中国国内外四万万七千万同胞共同拥戴之唯一领袖，国民政府之主张，即中国全国国民之主张，蒋委员长之意志，即中国全国国民之意志。”但这次慰劳团的延安之行，所闻所见令他震撼，心灵与思想产生极大的转变。事实令陈嘉庚明辨了是非，他不再把中国的前途命运寄托于蒋介石和国民党身上，而是寄托于中国共产党身上了。

离开延安后，陈嘉庚又访问了山西、陕西。回到西安时，蒋介石来电要求西安铁路局设宴为陈嘉庚接风。在宴会上，他又听到3个国民党人大骂共产党。陈嘉庚忍不住在答谢会上严加反驳，他说：“国内有些党人，在抗战紧要关头，尚不觉悟，还大搞摩擦，深使海外华侨失望。我本人没有参加任何党派，这次是代表华侨归国慰劳，当然带有自己的耳与目，绝不会被一些人蒙蔽，以辜负华侨委托之重任！”他又说：“一些党人采用这样的鬼蜮手段，使明眼人鄙视。这样有什么好处？弄巧反拙！”

慰问团访问了河南、四川后，于7月17日回到重庆。

7月21日，刚从延安到重庆的周恩来拜访了陈嘉庚。第一次见面，周恩来儒雅的气质，给陈嘉庚留下深刻的印象。周恩来说：“国共合作是历史潮流。坚持抗战反对投降，坚持团结反对分裂，坚持进步反对倒退，这是我们共产党人的三大主张。顽固派搞摩擦是不会得逞的。”陈嘉庚很赞成共产党的三大主张，连连称是。

7月25日，陈嘉庚应国民外交协会主席陈铭枢的邀请，做《西北之观感》的演讲。

这场演讲像重磅炸弹，在重庆炸开，掀起了轩然大波。因为陈嘉庚在演讲中，如实地汇报了他在延安的见闻，列举了亲身所见所闻及了解到的许多事实。国民党人污蔑共产党在延安搞共产政治，老百姓的土地、房屋、产业、钱财都被没收，私人无产业；男女关系混乱，实行共产共妻，等等。但陈嘉庚看到的是，延安的田园、住宅、财产仍为老百姓所有，根本没有变更。商业商店都由老百姓自主经营，一条街上有上百家商店，大小资本都是个人的。至于男女关系混乱，更是无稽之谈，往来起居甚有秩序。谈到共妻灭人伦，绝无此事。男女恋爱自由，结婚礼仪简朴，只向政府登记就了事。陈嘉庚还强调：在延安"一切抗日人士都很自由，民众生活也很好，不痛苦。说到教育也很好……他们进行了大规模的开荒运动，一年内开垦 300 万亩田地，这些都是事实。"

这个演讲，国民党十分不满。第二天，重庆的 11 家报纸，只刊登了陈嘉庚演讲的简讯，其内容只字不提。而共产党办的《新华日报》却开了天窗，以表示对国民党新闻检查制度的抗议。

曾是南侨总会骨干，与陈嘉庚有多年友谊的侯西反，是国民党三青团团员。此时，他也出来批评陈嘉庚说："你作为华侨领袖，怎么可以替共产党说话呢！"陈嘉庚反问他："你与我一路同行，我讲的是不是事实呀？如果有失实，你是党员，你可以指出来呀！阎锡山将军在宴请我们慰劳团时，说过一句话：'国民党政治如果行得好，共产党反对也不起作用。否则，就是没有共产党，其他党也会起来反对的。'这话你也听到的。国民外交协会是你们党组织的机关，是你们请我去讲西北见闻的。如果你们先声明要我去讲共产党的坏话，我一定不会接受这邀请的。我是凭良心与人格讲的，绝不会昧着良心去指鹿为马！"侯西反被说得哑口无言。

为了防止陈嘉庚继续为共产党"宣传"，蒋介石亲自出面找陈嘉庚谈话。一见面，蒋介石就破口大骂共产党，说共产党一无民族意识，二无信义，三阴谋使抗战失败。还说："如果不消灭共产党，抗战绝不可能胜利！外国已经有许多经验教训证明了这一点：凡国内反对党一定要消灭，不然对外斗争就不可能胜利！"蒋介石越骂越声色俱厉，满脸通红。陈嘉庚见蒋介石如此大动肝火，不想多言，只是劝他说："海外华侨共同心愿是，希望祖国团结一致对外，内部矛盾可以放在胜利后再解决。”

29日，蒋介石又设宴宴请陈嘉庚，还假惺惺征求陈嘉庚对国民党的意见。陈嘉庚毫不客气地说：“国内的情况我不太了解，但在南洋我可略知一二。就新加坡而言，贩卖鸦片的、开色情舞厅的，在华侨抵制日货时偷卖日货的，都是国民党人。”弄得蒋介石十分尴尬。宴会中，敌机来轰炸，他与蒋介石夫妇在防空洞里躲了1个多小时。出洞时，蒋介石见陈嘉庚未带手杖，行走不便，便把自己的手杖给了陈嘉庚。陈嘉庚在《南侨回忆录》中，记述这样一细节，说蒋介石：“其待余厚意如此，私情之感，终生难忘。”但私情归私情，涉及国家民族大事，陈嘉庚仍坚持原则，秉公办事。

1940年7月下旬，“南洋华侨回国慰劳考察团”各分团完成任务，并宣布解散。

7月30日，陈嘉庚飞抵昆明，准备到滇缅公路去慰劳他动员回国服务的3000多名机工。他还在新加坡时就曾经致电西南运输处，将自己听到的关于运输处管理不善的情况告知对方，但西南运输处毫无反应。这次一到下关，果然发现传闻不虚。他了解到日军占领越南时，因为抢运不及时，使我国存放在海防的军用物资损失了7万吨。在滇缅公路上一个站的军火库，由于领导玩忽职守，发生爆炸，炸死了50多人，损失物资约港币200万元。在芒市，陈嘉庚还发现去年南侨总会捐赠的200辆汽车，眼下只剩23辆，而且已相当破旧。他很生气，说：“这是南洋华侨劳工们一元两元、十元八元一点一点地积少成多捐出来的血汗钱，竟被公务员贪污了！”

设在昆明的南侨机工互助社，是南洋机工的互助社团，其主任却不是南侨机工，而且每月薪金高达300多元。驻社的职工多达30多人，也不是南侨机工，每月资用达8000多元。听说还要在滇缅公路沿线设多个分社。诸如此事，很是令人气愤。

陈嘉庚一路找南侨机工谈话，了解情况，慰劳有关伤病员。他还了解到南侨总会惠赠给机工的衣被蚊帐等，许多人竟领不到，或者领到的数量也不够。因此，陈嘉庚不断给当地有关政府写信，批评官员无能与腐败。本来国民党对陈嘉庚如实报告延安见闻已经很恼火，这样一来，更是气不打一处来。因此，便电告西南有关省份，注意陈嘉庚的一举一动；还发电驻新加坡领事馆，让他们设法运动英国殖民当局，禁止陈嘉庚回新加坡，说陈嘉庚有共产党色彩，对共产党亲善。随后，又派吴铁城亲赴南洋，鼓动华侨反对陈嘉庚。

8月12日，昆明各界1000多人召开大会欢迎陈嘉庚，表达了对他“大胆敢说公道话”的赞赏与肯定。

9月下旬，陈嘉庚回到了阔别19年的家乡——福建。

陈嘉庚一到家乡，便有人向他反映国民党祸害闽省的惨状，使他十分吃惊。《福建新闻》还专门发表了《伸出迫切期待的双手》大块文章，指出：“先生此次来临考察也，实闽南民众荣枯之所系，亦闽南民众出水火，登衽席之棙机，其关系之重大，夫岂言辞笔墨所能形容。”又说，“时在今日，举桑梓同胞，父老兄弟，诸姑姐妹，莫不伸出其迫切期待之双手，而引领企踵，以望先生之援救”。

家乡的百姓把拯救民众于水火的期望，都寄托在这位敢于秉公办事、秉公直言的老人身上了。此时，陈嘉庚不仅感到事情的严重性，更感到自己责任的沉重。他决心亲自到各县、市进行实地考察，一路上他访问各阶层民众，他了解到最深受其害的是省政府实行的垄断的交通运输政策。这一政策，政府直接与民争利，成立所谓国营运输公司，所有民营企业都得通过运输公司批准才能营业，从而造成大批运输企业破产，大批工人失业。本来三四天可以运到的货物，通过运输公司的关卡，60天也运不到目的地。因为物流不畅，造成许多商品奇缺，物价飞涨。陈嘉庚大有“苛政猛于虎”之感。

经考察了解情况后，陈嘉庚即刻给省主席陈仪写信，报告了所见所闻的惨景，要求取消这种苛政。如此，连续3次上书，陈仪均不予理睬。陈嘉庚不得不直接上书给蒋介石，说：“闽民遭此等苛政，苦惨甚于倒悬，万乞钧座仁慈，迅速解救。”蒋介石不作答复，陈嘉庚不死心，又发一电：“余在闽50余天，历30县，耳闻目睹确有实据，出于万不得已为闽民请命，绝非无痛呻吟。”离开福建回到昆明后，在芒市陈嘉庚终于收到了蒋介石的复电。电文说：“来电收。闽省田赋是中央旨意，闽事可电我知，切勿外扬。”蒋介石竟“护恶讳疾”如此，陈嘉庚夫复何言？！

12月15日，陈嘉庚离开祖国来到仰光。此次，他带领南洋回祖国慰劳团慰问了15个省的军民，进行了100多次演讲。

他在重庆与福建停留时间最长：重庆 20 多天，福建 50 多天。仰光华侨为陈嘉庚召开了盛大欢迎会。陈嘉庚在大会上做了回国观感的报告。他说：自抗战以来，国内大有进步，主要是大家都认识到非艰苦抗战，则无救亡之可能。因此，军队士气旺盛，对抗战胜利抱有乐观态度，民气也旺盛，同仇敌忾，认识到最后胜利一定属于我们。他希望各地侨领更加努力，为抗战募集更多捐款。特别是当前，汇率低，是个大好时机，多汇家用钱，既可以救国，又可以养家。将来抗战胜利的功劳簿上，当记下华侨一笔！

15 日，仰光福建会馆也开了欢迎会。陈嘉庚谈他回乡 20 余个县、七八个大城市的所见所闻，狠狠地揭露了国民党祸闽的种种罪行。他表示，这次回南洋，沿途凡有福建会馆的地方，他都去宣传，还准备在新加坡召开南洋闽侨大会，控诉陈仪。他说，他这样做，是不忍坐视福建人民遭受痛苦而不救，何况不能救乡焉能救国。

17 日，陈嘉庚回到马来亚吉隆坡。马来亚各地华侨纷纷召开欢迎会，请他做回国见闻报告。陈嘉庚均如实地汇报了回国观感，特别是到延安的观感。

12 月 31 日，陈嘉庚回到新加坡。此次回国慰劳与考察，历时 10 个月。回到新加坡当天，他就有关记者提问，回答了他对国民党的看法。他说："国共之间不会破裂，因为国民党军队的军官大都不愿意内战，要求一致对外。今年春夏间，山东和江西等地，中央军几个师两次奉命进攻共产党，均不战而败退，就是证明。至于国民参政会只是一个摆设而已，前年汪精卫任主席时是最后一届。我的反汪卖国的几个提案，有 53 位参政员联署，还上呈蒋委员长、孔祥熙院长，结果都无效。滇缅公路丝毫没有改善，腐败如前。今秋，我还亲自向云南省主席龙云交涉过，他说给他一个月时间改变面貌，这个月我再到滇缅公路，沿途所见，腐败照旧。"

就在陈嘉庚回到马来亚，在各地报告回国所见所闻时，国民党的海外部部长吴铁城给南洋一些报纸投稿，不点名地批评陈嘉庚，说陈嘉庚口头上拥护蒋委员长，其实是假的，口是心非。接着，吴铁城又以蒋介石的名义，跑到香港、菲律宾、荷属东印度各地，到处诽谤陈嘉庚，说陈嘉庚被共产党包围了。他还企图在马来亚注册国民党南洋支部，以扩大国民党在南洋势力，进一步控制南洋华侨。但是，英国殖民当局没有批准，遂使阴谋破产。听说，南侨总会要召开第二次代表大会，进行换届选举，吴铁城又派人到巴达维亚去运动南侨总会副主席庄西言，说陈嘉庚已共产党化了，不要再选他当主席。结果吃了个闭门羹。庄西言说："我知道没有哪个人可以与陈嘉庚先生相提并论的，为什么不选他？"

陈嘉庚面对国民党一次次的暗箭，非常伤心。他在给朱家骅的电文中说："重庆中央党部，朱家骅先生勋鉴，回电敬悉，在渝多蒙厚待，感并公私者，国民外交协会，约讲西北考察观感，庚凭良心，作实言，乃有人厚诬庚被中共包围，一再捏词欺蒙蒋公，并电庚所到东西南各省，且复来洋布置与庚为难，诬毁兼至，近更变本加厉，竟图利用外交，陷害无辜，冀以摇撼赈会，事虽未达，恶意仍存。侨胞效力抗战，原无党派，今则大大不同。又如滇缅路运输极弊甚深，闽省酷吏害民至惨，为自有世界历史所无，事与抗战前途有关，明知多言招尤，其乃良知难遏，蒿目艰难，痛心何限，故辞。叨承眷汪，谨覆并谢，弟陈嘉庚，有（即 1941 年 3 月 26 日——引者注）。"

按照南侨总会组织大纲规定，1941 年 3 月 29 日，南侨总会第 2 次代表大会在新加坡大世界舞厅召开，进行换届选举。出席大会代表计 46 个单位 164 人。陈嘉庚在会上做了工作报告，详细汇报了各地筹赈会两年来募款、派选机工等成绩，进一步阐明了华侨在抗日战争中的地位与作用。国民党驻新加坡领事高凌百却到会进行捣乱。他大骂华侨并无诚意拥护中央，污蔑华侨口是心非，十分嚣张。陈嘉庚当场进行回击，并揭露高凌百跟随汪精卫鼓吹和平妥协，阻挠批判汪精卫卖国的恶行。同时，还揭发了吴铁城破坏华侨团结的言行，使国民党人十分狼狈。

31 日，大会选举开始。陈嘉庚第一个站起来，发表声明："我前已登报声明，不再担任本会主席。大家都知道，本会组织主要任务是为支援祖国抗战募集资金，而本会主席是本会首脑，其作用大家明白。我既然得罪了中央，感情已疏远。加上，又因为陈仪祸害福建之事，我不能坐视，由于上述种种原因，如果再选我，对内对外都没有好处，所以，还是让我让贤吧！"庄西言一听也站了起来，说："中央对陈嘉庚先生是个大误会，还是希望你老出来担此重任吧！"随后，投票选举。152 名代表，有 151 人投票选举陈嘉庚为主席。国民党的阴谋宣告破产。

大会发表了《南洋华侨筹赈祖国难民总会会员代表大会宣言》。宣言指出："大会召集之时，狂敌正图掀起南太平洋风浪，危机四伏，一触即发，同人怀于国民天职之大，侨胞付托之重，冒险阻，排万难，依时集议，盖念祖国抗战已阅四十四月，最后胜利，功余一篑，而国际情势，又转至最佳阶段，必须号召全南洋侨胞，努最后大力，助我政府，不敢推诿回避，稍懈稍怠也。大会同人检讨总会组织以来，一切工作，显有长足进步，各属赈款且皆超出原定数额，于以证明总会方针之正确，及其存在之必要，审此事实，基此认识，同人今后誓更各尽所知，各尽所能，以巩固总会，发展总会。"

宣言还专门对陈嘉庚领导南侨总会的作用做了充分肯定：

总会陈主席嘉庚，公忠谋国，一生如一日，其在教育上贡献，古之所无，其以人民地位协助政府抗战，今日仅见；而识足已辨奸，才足以服众，德望足为群伦钦式，徒因守正不阿，刚毅质直，每当有事之时，辄招无根之谤，大会同人最近闻陈主席忽萌退志，骇异之余，深悉其苦衷，而考虑之余，又深以为不可。值此抗战期间，南洋华侨不能无筹赈总会之组织，则不能无陈主席之领导，同人深信南洋绝大多数侨胞需要陈主席，爱戴陈主席，国内绝大多数同胞，亦需要陈主席，爱戴陈主席，用决议致电政府表示同人公意，并慰留陈主席……

宣言号召南洋侨胞：

一、祖国抗战以来，海外全侨捐款及私汇归者，据查不下30万万元，南洋约占三分之二，其于祖国经济，补助至大，何可妄自菲薄，使吾侨之款而果无大补助于祖国战时经济也，则吾侨欲捐则捐，不捐则已，欲汇则汇，不汇则已，吾侨之款既如此其大有助于祖国战时经济也，则祖国需财正殷，多多益善，又何可妄自满足。故大会同人深望各属会扩大推行常月捐，更努力鼓励节约助赈，使吾侨有钱无一不出，有力无一不尽，而宏报国家民族之效。

二、吾侨身家寄托何地乎？曰：南洋；吾侨产业寄托何地乎？曰：南洋；敌人今日觊觎何地乎？曰:南洋。知敌人今日觊觎南洋，则知吾侨在南洋之身家岌岌可危，吾侨在南洋之产业摇摇难恃，知吾侨在南洋之身家可危，产业难恃，则知南洋非保卫不可，然欲保卫南洋，必先保卫祖国，祖国情势好转，则南洋情势随之好转，祖国抗战胜利，则南洋不保卫而自保卫，此义南洋各属居留政府无不深悉，我侨胞亦宜深悉，故大会同人望我侨胞但须全神于祖国，集全力于祖国，不必分虑。

三、吾侨守法崇理之精神，素为各属居留政府所嘉许，近更惕励戒慎，发挥无遗，此真可欣、可慰之事。前届代表大会曾不厌倦，举此相勉，今复重新提出，以冀吾侨百尺竿头更进一步。抗战后之中国，已非复旧中国之姿态，而成为进步之新中国，抗战后之中国国民，亦非复旧国民之姿态，而成为进步之新国民。新中国以及新国民，应如汤之盘铭，所谓“苟日新，日日新，又日新”，以自见于世界，而后生命乃充实，前程之远大。

同人薄德鲜能，所知止此，贡献止此，愿我政府时加指导，愿我同胞时加督促，俾克达成任务，而免陨越。蒋委员长有言：“在参政会之内，只有国民的立场，没有党派的立场。”同人在大会之内，亦只有国民的立场，没有党派的立场，谨更本此立场，大声呼吁:请求各党各派以及最大多数之无党无派，亲爱精诚，加紧团结，国家民族，实利赖之。

4 月 1 日，陈嘉庚在新加坡又主持召开了南洋闽侨代表大会，到会代表多达 300 多人。陈嘉庚在大会上汇报了福建之行的所见所闻，揭露了国民党祸闽的情况，一致通过了要求蒋介石与参政会主席林森罢免陈仪省长职务的电函。但是，蒋介石仍然置之不理。就在这年夏天，日军只几千人，由长乐登陆，不数日就占领了福州。国军军长率先逃跑，驻有 3 个师兵力的国军不战而溃。这时蒋介石才不得不派人去调查陈仪祸闽的情况，结果证明陈嘉庚所反映的情况全是事实。直到此时，蒋介石才清算陈仪的罪行。陈嘉庚万分感慨，他说：“凡是不以忠诚为本的人，其行为做事往往投机取巧！”

这就是陈嘉庚！他有对祖国的赤胆忠心，所以他敢爱敢恨、敢怒敢言、敢作敢为。南侨总会只是一个非政府组织，但在陈嘉庚领导下却成为比中国政府在南洋各地驻外机构更有权威的领导机关，800 万南洋华侨万众一心集合在陈嘉庚的旗帜下，为祖国的抗战殚心竭虑，竭尽全力，谱写了华侨史上最壮丽的篇章！

随着马来亚各地相继失守，南侨总会的所在地——新加坡，就成为南洋华侨抗日救亡的“首都”。

……

辻政信默默地站在柔佛海峡边，他恨不得一步登上新加坡，让新加坡血流成河。他要抓捕陈嘉庚，血洗所有的华侨！

南洋机工车队行进中

第三章

新加坡的陷落

1 攻防战开始

当山下奉文率领他的第 25 集团军浩浩荡荡进入柔佛州首府新山时，他惊讶地发现英军逃跑得惊慌失措，连那座有战略意义的制高点——柔佛苏丹的王宫，都没能来得及炸掉。50 多天来，山下奉文从泰马边境长途奔袭，一直打到新山，他的指挥所经常不是设在橡胶园里就是设在原始森林中，所谓的指挥所也只不过是搭个简易帐篷罢了。他常常把地图摊在地上，盘腿而坐。辻政信还不时戏称最高指挥官像“过着乞丐的生活”。此时，山下奉文很高兴地喊着他的参谋团队，指着王宫屋顶上的瞭望塔说：“司令部就设在那里！”

山下奉文一行登上王宫，透过观风景的窗户，大家举起高倍望远镜，柔佛海峡清晰地展现在眼前。山下奉文望着炸断的长堤两边来回观察，长堤东北的对岸是片开阔地，隐隐约约可以看见英军刚刚挖出的密如蜘蛛网的战壕和战壕前面的铁丝网。战壕后面，似乎还设有不少的探照灯，一旦日军利用夜暗从那里抢滩登陆，雪亮的探照灯就会把柔佛海峡照得如同白昼，偷渡的船艇会暴露无遗，成为英军的靶子。再看看长堤西北部，那里是一片沼泽地，沼泽地上布满了一种叫红树林的热带树木，有将近 2 米高，完全挡住了射界。山下奉文手举望远镜，在那片沼泽地上看了很久，突然回过头来对辻政信说：“我军进攻重点就放在这西北角吧。”辻政信一拍脑袋，兴奋地说：“没错，这样可打他个出其不意。不过，我们得先来个声东击西，把敌人注意力全引到东北角来！”

“好极了！”山下奉文用手往下一劈，仿佛是用指挥刀劈掉英军的脑袋。

“轰隆隆——”突然间山摇地动，高高的王宫似乎也摇晃起来，原来布防在王宫后面高地上的日军炮兵阵地开火了。每门大炮准备了 1000 发炮弹，日本炮兵干脆光着膀子，赤着胳膊，不停地填装着炮弹。炮弹拖着烈焰，飞向东西长 42 公里、南北宽 23 公里的新加坡岛上，特别是岛南面的新加坡城里。顿时，城里燃起冲天的火焰，腾起蔽日的浓烟。

山下奉文把望远镜对准新加坡城，只见章宜海军基地的油库接连发生爆炸。他连声叫好："打得太准了！要好好奖励炮兵！"接着，炮火集中转移向长堤以西的防御工事，炸得土石飞溅，烟尘满天。不一会儿，炮火又转向城中，炮弹落处，房塌屋飞，街道上的行人四处逃窜，许多人被炸得血肉横飞。山下奉文知道：新加坡城中人口密集，当时人口原有 60 余万，其中有华侨 45 万多。但随着英军从马来亚撤退，跟随英军逃往新加坡的华侨不少，现在城中不止七八十万人。在山下奉文的思想中："这些华侨都是抗日的，十恶不赦，必须斩尽杀绝才善罢甘休！"他看着炮火在城中肆虐，心里不知有多痛快！

用炮火轰，当然对山下奉文来说还不解恨，他又下令加强了飞机的轰炸。光 2 月 1 日当天，日机轰炸新加坡城的次数就高达 50 多次，而且连续轰炸不分昼夜。整个新加坡变成了火的海洋，处处都在燃烧，人们已无法去扑救了。因为城里缺乏防空洞，平民无处躲藏，被炸死炸伤的人很多，街上到处是死尸和残臂断腿，城郊的壕沟里已填满了死人，真是惨不忍睹！

李光耀回忆道："日本军队从柔佛发射过来的炮弹造成严重的破坏。当日军的零式战斗机飞到新加坡上空时，英军皇家空军的水牛式战斗机连忙起飞，但是并不是要应战敌机，而是为了避免在地面被击毁。原来日本的战斗机飞行速度快，精巧灵活；英国战斗机速度慢，机体笨拙，它们绝不是日机的对手，这是谁都看得出来的。"英军在新加坡完全失去了制空权，日机更是肆无忌惮地在新加坡城上空轰炸、射杀无辜的平民。处在危城下的新加坡百姓，都把保卫他们家园以及身家性命的希望寄托在英军身上，然而，保卫新加坡的英军士兵呢？此时，英军士兵已自身难保，哪里还顾得上老百姓呀！

在李光耀的回忆录里，还生动地记录着这样一个故事："一天早晨，我戴着头盔和臂章骑脚踏车回家时，看到一辆军用卡车停在史蒂芬路。站在卡车旁边的，是一些身材高大，头上戴着宽边澳大利亚军帽，但脸色异常沮丧的澳大利亚士兵。他们士气低落，而且有点惊慌失措。我停下来问他们前线离这里多远，一个士兵答道：'全完蛋了，把这个拿去吧！'说着就把手中的武器推给我。我大吃一惊，难道就这样一点希望也没有了吗？我婉言拒绝接受他的武器，并安慰他说，只有在战争结束时才能定输赢。"攻防战才刚刚开始，英军士兵已经败了。因此，在新加坡挨炸的日子，到处看得见喝得醉醺醺的英国兵、澳大利亚兵和印度兵，他们到处抢劫商店，弄得百姓鸡犬不宁，雪上加霜。

就在日军占领新山的同时，英国马来亚陆军总司令白思华将军带着悲壮的口吻宣布："马来亚战争已经结束，新加坡攻防战即将开始！"

眼下，白思华清点了手头的士兵，还有 8.5 万人，除去 1.5 万的非战斗人员，还有整整 7 万多人可用来保卫新加坡。而细算一下进攻新加坡的日军有多少呢？满打满算 5 万多人。7 ∶ 5，白思华似乎有了胜算的感觉。因此，他鼓励他的士兵说："我们的任务是守住这座堡垒，直到援军的到来，而援军肯定会到来的！"新加坡总督汤马士似乎受了白思华的感染，说得更浪漫。他说：这次攻防战将书写"帝国历史上最辉煌的一页"。不过，首相丘吉尔对守住新加坡并不是很乐观。他知道，新加坡的北部几乎没有防御设施，那里倒像是座无人争夺的荒山野岭。因此，他一再强调："新加坡可以没有陆地防御，等于一艘没有底的战舰可以航行。"他一再命令白思华，要日夜加紧在北岸修筑防御工事。白思华被日军俘虏后，在狱中反思战败的教训时，这样写道："在目前的战争发生前，当局已致力于新加坡沿岸防卫，但北部却没有防御工事。当战争发生时，各种防御措施都尽力设置，可是我们向新加坡撤退时，它的防御工事尚未完成。为了给企图渡过长堤的敌人以最大的打击起见，我们一般的防御计划，是沿着海岸设立哨站，并在这些哨站的范围内选定防卫战的地点。这些区域内，有足够的军队驻扎，这使他们一有机会便能诉诸反攻。每个部队的司令官，都被训令——当周围的部队要求增援时，他们都必须加以援救。"但是，岛的北岸战线太长，有近百公里，设哨站不可能面面俱到。白思华将军把英军防守重点设在长堤东北面，因为那里地势平坦，射界开阔，可以阻击日军采用小艇多批次强行登陆。而西北角是沼泽地，杂树丛生，不利于日军船艇展开。因此，他把日军登陆地点判断在东北方向，为此，他把还有些战斗力的刚刚调来的英军第 18 师部署在那里；把从马来亚败退下来疲惫不堪的澳军第 27 师放在西北面。这样的部署，受到英美荷澳远东战区司令韦维尔将军的强烈反对，但白思华却“将在外军令有所不从”，仍固执己见。

白思华固执己见也是有道理的。因为，根据情报，他发现日机重点轰炸就在东北部。日军大卡车一到夜间就在东北部来回奔驰，显然他们的大部队正向那里集结。东北对岸的橡胶林里，早晚还会升起缕缕炊烟，明眼人一看就清楚，那里有日军部队在驻扎。何况，不时还收到日军指挥部在东北方向发出的电报。

白思华哪里知道，这正中了山下奉文的奸计。辻政信后来回忆说：“敌军一直继续增加其兵力，看了外国电报也说：‘在新加坡绝对不会陷落。’下了坚定的决心到最后一兵为止要战斗到底，丘吉尔命令死守也见于电报。由这各种的情报加以判断，把最初的计划改变一部分，改为增强兵力，达到敌军如何增加数目也绝对没有问题的军队的战斗力量，一兵一枪全部力量都集中于一点。并且地形选定于最坏的土地、敌军配备最少的地点。最重要的是事前的企图不要让敌人察知，使敌军散开于各地方，而我方集结兵力，如果敌军也集结，那就不行啊。

“接连不断地让敌军分散于很广范围，而我军却集中于一点的战法，于是就是有了这样的构想。考察各兵团的状况。近卫师团兵少而且已有相当的损害，但是有智慧，是所谓‘侦察部队’；第 18 师团战斗力非常强，与近卫师团相比智能较低，像是个‘野武士’。第 5 师团刚刚是其中间的中坚分子，自宋卡登陆以来，与我们一起甘苦的师团，等于是军团中的长子。这三个师团的特长如何有效地运用，是订立作战方案的关键，最终，近卫师团连续不断地向东方积极作渡桥战——从桥（指长堤）东方；第 5 师团是集结于正中，其队形作为像是从这边去的样子；第 18 师团是彻底地隐蔽，隐藏于最后方的橡胶树林中。在这种基本体势之下，从这条河岸派出经选拔出来的斥候军官。这位斥候军官带了性能非常优良的望远镜。又为了保密，河岸的华侨和住民全部强迫他们退到20公里的线以北……这对我方企图的保密上非常有用，终于敌人到最后还是不知道的。

“重炮的全部力量集中于柔佛，炮兵阵地连续约5里1门1门地排于正面，尽量很宽地散开；近卫师团放于东方，使汽车频繁地往返，夜间也打开前灯，努力在东方牵制敌军。

“这里有个岛叫乌敏岛。敌人的守备力量出乎意料地少，于是主力军渡海的前一晚，以约400名的兵把它悄悄地占领了。这样做，那么敌军就会以为日本军会将大炮安置于此岛。这是战术上的常识，我们实行了这个常识。”

从辻政信的回忆中可以看出，日本在“声东击西”上做得多么充分。白思华将军在日本监狱里写的关于马来半岛与新加坡之战的教训中说：“尽管日本军队集中炮力，炮轰新加坡岛的东北部，企图转移我们的注意力，但我们接获巡逻队的报告，它说明日本人强大兵力正集中于新加坡对岸。因此，日本军队在西北登陆，并不是完全没有预料的。”这只是白思华的事后诸葛亮，言不由衷而已。据说，他对敌人登陆点的错误判断后悔不已。

日本军的凶残，不只是大炮和飞机对新加坡的轰炸，在马来半岛特别是对华侨村庄实行抢光烧光措施外，还实行了残酷的肃清政策，以巩固其对马来半岛的占领。流经柔佛州的麻坡河，曾经被英军作为天然屏障对日本进行过稍微激烈的抵抗，麻坡华侨曾给予英军以大力的支援。麻坡沦陷后，许多华侨转入地下，对日军进行抵抗。1942年3月间，日军搭乘的火车在麻坡遭到袭击，火车铁轨也被破坏，甚至警察局也遭到袭击。驻峇株巴辖警备司令部司令佗美恼羞成怒，进行了对华侨的多次搜捕。这个事件至今还被一些老华侨记忆。

战前，有不少日本人在麻坡开牙科诊所、照相馆、理发店等，开店的这些人实际上是日本间谍。在这些间谍的指引下，对反日活动最活跃的村镇进行报复。著名的漫画家、当年任麻坡中华中学美术主任的刘抗说：“麻坡就是受迫害最深的一个大埠。有些麻属居民因被指曾大力抗日、亲重庆、拥护蒋介石而一家十几口，被押到橡胶园枪杀。有些人因为在过去的救亡特刊上发表过文章，宪兵部将他狠狠毒打一番才枪决。妇女则在刺杀前先让日本兽兵强奸。麻属巴力峇九山、巴力士隆、张厝港是日本当年杀人最多的‘屠场’，屠杀后还暴尸荒野，历久不殓，真是惨绝人寰啊！”就在麻坡这一地方，日军实行了几次大肃清，遇难者超过千人。刘抗后来画下了许多日军大屠杀的漫画。

日军在马来半岛北部的肃清行动，主要对象是拘捕战前十分活跃的抗日左翼组织，如矿业工友联合会、南洋抗日筹赈支会、马来亚抗敌后援会以及义勇军的负责人与骨干。只要日本宪兵觉得哪一个地方有抗日分子活动，哪个地方就有肃清行动。所谓肃清行动，首先是日本宪兵或日本军队把华侨，不论男女老少，从家里赶出来集中到一个开阔地上，然后排成队，一个个从宪兵或日本兵的眼前走过。在日本宪兵或日本士兵旁边往往站有几个黑布蒙面的人，他们只露出双眼，没有人知道他们到底是日本人还是其他人。每个受检查的人必须在蒙面人面前站一站，只要那蒙面人一点头，那人就倒霉了，就会被押到另一边，统统拉出去枪毙。

这也是山下奉文为日本军队进攻新加坡扫清障碍解除后顾之忧的策略。

当然，白思华面对山下奉文咄咄逼人的进攻准备，也丝毫没有放松抵抗的准备工作。眼看着日军就要进攻新加坡了，白思华不得不下令给星洲华侨义勇军发放武器，但是，发放给义勇军战士的武器只有 1000 支旧式步枪和猎枪，平均每支步枪配备子弹 15 发。看来，英国人仍十分不信任这支由中国人组成的军队。曾任义勇军副司令的胡铁军在《星加坡保卫战的回忆》一文中这样写道："这一群具有爱国热情而没有军事训练的青年，继续不断地向南师（南洋师范学校——引者注）集中。第二天英国军官来了，武装部主任林江石同志，他同英军打理上校（是义勇军的正总司令官）商量后，要加一个少校大官衔给我，作为义勇军的副司令官，当时实在有点不敢当。不过，由于当时义勇军里很少人有军事知识，因为我原是中央军校的学生，战局一天天加紧，星洲岌岌可危，在这种情形下，不过勉强接受了。期间，一位英军军官不了解义勇军的情况，因此还闹了笑话，他要义勇军立刻开到前线防卫星洲，否则前线有任何不利，要义勇军负责。这真是好笑极了！他在急迫中竟以为义勇军是神，好像没有我们，星洲立刻就要陷落了。我的回答是冷酷的：‘谁叫当局这样迟才发枪，星洲纵有任何变化，这责任我们不能负担，而是英国执政者。’我们部队终而手执着大概 18 世纪的猎枪——开至星洲的最前线。”

在发枪的同时，英军当局曾明确表示，星洲华侨义勇军隶属于马来亚英军司令部。英军军部代言人也声明，义勇军与英军、澳军、印军的待遇是平等的。但发的武器与英军、澳军、印军太不相同，竟是 18 世纪的猎枪。义勇军官兵愤愤不平，认为英国人把他们义勇军看成低人一等的军队。于是，他们纷纷要求英军给他们发与英军、澳军、印军一样的武器。英军当局却解释说：“现在军火仓库里没有现代化武器了，等到新式武器运到后再换吧。”义勇军官兵们知道这是英军的搪塞，但为了保卫新加坡，只好忍住一肚子的气，仓促上阵了。陈嘉庚闻讯，气愤地说：“英兵至少尚有五七万人，何须派此绝未训练之华人往前线？！不但此 1000 人将去死地，敌人入境必因此多杀许多华侨。英人此举,最为狡猾残忍,实可痛心！”此语不幸而言中！

义勇军是个团级单位，司令部设在新加坡金炎律南洋师范学校。报名参加义勇军的华侨青年有 3000 多人，最后被挑选吸收的有 1000 人。义勇军下设 8 个连，每个连下设 3 个排，每个排下设 3 个班，每班 14 人。每个连的战斗员约 134 人，加上指挥官、勤务兵、炊事兵等约 150 人。总司令官是英国人打理上校，副司令官即胡铁军少校。每连正连长为英国人，副连长为中国人，因此每连还配备一名翻译。每排设正副排长各一人，均为中国人。为了加强对这支军队的领导，马来亚共产党有 60 名党员加入了义勇军，还指定罗须磨、江水（陈水鸭）、林湘三人分别为第 1、2、3 连党代表。党代表虽然没有正式编制，但在军中却起着决定性的作用。

1942 年 2 月 4 日，义勇军第 1 连奉命开赴裕廊前线。开拔前，他们集中在“南师”召开誓师大会。林江石主任在誓师大会上做了动员报告，号召全体指挥员为保卫新加坡英勇杀敌，不怕牺牲。新加坡华侨各团体代表也在会上做了热情洋溢的讲话,使指战员们颇有“生当作人杰,死亦为鬼雄”的感慨。是日中午,第 1 连高举“青天白日满地红”的旗帜，登车出发了。他们一路放声高唱：

旗正飘飘，马正萧萧，

国亡家破祸在眉梢，

挽沉沦全仗吾同胞！

戴天仇怎不报，

不杀敌人恨不消！

……

好男儿好男儿，

报国在今朝！

一路上，义勇军的官兵们看见到处浓烟滚滚，街道上堆满了垃圾和损坏的军车，马路上躺着许多尸体，没人掩埋，腐尸发出的臭味，渗透弥漫在空气中。见此情景，战士们个个义愤填膺，人人心里喊着两个字："报仇！"

到达临近柔佛海峡的裕廊律时，只见这里到处塞满了军车与澳洲兵，日机肆无忌惮地进行低空射击，英军只有高射枪进行回击，满地是伤兵与死尸。第1连的车辆怎么也无法通过，只好下车徒步前进。那些澳洲兵用奇怪的目光看着他们，澳洲兵们怎么也没想到这支不像军队的军队，还扛着古老武器的中国兵，竟然往前线开！有位澳洲军官拦住他们，不让他们前进。经连队英籍军官的解释，这位澳洲军官张大嘴巴，惊讶得老半天没合拢，让第1连通过了。

第1连驻扎在海岸一个印度兵站附近的华侨村庄里。此时这个村庄已空无一人。义勇军第1连奉命与印军配合组成一个小分队，开往海岸，负责巡逻那一带的水道，防止日军从那里登陆。2月5日晚，他们依靠红树林的掩护，巧妙靠近来偷袭的敌人，突然开火，吓得敌人掉头就跑。虽然没有消灭敌人，也算义勇军旗开得胜。因此，第二天的新加坡许多华文报纸都刊登了这一消息。标题是《旗开得胜，马到成功》。

随着第1连开赴前线，义勇军第2连、第3连、第4连，陆续开往至林厝港、巴诗班让、后港一带防线。义勇军的战士们立即投入到防御阵地的建筑施工中，并在海滩上斜插上一根根粗大的木桩，以防止日军橡皮艇抢滩。就在6日晚，日军用探照灯照亮了第1连守卫阵地，战士们迅速隐蔽起来。不一会儿，敌人有30多艘橡皮艇向阵地飞快地驶来，艇上日本兵魑魅魍魉般的身影都可以数清。一直等到敌人的橡皮艇驶到义勇军的射程内，长官高喊一声“放！”，手榴弹与子弹齐发，30 多艘橡皮艇连同敌兵，一家伙全葬身于柔佛海峡的波涛之中。

日机 24 小时对他们的阵地进行轮番轰炸。7 日，日军炮火也 24 小时对他们的阵地进行不间断的炮击。义勇军的战士顶着炮火岿然不动。当日，义勇军各连连长，分别向全体指战员传达了上级指示：“根据各方面情报指示，敌人将于今晚或明晨向新加坡大规模登陆，诸同志应该更加严密防备。”

这时，从柔佛方向飞来的炮弹更加密集了，整个新加坡仿佛山摇地动，地裂天崩。一场殊死战斗即将展开！新加坡将书写一页怎样的历史？是光荣还是耻辱？

[2] 义勇军是真正抗日部队

1942年1月31日，白思华将军派出4艘运输船把新加坡的6000多英国官员的家属，不管男女老幼一律送上船，撤出这个被围困的孤岛后，就下决心要坚守3个月，甚至半年，以等待援军。为此，他对守岛的英、澳、印、马军有个要求，就是节省弹药。他规定每门大炮，每天只准发射20发；高射炮对每日来犯的日机，只能做有限度的还击，这样一来就大大制约了英军的抵抗能力。但是，白思华将军却有他的“妙算”，他的“妙算”是把日军的进攻放在海上、滩头上再加以消灭。他的理由是：“我们不能在岛上作战，因为阵地太广，物质分散，防御困难，并且日军一旦登陆，我们军民士气必大受打击，所以，我们必须设法在水上击溃敌人。”因此，他在面向柔佛海峡的前沿阵地上配备了许多探照灯，一旦日军乘夜暗进行登陆，探照灯可以把海滩照得如同白昼，登陆敌人的一举一动就能彻底暴露在英军枪口之下。

山下奉文可不管白思华的“妙算”，你有千条妙计，我有一定之规。他仍然坚持他的“声东击西”的战法。

2月7日白天，山下奉文下令炮兵集中火力开始向柔佛海峡东北部进行猛烈轰击，并命令近卫师团派出400名士兵拖上两门山炮，悄悄地登上了乌敏岛，卡住了英军实里达海军基地与章宜要塞的咽喉。白思华判断日军登陆地点就在东北部，他心中暗喜，立即向那里派出增援部队。夜晚降临，日军炮火发生了变化，不断轰击东北部，也开始轰击西北部，渐渐地火力开始集中在西北部。炮火之猛烈，空前未有。不仅炸飞了工事、战壕，连通信联络的电话线也炸断了，致使坚守那里的澳军22旅陷入一片混乱之中。指挥官使劲摇着电话的摇杆，却怎么也联系不上前沿的阵地。前沿的士兵成了无头的苍蝇，到处乱闯。

就在这时，山下奉文下达了登陆的命令，一颗绿色信号弹升上夜空，紧接着一颗红色信号弹从夜空掠过，这是日军第 5 师团与第 18 师团强行突破柔佛海峡的信号。第 1 批 4000 名日本官兵，借着夜色的掩护，登上了登陆艇向对岸进发。此时，近卫师团也在东北那块开阔地上佯装登陆，他们大声喧哗，火光闪烁，使守卫在那里的英军 18 师神经高度紧张，全力防护，不敢向别处调动。

日军强渡十分顽强。辻政信是跟着登陆的第 5 师团一起渡海的。在后来，辻政信讲了这样一段情节："第 5 师团正面渡海峡的时候，受到了英军的猛烈炮击。有一个 15 连队的一等兵叫山本，他把三条船拴在一起，自己坐中间的那条船上负责掌舵。英军的一发炮弹，在他的船上爆炸，引擎炸飞了，山本的右肺被弹片击穿，肋骨也炸断了，肺叶露在肋骨外边，但他仍坚持操纵船只直奔对岸。靠岸后，山本倒下了，班长跑过来，喊他：'振作起来！'山本喊了声'万岁！'就不省人事了。待医生把他救醒后，他说：'希望日本胜利，万岁！班长，谢谢您，多承您照顾！'说罢就永远闭上了眼睛。"用武士道精神武装起来的日本官兵，如此斗志，是那些英国兵望尘莫及、无法比拟的。

2 月 8 日黎明时分，天空刚刚现出浅浅的鱼肚白，守卫在西北的澳军第 8 师便听到一阵轰隆隆的声音从天际传来。他们从战壕探出头来，往上望去：哎呀，只见天上黑压压一片，日本飞机像满天的乌鸦一样，向他们的阵地飞来，数数大约有 80 多架，紧接着就投下了炸弹。爆炸声震天动地，士兵们的断头碎臂连着飞沙走石，飞上了天空。指挥官大声喊着："开探照灯！开探照灯！"但是电话线早已炸断，口令哪能传到探照灯阵地。几百个探照灯一直静默无语，连一丝光也没有发出，像是瞎了眼的士兵干瞪着敌人炮火与炸弹的狂炸。突然从柔佛海峡那片广阔的红树林冒出许多的橡皮艇直冲而来。有几处海面，大概是澳军预先倾倒了汽油在那里，澳军用射击点燃了汽油，大火顿时把登陆艇上的日军烧得吱哇乱叫，纷纷跳进海里。但是，就是跳进海里，他们全身也是燃着烈焰。就是这样，日本兵并没有停止前进！英军的炮兵开始回击，双方的炮弹穿梭似的划破长空，爆炸声震耳欲聋，不论是日本兵还是英国兵，他们之间的指挥口令，谁也听不清。

与澳军第 8 师共同战斗的星洲华侨义勇军第 1 连，驻守在裕廊 18 碑前线，这时也投入了战斗。他们等到敌人靠近防线时，才突然开火，一家伙把敌人打了回去。当晚 3 点多钟，日机又来了，这次他们没有投炸弹，却投下了无数的照明弹，把义勇军阵地照得如同白昼。接着，日机上的机关枪狂叫了起来，在义勇军战士周围来回扫射。但是，战士们丝毫没有退缩，一直像钉子一样钉在那里。天亮了，敌人一批一批往上冲，义勇军战士一次又一次把他们打回去，正准备来个乘胜追击，友军——澳军的防线却崩溃了，突破澳军防线冲上来的日军，向义勇军迂回包抄过来。如不及时撤退，必遭全军覆没，第 1 连只好含恨退出前沿阵地。日军自发动马来之战以来，从来没有碰到如此顽强抵抗的军队，后来他们发现这不是英国兵而是中国兵，大吃一惊，以为是中国政府派来的中国正规军便衣队，他们哪里知道这是刚刚武装起来没几天的华侨义勇军！

第 1 连退至离前沿阵地不远的裕廊 15 碑后（所谓碑，华侨又叫“条石”，即公路边竖立的标志里程的碑石，15 碑即 15 条石，亦即退到 24 公里的地方），立即召开会议，准备要求英军发给更好的武器和更多的子弹，以便与敌人做殊死的决战。但这要求还未来得及提出，登陆的日军，就不顾强固滩头阵地，向前推进了。15 碑是座光秃秃的小山包，山上连棵树木也没有，义勇军战士在这山头上，坚守了两个多小时，硬使敌人不能前进一步。然而，敌机来了，在英军完全失去制空权的情况下，日机嚣张地做低空飞行，机翼下的日本太阳旗和飞行员狰狞的笑脸都可以看得一清二楚。敌机来回疯狂扫射，扔炸弹，使义勇军伤亡惨重，不得不又向后退却。

第 1 连剩下的官兵又退到了裕廊 11 碑。这一带英军曾修有坚固的防御工事，有英军驻守。该处地形为品字形，尖凸处就交由义勇军把守，右翼为印军，左翼为澳军。义勇军战士们不顾疲劳，连夜对被敌人轰炸损坏的工事进行抢修。第二天一早，第 1 连指战员刚刚吃过早饭，哨兵就发现 3 个日本兵骑着自行车，大大咧咧地沿着公路而来。哨兵一面监视敌人，一边派人向上级报告。当日本士兵进入警戒线时，义勇军便以迅雷不及掩耳之势开了火，3 名日本兵便莫名其妙地见了阎王。随之，枪声引来了更多的日本兵，他们在空军、坦克的掩护下，向着品字形的阵地分头攻击。激战数小时，首先崩溃的是右翼的印度兵。这时，第 1 连连长已经牺牲，副连长负责指挥。他不顾右侧日军的压力，与左翼的澳军一起，连续发起了几次冲锋，击毙了多名敌人，还俘虏了 1 名日本士兵。不过，第 1 连也付出了不小代价 ：牺牲了 6 名官兵。就在这个时候，左翼的澳军阵地又守不住了，为了避免被日军包围，义勇军只好与澳军一起又往后撤退。

义勇军第 2 连与澳军共同守卫在海岸边的林厝港，这里也是日本兵强行登陆的重要地段。起初，敌人只是稀稀落落地朝这里打炮。2 月 7 日开始，日军炮火开始密集，敌机也一批一批盘旋在林厝港上空，投放炸弹或用机枪扫射。黄昏时分，敌人投放照明弹，为他们的炮兵指示目标。义勇军战士们明白，敌人马上要开始登陆。因此，人人摩拳擦掌，严阵以待。黎明时候，敌人登陆开始了，驶在最前面的是 5 艘登陆艇，他们气势汹汹，不停地向 2 连阵地扫射。当敌人一进入阵地前沿，2 连士兵一齐开火，5 艘登陆艇顷刻被击翻，沉入了汹涌的大海。可是，敌人并没有退却，而是一批一批往上冲。在敌机掩护下，后面的登陆艇很快冲上滩头，从艇上跳下的日本兵，高喊着杀声，倒下一片又冲上一片。枪声与杀声混成一片，似乎压过了柔佛海峡海潮的咆哮声。左翼的澳军阵地也同样响起了猛烈的枪炮声和杀声，2 连的士兵知道友军也投入了战斗。有了友军的支援，他们心更雄，胆更壮。经过 1 个多小时的激战，左翼友军方向，枪声竟慢慢停下来，沉寂了。2 连的战士们正在猜想 ：是澳军打退了敌人进攻？他们可真行！指战员正为友军胜利而高兴之时，突然听见左侧方向有日本兵说话的声音，心里一惊，不好，敌人已占领了友军的阵地。他立即派出几个士兵埋伏在旁边的茅草丛里。是两个日本兵，当他们已进入伏击圈，指挥员一声“打！”，手榴弹与子弹齐飞，敌人应声倒下。紧接着，更多的敌人被枪声引来，他们如潮水般蜂拥而来，企图包抄义勇军。指挥员立即指挥各排突围，他们且战且退。

第 2 连退至林厝港 16 碑，与澳军 300 多人会合后，驻守在童山上。日机跟踪而来，轮番对童山进行轰炸，致使 2 连遭受重大伤亡。这时，日军大部队已开始对童山实施包围，澳军决定突围。于是，两军坐上几辆卡车往外冲。很快有一辆卡车被打坏了，车上的士兵除个别的当了俘虏外，其他没有一个投降的，他们直到打完最后一颗子弹后都壮烈牺牲了。义勇军 3 排排长何微波左手负伤，他带领战士冲出重围，但是，又被冲上的日军包围了。义勇军战士毫不畏惧，与敌人白刃搏斗，敌我双方激战有 1 个多小时，除了排长冲出去外，其余 20 多名战士全部牺牲在童山这块高地上。

2 月 9 日中午，2 连在林厝港 12 碑又与澳军会合，并在这里与日军展开了激战。在这次战斗中，义勇军 2 连付出了死 2 人伤多人、澳军死 10 人的代价，消灭敌人 30 多人，硬是打退了日军的疯狂进攻。2 连战士与澳军一起乘胜追击，反攻夺回了 5 公里阵地。就在这时，日军的增援部队上来了，2 连因寡不敌众，最后几乎全部英勇战死在疆场上。

山下奉文的凶猛进攻以及强烈的炮火，一下子打乱了白思华的作战部署，使英军上下左右无法联络，指挥完全失灵。在乱成一锅粥的情况下，这些在马来亚亲自尝过日军厉害的英军、澳军、印度军，可谓望风而逃，白思华想在滩头消灭日军的计划化为乌有。随着 8 日晚 4000 多名日军登上新加坡西北角后，接着，日本第 25 集团军近卫师团、第 5 师团、第 18 师团，分别从北面、西面与南岸也登上了新加坡。至 9 日凌晨，登陆新加坡的日军已达 2.5 万人。紧接着，3 个精锐师团马上集中兵力，直插岛南面的新加坡城。

2 月 10 日早上，日军占领了丁加机场。辻政信乘车到近卫军师团了解情况，发现师团司令牟田口左臂受了伤，参谋长也受了重伤，均是手榴弹炸伤的。可见，日军指挥官颇有身先士卒的精神。据记载，这次强渡，近卫师团伤亡了 1000 多人。辻政信赶往机场途中，看见“敌军所遗弃的尸体层层累积，炮兵车辆乱七八糟地摆着，而敌军桥梁却一座也没有坏。这是以前所没有的。接着看了丁加机场的敌军兵舍，有汤，也有面包，整整齐齐地摆放在餐桌上，一点都没有来得及收拾，可见他们是如何发慌”。就在同日早晨，山下奉文带着他的参谋人员，乘坐用 3 条小船拼成的船筏渡过柔佛海峡，把指挥所设立在丁加机场，以便靠前指挥对新加坡城的进攻。

也是在这一天，远东战区英美荷澳联军司令官韦维尔将军闻知日军已登上新加坡，匆匆从设在爪哇岛的盟军司令部乘飞机飞到新加坡，来为英军打气。他与英国丘吉尔首相有同样的感慨：明显兵力占绝对优势的英军怎么就挡不住日军的登陆?韦维尔将军给白思华慷慨激昂地念了丘吉尔首相给新加坡守军的电文："在具有压倒优势的敌人进攻之下，美军守住了巴丹半岛；苏军正在击退德国的精锐部队；几乎毫无现代化装备的中国军队抗击日军已达 4 年之久。我们新加坡岛的军队人数远远超过越过海峡的日军，如果我们把新加坡要塞丢失给敌人，那将是我们的耻辱。我们必须击败敌人。整个英军和大英帝国的声誉陷于危机。每一支部队必须与敌人奋战到底。绝不投降，也绝不考虑投降。"

丘吉尔首相给新加坡守军的电文，像一把利剑直穿白思华的心脏，对于这位高傲的颇有英国绅士风度的将军，他对自己指挥无能，连续打败仗，深感羞愧与痛心。他已经感觉到了，大英帝国的光荣会毁于他的手上。

日军在发动对马来亚进攻的同时，也发动了对美国殖民地菲律宾的进攻。1941 年 12 月 12 日，日军在菲律宾棉兰老登陆后，很快便占领了首都马尼拉。美军在麦克阿瑟将军率领下退守巴丹半岛。美军在巴丹半岛先后设立了两道防线，进行了寸土必争的抵抗，他们展开了山地战、丛林战、阵地战，使日军遭受了重大伤亡，被逼转入了防卫。新加坡攻防战开始之时，巴丹攻防战正进入胶着状态。这一攻防战，美军一直坚持了 6 个月。巴丹陷落时，新加坡早已陷落。

在欧洲，1941 年 6 月 22 日，法西斯德国悍然发动了对苏联的进攻，当天就突破了苏联防线，向前推进了 25~50 公里，不到 18 天就进入苏联腹地 500~600 公里。9 月，德国精锐部队已打到首都莫斯科城下。但是，苏联军民在斯大林元帅领导下，展开了震惊世界的莫斯科保卫战，使得德国军队遭受到了空前损失。据德国陆军的一份报告讲：东线 162 个作战师中，只有 8 个师还有进攻能力，16 个装甲师，只剩下 140 辆坦克还可以使用。希特勒原希望 6 个月灭亡苏联的梦想彻底破灭。

再看中国军队：就在 1941 年 12 月 8 日，日本天皇宣布《宣战诏书》的第二天，已与日本进行了 4 年多战争的中国政府才正式对日宣战。日本发动太平洋战争后，为牵制中国军队南调支援在香港、九龙和缅甸的英军，1941 年 12 月，日军调动 5 个多师 19 万兵力，发动了对中国战略大后方的西南门户战略要点——长沙的第 3 次进攻。刚刚就任盟军中国战区最高统帅的蒋介石亲自督战，中国第 9 战区官兵在司令长官薛岳、罗卓英将军率领下，进行了英勇的抵抗。他们采取“天炉大阵”战法，即让一线兵团依托坚固阵地逐次抵抗，给日军以相当损耗与迟滞后，诱敌深入长沙预定决战地区。而坚守长沙核心阵地的中国军队，接连打败敌人进攻。这时，第 2 线反击兵团，开始对日军进行合围。日军久攻长沙不下，弹药粮食逐渐告急，补给线又被中国切断，只能靠空投补给。日军见势不妙，只好撤退。合围的中国军队，抓住时机，转为对日军阻击、截击、尾击，给敌人造成重大伤亡。1 月 15 日，日军狼狈逃窜。

第 3 次长沙大战以中国军队彻底胜利而告终。据当时国军战报，中国军队以伤亡 29217 人，击毙与击伤日军 56944 人，其中还击毙日联队长 4 人，及联队长以下军官 108 人，俘虏日军中队长 1 人，并中队长以下军官 139 人。这也是日本发动太平洋战争以来，盟军取得的唯一胜利，使士气低落的英、美等盟军精神为之一振！所以，美国总统罗斯福专门向中国政府发来贺电，并宣布再次向中国提供 5 亿美元贷款，还为薛岳将军颁发了一枚自由勋章。蒋介石更为得意地称赞：这一仗“实为七七事变以来，最确实而得意之作”。装备恶劣的中国军队以英勇善战拖住了 100 万日军，使之在中国战场不能自拔。

对比丘吉尔首相提到的美军、苏军、中国军队在反法西斯斗争中所表现出的顽强不屈、英勇战斗的可歌可泣的战绩与精神，再看看自己指挥的军队一败再败，一败涂地，白思华真是无地自容！

但是，白思华将军并不甘心于失败。因为丁加机场被日军占领前夕，曾遭日机的轮番轰炸。机场上最后一批 10 架英国“飓风”式战斗机被迫起飞应战，他们最终竟以自己损失一架飞机的代价，击落了日军 6 架飞机。这也足以说明英军还是可以做最后一搏。何况，当时星洲华侨义勇军正在“裕廓防线”做殊死抵抗，多次打退敌人进攻，有时还能进行反击。而英军此时在新加坡还有 33000 多人，澳军还有 17000 多人，再加上印军、义勇军等，能战斗的部队人数不下 10 万。白思华将军觉得新加坡之战虽然不可能取得胜利，但也不会马上失败，至少还能抵挡一阵子，多争取些时日以显示一下大英帝国的不屈不挠。于是，他立即下令把丘吉尔首相的电文传达给所有的新加坡守军，并指挥所有部队撤至新加坡岛上制高点——武吉智马高地，以确保守卫新加坡的最后一道防线。白思华决心在这里与日军决一死战，来保卫这一新加坡的生命线。但这一命令，却造成了部队的混乱。因守卫裕廓防线中央的澳军，过早地下达了撤退的命令，从而，防守新加坡的第二道防线——裕廓防线的中间打开了一个大口子。日军就是利用这个口子占领了裕廓防线，包抄了英军，致使这支英军旅损失了 3/4。

2 月 12 日，白思华中将亲自拜会了新加坡总督汤马士，提出所谓“焦士抗战”的策略。他要求炸毁新加坡岛上所有重要的军事设施和民营工厂，使日军占领后一无所获。不过，总督汤马士似乎还比较理智，他经过权衡之后，只同意炸毁新加坡广播电台，使之不为敌人占领后所利用。他的理由是一旦白思华的“焦士抗战”政策实施，必然会造成百姓更大恐慌。他知道，新加坡攻防战以后，新加坡已完全处在恐慌之中了。亲历者马骏在他的《战争初期的交通与救伤》一文中，回忆了当时巴诗班让海港局码头被日机所炸，死伤 500 余人的惨状：“那时的大世界游艺场，被征用为临时救伤站，海港局的肢离骨断的尸体，一车车地用军用大卡车，运到大世界来。巴诗班让至亚历山大路、合洛路至芳林巴利、金升桥进大世界的一路上，都是血水斑斑，路人心惊。大世界内大西洋戏院拆去椅位，排列尸体，多至四五排。”又说：“那些受伤的尸体，有头无脚，有腿无臂，有些是腹破肠溢，有些是脑浆滴流，血块凝结，惹得苍蝇飞舞，野猫老鼠都来拖吃尸身皮肉，此种惨状，有似血肉模糊的可怕地狱。”人间地狱何止大世界游艺场一地，新加坡的大街小巷都是。所以，在新加坡的还来不及逃走的少数英国人发狂地不惜高价找船找小舢板，以图载他们尽早尽快逃离这人间地狱。但是，这些企图逃跑的英国人，又陷入了另一个人间地狱之中。辻政信回忆说：“逃出了新加坡的船只之中，如有抵抗的都被我们派遣的南方舰队所击沉。抱了儿子的妇女和英国兵的溺尸到处浮满海面，就连日本海军兵士也掩目不忍看，捕获了残留船只 20 艘的避难民。”日军发表的《马来亚作战日志》中这样记载：“2 月 5 日，陆军航空部队在新加坡附近的海上炸沉 1 万吨级船一艘，并使 6000 吨级一艘起火，3000 吨级 3 艘有大损坏。”这些船几乎都是难民船。可以说，企图逃走的英国人，没有一个逃脱的。至于普通老百姓，逃没处逃，躲没处躲，在日军密集炮火下，四处乱窜，死伤无数，连救护队也无法救护伤员了。那些过去当官做老爷的英国殖民官员，更不会管老百姓死活了，汤马士岂敢在恐怖之上再添恐怖！

由于白思华将军下决心坚守武吉智马这一守卫新加坡的最后一条防线，而山下奉文也必须夺取新加坡的这一制高点，因此，武吉智马高地的战斗十分激烈。这时，进攻的日军，原来准备的一门 1000 发炮弹，在渡海时已打掉了 400 发，现在炮弹所剩无几。没有强大炮火的掩护，日军第 5 师团与第 18 师团断然决定，乘夜色进行突袭，就是用手中的刺刀，也要把这块硬骨头啃下来。辻政信说：“如果硬要等两三天炮兵到达后再开始准备攻击，让优势的敌军据守有碉堡的主要抵抗线的话，那就是 10 天或者 20 天也没有办法攻破了。”他还描写了这场白刃格斗的过程：“到了 11 日傍晚战局更加激烈，打得从没有过的厉害。使用所有的火炮，敌人射击是惊人的猛烈，第 1 线的部队无法攻击前进。而且敌军甚至见机以很猛烈的气势进行反攻。彼此双方的大小 300 多门火炮，像疯了一样地一直在吼叫。武吉智马高地遂为火焰所遮蔽。但是我方第 1 线部队，自 12 日起一步一步地压迫，至 13 日早晨占领了麦礼芝贮水池，在武吉智马炮台附近展开了肉搏战。红毛桥、溪谷的激战是攻击了巴诗班让附近的九九湾要塞。差不多在这时候，15 厘米加农炮也到达了战场。于是命令：‘向新加坡市内的较重要建筑物依次全部把它破坏掉！’而向总督官邸、敌军司令部、学校、公司、仓库等加以猛击。这些建筑物中收容了将近 1 万多名敌军负伤者，而 15 厘米加农炮能炸裂五六层的房屋。所收容的伤兵、军警、军医等被炸得粉身碎骨，负伤的人员在满地都是血的室内呻吟爬动，很像一个地狱，真难令人正视。”辻政信似乎对这种射杀伤兵、平民的日军兽行十分得意。英军此时已成了强弩之末，已经招架不住了。不过，日军虽然占领了半个岛屿，并已抵近武吉智马高地，但弹药也已消耗到接近山穷水尽的程度了。谁胜谁负就在这一步之遥，一念之间。

3 白思华举起了白旗

陈嘉庚自担任华侨抗敌后援会主席以来，他一方面关注马来半岛的战况，一方面积极协助新加坡殖民政府维持地方秩序：他们在每条街道上，指定一家或两家负责征催义务警察去站岗巡视。短街设 1 个岗哨，长街设 2 ～ 3 个岗哨，每个岗哨 3 人，日夜轮流，以防奸人乘战乱抢劫，更重要的是保护百姓的安全。因此，新加坡在陷落前，没有发生槟城那样敌未到而已先乱的情况。同时，他们还协助当地政府解决救护、防空、防谍等战备需要的人力问题，先后雇用的工人多达 2000~3000 多人，而且，这些工人工资都先由南侨总会预先垫付。最活跃的是抗援会下设的民众武装部。当时，他们在新加坡各区设立义勇军报名站，一周内就招募了青年华侨 3000 多人。民众武装部主任林江石，在义勇军组建过程中起到了中流砥柱的作用。林江石从成立机构、筹募经费、开展宣传鼓动工作、集中义勇军训练和英军谈判武器、给养、装备，到义勇军的编制、开赴前线作战，无不亲力亲为。因此，这位马来亚共产党人赢得了人们的赞誉。

然而，华侨抗敌后援会的种种努力，虽使新加坡攻防战有了一个比较巩固的后方，但却无力阻止英军的溃败。陈嘉庚越来越感到战争的危机，他不得不做好新加坡被日军占领的最坏准备。1942 年 12 月 31 日，因为日军在马来半岛的节节胜利，南侨总会的募捐工作被迫完全停止。陈嘉庚清查了账上的存款，共计有国币 1300 余万元。他即刻安排人通过中国银行汇给国民政府行政院。可以说这是南侨总会最后一次向祖国汇去的筹赈款，最后一次为祖国献上华侨的全部爱与情。

与此同时，日本飞机正加紧对新加坡的轰炸，每天有几十架次甚至到几百架次。

英国老式水牛式飞机哪里是日本零式飞机的对手，所以，日机在新加坡上空如入无人之境。而新加坡军港则是日机集中轰炸的主要目标。其中军港有13个大蓄油罐，已被炸掉了3个，燃着熊熊的大火，浓浓的烟火弥漫整个军港。当时军港有工人6000多人，其中华工占一多半，由于担心日机轰炸，每天出工人数逐渐减少，而英军的军火装备正源源不断地送到码头。英军眼看着这些军火停放在码头上被日机炸掉，急得不行，不得不派人来急找陈嘉庚，请他出面到码头上给华工做工作。刚好中国政府派了一个军事代表团来新加坡了解战争准备情况，团长是郑介民将军，陈嘉庚便邀请郑介民一起前往军港。陈嘉庚告诉华侨工人们，中英两国在反法西斯斗争中是站在同一条战线上的盟友；而且，中国政府也曾对英驻华大使说过，一旦发生战争，需要华侨帮忙，中国政府一定会电令华侨努力协助。陈嘉庚的一席话，即刻激发了华工的爱国热情，第二天华工就有一多半复了工，接着，印度工人、马来工人也相继复了工。

1943年1月15日，陈嘉庚考虑到英殖民当局对华侨往祖国汇款数量限制有较大的松动，过去每人一次不得超过200元，现在因为义捐活动已停止，每月英殖民当局准许汇义捐款50万元的额度可以用私人汇款抵额。现在战事如此危急，把存款存放在新加坡很可能以后被日本没收，不如抓住这一时机，把财产转移到祖国去。于是，陈嘉庚先后嘱咐新加坡著名的华商陈六使、李光前等人把自己的一大笔存款汇往祖国，抗战胜利后，可用这些钱创办一家银行，再通过银行招股创办其他实业，这不但可以帮助国家发展实业，而且也为南洋的福建华侨投资祖国建设提供一个平台。陈嘉庚这一建议，后来并没有得到很好的落实，但他在战争危急之时，仍心念祖国的赤诚之心，则表露无遗。

在连接柔佛与新加坡的长堤被炸毁后，两岸大炮还在相互轰炸，炮声彻夜不断。2月1日，新加坡军港尚存的10个蓄油罐被英军自己无奈下令焚烧了，滚滚的浓烟遮天蔽日，弥漫着整个新加坡城。当日上午，林江石来找陈嘉庚，要求支400元款，一问才知道，英军已给义勇军发了枪，这400元是给每个战士的“起身费”；再问，林江石告诉陈嘉庚星洲华侨义勇军将开赴前线。其中，1连将派往裕廊18碑，2连将派往林厝港，3 连将派往巴诗班让，4 连将派往后港。这些地方均在柔佛海峡新加坡这一边的沿岸。至于 5 连、6 连、7 连还在受训当中。陈嘉庚一听就担心起来，这支才训练 13 天的军队，用的又是老式的猎枪，派到前线去岂不是白白送死！英军至少有六七万人，为什么要派华侨到最前线去做这无谓的牺牲呢？他心中一阵酸楚。他此时预料到日本一旦占领新加坡，肯定会对华侨进行加倍报复。英国人如此狡猾狠心，证明他们是不可能保护华侨的。于是，陈嘉庚决定，要好好保护华侨的骨干力量，不让他们当日军俘虏，让他们尽快离开新加坡。他前往殖民政府公安局，为抗援会的 20 多名骨干开好了通行证及介绍信，并给每人发了 4 个月的工资。陈嘉庚处理好南侨总会的剩余存款后，自己也做好了撤退的准备。

这时，在新加坡的英国的妇女儿童，大部分均已撤走。许多警察还在街上抢夺私人汽车，以供运送还剩余的英国人用。陈嘉庚不断听到有人报告：军港里的印度工人坐船走了，不知去向。晚上，有 200 多名华工忙了一宿，把军港里的各种器材、物资，不论贵重，一律扔进了大海。有许多英军士兵，趁夜自丹戎巴葛下船走了。老巴刹区的英军十几门高射炮，也在夜间不知搬到哪里去了。紧接着，又听说，凡船要离开新加坡出海，均得由英殖民政府统一批准分配。这时，陈嘉庚明白了，英军已经决定放弃新加坡了！此时不走就再也没有机会了。陈嘉庚立即约了几个人，一同去见新加坡总督汤马士。

一见面，陈嘉庚劈头就告诉了汤马士他听到的上述几件事，说：“你们这样做，使新加坡人心动摇！”

汤马士矢口否认。他说：“根本没有那回事。我们英国海军、空军很快就会开到新加坡来增援的。新加坡绝不会丢失。何况，我们岛上还有 10 万英、澳、印度联军，就是援军来不了，也能守他 3 个月。”

陈嘉庚知道汤马士言不由衷，问：“总督先生，听说重庆方面蒋委员长有电报给你们，要你们想办法把中国领事馆和中国驻新加坡军事代表团的人员，安全送回国去。有没有此事？”

“有。”

“我们这些侨领怎么办？蒋委员长有没有提到？”

汤马士连连摇头：“一字未提。”

陈嘉庚一听，顿时火冒三丈：兵临城下，哪个国家政府都会想办法保护自己的侨民，千方百计帮助侨民撤到安全地方去，可是，我们国家的政府，我们的蒋委员长对我们却不闻不问，让自己的侨民在城破之日，做敌人刀俎上的肉！他脱口骂道：“这个蒋委员长，根本不把我们这些华侨当作中国人！”

陈嘉庚在回来的路上，一直沉思着：走，到哪里去？回祖国，上次组织南洋华侨回国慰劳团时，已把蒋委员长和国民党政府得罪遍了，他们岂能容你在祖国土地上立足？去荷属东印度？对！就去那里。一是那里离新加坡近，但是，一旦日军进攻印尼，那里也守不住，因为荷军战斗力远不如英军。不过，细一想，印尼地广，要占领它得需要两三个月的时间。因此，有充分时间准备，必要时可以转到澳洲或印度去。

1943 年 2 月 3 日，陈嘉庚等 4 人来不及与家人告别，只随身带了新加坡币 3000 元，乘小火轮离开了新加坡，直向苏门答腊。回头看，新加坡已沉浸在烈火之中。他不住地祈祷，暗暗祝福新加坡的同胞们，祝福他们能躲过浩劫，躲过死亡！

就在陈嘉庚前脚离开新加坡的同时，日军后脚已登上了新加坡岛，并突破沿岸的防御工事以及裕廓防线，抵达了新加坡的制高点武吉智马高地。白思华将军大概受到了韦维尔将军传达的丘吉尔首相电文的刺激，他下决心要做最后一搏，守住这座关乎新加坡城生命的高地。他得知日军的精锐部队——第 5 师团、第 18 师团已冲到高地下边的水库附近时，立即从北边防线上调来了两个营的援军，与英军 44 旅、第 1 马来旅一道，进行反攻。两军在水库区展开了白刃角斗。这一反攻，收到了成效，日军遭到了重创。

辻政信记录了这场战斗。他这样写道：他驱车赶到前线时，见师团长牟田口要亲自上最前线。参谋长立即对辻政信说：“师团长要亲自上最前线，我劝也劝不动，你帮我劝劝他吧！”辻政信对牟田口说：“你的士兵正在尽最大努力拼命地突击，但因为敌人火力太猛烈没有成功，不如等天黑，敌人的炮火减弱，来个夜袭！你现在到前线去，士兵们会认为你是来督战的，他们会硬干起来，造成无谓的牺牲。”牟田口听了这番话，流下了眼泪，说：“请你体谅我的心情吧！我部下的两个联队正向敌人的主阵地冲击，弄不好会全部阵亡在阵地前，我要上去与他们一一握手告别！”辻政信当时感慨道：“这才是日本的统帅！”在牟田口的带领下，日军18师团正面展开了从来没有过的激战，前面的倒下了，后面的士兵又冲上来。日军武士道精神在这里得到了充分的展示。

这时，星洲华侨义勇军第1连正配合印军坚守在高地上，他们打退了敌人多次的进攻。由于缺乏实战经验，伤亡很大。敌人又冲上来了，副连长一家伙夺过印军手上的一挺机关枪，站起来，疯狂地扫射着，一边嘴里不断地喊着：“丢那妈！”敌人倒下一片，但他却成了敌人射击的目标。副连长倒下了，他倒在了鲜血染红炮火犁过的阵地上。敌人从两侧迂回过来，右翼的澳军挺不住了，开始撤退了；接着，印军也挺不住了，也开始后撤。1连腹背受敌，只好后撤。后撤的路上，日机跟踪而来，不停地对他们扫射，不断地有人伤亡。日本兵是很勇敢的，但碰上了更勇敢的中国兵。见此情景，辻政信颇有感慨。他后来说：“我曾经亲身参加过山西、汉口、那莫罕等地的战斗，感觉最勇敢的是中国兵。这并不是假话。其次是苏联兵，再次是英国本地兵、澳洲兵、印度兵的顺序。要考虑将来的大战争时，同一个亚洲民族的中国是最强的，这一点可给我们一个启示。”难怪，日本士兵登上新加坡之时，遇到义勇军顽强抵抗，还以为是中国政府把正规军派到新加坡来协助英政府呢！

不像澳洲兵和印度兵那样，“他们在外国土地上替外国人打仗”，所以，他们不可能去为英国人卖命，而义勇军是为保卫自己的第二故乡而战，是为保卫自己的身家性命而战。所以，在战场上特别卖命。每次战斗，不管日军如何疯狂，他们自己的装备如何落后，战场上的经验又如何缺乏，他们都豁出命去拼，绝不退缩。高地上的战斗，两侧的友军溃退了，义勇军面临被包围的情况下，才不得不后撤。

在保卫新加坡的战斗中，可以与义勇军相比的，只有马来旅，他们是为保卫自己的祖国——马来亚而战的。马来旅——这支有1400人的部队，从2月8日日军强登新加坡后，就进行了一系列的拼死抵抗。13日，正好是西方人所称的“黑色星期五”，日军向驻守在巴诗班让的马来旅发起了猛烈进攻。日军准确而密集的炮火对准马来旅疯狂射击，造成守军重大伤亡。但马来旅在敌我力量悬殊之下，仍坚守住阵地，并进行了惨烈的肉搏战。他们还识破了日军一支化装成印度兵企图逼近前沿阵地的阴谋，这些日本兵当场被射杀。马来旅最后在武吉智马靠近亚历山大砖厂地区与日军展开了激战。他们坚守在一座矮山上，居高临下，眼看着日本兵冲进他们的营区，抢走他们的重型武器和自动机关枪后，愤怒极了，突然向日军开火，日军一个连几乎被消灭。一个英国军官清点了日军尸体，整整 94 具。在整个保卫新加坡战役中，马来旅共使敌人伤亡 4000 多人，自己只有 159 人战死，其中包括 7 名马来军官、146 名各级士兵、6 名英国军官。在白思华将军投降后，马来旅还剩下 600 多名官兵，被逼放下了武器。但是日军并没有放过他们，两周后，就有 5 名马来军官被日军处决，许多士兵被押送到泰国、印尼去当劳工，直到日军投降才被解放。

在武吉智马战斗最激烈的时候，星洲华侨义勇军胡铁君副司令员给英军留守总部打电话，询问前线战况，英国军官竟然傲慢地回答：“你无权过问！”

胡铁君副司令员火了，大声吼道：“我是义勇军总部，我有权了解战况。如果战局危急，要做好准备，处理好我们那 1000 多名士兵！”

英军官这才变了腔调，说：“最快三四天内，战局就会发生变化！”

2 月 12 日，日军突进到新加坡腹地淡申律一带。这时，星洲华侨义勇军突然接到英军总部的命令，从前线撤回金炎律南洋师范学校总部。13 日，星洲华侨义勇军 1、2、3、4 连剩余的官兵，以及 5、6、7 连全部战士集合在学校的草坪上，义勇军司令英国人打理上校向大家传达了英国当局的决定。他操着半咸不淡的广州方言宣布：“当局已经决定，新加坡将做战略放弃。马来亚英军总司令部，对你们的英勇寄予无限希望，因此不愿让你们做无谓的牺牲，留待 6 个月，英军重返马来亚。”大家当场哑然，因为星洲华侨义勇军从创立到现在不过 30 多天，参加保卫新加坡战斗也不过一个星期。许多人禁不住掩面抽泣起来：我们拼死战斗，牺牲了那么多的烈士，换取的竟是这种结局！真是太惨了！早知今日何必当初。既然要放弃新加坡，何必当初把他们组织起来，没有正规训练，发给破枪，就让他们到最前线去送死！

星洲华侨义勇军的指战员们，满怀悲愤的心情每个人领到了18元叻币作为解散费，手中的枪支弹药交给了民众武装部主任林江石，由他组织一批马来亚共产党人将收上来的枪支弹药埋藏起来。新加坡之战，星洲华侨义勇军究竟牺牲了多少人，直到今天仍无人知晓。因为收藏义勇军名单的林江石，在新加坡沦陷后被日寇逮捕，英勇牺牲在敌人的牢房里。虽然不知道这些牺牲的人到底有多少和确切的姓名，但是，星洲华侨义勇军烈士的鲜血没有白流，他们永远活在华侨华人的心中，活在马来亚、新加坡各族人民心中！

直到1945年日本投降后，新加坡各界在大世界广东戏院里，举行了隆重的“保卫新加坡阵亡及遇难烈士追悼会”，追悼星洲华侨义勇军的烈士们。出席大会的有英国军政长官、马来亚共产党新加坡市委、新民主青年团、轮船起落货工友总会、星洲各民族小贩总会、各华文报纸等30多个单位及烈士家属、星洲华侨义勇军战士300多人。追悼大会宣读了星洲华侨义勇军联谊会全体同志的祭文。祭文曰：

暴寇持强，发动南侵，英军失败，我祖国政府因共同反法西斯关系，下令华侨动员援助。君等激于义愤，闻风兴起，不分派别，慷慨赴义。斯时也敌似破竹攻势，进驻新山，炮声隆重，日夜攻击。英军政当局，心还犹豫，未肯尽量发饷械，敌军已再长驱海峡登陆。我军觑此紧急情形，仓猝间开赴前线，转战星洲海岸，在枪林弹雨之中，丛刺泥泞之地，前赴后继，奋勇争先，牺牲亦重，然屡战皆捷。不料为友军崩溃故，我军首先被围，迫不得已，下令撤退，星洲亦随即陷落矣。今者暴敌屈膝投降，星洲重见天日，同人等谊属同胞，故开会追悼，接笔作诔焉。诔曰：

天不厌战

兵连祸结

满腔热血

授命临危

护侨心切

鏖战裕廓

敌人气折

奋勇向前

牺牲壮烈

取义成仁

尽忠报国

日寇投降

大仇申雪

位跻列强

金瓯无缺

魂若有知

九泉欢悦

浩气长存

无名俊杰

呜呼哀哉

尚飨！

1945年11月20日星华义勇军联谊会全体同志

2月10日，日军进攻新加坡城的前线部队开始吃紧。首先是粮食供应问题，以第5师团为例，他们每个士兵带有白米3日量，面包两日量，肉罐头3听，酱油粉、豆浆粉各3日量，砂糖、食盐各两份，这些东西，仅够5天食用。但是，部队在前线却整整鏖战了7天7夜，粮食早已吃光了，只能用冷水泡酱油粉充饥，这时，弹药也所剩无几。因此，日军进攻锐气逐减。山下奉文着急万分，因为他发现英军的弹药似乎还相当充足，加上英军人数上占优势，再与英军坚持死拼，恐怕日军要吃大亏。因此，有人开始建议日军放慢进攻速度，甚至有人建议把日军撤回柔佛去，做好准备后来个第二次登陆。山下奉文断然否定了这些人的建议，认为如果照这些建议做，那将是功亏一篑，必将前功尽弃。山下奉文这位久经沙场的老狐狸，突然眉头一皱，计上心来：何不采用心理战，把英军的气势压下去，把白思华将军的意志吓下去。于是，他下了一条屠杀新加坡居民的命令，并命令日机与大炮集中轰炸市区的平民。于是，日本空军第3飞行集团，先后出动了4700多架次，共投下770多吨炸药，凶猛的轰炸，造成市区平民每天伤亡高达四五千人。

2月11日早上，山下奉文专门给白思华将军草拟了一份劝降书。书曰："我基于武士道精神奉劝贵军投降。贵军以大不列颠精神为建军根本，并正踞守业已孤立无援的新加坡，用艰苦卓绝的行动与英雄气概来提高大不列颠之声威。然从此以后抵抗已属无益，徒使百万居民遭遇更大危险，置于刀光剑影之中。战局既定，新加坡沦陷已近在眼前，继续抵抗不仅徒劳，且将为城内广大非战斗人员带来直接损伤，陷百姓于更大痛苦的战祸之中；何况按我军之见，你等继续顽抗已不能再为英军增添声势。你们英军官兵的妻儿，正在焦急地等待丈夫和父亲的回家……"

这份劝降书被印制并装进29个木匣里，外面还系上红白丝带，用飞机投到英军阵地上。阵地上的英军士兵似乎受到了劝降书内容的鼓惑和感染，精神上、心理上受到了震撼，许多人跪在地上，在胸前画着十字，乞求上帝保佑。但对白思华将军这一招似乎没有起到什么作用。因为山下奉文没有看到白思华与英军司令部有任何反应。这时，有个参谋跑来给山下奉文献了一条毒计，日军刚刚在东北部占了两个蓄水池，因为新加坡岛上缺淡水，蓄水池的水是战前从柔佛引过来的，是供新加坡城区居民使用的饮用水源。这位参谋建议切断水源，让新加坡城区居民没有水喝，从而造成人心更加恐慌，给英军施加更大的压力。山下奉文欣然接受了这条毒计，新加坡七八十万居民一下子陷入水荒的苦难之中。

白思华将军果然又中了山下奉文的奸计，面对这样艰难的处境，他惊慌起来。汤马士总督巡视了一些街道，看到满街尸体累累，臭气熏天，无人收拾，急忙跑来找白思华，说："这样坚持下去，很容易发生瘟疫，那样就会造成更多人的死亡！"汤马士总督还忘不了有一天的吓人情景：有一发15厘米的加农炮炮弹落在总督的官邸旁，汤马士的夫人顿时吓得脸色铁青，哆哆嗦嗦地说："这样可怕的战争赶快停止吧！"想到这儿，他大胆地对白思华说："战争还能打下去吗？"不过，汤马士有一点还是让人钦佩的，那就是他没有逃跑，而是留下来与新加坡人共患难。为此，他在日本监狱里坐了 3 年多牢。

此时，白思华将军早看过山下奉文的劝降书，已有了投降的心思，只是不动声色罢了。听汤马士这么一说，颇有英雄所见略同之感，随即说："你赶快去处理几件事，一、把广播电台炸掉；二、把银行里库存的 500 万元烧掉；三、把有关酒行库存的 150 瓶洋酒和 6 万加仑的中国酒投到大海里去。这些东西不能留给日本人！电台不能留给他们做宣传用，钞票更不能留给他们去扰乱英国市场，酒让那些得胜了的日本兵喝醉，再胡作非为更不得了！战争还打不打下去，我无权决定，我得请示韦维尔将军。"

白思华给远在爪哇的韦维尔将军发去电报，报告了新加坡已不可能再守下去的处境，请示可否投降。狡猾的韦维尔将军怕承担丢失东方直布罗陀的责任，回答了 6 个字："由你全权判断。"把球又踢回给了白思华。白思华见此情形，也不敢擅自做主，他立即召开了军事会议，让全体参会的指挥官表决。这些如惊弓之鸟的指挥官，早已没了斗志，一听讨论是否投降，便一致同意了。这是在马来之战、新加坡攻防战中，英军指挥官之间，从来没有过的一致。于是，白思华当即下令各部队销毁所有秘密文件、军事密码，破坏了有关武器装备，并让参谋纽比根少将与日军接洽。

2 月 15 日下午 2 时，一辆破旧不堪的轿车停在日军阵地面前。日军士兵正要开火，却见有 3 个英国人从车上跳下来，其中一人打着一幅巨型的白旗，特别醒目。日军士兵一家伙站起来，几乎要喊出来："皇军万岁！天皇陛下万岁！"那打着白旗的正是纽比根少将。

山下奉文研究了纽比根带来的白思华的信。信中要求让总督汤马士也一块儿来谈判，因为投降要涉及许多地方方面的事。山下奉文则告诉纽比根，白思华必须亲自参加才能谈，他担心英军投降有诈。

经英日双方约定，下午 6 时在武吉智马北侧一座福特汽车厂办事处里交涉投降事宜。山下奉文专门叫人拍摄了这次谈判全过程的纪录片，新加坡占领后，他让人在各电影院大肆放映，以夸耀其赫赫战功。

李光耀在他的回忆录中记录了他在电影院里看到的情景：“影片快结束时，看到英军总司令白思华中将穿着短裤，完全不像一个战士。在他两边各有一名英国士兵，分别拿着一面英国国旗和一面白旗。他在山下奉文的参谋部陪同下，走向武吉智马的福特汽车厂。接着就是他坐在一张桌子的一边，同山下奉文面对面的镜头。‘马来之虎’山下奉文中将，矮胖、粗壮，剪平头式短发，十足一个日本武士的模样。他傲视眼前一批英国将领。白思华骨瘦如柴，衣领跟颈项比起来，显得特别宽大。他战败后没有表现出来一点威武不屈的精神。他的脸颊每抽搐一次，身体每动一下，都反映出他内心的紧张与不安。”

其实，投降谈判比纪录片的记录还要精彩得多。谈判桌子两边，山下奉文的土黄色军装笔挺，白思华的军服满是污泥。山下奉文让白思华坐下后，劈头就说：“今天除了谈你们投降之事外，一概免谈。”

白思华嗫嚅着嘴，胆怯道：“晚上 10 点 30 分之前，我们恐怕很难做出最后答复。”他想留多点时间，讨论投降的具体问题。他想：作为大英帝国的高级指挥官，就是投降也得投降得体面一些。于是，他不断向山下奉文提出投降条件。

大概双方的翻译都很蹩脚，都不太明白对方说话的意思，因此，谈判桌上出现了一出滑稽的场面：双方的翻译都不停地翻看手中的字典，结结巴巴地翻译着。

山下奉文一下子火了，他怕夜长梦多，毕竟英军人数占优势，他们如果反悔，继续打下去……他不愿意再往下想下去，便吼起来：“你们如果不马上投降，我们将计划夜袭！”

白思华被山下奉文的气势镇住了：“你们能不能留在原地不动，我们明天上午 5 点 30 分再来谈判？”

山下奉文见白思华被镇住了，便乘胜追击：“不行！我要求你们今晚就停止敌对行动，没有什么可争论的！”他的话语斩钉截铁。

白思华喃喃道：“我们将在晚上 8 点 30 分停止射击。今晚是否各自留在原地好不好？”

山下奉文更加不耐烦了，大声道：“我们不谈了，你们究竟投降还是不投降，我

英军向日军投降

白思华向山下奉文投降

只要你回答两个字：Yes 还是 No？”

白思华将军这时英国绅士风度完全没有了，只好乖乖地说了声：“Yes！”声音很小，但语气里充满了屈辱感。

下午 7 时 50 分，白思华在山下奉文草拟的投降书上签下了自己的名字，也签下了他一生最大的耻辱。

大英帝国在新加坡低下了高傲的头。英军投降的总人数达 138708 人，其中包括英军、澳洲军、印度军以及马来旅。英军上交给日本军的武器装备，总计有运输车辆约 1 万辆，轻重机枪 2500 挺以上，短枪 6 万支，子弹 336 万发，大炮数十门等。

“东方直布罗陀”就这样被日军攻陷了，日本帝国主义控制了这座东南亚的中心城市，为日本下一步攻占荷属东印度、西进印度洋创造了有利条件。因此，日本裕仁天皇闻之欢欣鼓舞，特颁发了嘉奖令：

马来方面作战的陆海军部队，在紧密配合、协同作战下，断然实行困难的海上护航、输送及果敢的登陆作战，耐炎热、冒瘴疠，长驱直入，所向披靡，神速攻克新加坡，从而摧毁了英国在东南亚之根据地。朕深嘉奖之。

与日本天皇相反，英国首相丘吉尔闻之，悲痛地说：“英国史上最沉痛的浩劫，规模最大的投降，就是在新加坡。”

仅用了两个月的时间，日军就占领了马来半岛与新加坡，使山下奉文赢得了“马来之虎”的称号。

2 月 16 日，即英军投降的第二天，日本天皇便专门派钦差大臣飞抵新加坡，传旨对山下奉文给予嘉奖。日本大本营报道部部长大平秀雄，更是称赞这一胜利是：“日本乃照亮世界和平的太阳，沐浴在阳光下者茁壮成长，抗拒阳光者唯有毁灭一途；美英两国都应深思我三千年炽热的历史。我庄严宣布，新加坡一陷落，战争大局已定，最后胜利非我莫属。”日本占领军干脆把新加坡改为“昭南岛”，即取日本这颗太阳光照南方之意，又含昭和天皇在南洋获取的领地之意。

在攻占马来半岛、新加坡期间，日军战死3507人，负伤6150人。为此，2月20日，日军在新加坡莱佛士大学举行了一次慰灵仪式，祭奠那些为侵略而当了炮灰的亡灵。山下奉文还给负伤者每人发了牛奶罐头1听、菠萝罐头两听、香烟两盒、现款1元。

英军在马来半岛、新加坡的战斗，虽然以失败而告终，但对保卫英国其他殖民地还是起到一定的作用的。白思华将军在呈报殖民地事务大臣的文书中写道："蒙斯撤兵（"一战"期间，德军曾在比利时的蒙斯打败英法联军——引者注）和敦刻尔克（"二战"初期，英法联军被德军打败，英军从法国北部港口撤回英国本土——引者注）撤退，曾被歌颂为英雄的史诗。前者，我军有一个强大的盟国能够协助我们改变敌方的形势；后者，我军由海军协助撤退，损失了全部重装备。每次撤退大约持续3个星期。但在马来亚的撤退，在更加艰苦的条件下，持续了10个星期。没有强大的盟邦协助我们，也没有海军协助把部队撤走，即使想这样做也不可能。它曾经被大声疾呼为一场灾难，但是历史的判断或许会证明所有用于保卫马来亚的力气和金钱，以及许多参加作战者的牺牲和其后所受的痛苦，不是没有效果的。10个星期时间的赢得和给敌人的损失，可能已经很好地产生了，比大家所知道的日本人不能达到我们帝国更加重要的部分还要大的一种影响。"这报告显然是为自己的无能，以至战败做辩解，字里行间饱含着阿Q精神。这份报告里，白思华把马来之战与蒙斯撤兵和敦刻尔克撤兵相比，证明他在马来之战中的战略指导思想上就有严重错误：在日军入侵面前，他不是坚定的守卫领土而是大撤退。在这种指导思想下，他的部队一泻千里，大溃逃就可以想象了。不过，马来之战还是拖了55天，新加坡之战也拖了27天，从某种意义上说，迟滞了英国殖民地缅甸等地被日军攻陷的时间。

对于新加坡的陷落，李光耀有这样的评价："经过70个惊慌、混乱和愚昧的日子，英国殖民社会终于被摧毁，有关英国人高人一等的神话，也被打破了。"

这大概是日本人想不到的副产品吧！它为战后马来亚与新加坡的独立创造了民族觉醒这一重要条件。

丹巴死亡行军

第四章

检证大屠杀

1 山下奉文下达了肃清令

1942年2月15日，这一天正是中国农历壬午年正月初一，即为中国传统节日——新春佳节。按常规，这一天南洋华侨家家户户都要贴春联挂灯笼，男女老幼人人穿新衣戴新帽着新鞋，尽情享受各种年糕美食；这时，礼花、鞭炮声遍布各街道市上，“恭喜发财”的相互祝福声充满家家户户，到处洋溢着喜气洋洋的气氛。但是，今年新加坡的春节，用李光耀的话说：“无疑是1819年华人移居新加坡以来最暗淡的一个节日。”

这天的新加坡，无论大街小巷到处是瓦砾与死尸，大炮枪声已经停止了，整个市区陷入了死一般的沉寂。没有来得及逃难的华侨们个个躲在屋子里心惊胆战，在煎熬中等待着灾难的降临。因为之前，一些在英殖民当局总督府任职的华侨职员，已经接到了总督汤马士下午6时签发的通知：“马来亚总司令官已赴日军大本营谈议。是否同意，尚未可知。顷接福康宁(英军陆军司令部驻地——引者注)司令部指示，各单位均须留守今晨岗位。”新加坡攻守战爆发后，白人职员与长官早已逃之夭夭，坚守岗位的只有华人及其他种族人，因此，新加坡政府机关还照常运转。这消息很快一传十十传百，华侨早知道英军要投降了！大祸要临头了！

不久，嗒嗒的马蹄声、脚步声，隆隆的汽车声划破了寂静的长空，日本人耀武扬威地驶进了市区。侵略者官兵的装扮，在李光耀的记忆中留下深刻的印象：“日本军官的样子很滑稽。他们的腿很短，有些还是弓形腿，但却穿起高及膝盖的皮靴；走路时，拖着地，仿佛穿着拖鞋一般，跟德国军官走路时高视阔步、气宇轩昂，完全两样……叫人更觉得滑稽的是，他们所佩带的武士剑，跟自己的身高比起来显得太长，所以尽管佩剑有皮索跟腰带紧扣，他们还得用左手把剑握住，以免拖在地上。”至于士兵，在李光耀眼中也是滑稽的。他讲：“他们绑着腿，脚穿胶底布靴，大脚趾和其他脚趾隔开，就像他们的凉鞋一样。我后来才知道，这种布靴使得日本兵的脚趾更能抓住潮湿或滑溜的地面。但是，最叫日本兵显得怪模怪样的是他们头上所戴的鸭舌帽，帽子后还连着小披风，垂在颈后。他们外形古怪，身材矮胖，却扛着插上刺刀的长长步枪。他们身上散发着一种令人作呕的恶臭，简直叫我永远忘不了。”

日本军队占领了新加坡城，身为司令官的山下奉文并没有举行隆重的入城仪式，他只让被俘的马来亚陆军司令白思华率领他的英军士兵在街道两旁列队欢迎。这并不是山下奉文为人低调，不好大喜功，而是为了侮辱一贯傲慢的英国人。何况，攻占马来半岛、新加坡是他人生最得意的时刻。据说，入城后，日军举行了一次祝捷酒会，刚好有一位德国武官来视察，他举杯向山下奉文祝贺，连声大叫:“虎将军！虎将军！”山下奉文一听脸色突变，摇着头：“不！不！不！我不是老虎！我不是老虎！”他表面谦虚，但正是这位德国武官一语击中了他的要害:他真是一只吃人不吐骨头的恶虎。

当然，山下奉文并没有举行入城仪式还有另一个原因，就是他担心他的赫赫战功有功高盖主之嫌。他与首相东条英机同是日本陆军大学的校友。在当时日本军部形成了“皇道派”与“统制派”两派，两派誓不两立。1936 年“皇道派”策划了“二二六”事件，天皇最后镇压了叛乱，“皇道派”受到了清洗。山下奉文就是“皇道派”骨干之一，也是“二二六”事件主要策划者。而东条英机则是“统制派”的头目。“二二六”事件之后，山下奉文因为靠前陆相川岛以及岳父的好友陆相寺内寿一的保护，才躲过这一劫。现在，东条英机大权在握，加上他又心胸狭窄，岂能容山下奉文得志张狂。后来的事情发展，证明山下奉文的判断正确。

东条英机先派南方派遣军总司令寺内寿一大将到马来亚巡视，让山下奉文一路陪同。7 月 1 日回到新加坡，寺内寿一突然接到东京的命令，调山下奉文到中国东北任第一方面军总司令，并要山下奉文保密，等他到任后方可宣布命令。这样，山下奉文只好悄悄离开新加坡，连一个告别仪式也没有，也不让他回东京，直接到满洲里报到。东条英机是怕他到东京后，日本人会把他当“英雄”来欢迎。这是东条英机绝不能允许的。

不过，山下奉文“低调”更重要的原因是担心新加坡的治安。

1942年2月5日，日本陆军大本营发布《南方占领地军政之现状及其基本方针》，指出：“大东亚战争勃发以来，于兹已历一年两月矣，皇化遍及南方占领地，一切军政之施行，悉以向完成圣战之‘物’、‘心’总力之结集为最大之目标，举凡治安之恢复，重要国防资源之获得，以及现时经济自给自足之达成等，皆已强有力地展开。而今已造成世界上莫与伦比的占领之伟大战果。”从这里除暴露出日本帝国的狼子野心外，还揭示出他们欲统治被占领地之目标与方针。

目标：一是“物”，即夺取东南亚重要的战略资源，以补充其扩大战争之需要；二是“心”，即征服被占领区人民的“民心”，特别是在日本人看来桀骜不驯的华侨的心。日军派任的马来亚霹雳州州长河村说过一段深有感触的话：“华侨是维持治安方面的毒瘤。因此，军方必须毫不容情地铲除敌对的华侨。然而，任何彻底的镇压，向来不会取得成功，故对于华侨不可能全面加以压制。唯一可取的办法，是争取他们的心，使他们能同我们一起工作，以增加生产，并获得国防所需的物资。”因为，日本占领者知道，南洋华侨在经济上占有优势地位，不仅拥有从事工商业活动的巨大资金，而且具有从事商业的才干。日本要“重建”马来亚经济，绝对需要诱使华侨与日本实行合作，以实现其战时经济目标。鉴于华侨在支援抗日救国中所起到的巨大作用，因而掌握华侨是解决中国问题的钥匙，而自卢沟桥战争以来，日本军力已在中国那里消耗得差不多了。所以，山下奉文也说过：“要不是有华侨的支持，中国问题早解决了。”山下奉文主张对华侨必须“切断华侨同中国国民党政府的联系，遇必要时不惜加以镇压”。这是山下奉文从实战中得出的结论。

中国“七七事变”爆发后，任日本第20师团步兵第40旅团旅团长的山下奉文，就曾在平津地区与中国军队作战，他率部先后占领过南苑、长辛店和廊坊等地，遭到中国军队的顽强抵抗。他担任日本华北方面军参谋长后，又曾协助司令官寺内寿一指挥日军对中国共产党华北抗日根据地进行过多次“扫荡”，亲自尝过共产党游击队进行的“地雷战”、“地道战”、“麻雀战”等平原游击战以及山地游击战的苦头，在这些战争中先后伤亡日本官兵达 5500 人之多。他深知：中国人是不会屈服的。马来之战以来，他又尝到了在马来半岛、新加坡中国人的硬骨头精神。

在他率领第 25 集团军横扫英军最得意的时候，他从情报部门不断获得马来亚共产党组织的以华侨为主要成分的马来亚人民抗日军纷纷成立的消息，以及他们不断袭击日军后方的消息：1942 年 1 月 1 日，马来亚人民抗日军第一独立队，在吉隆坡北郊双文丹成立；第二独立队于第一独立队成立的前一天，即 1941 年 12 月 31 日，在知知港成立；第三独立队于 1942 年 1 月 20 日，在新加坡芽笼巷成立；第四独立队于 1942 年 1 月 30 日，在新加坡武吉智马成立。此外，还有于 1942 年 1 月成立的"霹雳人民抗日军"，等等。这些游击队，是完全按照中国共产党领导的八路军、新四军的建军原则建立起来的，他们就是马来亚的八路军、新四军。他们一成立，就立即开展积极的敌后武装斗争。在敌强我弱的条件下，采用灵活机动的战术，打得赢就打，打不赢就走，化整为零，避虚就实，利用热带大森林覆盖的有利条件，跟日本军兜圈子，打冷枪骚扰，使日军防不胜防。有时，游击队还选择有利地形进行伏击，大量杀伤敌人，迫使日军不得不分散兵力，处处布防。游击队还开展锄奸活动，给叛徒汉奸以有力的震慑。

所以，山下奉文一路南下，最头疼的不是英军的抵抗，而是马共游击队的骚扰。强行登陆新加坡之后，日军受到最强烈的抵抗，就是星洲华侨义勇军，他们造成了日军重大伤亡。中国人的意志、中国人的反抗精神，给山下奉文留下了永不磨灭的烙印！因此，他坚决反对对华侨采取绥靖政策，主张对华侨必须"严厉惩罚"。他的高级参谋辻政信更激烈，因为辻政信在制订南侵计划时，曾多次到马来半岛、新加坡，他太了解那里华侨的抗日情况了。因此他坚决主张对华侨实行最极端的政策。他说："以前新加坡是抗日华侨的中心，有胡文虎、陈嘉庚等一派住在这里。仗着英国的强大，在其保护下，以为绝对安全。对这些抗日华侨，军部决定彻底加以镇压，采用拔本塞源方针。"

所谓"拔本塞源"就是斩尽杀绝。记得 1941 年 12 月 25 日，日军攻占太平后举行入城仪式，有人主张让华侨挂附有"和平、反共、建国" 6 个字的青天白日满地红旗，其实是汪精卫伪政权的“国旗”，于是市镇上到处是中华民国的国旗。辻政信见了大发雷霆，对部属大骂道:“马来亚是日本属地，华侨是日本臣民，他们必须臣服于日本。准许他们升自己的国旗，绝对荒唐！”他下令所有商店住家，撤下了青天白日满地红旗，换上了膏药旗!

新加坡被攻占前一天，日本陆军最高司令部对占领地华侨政策做出决断：“切断华侨同中国国民党政府的联系，遇必要时不惜加以镇压。”这正好与山下奉文对华侨强硬政策不谋而合。于是16日，一场对华侨大开杀戒的行动，就在山下奉文与参谋长铃木宗作、参谋主任辻政信、参谋杉田等人共同策划下制订了，这就是臭名昭著的新加坡检证大屠杀方案。

山下奉文从占领新加坡的第一天开始，就采取铁的手腕，对新加坡实行军事管治。他在入城后，即将全岛分成4个区：东部由西村琢磨率领的近卫师团管辖；中部由松井率领的第5师团管辖；西部由牟田口率领的第18师团管辖；市区由河村三郎率领的警备队管辖。接着，山下奉文又按南方派遣军总司令官寺内寿一的要求，设立昭南市军政监部，对地方行政事务进行管理。而军政监部则受第25集团军指挥。可以说，整个新加坡完全实行了军管。但是，当时第25集团军虽然占领了新加坡，他们的作战任务却并没有完成。因为，他们还要跨海去占领英属婆罗洲即今印尼的苏门答腊岛。

山下奉文一下子感到统治新加坡的兵力存在严重的不足。他捏着指头算了又算，数着人头：近卫师团、第5师团、第18师团都要上前线打仗，能留在新加坡的只有警备队。而警备队才有多少人？警备队有3个宪兵队，分别由宫本、市川、大石正行率领，满打满算共有310人，人数太少了。山下奉文感到这是个很严重的问题，立即下令从近卫师团、第5师团、第18师团中各抽掉两个中队共900人加入到宪兵队，这样总共有了1210人。1000多人要统治全岛近七八十万居民显然不够。不过，他想他这1210号人是武装到牙齿的穷凶极恶的宪兵，而近七八十万人则是手无寸铁的平民，他十分有把握，他能用铁腕镇压住一切。不过，他仍然担心当地华侨的反抗，为此，他要给新加坡的市民来个下马威，要给这个城市制造一个空前的人间地狱般的白色恐怖。这也是“拔本塞源”方针的宗旨和意义。

所谓“检证”，即检查验证是否是与日本敌对的华侨。因此，山下奉文明确规定下列分子为“检证”的对象，“须于检证后予以灭杀”：

1. 曾经在南洋华侨筹赈会积极活动之人士；

2. 曾经最慷慨捐输给筹赈会之富裕人士；

3. 南洋华侨救国运动领袖陈嘉庚之追随者，以及华校校长、教员和律师；

4. 海南人（日本人认为海南人均为共产党分子，因为在星洲华侨义勇军中，海南人打得最勇敢）；

5. 凡在中日战争爆发后到马来亚出生的华人；

6. 凡文身之男子（日本人认为文身者均为黑社会人士）；

7. 公务员以及可能亲英人士，如太平绅士、立法议员等；

8. 凡拥有武器，并企图扰乱治安者。

检证时间：

2月15日—23日。（后来，大概肃清数量不理想，又延至3月3日。）

检证办法：

1. 按各指定地点，命令华侨各自带4～5天的干粮，自动集中；

2. 一般老人与妇女儿童予以释放；

3. 其他人须严格检查；

4. 利用汉奸及日本间谍收集的华侨各社团中抗日积极分子的名单，当场指认。

被检证为“不良分子”者，一律押上早安排好停放在一旁的大卡车，然后拉到秘密地点进行杀害。凡检证认为非不良分子者，在脸上盖上“检”字印戳，即予释放，并发给良民证。

市区检证以日本宪兵队为主，其他地区由驻防部队负责检验。他们首先把18岁到50岁的华侨男子赶到7个集中地点集中。这些地点分别为大坡海山街、小坡爪哇街、惹兰勿刹球场、里峇峇利路工厂广场、加冷和芽笼橡胶仓库、丹戎巴葛警察局附近、巴耶礼峇等。然后，再把这些集中的华侨，驱赶到中峇鲁、大坡海山街、小坡爪哇街、惹兰勿刹维多利亚学校、芽笼直落古楼学校、后港英文学校、丹戎巴葛、武吉智马、杨厝港 9 个地方进行检证。

山下奉文还下令：这次检证，要在 3 天内甄别、逮捕并屠杀五六万人。

这是一套详细的大屠杀计划。从被屠杀的对象、屠杀部队的分工、检证的地点、时间、方法，计划屠杀的人数都制订得十分详细，而且具有可操作性。山下奉文对这套详细的大屠杀计划相当满意，下令各部队立即行动。

17 日，警备队司令河村三郎接到 25 集团军大本营命令后，马上传达给他属下的 3 个宪兵大队大队长：大石正行、宫本和市川。这 3 个宪兵大队长接到命令，即刻召开各分队长会议，商量落实命令的具体措施。大石正行还对手下几个分队，进行了具体分工：水野领导的分队，负责小坡大马路、三角埔、水仙门一带；乡市幸助领导的分队，负责皇家山脚、青桥头、大世界、东陵，直至布礼中山一带；大西觉领导的分队，负责新世界、惹兰勿刹、石龙岗路一带；上图领导的分队，负责大坡牛车水及老巴刹一带；文松领导的分队，负责丹戎巴葛码头及中峇峇鲁一带。他们全权负责检证捕人，处决执行则由辅助宪兵负责。

上述为市区部分。至于郊区也进行了分工。其分工如下：

加东与芽笼区由警备队宫本与市川大队负责；

后港区由近卫师团负责；

武吉智马与三巴旺区由第 5 师团负责；

裕廊区由第 18 师团负责。

各部队，特别是负责市区检证部队，都发有多份华侨抗日分子的名册。据说，这名册中 1/3 是个人的履历与照片，2/3 为名录。其中包括各华侨抗日团体中上百名领袖、委员及重要会员的姓名地址。因此，检证时，可以按图索骥，照名册抓人。各部队还配合有蒙面的汉奸或间谍，让他们在检证人群中指认。

一场血腥大屠杀，就在这严密组织下开始了！

其实不用山下奉文下达检证的命令，对于他手下那些从踏上马来亚国土就对华侨杀红了眼的日本兵来说，杀人已成了他们的本性，屠杀华侨早就开始了。

当时，日本《读卖新闻》的特派随军记者小俣行男，就目睹了日军渡过柔佛海峡，残酷屠杀手无寸铁的华侨平民的一幕。

小俣行男在他后来写的《日本随军记者见闻录——太平洋战争》一书中，这样写道：

“去前线的路上看见两三家华侨的房屋，好像是商店。这几户住户在这场激战中没有逃走，有四五个男人被反缚着坐在店前。据说这些华侨与重庆有联系，当然是敌人！士兵们的看法就这么简单，因此一发现华侨就抓起来。对这伙没能逃离的华侨，士兵们说他们‘是为了英军刺探日军动向而留下来的’。这种成见是非常可怕的。我们走出大约 200 米后，后面突然传来叭叭几声枪响，原来坐在店门前的几个中国人不见了，大概被拉到橡胶林里处决了，刚才响枪肯定是枪决他们。”

刚刚开进新加坡市区茅笼区的日本宪兵队文松分队，还没有接到检证的命令，就先行派兵把丹戎巴葛到中峇鲁一带所有华侨，不管男人女人，大人小孩，全部驱赶到警察署前的空地上集中。过路的行人，除了印度人与马来人之外，华侨全部被抓。

天近黄昏的时候，分队长文松来了，他威风凛凛地站在一张桌上，声嘶力竭地喊道：“今天，新加坡已被日本皇军攻陷了！你们这些华侨一向是抗日的，从现在开始再不准啦！谁敢违抗我这个命令，就立即杀头！”说着，抽出指挥刀往下一劈，接着又喊道：“我们皇军已将新加坡完全封锁了，你们休想逃跑。凡藏有武器者，马上举起手来，赶快交出，否则就地枪毙！今晚 9 点开始戒严，路上不得通行，违者格杀勿论！明天早上，所有 16 岁以上到 60 岁以下的男子，必须再回到这里集合！”说罢，走狗、汉奸便噼噼啪啪地鼓起掌来。文松得意地挺了挺胸，跳下桌子走了。

第二天一早，按文松的命令，男人们都按时来到警察署前的空地上。一直等到中午，文松才来训话，讲的还是昨天那几句，然后下令检查每一个人。日本兵蛮横凶恶，在每个人身上乱摸，稍不遂意，便遭拳脚相加。有一位华侨不知怎么惹怒了日本兵，被剥光了衣服，押上车示众，后来此人就不知下落了。

而在郊区的武吉智马驻守的皇军，则按捺不住对华侨的仇恨，抢先开了杀戒。他们一批批的，三人一群，五人一组，到处搜索，见物就抢，见人就杀。

上午10时左右，5名日本兵手持长枪，来到龙兴米粉厂搜索。他们在厂附近的防空壕里搜出了几十名避难的中国人。日本兵号叫着，连打带踢把他们从防空壕里赶出来。

“男人站在这边，女人小孩站在那边。”大概是这群日本兵的小头目，他吆喝着，把人群分成两拨。

女人和孩子被赶进米粉厂侧边的华侨中学的树林里。日本兵似乎还保留了一丝人性，这个日本小头目骂道：“你们快滚吧！我们饶了你们的狗命！”女人和孩子们惊恐地回头看了看自己的丈夫和父亲，立即四散而逃。

留下的20多名男人，被日本兵用大麻绳反绑着，捆成两长串。这里面有龙兴米粉厂的老板郭文宾和他的弟弟郭美美、郭亚答。日本兵把他们赶进厂里，让他们背靠墙站成两排。大家丈二和尚摸不着头脑，木呆呆地望着5个日本兵，以为要审讯他们呢。

“持枪！”小头目突然大喝一声，“射击——”

那20多名中国人一激灵，就听得“突突突”的枪声连成点，前后两排立即倒在血泊中。

就在这米粉厂大屠杀的同时，另一组日本兵闯进了华侨张马呖的茅屋。他们一家来不及躲避，妻子和6个儿女，连同岳母、女佣全藏在屋里。巧得很，女用人正在厕所里解手，张马呖的一个3岁的孩子，不知是神差还是鬼使，竟追着去找“阿姨”。这时，日本兵闯进来了，女用人连忙把孩子拉入厕所，紧紧抱在怀里。她们两个连大气也不敢出。一会儿，外面便响起了叭叭的枪声，接着是主人和孩子的惨叫声。等日本兵走了很久很久，女用人带着孩子才敢走出厕所，见主人全家倒在血泊中。她悲恸欲绝，慌忙带着孩子投奔孩子的舅父去了。

张马呖还有一个1岁的孩子，可能是日本兵没有发现，还是没有打死，竟然活了下来。他在他父母尸体上爬着，饿了喝死人的血，困了就睡在尸堆里。直到第二天才被人发现。1947 年日本投降后两年，他已经是虚岁近 7 岁了，仍念念不忘“父母兄姐是给日本鬼子杀死的”。

至于日本兵践踏华侨人格的事就更多了。李光耀回忆录这样记述：“其实日本人自己也四处抢劫。最初几天，无论谁在街上行走，身上的钢笔和手表都会被日本兵夺走。日本兵也以搜查为名，进入屋内，趁机拿走那些可以藏在身上的小物件。起初，他们也把最好的脚踏车推走，用过几个星期后就不要了。”李光耀就亲眼看见日本兵闯入他的莱佛士学院校友李绍发的家，把他心爱的福特 V8 型汽车抢去。有一次李光耀去爪哇路探望姨妈，刚跨过武吉智马河的红桥，就碰上了桥头的日本哨兵。李光耀头上正戴着一顶英军投降前澳军扔掉的宽边军帽。他走过日本兵岗哨时，日本兵突然对他大声喊：“过来！过来！”李光耀只好朝岗哨走过去，日本兵挥动步枪上的刺刀，一家伙就把那顶澳军宽边军帽戳了个大窟窿。接着，他把军帽甩到地上，然后狠狠地打了李光耀一巴掌，还把他推倒，让他跪在地上，穿着靴子的日本兵抬起右脚，猛踢李光耀的胸部，把他踢倒踢得打滚儿。接着让李光耀爬起来，日本兵用手比画着，让他沿着来时的路回去。李光耀只好从命，才算逃过这一劫。

李光耀还见过许多人因在十字路口或桥头没向日本兵鞠躬，就被罚跪在烈日下几个小时，两只手还得托着块大石头高举过头顶，直到撑不住倒在地上为止。日本兵就是这样，以侮辱且粗暴的方式对待华侨，以发泄他们对华侨的不满。李光耀曾经这样感叹：“没想到日本人以征服者的姿态对英国人称王称霸之后，却对同属的亚洲人显示他们比英国人更加残暴、蛮横、不义和凶狠。”

的确，日本兵更多的残暴，更加凶狠的行为，老鼠拉木锨，大头还在后头呢！

2 检证大写真

山下奉文把检证的重点放在新加坡城区，因为城区是华侨聚居的地方。同时，他又把城区的检证交给宪兵队，因为宪兵队是日军陆军的军事警察，是日军当中最凶残的一支部队。17 日，当刚刚由第 9 步兵旅团旅团长调任警备队司令的河村三郎到 25 集团军司令部领受肃清命令时，山下奉文再三交代一句："将潜伏着的持敌对的华侨连根铲除，以绝我军作战之后顾之忧。"参谋长铃木宗作则强调地也加了一句："判断出敌对分子当即处理。"所谓"当即处理"，意思就是当即处决，格杀勿论。18 日，河村三郎立即把命令以及山下奉文与铃木宗作的指示精神，传达到警备队下属的 3 个宪兵队。并对各宪兵队检证地区、任务做了严密分工。大石正行第 2 野战宪兵队检证分工如下：

水野分队：负责小坡大马路、三角浦、水仙门一带；

乡市分队：负责皇家山脚、青桥头、大世界、东陵，直到布礼中山一区；

大西分队：负责新世界、惹兰勿刹及实笼岗一带；

上园分队：负责大坡老巴刹及牛车水一带；

久松分队：负责丹戎巴葛码头及中峇鲁一带；

宫本与市川警备大队：负责加东及芽笼一带。

由第 18 师团、第 5 师团、近卫师团调拨给警备队的兵力，组成辅助宪兵队，专门负责对所谓"敌对分子"的处决工作。

这样一来，新加坡市区所有华侨聚居地区都在宪兵队的严密控制之下了。

2 月 18 日，日本宪兵队立即开始检证。他们在市区各指定的华侨集中的地点，拉上铁丝网，架起机关枪，还开来了坦克车。通往集中地的各条路口，还围上铁蒺藜，用重兵把守着。

于是，许多街道上出现了用半通不通的中文写的日军文告："凡华侨居小坡者，须赴爪哇街集中，听皇军长官演讲；居大坡者，须赴海山街集中；居芽笼区者，须集中于章宜律。如不遵令前往以听演讲者，杀之无赦！"

于是，有许多街头巷尾，响起了汉奸、走狗的号叫声。号叫的内容五花八门：

"马上到 ×× 集中，听皇军长官演讲！"

"马上到 ×× 集中，领取良民证！"

"马上到 ×× 集中，皇军给大家发放救济金，每人 25 元！"

"……"

号叫声过后，便见一队队荷枪实弹的宪兵，气势汹汹冲进每一家大门，像赶鸭子一样，把华侨一个一个赶往集中地。

1946 年 4 月 16 日，重返新加坡的英国殖民地政府辅政司，曾应中国驻新加坡领事馆的要求，调查了当年日军在惹兰勿刹区、直落古楼区等检证站检证情况。并声明"本报告根据当时目击者宣誓，陈述其真实可靠似无可疑之理"。并说"凡在场目击者均经详细询问，以求获得较多消息"。惹兰勿刹区人民被禁与残杀经过是这样的：

"日军肃清所谓不良分子始于 1942 年 2 月 21 日，首由义勇军被迫自动声明送往维多利亚学校操场监禁，其余民众获释。唯释放之后，在归家途中，仍经日本宪兵及其他探员检查，稍有不合，复经羁留，驱致集中营，大患人满，水泄不通。

"1942 年 2 月 22 日午后，日军派遣各型卡车押运被检民众往外加东丹那美拉勿刹行驶，车上民众双手背绑，总数四五百人，无一生还。其致死方法，甚为简单，所有无辜百姓列队面向海岸，以机关枪射击，事后仍以刺刀玩弄其尸体，且未埋葬，一任海岸潮水洗刷，暴露惨状，不忍目睹。"

亲历惹兰勿刹区检证的郑光宇，谈了他虎口余生的经历：他被驱赶到维多利亚英文学校操场时，只见那不到半亩的空地上，挤满了 1000 多人。人人被迫蹲在地上，不准站立。自早上一直蹲到午后，足足有六七个钟点，大家滴水未进，更不准大小便。

日军拿着长枪，枪上插着刺刀，凶神恶煞地盯着每个人，不时还发出狰狞的恶笑。这时，人人都感到大祸即将临头！忽然，有一个台湾人挤进人群，踏上一条凳子，对大家说："你们可以回家了！"大家好像在沉入水中时一下子抓到了一根救命稻草似的，从心底喊道："皇军发慈悲了！"但是，正当大家站起身，伸伸已经麻木的两腿时，那台湾人又喊道："你们赶快站成两队，快！"人们自动形成了两队，那台湾人便带上一队，走了。郑光宇是第 2 队，他看着第 1 队人被押上 20 辆军用卡车，消失在操场外那弯弯曲曲的路上。这时，日军又命令第 2 队所有的人，照旧蹲在地上。又经过了 1 个小时，他们被驱进操场里，又让蹲下，这样又折腾了两个小时。这时，驶来了 20 辆军用卡车，都是空车。郑光宇一看就知道这是刚才运第 1 队的卡车。他想：他们被运到目的地后，又回来运我们的吧？他正想着，有 10 多个日本士兵拿着几束麻绳走过来，把每个人双手反绑在背后，然后一个个推上卡车。

卡车开动的时候，已是黄昏。每个卡车都有两个日本兵看押着。这时，郑光宇身边的一个青年人问："他们是抓我们上前线当劳工吧？"他对面一个人摇摇头："他们要让我们去当劳工，何必用绳子把我们反绑？"他俩的对话使大家立即感到不妙，于是，人们沉默下来，心里念着："祖宗保佑，保佑我们平安无事！"卡车驶向章宜山，那里有座监狱，叫章宜监狱，是新加坡最大的监狱。郑光宇想：他们是想送我们到监狱去吧？但卡车并未停，却驶向通往海滨的一条路。"哎呀！"郑光宇心里一惊，"他们是请我们到那里去吃他们的'东京铁丸'（子弹）！"

海滨到了，卡车停下后，日本士兵把人们赶下车，又把他们 10 个 8 个缚成一串，往海滩上赶。20 辆卡车，共载有四五百人，缚成五六十串，面向大海走去。海滩上有个英军留下的小炮台，小炮台上正架着两挺机关枪，枪口正对着这四五百人。郑光宇知道：自己的生命已到了最后的时刻！脑子里刚这么一闪念，机关枪便响了，郑光宇那一串立即倒在血泊中。郑光宇大概受连串人倒下的牵动，也向前扑下。不过，正当他仆倒的一瞬间，一颗子弹射穿了他的鼻子，登时鲜血满面，昏了过去。不一会儿，一队日本兵跑过来，用刺刀对着倒下的人们乱刺，凄惨的呼号声、疼痛的啼哭声、愤怒的叫骂声响彻了海滩。一个日本兵踏在郑光宇的身上，用刺刀向两旁的尸体乱扎，就是没有扎郑光宇。大概他看见郑光宇一脸鲜血，又昏死过去，以为他死了。后来郑光宇说："我至今还留得这一条命，真要感谢那一颗恰到好处的子弹！"

等郑光宇醒过来后，天已黑了。不过，这时还听得到周围的呻吟声。在一个仍然活着的人的帮助下，他好不容易挣脱了绳索。但救他的那人，因为腿上中了一弹，肩部中了一刺刀，已动弹不得，他只好含泪离开了那人。他不敢从陆路回来，因为小炮台附近传来了日本兵的脚步声。于是，他只好走向大海，游往远离新加坡的小岛。一路上，到处是尸体，这些尸体身上却没有一点血迹，他们的血都被海水冲洗光了。郑光宇就这样活了下来。

李光耀也是惹兰勿刹区检证的亲历者。他回忆说：日本人要所有的华人到惹兰勿刹运动场集中，接受检证。他看见邻居及家人都去了，认为自己也应该跟着去才是上策，不然被日本兵发现留在家里，一定会受到惩罚。于是，他便和他家的园丁许忠祜一起去集中地点。巧得很，许忠祜的租屋就在日军铁丝网围篱之内。李光耀在许忠祜租屋里住了一晚，没像其他人一样露宿在广场里。第二天，他决定到出口处接受检证。日本兵看了看他的体格，就命令他上卡车，意思好像要载他去哪里做工。李光耀觉得不对头，不太像载人去做工似的，便请日本兵让他回园丁的租屋里拿东西。他回到许忠祜的房子里躲了一天半，才试着从同一个出口出去。这一次，他竟莫名其妙地通过了检查站。日本兵在他的左臂和上衣前面，用胶印盖了一个"检"字。李光耀不禁松了一口气，他终于闯过了鬼门关。他说："后来，我才知道在我通过的检查站，那些被随意拉走的华人，过后被送到维多利亚学校的操场，扣留到 2 月 22 日。他们双手被反绑，由四五十辆各种各样的罗厘（卡车——引者注）载到丹那美拉勿刹海滩。这里靠近章宜监狱，离东海岸大约 16 公里。他们下车后，被绑在一起，日本兵强迫他们走向海面。当他们往海面走时，日本兵便用机关枪向他们扫射，为了确定他们已经死亡，日本兵还用脚踢，用刺刀戳每一具尸体，以及采用残暴的手段。他们不打算埋葬尸体，任由海水把海滩上的尸体冲上冲下，听其腐烂。"如果李光耀不机灵，第一次被检就上了卡车，那么以后的新加坡历史可能又是另一番模样了！

英国殖民政府辅政司还有一份《直落古楼区域民众被羁惨杀经过报告》。

报告说："本区检证始于 1942 年 2 月 21 日（即正月初七日），亦以民众登记为名，检证地点即为该处学校操场。日军审讯，毫无理性，稍有不顺彼意即为不良分子，凡能读能写英文者及来自中国之公务员，悉数遭检。

"被检民众 200 余人，锁于一小型课室内，拥挤不堪，宛如沙丁（意为罐头里的沙丁鱼——引者注）。

"1942 年 2 月 24 日晨，所有被检民众驱至学校广场，列队站排，总数计达八九百人，由卡车分批运往东海岸路一小山谷，双手背绑，每 10 人分队排列。而前一日，日军为便于埋葬起见，曾强迫居民挖坑，所有被检民众，悉令站立坑前，以机关枪扫射，时近甚久。及后由印度苦力（劳工——引者注）会同日兵以土掩埋。"

直落古楼检证的日本宪兵最富有"创造性"，他们用各种花招，诱骗华侨"自动"走入枉死城（下面将有具体记述）。

海山街是小坡区检证最重要的一站。因为那里是华侨聚居人数最多的一个区，所以，检查也是最严酷的。

根据亲历者郭正修的回忆，爪哇街的检证宪兵，别出心裁地给每一个华侨设下了 5 道鬼门关。

当时，大队日军在该区一家家敲开华侨大门，把他们驱赶出来，命令他们扛上沙包，把街头巷尾堵住。接着，日军派出走狗，四处散布谣言。在南边，走狗则叫各家各户出来听日军演讲；在西边，走狗则说每个人去领救济金，每人 25 元；在北边，走狗叫人去领良民证。郭正修却认为日军打下了新加坡要召开"庆祝大会"，叫老百姓参加呢！很快日本的铁甲车驶来了，把四面围了起来，并架起了机关枪，如临大敌。入口处都派有大批日军，荷枪挎刀把守着。日军要求华侨必须带足一周干粮，自动去报到。但是，报到的人寥寥无几。因为，人们一看就明白，一入禁区必然凶多吉少。什么听演讲、领救济金、良民证全是假的。于是，日本宪兵便沿街挨户进行搜查，把所有住户，不论男女老幼，一律赶出。凡搜查过的住户，宪兵都用粉笔写上"宪"或"查"或"检"等字。然后，把所有赶出来的人集合在一起押入禁区。仅 3 天，禁区内的工厂、商店、街道到处挤满了人。许多人被赶出来时，没带水与干粮，因此，食不得食、卧无法卧，加上日晒雨淋，一家伙就闷死病死了上百人。有一妇人抱着闷死的婴儿放声大哭，日军里有一台湾人大概良心发现，带着那妇女去向日军小头目求情。那小头目便把妇女放了，但却把其他成年女子及没有带小孩的妇女赶到一座楼房内，供日本士兵发泄兽欲，一时间楼内哭声震天。后来，又来了一个官阶较高的大头目，他下令把妇女全放了，把男子一律留下来进行检查。

所有的被检查人员，在填好自己的履历表后，就进入第一道鬼门关。在这里，数名持枪的日本士兵像牛头马面站在那里，虎视眈眈地监视着你。受检者则蹲在地上，排成一列。在居高临下的威慑中，每个人仿佛一下子进到了地狱。

接着，受检者便逐个被叫进传问室，这就是第二道鬼门关。室内正中摆着一张桌子，桌前正襟危坐着两个日本军官，怒目圆睁，一脸杀气，仿佛两个判官。受检者必须弯腰轻步走到他们跟前，然后，行 90° 鞠躬礼，再双手把履历表呈上。日本军官看完履历表后，便用他那死牛眼直盯你十几秒钟，才开始提问："蒋介石好还是汪精卫好？"如果你答"蒋介石好"，那你不是遭毒打，就是被拘留，那就没命了。如果你昧着良心说汉奸"汪精卫好"，那他们就满脸欢笑，放你一条生路。他们又问："你认识陈嘉庚吗？"你回答不认识，他说你不老实，打你耳光。你回答认识，那他们就怀疑你是抗日分子，那就必死无疑。

第三道鬼门关把守的全是汉奸、叛徒，或者早先潜伏在新加坡的间谍。他们是知情人，哪个人参加过义勇军，向中国政府捐过款，什么时候发表过抗日言论，他们都一清二楚。他们干这些出卖祖宗和良心的勾当，当然见不得人，因此，一个个都用黑布蒙住了自己的脸。当受检者经过他们面前的时候，他们若点一下头，那立即就被拘留起来，若摇摇头，你就算又通过了一道鬼门关。

第四道鬼门关把守的是几个日本士兵，他们似乎对上面汉奸、叛徒、间谍的检查并不放心，又认真地核实了各道手续，如无问题，才准通过。

最后一道鬼门关，也是由日本士兵把守。受检者出来时，必须向他们行鞠躬礼，以示日军恩典。否则，就要喊回来吃巴掌、挨枪托或罚跪。

因此，许多侥幸闯过这五道鬼门关的人，许多年后想起这一幕幕还后怕呢！

检证正在进行

尽管战前新加坡日本的谍报网十分活跃，可谓做到了无处不在、无孔不入，对于华侨抗日情况和抗日积极分子所有活动了如指掌，他们为宪兵队检证提供的《华侨抗日名册》内容十分详细，但要在3天时间内，从几十万华侨中，检查出五六万共产党人、义勇军战士及其他抗日分子，那是不可能的。但是，既然山下奉文赋予了宪兵队生杀大权，各部队为了完成任务，便充分发挥其“创造性”，用最简单最儿戏的方法检证捕人，草菅人命。

他们有的用欺骗手段，使许多善良的华侨自动站出来，被送进枉死城。王弗熊就是亲历者之一。他回忆说：

我……跟着家兄和邻居男子，到直落古楼英文学校操场集中，外面有铁丝网围着。7时多，日军头子来到，威风十足，煞气迫人，口里说出叽里咕噜的话，大意是说：“这次圣战，日本皇军已获得胜利，英荷澳联军已无条件投降了，本处没有战事了。日本皇军的军令森严，偷窃者死，奸劫者死。你们不准轻举妄动，你们的生命在日本皇军手中，你们的财产在日本皇军手中，不听从日本皇军的命令，就地处置，当场枪毙！”

大约半小时后，又来了一个大人物，可能是这区的宪兵队长。那些着便服的通敌爪牙们，从速由学校搬出一张一张乒乓球台，放在人群中间，再拿一张椅子放在上面给他坐下。这时，有许多士兵在四面巡逻。那家伙在乒乓球台上坐定后，就开始叽里咕噜地说：“皇军建立了赫赫战功，日本皇军所向无敌，圣战快完成了，大东亚共荣圈就快建立起来，日本皇军从现在起就要进军澳洲，彻底消灭英美。日本皇军要从你们中间选出过去曾经受军事训练，曾经参加义勇军的人，身强有力的青年人，重新加入作战训练，选拔加入皇军队伍，继续服务，特别优待，家人可以得米粮配给，待遇和皇军同等。皇军特别宽待你们，知道你们是受英国人压迫和欺骗，日本皇军宽恕你们过去思想上的错误。你们若有肯为皇军服务，将功赎罪，皇军特别欢迎你们的。请你们自动站起来。”一会儿，有些人自动起来，三三两两的，并不踊跃。那家伙一变作风，向那些站起来的人招手，笑容可掬，表示真诚欢迎。这一来，有几百人站了起来，由一位荷枪士兵带他们走开。

那家伙又叽里咕噜地说："现在日本皇军征服了新加坡，此地没有战事了。日本皇军要恢复社会治安和秩序，政府机关就要开始办公了。过去在政府办公厅'食粮银'（领工资——引者注）的人，都要赶快回到你们自己部属的办公厅去。今天不回去工作，明天就没有机会工作了。你们原来的工作将由他人代做了。你们当中若有这种人，赶快自动站起来，回到你们原来的地方办公去。"这回站起来的人特别多，差不多去了一半，又由另一士兵带走。

那家伙又叽里咕噜地说："日本皇军一向是仁慈为怀的，优待富有的财主和商人。现在战争停止了，和平后，需要财主拿钱出来做生意，商人做买卖。凡是有家财10万以上的财主，或者是生意来往有10万以上的头家（老板——引者注），都要自动站起来，皇军特别加倍优待你们。"头家们，他们的财富虽然不及10万的，也可以冒充，他们交头接耳，窃窃私语，眉来眼去，相约而站起来，人不少。那家伙面呈狞笑，向起立的人招手，表示欢迎，由另一士兵带他们出去。

那家伙又叽里咕噜地说了一番："新加坡的圣战完成了，不久就要开学上课了，凡是校长教师都可以站起来，日本皇军需要你们出来工作。"这次又有少数人站起来，由一士兵带走。

那家伙又叽里咕噜了一下："曾经参加抗日救亡工作的人士，新闻记者、文化工作的人，日本皇军宽恕你们过去思想的错误……给你们一个改过自新的机会，带功赎罪。皇军要组织宣传队，到各处宣传，现在要你们出来效劳，替皇军服务，待遇从优，同皇军工作人员一样。请你们自动站起来。"这次等了好久，却没有一个人站起来。

我们没有被"检证"的人等到晚上9时许才得回家。后来，我探知，从直落古楼区和爪哇区被检去的人，都分批押到勿落山谷集体枪杀了。

日军检证除了用欺骗手段外，还随心其所欲地以貌取人，使许多无辜华侨莫名其妙地惨遭杀害。

谢长潮也是亲历者之一，他被检地点在后港六条石。他回忆说：

民国三十一年（即1942年）2月28日，见二寇军到处驱人往受检查点。我与克成及屋主遂出，同行30余人，至大路，二卒他去，我等不知所之，一童子云，须往七条半石之英文学校，从之。至是地，见铁网围中，已有华侨多人在。我等从左门入，至右门等候。门上坐一军官盘问，年40余岁，能说咸水英语，由一青年华侨翻译。每一人出，即加盘诘。问答之间认为可疑，即扣押于左旁。积数十人，即驱禁车房中。否则释出，留于网右旷地，然不准归家。我见甚多侨胞，投入此罗网之中，争先挤出，常被日军用棍乱打，至10时，被检问不过百余人，所留约千人，乃由数军曹，立于左门，我侨鱼贯而出，彼不加盘问，唯相视状貌，认为可疑者，即予扣留，余者释归。此种办法，较为迅速，人争趋之。未一小时，已释放四五百人，所拘亦已百余人。然释放者，无一字之凭，致至半途，常逢寇卒赶回再检，有至二次三次者。克成由右赶左，图光回家，出门即被扣留。时右门人众，此军曹盘问又烦繁。1时许人稍疏，我始至门口。被问曰何职业，我答以店员。彼亦已极厌倦，只熟视有倾，即释出，仍留于网外。至网中人出尽，又将一部拘留之人，重召入网，脱去上衣，赤膊露背，见有文身者，相貌文雅者，体格强壮者，皆检出，有200余人。然后命我等归家，被拘于车房及网内之400余人，用货车载去。据一寇卒云，系至军港做除工，每日工资1元，10日即归云。

翌日园中一卖粽者，亦被拘去逃归。据云：昨天彼同13人，由最后一车，载向榜鹅律驶去。时已黄昏，车停止，见甚多人赤身跪于海滨，日军由后方用机枪扫射，死后推入海中。军官驶彼入屋，用毛笔写云："海滨枪决犯人，全是今日检查之抗日分子。你等帮助蒋介石抗日，其命运亦同于海滨之犯人。"众人同声号哭哀求。及后，此军曹忽然开后门，命彼等从速遁去。彼等逃出不及数十步，忽闻枪声连响，仍更舍命狂跑。在椰林橡园中，走至天明始能抵家去……

日军检证，还采用残酷的刑罚，使许多华侨屈打成招，被迫上了断头台。

郭祖实也是亲历者，他被检地点是淡申律六个半条石蓄水池附近。

他回忆道："至2月28日早晨4时左右，日军就出动往芭内拘人，至9时约有1000多名同胞被拿押至他们营房前草地上，个个两手被电线棕索绑在背后，4个相连，立在一排，令向寇酋队长行礼，如不肯用巴掌打下。可怜无辜同胞面面相觑，由他排布，无可奈何。彼时又逢大雨，人人满身淋漓。雨晴来了一位寇队长，一位台籍翻译员，人人受到诘问，所问为：‘住在哪里？作何职业？今年几岁？有没有参加抗日军、义勇军、筹赈会或什么社团？或亲朋如此者，可照实报来。否则，下午2时枪决！’他虽有言语恐吓，无奈我们异口同声，人人只云不知。但倭子诡计多端，随用分班审法，将市区移来本村避难的，强壮与青年的，皆看作眼中钉，不分皂白，额上画了一个蛋形作号，另用大棕索加紧捆扎，押在一边坐在草埔上，人数约2/3。余者1/3皆本村住民，稍加盘问后，亦不画号，另外押在一边。午后，开始无人道的重刑，毒打我无辜同胞。施刑屋中排一张四角桌，上面坐一位寇队长，右边一位台湾通译员（翻译——引者注），下面立了两位巫人（马来人——引者注），手中各执铁棍；又立两个日军，手拿长枪，面露凶相，如刽子手一般。先后由寇军在草埔中驱押面画蛋形、神魂走散的侨胞，拘入屋中，倒在地上，由四个日、巫人用枪头铁棍乱打乱撞一遍，亦有头破耳裂满身是血，亦有脚手打断不能动步者，由巫人扛出，状态可怜。寇酋坐在上面审问，开口说：你是否参加种种对日不利的工作？如不照实供出，便要将你处死！但我侨胞多心如铁石，甘受死，不肯承认。倭酋见此情景，亦无办法，将各人面上蛋形刷去，暂押一边。一连审至下午6时始完毕。中有数十人因难受重刑，屈打成招，问成死罪，面画蛋形，另押一边，重兵把守。后闻这数十人，概被杀死。”

至于新加坡市郊，由当地驻军负责。他们的检证更加草率、野蛮、残酷。他们常常不分男女，逢人就抓，见人就捕，然后反绑双手押上卡车，送入山里，用机枪扫射。像章宜、巴诗班让、淡边利斯等，除渔民、劳工之外，被捕者不计其数。三民主义青年团主任梁后宙一家30余口，除梁后宙一人回国外全部被屠杀。

后港区检证的时间是2月28日早上5点，日军逐户叫门，凡被日本士兵视线所及者，一律押上卡车，逃跑者当场击毙。有的人还睡在被窝里，母亲、妻子把他叫醒，让他赶快去检证，谁知一去不复返，至今仍后悔不已。被捕的还有祖孙兄弟五六人的，全部被杀。

如此儿戏地捕人杀人，如此草菅人命，山下奉文仍嫌力度不够，他命令宪兵队各头目加强对各检证地点的监督。大西觉管辖的分队，负责惹兰勿刹地点的检验，在短短3天里，中队长横田吉隆亲自巡视过一次。新加坡检证大屠杀主要策划者辻政信也巡视过一次。辻政信巡视时问大西觉："你们查出了多少人？"大西觉答："70多名。"辻政信一听就大发雷霆："你们还磨蹭什么？我要的是新加坡一半人的命，不是区区70人！"于是，大西觉便加快了检证速度，一下子抓了上千人。

2月22日，日军军司令官发表了一份杀气腾腾的声明，告诫包括华侨在内的马来亚各民族，声明说："马来亚民众，应理解日本之真意，与皇军协力新秩序，迅速确立共荣圈之所期望。若夫旧态依然，迷梦不醒，为私利利欲之专念，或扰乱治安，并不服皇军令示者，以及有妨害皇军行动等，断乎排击，膺惩不替。"24日，昭南警备司令官更针对华侨发表了一份声明。声明说："昭南港的华侨至今被重庆的宣传踊跃其大部分而以参加同英国共行动，政治经济的援助，勿论或光中义勇军参加英国军，或暗中作为游击队员并谋者，妨碍我作战等常在抗日第一线活跃，东亚民族妨害大东亚建设，可谓东亚的反逆者之行动，应当解除。"为了掩盖其检证大屠杀的真正目的，声明还强调："然而新加坡陷落，同时其中一部分遁走，又一部分装为良民，见机蠢动的情形，极为浓厚，若放任，明朗的马来亚永久不能实现矣。扫荡此等反逆的华侨，确立治安图为民众安泰是现下最紧要。"最后，声明警告华侨："妨害我大理想是人类的公敌，无论何人，断然处断，寸毫无原谅。前来参加我大理想，希求明朗自由，而且坚实的马来亚发展，积极协力的良民，或悔改前非，来参加新秩序的建设者，不问华侨当以一视同仁。"为了杀鸡给猴看，宪兵司令部还于21日与22日，分别枪决了被捕的星洲华侨义勇军骨干叶炳玉、保卫团干部陈文炎、马来亚共产党员范某、筹赈会主任杨赞文4人，并到处张贴判决告示。

2月25日，按命令检证大屠杀本应宣告结束，但山下奉文不满足捕杀华侨的数目，又鉴于近卫师团马上要调往苏门答腊岛作战，第5师团又将分别奔赴马来半岛各地驻防，第18师团还将赴缅甸及安达曼、安哥巴群岛作战，新加坡兵力空虚，他又命令把肃清华侨抗日分子的工作延长到3月10才结束，又使无数华侨命丧黄泉。

就在日军检证大屠杀的同时，2月21日，新加坡出现了一家华文报纸，报名曰《昭南日报》，出版时间标明"昭和十七年2月21日星期六"，报社设在罗敏申路45~49

号，即原《南洋商报》旧址。出版人：经理陈日辉，编辑林宗一、王元通。其实，这是一家由日军宣传班办的报纸，所谓经理、编辑完全是子虚乌有。无非是掩人耳目，装成华侨所办。《昭南日报》于24日发表的第一篇社论，题目有点吓人，叫《杀一拯百》。这篇社论，字里行间充满杀气，但却极清楚地暴露了日军在新加坡实行检证大屠杀的目的，原文如下：

杀一拯百

（昭和十七年2月24日）

昭南岛警备司令，曾一再在本报发表声明，谓对所反日运动之罪首，经已加以严刑，此后苟尚有反日分子，即本岛警备司令部亦必加以惩办。若夫爱好和平之市民所经营之事业，则必尽管保护。

当日攻陷新加坡前，皇岛乃以东方堡垒之名闻以世界。英国人之为东方之敌人，实无疑义。“向本岛人半数以上之华侨，过去又秘密或公开之态度与日本真正之敌人重庆政府表示同情，此等人士，日军不认其为东方人，只认彼等为中华民族之叛逆而已。过去许多华侨，被迫表现其反日之情绪，遂致旧日之新加坡，充满反日空气。”英国过去自诩新加坡（今日为昭南岛）为不可攻陷之堡垒，费尽笔墨以宣传之，但不出一周，大日本皇军已将其攻陷，其脆弱有如朽木枯草然，由此观之，亦足见英国之腐化程度矣。

昭南岛之人民，其有执迷不悟，进行反日运动，与英政府及重庆政府携手，无论侦察日军军情，或进行有利于日本敌人之行动者，理宜均在枪杀之列。不过，大日本天皇之悯，已施于彼辈之身上，故只有扰乱昭南岛和平之人，始受惩罚，其余则仍任继续进行其每日之业务。此种仁悯之念，乃由建设大东亚共荣圈之高尚理想而生。盖大东亚共荣圈乃以日本联合各民族之伟大理想为根据者，此种理想，将罗致所有爱好和平之人民入其怦懞之中。唯苟有阻扰此种理想之实现及违背人道者，则自在被抨弃之列。

凡有扰乱公众之秩序者，乃系全体市民之公敌，天皇之神剑将加以诛戮。以此神圣之剑，亦保千万民众之救星，盖其诛戮者乃叛逆者之生命也。

现时愿意居留昭南岛之人民，均已表示愿遵守大日本军之命令与统治，是故服从大日本军司令官或昭南岛警备司令官之命令或宣告，实为全体市民之职责。凡有中途背责及继续煽动反日思想者，必由皇军当局根据罪情之轻重，而加以公道之科罚。

此处尚有一言为侨胞告，若仅仅以空言巧语与日军合作，则殊非必要。吾人遵守日本人尊贵意念，不应以恐怖畏惧之心出之，君等之服从日军必须视为对自身之义务而后可。君等必须忠诚服从日军敬爱日军，吾人必须革新思想以建设日本所创之大东亚共荣圈，吾人必须积极合作，以建设东亚各民族之共荣，区区之诚，读者察之。

这篇社论，明眼人一看就明白，是日本人用半通不通的中文写就的，它虽然洋洋千言，但可以用4个字来概括：“华侨该杀！”因为南洋华侨过去和现在都不会向侵略者低头。

3 惨绝人寰的酷刑

无数无辜的华侨鲜血染红了日本的每一把屠刀，染红了新加坡的海滩、山谷、大街小巷，在这块美丽的国土上，到处是死尸、哭声和呻吟声。

在检证中被检出的华侨，大部分被卡车拉到海滩等秘密地点枪杀了，那么，被捕而被日本宪兵关进监狱的华侨呢？他们遭受的报复要比那些当即枪杀的人们是十倍二十倍的惨烈，是百倍千倍的残酷。

日本宪兵是最无人道的杀人魔王，他们个个都接受过专门训练，有一套最残酷的对付被捕者的审讯办法。

1943 年,盟军在缅甸战场缴获了一本日本政府正式批准的《询问战争俘虏的方法》一书。上面讲述了宪兵通常使用的方法有：

一、酷刑：包括脚踢、殴打以及任何足以使身体受到痛苦的方法。但这种方法，必须在试过其他种种方法未有效果后方可采用。施行酷刑之后，应该另换他人询问。这时，如果新来担任问话的人采用了一种比较同情的态度，往往可以获得良好的效果。

二、恫吓：甲，用酷刑、杀害、饥饿、个别监禁、不准睡眠等足以使身体遭受痛苦的方法来恫吓；乙，用不准寄信，不给予与其他战俘一样的待遇，交换战俘时留在最后一批交换等足以引起精神上痛苦的方法来恫吓。

日本宪兵队在新加坡对付华侨用的酷刑,比起《询问战争俘虏的方法》上的规定，要有过之而无不及。因为他们把这些被俘的华侨并不当作战俘，而是当作共产党人、义勇军战士及其他抗日分子。他们对这些人的酷刑，无不用其极。据亲历者归纳，有如下几种：

灌水：将受刑者仰面朝天绑在长板凳上，往鼻子和嘴里灌水或辣椒水，直灌到失去知觉为止。然后，宪兵站在受刑者的肚子上，不断地跳脚，把水踩出来，接着再灌，再踩。

火烫：用烟头、蜡烛、烧红的铁条烧烫受刑者最敏感的部位，如鼻孔、耳垂、肚脐、生殖器、女人的乳头，等等。

电刑：在最敏感的部位通电，使受刑者全身痉挛。

棍压：将受刑者双手反绑，跪在地上。用一根粗木棍压在腿弯处，然后加大压力，这往往使膝关节脱臼，痛不堪言。

吊打：将受刑者双手捆住，吊在空中，再用鞭子抽打。

跪刑：让受刑者跪在尖石堆上，跪几个小时不准动，稍有动弹就用鞭子打。

拔指甲：用钳子拔受刑者手指甲或脚趾甲。

钉竹签：用竹签钉进受刑者指甲下的肉里。

夹手指：用两根短木棍夹住受刑者的手指，再用绳子捆住木棍，两边用力拉绳子，往往使手指骨断裂。

李光耀在他的回忆录中说：当时，“唯一有勇气和信心而且敢于挺身而出反抗侵略者的是华人。他们大多加入马来亚共产党，有些则参加了国民党领导的抵抗运动。”因此，日本宪兵对被俘者实施酷刑首先是针对华侨，而华侨中又以对马来亚共产党党员为最残酷。

“二战”后，任马来亚共产党总书记的陈平在他的《我的历史》一书中记述了马共在大检证中一件重大事件：

1942 年 3 月 26 日，新加坡沦陷后一个月又 11 天，日本宪兵队拘留了一个自称黄绍东的男子。这个人，瘦个子，身高只有 1.5 米多，深眼窝，高颧骨，眼神游移不定，像中国南方人，更像越南人。逮捕黄绍东的是日本宪兵军官大西觉。大西觉是一位老练的日本宪兵，他曾在中国伪满洲服务，日本侵马之后，才被调来马来亚。

刚刚拷问，黄绍东很快就承认他是马共中央委员，真名叫黄金玉。进一步拷问，他承认他是马共总书记，又名莱特。他说：马新两地的马共活动都在他指挥下，他可以向日本提供难得的服务。经过一番讨价还价后，莱特与日本宪兵大西觉达成了交易。战后，大西觉回忆起这场交易时，说："首先，他（指莱特）想保住自己的命，即使出卖他的同志也在所不惜。其次，他想通过与我合作，以达到保住他在党内的地位，并进一步实现他的野心，他所出卖的人显然是那些能威胁他在党内地位与权威的人。现在我知道，有好些事情不让我知晓。"

莱特被监禁了 1 个多月，4 月底被秘密释放后，便开始履行他的承诺，向日本宪兵透露马共新加坡市委的成员名单。并按大西觉的要求，每两周必须直接向大西觉做一次报告。

马共总书记莱特叛变，成了日军渗透进马共的特务是顺理成章的。这位自称是莫斯科派来的共产国际代表，自称在苏联留过学的印度支那共产党党员的莱特，生于 1900 年法国统治下的安南。1934 年他来马来亚之前，就因为一次活动失手，被法国情报部门——SURETE 逮捕，随即叛变成为法国情报部门打入印支共产党内部的线人。后来，他这身份又被暴露，法国情报部门把他转交给英国政治部，于是，他来到了马来亚，打入了马共组织。由于英国政治部能配合他消灭马共内部威胁他地位的人，而他又以能言善辩、出口闭口必称马列，赢得了"马来亚的列宁"称号。因此，很快窃取了马共总书记的位置。他现在又投降日本，遂使他先后成为法、英、日三重间谍，成为国际共产主义运动中最奇特的现象。

莱特的叛变使马共新加坡市委遭受重创，市委的领导成员几乎全军覆没。新加坡华侨抗敌动员总会民众武装部主任林江石，就是马共新加坡市委书记。他原籍广东增城县，少年时随母出洋来到马来亚霹雳州布先埠。1937 年加入马来亚共产党，在领导锡矿工人大罢工中显示了他的领导才能。在马共第六次中央扩大会议中当选为中央委员。新加坡沦陷前两天，星洲义勇军奉命解散，马共立即转入地下斗争。林江石处理完义勇军善后工作，便与几位同志隐蔽在后港三条半石附近的菜农区里。就在此时，莱特收走了他的大号左轮手枪，理由是怕他暴露目标。其实，莱特的诡计是，让林江石遭捕时无武器反抗。2 月下旬，日军检证大屠杀扩展到市郊，林江石很幸运没被搜出，躲过一劫。后来，他转移到芽笼 29 巷内一个小椰林园躲藏。一天，莱特来看望他。没想到没过几天，日本兵就直奔林江石的住处来抓他。林江石冲出他们居住的亚答棚，但还是被日本兵抓住了，他当即被日本兵打得鼻青脸肿。日本兵知道他是“大人物”，把他从芽笼押到宪兵队，关在东陵一座楼房的小冲凉房里，并戴上手铐。晚上，他发现后墙上有个窗口，便攀着水管，从窗口爬了出去。他又一次逃出了敌人的魔掌。4 月中旬，林江石奉命偷渡柔佛海峡，准备进入柔佛州南部，担任马共领导的马来亚人民抗日军第 4 独立队党代表。但是这一次却没有逃脱劫难，由于莱特提供情报，林江石在海上被日本宪兵截获。林江石被捕后，在四排坡监狱受尽了折磨。

与林江石关在同一个牢房里的马共中央委员白衣（李雪峰），也是被莱特出卖而被捕的。在 1942 年 11 月间，白衣牺牲前从监狱中送出一封信，向他的同志们报告了林江石等共产党人在狱中所受到的刑罚以及牺牲的经过。白衣的信全文如下。

亲爱的同志们：

我们本应将被捕生活情况做一个详细的报告，检讨我们这一次牺牲的原因与所得经验教训，自我批评，对党的希望，等等，但因环境关系，不能有系统草写给你们参考，只有分段草写给你们。在敌人严密监视下草字或者字迹不明，在所难免，希望你们多费一些精神，不但这封信是我的最后话，同时每次写时，没有 5 分钟久。写字之难，同志们可想而知。

现将一部分为党的事业尽忠的同志姓名、死的日期和原因，未死者我们纪念已死的同志报告如下：

12 个人在此监房死去姓名：

林江石即阿黑，7 月 18 号

古国英即老古，7 月 25 号

小王八即黄世锐，7 月 29 号

林亚当即慧余，7 月 31 号

小路即培青，8 月 1 号下午

阿Q即邱俊杰，8月1号早晨

黄诚即黄石，8月9号

关于上列7位同志全是病死。

其主要原因：A. 因受刑过重。各同志都是遍身损伤，其中最重阿黑和克章等同志，阿黑同志在宪兵部时做第二次逃走不成功，敌人将他毒打不能行动。敌人所给我们的刑法，可说是17世纪的野蛮时代的刑法。如用绑手脚压着进行灌水，有些同志被灌10多次，又将手脚捆在一起如绑猪一样，吊在树上身离地，还用大条木棍乱打，使受刑者死去复苏者数次。或长时间跪在地上（有跪6个钟头之久），还要在跪的人腿中夹一条大木棍，两头有敌人将棍用脚踏着，用力转动木棍，使受刑的人痛苦难忍。或数人将受刑者手脚捉住，你推我拉摇来摇去，使受刑者头昏眼花。或数人将受刑者抬起丢高，跌倒知觉尽失，或用电线将受刑者手脚绑起来施行电刑，麻痹受刑者的神经。这些是一部分毒刑，大概还有很多用火烧不给吃饭，等等，笔难尽录。总之敌人给我们的刑法，无所不用其极。法西斯匪徒们，便不是有什么法律和秩序，完全凭着个人兽性喜乐为取舍。我们经过这样的摧残之后，每个同志只有半条人命到监牢。（6月25日下午）在半路，阿黑同志还不断受到宪兵的乱打、毒刑、惨伤，使我们永远不会忘记这次血仇。B. 长期挨饿。我们自从被捕后，禁在宪兵部有两个月，未曾吃过一次饱饭。但来到监狱中亦终日挨饿，身体软弱和受刑惨重的同志进到此牢不够一个月就牺牲了。笔录到此，令人切齿和心痛！同志们，我们不要忘记这些铁的事实和血的教训呀！C. 同志牺牲这样快，除上述的事外，还有另一原因，就是没有卫生成为病死的原因。吾等被禁宪兵部时，已有数人面肿、脚气、皮肤病等。在宪兵部时有些药及水洗面冲凉，但到监牢情形就不大相同了。关于监牢的卫生生活情形摘录如下：此监房是在四排坡D号，英政府前时所用监房之一，是由军务管理。所禁的人，罪名都是违反军纪（？）。在此罪名之中还有各种不同的如共产党、义勇军、爱国团、暗杀团、抗日分子，英军俘虏逃走被捕，或日本兵兵团反战、奸抢淫劫等而被捕都是监禁此牢。还有此监牢是禁不重要的犯人。看守前一种监牢，最初由宪兵后由探长（经常换人，因这批要调走，另一批要调来），看守后一种监牢是由马来人，日兵不管。我们被禁于前一种监牢共有十余人。因为被杀和病死日渐减少。其他犯人分中国人、吉宁人（按：即印度人）、马来人、英国人和澳洲兵，等等。有些日兵禁在楼上，前些时候有14人，现在有82人。因为这日兵不耐烦遵守军阀的军纪，所以被禁的人日多，他们的生活和其他的犯人不同。现将生活简单列下，给同志们明了敌人禁判我们手段的残酷。每日早餐（注：字迹模糊不清），中午12时，下午6时（东京时间）。整天关在监房内，没有机会见到水和太阳，更谈不到冲凉和洗衣服。但时间一次（大约半点钟）就冲凉，时间由管理的日兵欢喜，无一定。衣服个多月不能洗一次，亦没有衣服换，所以每个被禁的人由房内出来时身体带着一种奇臭难闻的气味。那些病死的同志，从入狱到死未曾见过太阳和水，成日在黑房子里度日（每个被禁者都如此），同时阿黑、阿当、阿Q、黄诚4位同志锁住脚链至死这日。关于伙食情形，每餐所食大约平时吃饭所用的碗有一碗饭之多，菜里用海带菜类的汤水，放在饭里又臭又淡。鱼和肉这一种有滋养料的食品不用想（被捕到现在不但没有吃过猪肉，看都没有看过）。每一被禁者在没有被捕前不管身体多壮健多好，经被禁在这里二三个月，那么他一定会病，甚至病倒死亡。在宪兵管理时还随时随刻开门进来，将被禁的人殴打一场亦不说原因。后来从8月15日起伙食方面改良一点，吃饭的碗一律大碟。前时是有大小碟之分，判决的人吃大碟，拘留的人吃小碟。虽有些改良，亦不会吃得饱。换句话，就是说日本军阀离不开战争、饥荒，这就是法西斯三位一体的特征。难道还不明白吗？在改良之后病时有日本医生给一些药。每日倒粪一次（没有改良时一星期一次），有给冲凉运动，等等。但不论何时不给你说话，不管和任何人都不能，这是法西斯压迫人民的必然手段。此牢被判决监禁的刑期最少6个月，最久5年和死刑，和有承认参加过抗日运动的团体（不是共产党）都被判死者不少。如被判死刑还没有被杀之前（因日人封建，杀人要选择日子，有时被判死刑者，还等半个月之久，才拉去杀掉），将被判死刑者手锁住，整天关在房内不给出来，同时不给木板和毛毯，这是敌人的残忍手段，使你临死还要受罪。听说前些时执行死刑的方法是枪决和杀头，回来改为由医生打毒药针，将判死刑者生命结束，如果此说不讹，那么日人杀人方法亦改良了。

我们为着纪念7位殉难同志，决定每月他们殉难的日子到来之时，那天午餐手持饭放在自己面前默哀数分钟才进食，当作不忘同志为革命事业牺牲的一种回忆和纪念。为革命而牺牲于牢者实不少病死，牢中除上述之外，还有古国英同志病死于7月25号，槟城秃头同志病死于9月28日，还有不相识面熟病死于牢中不少，被判死刑而牺牲更多，黄梅、陈水鸭、林义平，等等。霹雳3位被判极刑（是否同志不知），被杀时10月14日。每月被杀和病死的同志一样多。我们所知的是一部分而已，大概情形就如上述。阿Q同志在临死前4天留下有字在房内，抄在下面，你们就知道监中生活大概了。这些遗字是在四排坡D号监房23号房间内。

哀哟之声耳边响，病倒监狱何一人，

管狱装聋反作哑，有时还发讥笑声。

疾病于此难活望，大家准备见阎罗，

有福同胞为前路，不幸朋友步后盾（应为“尘”——引者注）。

同志们，你们看见这次敌人来摧残我们做何感想呢？余言不叙，由同志们来决定自己应该做的事业吧！此字是以便桶盖做桌面而草成，在写字之时监视太严，停笔10多次才能将此信写成。

从被捕到牺牲，林江石在监狱长达40多天里，受尽了各种酷刑，但他始终坚贞不屈。最后在牢里呻吟了3天3夜才死去。对他的壮烈牺牲，无党派人士、星洲华侨义勇军副司令胡铁君于1945年12月14日在《致马来亚华侨行政长官顾问白克登公开信》中说得好：“这种惨无人道的毒刑，施之于星洲义勇军典型人物上，我们并不感到痛苦，相反更增加我们义勇军的光荣！但是这仇恨，是永远不会忘记的！”林江石等烈士表现了共产党人的铮铮铁骨。据1946年1月初步统计，新加坡受过日本宪兵酷刑的达392人。

这场检证行动，除了大部分被立即杀戮、一部分被关进牢房受酷刑，还有一部分则被押送到马来半岛、日本、所罗门群岛以及暹罗等地去服苦役。

这里不得不提一提被押送到泰缅边境修筑那条被称为“死亡铁路”的民工们的

遭遇。

为了缩短侵占印度、缅甸日军与后方的运输线，1942 年 6 月，日本帝国大本营决定把仰光至丁那沙宁的铁路与新加坡至曼谷的铁路连接起来。这条铁路要穿越泰缅边境毒蛇出没、罕无人迹的热带原始大森林，条件十分艰苦。按照有关工程技术人员的计划，这条铁路需要五六年时间才能完成。但是，日本军方却命令，一定在 18 个月内竣工。于是，他们从南洋各地押来了大批战俘，抓来了大量民工，这些战俘与民工前后有 15 万人之多。

战俘与民工像奴隶一样被驱赶到铁路的工地上。他们每天早上五六点钟就得起床上工地，一直到半夜才能回营地。在工地上，日本士兵不断地用枪托、木棍殴打他们，不让他们有片刻喘息。稍有反抗，就拳脚交加，或被脱光衣服、捆住手脚，放在烈日下曝晒，或者让他们头顶石头，一动不动。而吃的是什么呢？是清澈见底的稀粥，菜则是野菜与树叶，根本见不到油腥。当时又正值雨季，人人身上没有一丝干的地方，加上干在泥泞中，睡在泥泞中，各种热带病，如脚气病、疟疾、痢疾、毒疮等相当流行。病了就被隔离起来，再也无人过问，只好等死。在一个叫坎布里的地方，被隔离的病人有 1200 名，只有 10 名保住了性命。

1942 年 2 月，有 20 名民工忍受不了这种非人的生活，逃跑了。但是，很快又被抓了回来。他们被关在坎布里医院附近的一间屋里，日本人给他们身上注射一种红色的液体，不久就死去了。据说，这种液体含有水银！

战后，人们统计，这条总长 400 多公里的铁路，每 1 公里铁轨的下面，平均埋有 400 名战俘和民工的冤魂！

有多少新加坡的华侨死在这条铁路上，谁也无法统计。抗日战争胜利后，光流落曼谷的新加坡华侨劳工就有 4000 多人。

在白色恐怖的日子里，在人命不如鸡的日子里，又还有多少没有被检出来的华侨，因为走投无路，而被迫自杀的？

请读读这封《我是被迫而决心自杀》的遗书吧！

吾的心充满了悲愤，因为这情势是太恶劣了！若没有这些为虎作伥的奴隶，亦不至如此逮捕搜索。这悲愤，想起来真痛心！

但是，吾没有恐惧，吾是一个写文章的人，歌颂抗战，鼓励杀敌，不是已经有许多人为此牺牲了吗？难道吾只用口叫，别人交出生命，而自己则悭吝着。所以，对于死，吾很深感地感到他的意义，吾早有死的决心，所以有死的勇气，一点并不馁弱。同时，正在到处搜索吾，吾实在无法逃出这已布下的罗网，不能活着为国努力，只有坐以待毙或投降。但是，从一个读书人的气节上看，这是不能够的，士可杀而志不可辱，真正的中国男儿是可以杀而不可驱使的，现在，自杀是由于自己的手，这杀的动机是殉国，吾的心充满了喜悦。可怕的是这一刻吾已经被捕了，敌人的黑手打在吾这个中国人底灵魂的身体上，或者被拷打而做出卖国的汉奸行为。吾决定自杀，敌人其奈何，吾躲过了，吾战胜了敌人卑鄙的阴毒梦想，它能够很快地占领许多地方，俘掠了很多人，但是，它不能战胜我的心，它不能俘掠了吾的身体——吾有一点骄傲——吾充满了自慰的喜悦，吾相信，这种伟大的骄傲就是伟大的中国魂！

吾是一个无知的文艺写作者存在这个世界上，这几年，吾写过几十万字的作品。然而在这时候细细想起，文字是最没有用的，吾的文字击退不了敌人，吾的作品不是要用自己的手去消灭了吗？这时候，吾们只有用死奋斗！

吾想念家，吾想念国，吾想念太阳，吾想念自由，吾想念中国的光明。

……

民国三十年三月二日

这封遗书的作者叫王君实，是《星洲日报》的记者，曾领导潮州帮的华侨青年从事抗日活动，写过许多抗战救国的文章。在检证期间，日寇、汉奸、走狗到处搜捕他。为了保持气节，他服用了大量阿司匹林后，从楼上跳下来，实现了他以身殉国的誓言。但是，他的伟大的中国魂，却永远活在华侨心中！活在华人心中！

从 1942 年 4 月开始，日军在新加坡实行良民证制度，要求每一个居民都必须领取良民证，方被认为是合法居民。而每 30 户居民，则设立小组长 1 人；每 300 户设立中组长 1 人，每 3000 户设立大组长 1 人。组长任务是协助日本军警维持秩序，多由汉奸担任。这些人常常狐假虎威，助纣为虐。大组、中组、小组各户之间实行连坐，一人“犯法”，全组遭殃。杨素梅一家数代都为基督教徒，博爱、仁义、恕道是她和家人的做人原则。新加坡沦陷后，她和丈夫在板桥医院里开了一间小小的零售店，当时关在章宜监狱集中营的英国平民战俘常常被日本宪兵拉到板桥医院来看病，这些平民战俘有时在日本宪兵允许下，到她的店里来买东西，有的还托她给外边的朋友带口信报平安，因此，她交了不少平民战俘朋友。9 月 27 日，在红头码头外，有十几艘油船被炸毁。这事件震动了东京，日本大本营十分恼怒。日本南方派遣军总司令寺内寿一下令限期捉拿要犯。于是，日本宪兵开始大搜捕，他们实行“宁可错杀一千，绝不放过一个”的方针，胡乱抓人。他们首先抓走了杨素梅的丈夫。两个星期后，杨素梅正万分焦急丈夫安危的时候，突然来了几个日本兵，问她想不想见丈夫。宪兵把她带到宪兵部，按连坐法立即把她关了起来。他们怀疑杨素梅夫妇是油船被炸事件替英军传递情报的人。因为在章宜监狱里发现英国平民战俘暗藏有收音机，日本宪兵还怀疑杨素梅夫妇给英国平民战俘偷送收音机配件。

到了宪兵部，杨素梅被关在一座 3.6 米长 3 米宽的牢房里。这么小的牢房竟然关了 20 人。犯人被迫从早到晚必须跪在地上，像罐头里的沙丁鱼一般挤在一起，闷热得很。20 个犯人中，只有杨素梅是女的。牢房里只有一个水龙头，水龙头下面有个窟窿，这就是大家大小便的地方，四面没遮没拦。大小便的臭味，加上不准洗澡从人身上发出来的臭味，弥漫了整个牢房，令人窒息。

牢房设有一个与狗洞一般大小的门。杨素梅不断地被日本宪兵带出去受拷问、挨电刑、被灌水。杨素梅说：“被灌水时，肚皮涨起，水从人体有孔的地方冒出来，那滋味不是人所能承受得了的。”

日本宪兵问不出所以然来，就把杨素梅的上衣剥光，还将她的丈夫押来，看着她受电刑。电刑一开动，杨素梅全身颤抖，眼泪鼻涕一齐涌出。她丈夫看着她受如此痛苦，恨不得替她去死！

杨素梅被关了 200 天，那身衣服也穿了 200 天。日本兵每天只从狗洞里塞进一点食物，大家饿得连吞咽食物的力气都没有了。犯人们天天跪着，许多人跪烂了膝盖，跪瘸了双腿，但还得跪着。日本宪兵还不时来拿犯人取乐。他有时会与犯人闲聊，聊到兴起，突然，举起巴掌“啪！啪！”扇犯人耳光，然后大笑而去。

日本宪兵咬定杨素梅与她的丈夫是英国间谍，要求她们供出同谋姓名。杨素梅与丈夫是小生意人，与英国情报机关八杆子打不着。因此，审来审去，也问不出什么来。日本宪兵最后只好把她与丈夫一块儿放了。

这次入狱，给杨素梅从肉体到心灵留下了极其沉痛的创伤。她说：“基督教的精神是博爱宽恕，但战争贩子惨绝人寰的罪行，我相信即使是神也会愤怒的。”她绝不宽恕那些刽子手们!

马来亚著名漫画家刘抗所画日本宪兵对华侨实施酷刑吊打与拔指甲

4 肃清波及全马来

新加坡大屠杀开了日军在南洋大规模屠杀无辜平民百姓最恶劣的先例。随着新加坡的沦陷，日本对马来亚的统治转入军政监时期。所谓军政监时期，即军管时期。此时，全马各地统治权全掌握在军队以及宪兵队手中。宪兵组织，除在新加坡设立总部外，全马各地均设有分队、分遣队。宪兵总队直属于第25集团军。各地宪兵队对华侨华人肃清采取各自为政的办法，因此，生杀大权全操纵在宪兵队长与分队长手中。他们随心所欲、草菅人命，以杀人为荣。马来亚军政监时期，就成了马来亚华侨受害最惨烈的时期。

战前，英帝国主义为了加强其对马来亚的统治，硬把控制马来半岛咽喉的新加坡和马来亚分开，与槟榔屿、马六甲这马来亚海上的两只眼睛、两座转口贸易集散中心，组成英国的直辖殖民地——海峡殖民地，其余部分合称为马来联合邦（含马来联邦和马来属邦）。马来联合邦的首府设在雪兰莪州的吉隆坡。日本在把新加坡改为昭南市，把马来亚改为马来的同时，把吉隆坡改为彼南市，可见他们对吉隆坡的重视。吉隆坡当时有人口500余万，华侨约有222万，是马来亚华侨最多的城市之一。日军拿华侨开刀的第二个对象就选在吉隆坡。

新加坡沦陷后两周的清晨，吉隆坡管辖区大约7平方公里之内的大街小巷突然间布满了荷枪实弹的日本宪兵，他们三步一岗五步一哨。接着，到处响起了罕见的喊声："皇军要进行保安大检查，凡是男性华侨必须到指定地点集中听皇军军官训话。"随后，日军挨家挨户进行搜查。搜查出来的男性华侨，一律押上早准备好了的大卡车，然后风驰电掣般扬长而去。哪里是听日军军官训话，而是把他们全部押进吉隆坡市区内的半山芭监狱里。这是座已建成三四十年的原英国关押政治犯的老监狱，日军只利用了其中一座 3 层楼的牢房，一家伙塞进了上万的“犯人”，其拥挤程度可想而知。

日本宪兵在大门附近，摆了一列长桌子，桌子边坐着一排凶神恶煞的日本军官，两旁还站着杀气腾腾的日本宪兵。受检的华侨挨个脱去上衣，来到桌前，向日本军官行 90° 的鞠躬，然后接受询问。问的无非是姓名、年龄、职业、住址，等等。接着日本宪兵仔细检查受检者的双手、掌心、上身，主要看手上有无老茧，身上有无文身。有老茧者，必然当过兵；有文身者，一定是私会党，是黑社会的党徒，在日本人看来都是歹徒，应格杀勿论。如果你侥幸过了这一关，那么最后一关却是鬼门关。它由蒙着面的汉奸或间谍来辨认。只要蒙面人点一下头，你就死定了。他摇一下头，你就算超生了。不过，你还得向日本宪兵再鞠一个躬，日本宪兵骂一声“八格牙路”，你才可以走出牢狱。由于受检查的人太多，日本宪兵又搬来 4 张长桌子，分四批进行检查，但还是应付不过来。受检的人们争先恐后，拼命往前挤，秩序大乱。日本宪兵拳打脚踢好一阵子，才把秩序安定下来。一直检查到黄昏，牢房内还是人满为患，日本宪兵干脆不检查了，把未查的人全当作歹徒，统统关押起来，如此枉死者不下数千人！

这座半山芭监狱一下子关进数以千计的华侨，立即变成杀人的屠场。监狱戒备森严，大门用厚木板加铁框制成，还锁上数磅重的大铁锁。华侨被作为“犯人”关押在楼上的 5 间大牢房里，日夜有武装警察巡逻。数千青年被抓进这里，日军就把他们当牲口似的当场杀掉，因此整个监狱的四壁都变成了染满鲜血的红墙。

据亲历者陈浪平回忆：他因参加马共领导的地下斗争，不幸被人出卖而被捕，关押在吉隆坡半山芭监狱。他和一批政治犯被关在 A 栋，分三人一组，关在一间 6 步见方的牢房里。每天只有让“犯人”端出大便桶放在门口时才打开牢房门，但很快便锁上了。因此，牢房与牢房之间，均不知关押的是谁。不过，“犯人”之间可以偷偷爬上牢门上一个小铁窗说话以传递信息。他们就是从这些信息中得到了问候、鼓励与安慰的，也是从这些信息中了解了关押人员的生死情况的。陈浪平在关押的 1 个月里，了解到每天“出后门”（从后门抬出去埋葬）的有五六人，有一天竟多达 9 人。

这些死难者，大多数是经过严刑拷打，特别是灌水，使肠胃严重受损伤，又得不到医治，加上伙食恶劣而死的。

牢房里终日见不到阳光，又睡在冰凉的水泥地板上，致使每个人都染上一身的皮肤病。又无法洗澡，衣服就是入狱时穿的那一套，因此一身脏臭。这种非人的生活，就是不生病，也活不了多久。因此，牢房里经常看见一个个青壮年像死尸一样躺在地上，一动不动，偶尔发出几声呻吟，才知道他们还活着。

日本宪兵在监狱也装起法治的假面孔，对“犯人”进行审判。一天，陈浪平与其他 35 名在押人员集中在一个大厅里接受判决。法官一进来就开始念姓名，然后就宣判 6 个人被判死刑，陈浪平被判 15 年徒刑，其余的有 13 年、10 年、8 年不等。由判决到结束，不到 10 分钟。整个法庭，既无辩护律师，也无旁听；既不准“犯人”答辩，也不准个人签字。陈浪平愤恨地说：“这就是日本法西斯的所谓法庭！”在这座监狱里被杀被折磨致死的华侨究竟有多少人？已无从统计。

然而，哪里有压迫，哪里就有反抗。在看守如此严密的监狱里，外援全无的情况下，靠囚犯自身的力量，他们组织了一次越狱斗争，硬是成功地冲出牢笼，成为第二次世界大战中一次惊天动地的事件！

越狱的发起人是马共党员陈大智、陈大龙。他们经过多次的商量，利用放风的时机，串联了同是马共党员的符荡、韩美元等，接着又设法与女牢的马共党员曾雪红、谢瑞生取得了联系。由此，由他们分头发动难友。他们鼓励难友们与其等待饿死、病死、绞死、害死，还不如一搏，打破牢门冲出监狱。于是，很快统一了难友们的思想。在这基础上，他们组成 3 人至 5 人的许多小组，观察敌人守卫的弱点，寻找有利时机动手。1943 年 5 月 7 日，日本兵送来晚饭后就回营吃饭去了，监狱看守来回催促囚犯“接饭”，大家便借口说饭量少不接，看守只好把饭摆放在牢门外。入夜后，大家喊看守开门取饭。看守不情愿地打开牢门，就在那一刹那间，冲击组的成员冲出把看守击昏在地。人们马上从看守身上取出钥匙打开各个牢门。大家立即向监狱大门冲去。大门边有个用于敲钟的大铁锤，冲在最前面的符荡抡起大铁锤，三下两下就将监狱的大门砸开了。人们像潮水般怒吼着冲出监狱。两个看守大门的警察拿起木棒向人群打来，拿大铁锤的符荡一锤一个就结果了他们的性命。陈大智、陈大龙一直站在大门口指挥着。等大家消失在吉隆坡大街小巷后，他们才最后离开。这次行动一共有 106 名难友冲出监狱。不幸的是，陈大龙被追上来的敌人抓了回来，被敌人当场杀死在监狱大门口。冲出去的难友有许多又被敌人重新抓回来后杀害了。而因为种种原因没有参加越狱的难友,也大都被敌人杀害了。半山芭监狱的越狱成功，为马来亚人民抗日斗争史写下了光辉的一页!

槟榔屿又叫槟城，当时有人口 205000 多人，其中华侨有 131000 多人，也是马来亚华侨聚居最多的地区之一。因此，日军肃清计划行动也把槟榔屿作为重点。

槟城的大检证先后进行过两次。一次是 1942 年 4 月 6 日，那天正好是农历三月二十，中国的清明节，全城分为 7 个区进行。清晨，全城男女老少，一律被驱赶至集中地点。到达集中地点后，日军命令大家排成长队，然后让男人都脱去上衣，一一从日军军官面前走过。发现手臂、胸、背有纹饰者，立即被拉出队列，站到另一边去。接着，站在两旁的间谍，手拿着藤鞭，驱赶着大家继续往前走，他们不时从队伍中拉出人来让站在一边，而且大部分是青年人。拉出队列的人，一车一车地被拉走。其他没有拉出队列的，仍不准回家，一直站在那里，任烈日曝晒。这样经过两三个小时，又继续上述检证程序，就这样又从队伍中拉出了一批人，送上卡车运走。一直到下午 2 时左右，其他人才被释放回家。不过，还没等他们到家，半路上又被日军堵回集中地点，又一次接受检证。这一次又有许多人被拉出队列送上了卡车。据查证，这一次被捕者达 2000 人以上。以后，搜捕虽然没有集体进行，但天天有人被捕去。被捕者不是当天被杀，就是关进牢狱，吃尽苦刑。

4 月 19 日，日军“恩典”释放了 200 人。4 月 29 日，是日本天皇的生日，叫“天长节”，日军又释放了 300 多人。但是，这些被“恩典”的人大多数是在牢狱中被折磨得快死的人。就是这些被折磨得快死的人出狱时,日军还训话说:“你们都该杀头的，故念‘天长节’到了，这是天皇陛下的鸿恩特赦，你们向东遥拜！”他们强迫这些快死的人，一齐向日本方向跪拜。

第二次大检证在同年 9 月 15 日，也是分区进行的，但方法不同于第一次。日军把华侨驱赶至集中地点后，由蒙面的汉奸、间谍“点将”。被点到的人，在背后打个大“×”,或写上“共”字,然后拉上卡车运走。用此种方法逮捕人数在 2000 ~ 3000 人。各种职业的都有，男女都有，其中最多的是知识分子。

钟灵中学是槟城最著名的华文学校之一，也是马来亚最著名的华文学校之一。自“九一八”抗战以来，钟灵中学的师生积极投身于支援祖国抗战斗争的前列，受到南洋广大华侨的爱戴与尊敬。槟城沦陷前夕，校长陈充恩还召开全体师生在大操场进行最后一次训话。他鼓励广大师生在此艰难时期，务须认清敌我，尽忠国家。当陈校长问大家是否愿意牺牲小我成全大我时，师生们一齐举手表示万众一心。这次聚会成了许多师生的永诀。校长的话成了钟灵中学师生在最艰苦时期坚持斗争的座右铭。

1941 年 12 月 19 日，日军兵不血刃占领槟城时，钟灵中学因为没有挂白旗迎接日军，那些汉奸、特务就到处散布钟灵中学是共产党的机关。刚好有一个小贩在钟灵中学校舍里捡了一批书，被特务发现后带到宪兵部，一查书中有抗日内容，于是

槟城钟灵中学旧址

把那个小贩抓起来打个半死，还要他交代钟灵中学有关师生的名单。就这样，日军开始把肃清目标集中在钟灵中学的师生上。他们认定："要捉共产党，只要捉钟灵中学的师生就行了！"

1942年4月6日，槟城实施第一次大肃清，钟灵中学就有10位老师被捕，学生被捕的则不止10位。有位蒙面人——台湾籍妇女，外号叫"无常"的，她特仇恨"钟中"，在大检查中，她突然跳起来，对钟灵中学的师生大喊："你们钟灵中学的教员学生都站出来，你们都得死！"于是，在场的钟灵中学的师生不得不"自投罗网"地站出来，然后被押上卡车，送往四坎店监狱。

钟灵中学的师生在狱中受到何等待遇呢？直到7月8日，王世毅老师被释放出来后，才真相大白。他后来对人说起在狱中的情况：他是4月6日与同事查企唐、简德辉及大批钟中学生一同被捕的。那天被捕的多得很，一车一车运进来，有男的也有女的，甚至还有六七十岁的老头子和八九岁的小童。被关进四坎店监狱后，他们虽然终日被禁在昏暗的牢房里，但外面有什么事情，尚能用耳朵听到。隔壁房门开关声、点名声、传讯声，连有一部分囚犯被审问时的对答也能听得清楚。因为同房的难友，人叠人搭成人梯爬上窗户，从窗口往外望，恰巧审问的地点离得不远，他们能看得比较清楚。不过很不幸的是，每次带回给他们的消息都非常可怕：不是犯人被打得遍体鳞伤，就是腰断腿折。日本人的新刑罚——灌水，第一次从他们口中介绍出来，大家一听到这些，面色变青了。从房门外传来的声音中，王世毅听到柯梓桐、朱宜义、林振凯、管亮工（钟灵中学的老师——引者注）的名字被数次提起，他知道他们都吃过"生活"（受刑——引者注）了。终于在4月23日下午，他们的房门突然打开了，跑进一个宪兵。宪兵对他们略微看了看，只见查企唐是坐在最近房门的一个，他就第一个被带出去。自他走后，到晚上不曾被带回来。第二天早上房门又打开了，这一次轮到王世毅。他被带到一张审问桌子旁边，当中大模大样地坐着"阎王"。"阎王"第一句询问他在哪个学校做事，他照直回答。"阎王"紧接着问："王景成是共产党你大概知道吧？"王景成也是钟灵中学的老师。王世毅说："王景成是国民党，并不是共产党。""阎王"的脸色大变："王景成不是共产党，为什么不在槟城？”他回答道：“王景成的确不是共产党，我不能随便诬人。”“阎王”又问：“那么谁是共产党？你指出来，我可以放你。”“阎王”将一张纸甩在他面前，他拾起来一看，上面写的都是钟灵中学同事的名字。那“阎王”气势汹汹，手下的几个“牛头马面”也摩拳擦掌，王世毅咬紧牙关说：“我在钟中只教数学，根本不知道共产党一回事，我不能乱指。”那“阎王”还不肯罢休，他恐吓道：“哼！你不指出谁，你要死在眼前了！我们不会冤枉好人的，你还是爽爽快快说出来，免得受刑！”如此一问一答约莫经过 1 个小时，“阎王”不知怎的脸色渐渐平静下来，并没刑罚他，却把他关进另一间牢房。他一进牢门，吓了一跳，查企唐正坐在里边，满头乱发，一身血迹。王世毅赶紧问他为什么弄得这样狼狈，他叹了一口气，详述他受审的经过。他说“阎王”拼命逼他指出钟中的共产党，他抵死不肯说，结果灌水、吊打、火烙，他昏死过去了，才被移到这一间房内，听说还要复审。查企唐一边说，一边流泪。王世毅心里说不出地难过，爱莫能助，只好极力安慰他。查企唐又告诉王世毅，柯梓桐于被捕 3 日后即被审问，连续 4 日，打到半死。柯梓桐宁为玉碎不为瓦全。第五天他写好一封绝命书，为钟中同人申辩，自己则于赴审时跳楼自杀，不想只跌伤了一条腿，现在生死未知。

王世毅出狱后说：“我不至于死，实在侥幸。我身体瘦弱，原经不起大刑罚，假如‘阎王’把我毒打一顿，可能当场就完蛋了。话虽如此，数月囹圄，出狱时也是垂死的人了，有幸得虞小棠、颜厚昌诸名医的悉心调治，才能有今天呀。”至于一同被捕的查企唐、饶百迎老师就没有那么幸运了。查企唐出狱后一直昏迷不醒，车还没到家，就死在途中。饶百迎老师出狱后，虽经名医医治，但第二年 4 月又旧病复发，没来得及医治就死了。钟灵中学被日军抓住关进监狱折磨致死的老师有 8 位之多，至于学生就更多了。他们都被埋在四坎店监狱后的草场里。

槟城两次大检证，共逮捕华侨 5000 多人，除在“天长节”释放了几百人外，几乎都关进日本的死牢里。他们不是被酷刑折磨致死，就是病死、饿死。因为牢房中大多数囚犯被捕后不给粮食吃，有时断粮 3 天、5 天、7 天不等，大家都已经饿坏了。再加上严刑拷打，就是不死的，也变成半残废了。

马六甲是马来亚最古老的城市。中国人移居马六甲，据考证远在明朝就已开始。郑和下西洋时，就把马六甲作为物资中转站。战前，马六甲有人口 20 多万，其中华侨有 7 万。自 1942 年 1 月 15 日马六甲沦陷后，特别是新加坡检证大屠杀之后，马六甲华侨就陷入灭顶之灾。日军实行大逮捕，凡是社会知名人士、抗日活动积极分子无一幸免。侨领王德义一家 9 口人，柳其杰一家 5 口人，林大典一家 3 口人，被捕后全遭屠杀。

3 月 21 日，天刚蒙蒙亮，日军就在全城实行戒严，禁止居民出入。然后挨家逐户进入搜查，凡是有下列情况之一的，一律拘捕：

1. 悬有蒋介石头像者；

2. 存有筹赈会月捐单据或社团学校之徽章、奖状者；

3. 洗脸毛巾上印有“七七”纪念或“九一八”纪念等字者；

4. 壁上挂的日历，印有各种革命纪念日者；

5. 藏有大量书籍杂志者；

6. 纽扣上刻有“七七”纪念等字者；

7. 钥匙链上有白铜警笛者。

因上述原因，当天被捕者计 2000 余人。他们被用粗绳捆绑着，10 余人为一串，被押至以前英政府工部局对面的广场上，由日军逐一审问。最后有 300 多人被留下，其余释放。留下者被关押进监狱里，这些人不是被杀，就是被运到泰缅边境的“死亡铁路”上当劳工，生还的几乎没有。

经过这次大搜捕之后，汉奸走狗在马六甲异常活跃。他们经常向日军密报：谁谁是共产党，谁谁是游击队员，谁谁是亲英派，谁谁是重庆派。宪兵们不问虚实，立即逮捕，然后加以杀害。离马六甲不到 50 公里有个小镇叫亚沙汉，有华侨不到 2000 人。不知什么原因，亚沙汉火锯厂的工人惹怒了汉奸，汉奸密报厂里的 300 多个工人中有“反动分子”，于是，日寇派了五六辆卡车拉了 100 多名士兵去围捕。幸亏工人们及早发现，纷纷躲进厂后面的大森林中。日军搜索了半天，一无所获。于是，他们设法找到工厂的工头，要工头到森林中去劝工人回来复工，还信誓旦旦表示绝不报复。结果，有 156 名工人走出了森林。日军立即把他们拘禁在厂内，把大门紧锁，然后放火烧厂。这座用木板搭就的厂房，霎时变成灰烬，156 人无一逃脱。他们放火后，又用机枪向森林扫射，藏在森林里的工人又有不少受害，具体多少，无法统计。

离马六甲市区十余里的乡村，有座近千亩面积的胶园，胶园里储备有三四十把给工人锄草用的锄头木把。有个汉奸向日军告密说：这是给抗日游击队用的武器。日军不管三七二十一，到胶园里抓了 17 名工人。他们被关在监狱后，每天不时被提出来严刑拷打。从 6 月 26 日入狱到 8 月 20 日天天如是，这 17 个人已经头破肢折，不能行走。这时日寇又从各乡村中抓了许多人，致使监狱人满为患。日寇便将这些“犯人”编上号码，挂在身上，然后列队排成一行，由 5 个蒙面人查验。这一查验就检出了 139 人。于 1942 年 9 月 3 日，由日军押上卡车，载到吉山的印度人的胶园里，并强迫他们自挖一个大坑。接着，日寇用麻绳反绑他们的双手，用毛巾蒙住他们的双眼，令他们站在大坑边上。这时，日本官兵突然唱起了军歌，歌声在胶园里回荡，如鬼哭狼嚎，令人毛骨悚然。一个军官猛地大喝一声，士兵们刺刀齐下，霎时站在坑边的人一个个倒在大坑里，哭声、呻吟声惊天动地，惨不忍闻。尸体被日本士兵掩上一层土后，便扬长而去。有一人大概没有被刺中要害，从大坑里爬了出来，到附近村庄讨吃的，有人报告给日寇，他又被抓了回来，押到大坑前斩首。

本书作者黄浪华的大哥黄城华，是马六甲明星慈善社歌咏团成员，而明星慈善社是马来亚著名的慈善团体。慈善社在战前积极为祖国抗战筹赈，特别是歌咏团，大唱抗战歌曲，在马六甲华侨社会中有广泛影响。马六甲沦陷后，慈善社 1 万多名社员，特别是该社的领导人及歌咏团的骨干成了日军主要肃清对象。该社主席王德义及重要职员林世明、柳其杰先逃到新加坡。等新加坡沦陷后，不得不又逃回马六甲。3 月 9 日，在汉奸的带领下，日军先拘捕了该社总务林大典，第二日又拘捕了王德义、柳其杰。3 月 12 日，日寇又拘捕了林大典、柳其杰二人的家属。柳其杰不甘受辱，在狱中自缢身亡。其他人均受严刑拷打。3 月 16 日，他们与其他被捕华侨共 97 人，一齐被押到离马六甲市约 11 公里的丹戎吉宁，用刺刀刺死。这 97 具尸体，有的被抛在水井里，有的被埋在胶树下。黄城华就是这 97 人之一，他是被一个姓赖的国民党党员出卖被捕的。黄城华被杀后，父亲黄榜源怕连累全家，连夜带着妻子余喜云及三个儿子一个女儿，逃到马六甲北部一个叫巴丁加里的深山老林里，靠垦荒种木薯为生。因为很难适应热带雨林的生活，加上日军垄断粮食供应，不卖大米给中国人，致使唯一的女儿黄月娥饿死在那里。

日军在马六甲屠杀华侨远不止上述这些。

据记载，1942 年 12 月，日军在热水湖 16 条石附近森林里，刺死华侨 50 多人。1943 年 1 月，在野新区 16 条石一座英国人橡胶园里，刺死华侨 27 人。这些人都是被汉奸陷害，指控他们接济抗日游击队。

此前 3 月 12 日，日寇在亚沙汉一个叫“金山枋廊”的地区制造了枋廊惨案。他们诱骗躲进深山老林里的 127 名华侨工人回家后，全部将其拘捕。日军把他们押在 3 间房子里，钉死门窗，然后点起大火。大火燃烧时，有人逃出房子跳进水池想逃跑，当场被日军士兵击毙。日寇还发现一个五六岁的孩子未被关入火屋，立即抓住孩子两脚，抛进火海。

柔佛州是马来半岛距新加坡最近的一个土邦，与新加坡相隔一条 1.6 公里宽的柔佛海峡。早在 19 世纪 20 年代就有中国人到柔佛来开垦荒地种植甘蜜。到了 40 年代，新加坡岛上的土地已开垦殆尽，于是大量的华工涌入柔佛。这些中国人，对柔佛开发起着举足轻重的作用，因此，华侨很受当地苏丹的欢迎。到 1845 年，华工在柔佛 4 条河流流域，已开辟了 52 个种植园；到 1860 年，柔佛州共有 12000 个甘蜜种植园，华工人数达 15000 多人。由此，柔佛州成了马来亚华侨人数比例最高的州之一。当时，全州人口 55 万，华侨 23 万。自抗战以来，柔佛州华侨慷慨捐输，积极支持祖国。特别是麻坡，其筹赈成绩为全马之冠。因此，有支援祖国抗战“筹赈模范区”之誉。所以，日军占领柔佛州之后，对华侨的报复尤为惨烈。

屠杀是从麻坡开始的。

1942 年 3 月 6 日，日军清乡队按照汉奸献上的名册、名单开始肃清华侨爱国抗日分子。他们以开会为名把华侨召集在一起，然后按名单一个个押上军车，载往峇株巴辖处决。

1946 年 1 月 23 日，麻坡中华总商会应南侨总会的要求，对麻坡华侨在日寇占领期间的生命财产损失做过一次初步调查，并给南侨总会陈嘉庚主席写了一份调查报告，全文如下：

麻坡损失调查之结果

呈为呈报事：窃自奉命办理敌寇入境后，华侨所受之生命、商号及个人损失，洎受刑登记，当即积极推行，办理以来，尚称顺利。唯吾侨向来习惯，每于限期做事手续，大都忽视，其间应时登记者固多，而未行填报者亦复不少。故本会拟早日结束，乃屡致展期，最后限至本月 10 日截止收受，呈报表格及到会续报者，犹然络绎而来，拒之则不忍，受之则有乖手续及期限。第以钧会期限早满，自应仰体钧意，断然截止，急完手续。此则未能依期于去年年底以前，汇呈钧会之原委，尚希鉴宥。计调查所得，吾侨生命牺牲者有 164 人，商号损失者 394 家，共叻币 3106000 余万元（存货除外，净失数目），伪币 4859000 余万元，其他损失达 1012000 余万元，至个人损失共 796 名，伪币 3933744 余万元，其次损失计 955000 余万元。此外尚有去年土人大屠华侨时，于 7 月 1 日成立之麻坡救济难民委员会救济金（伪币）40 万余元。至个人受刑，残酷异常，何殊人间地狱。统计凡 51 名。查本坡地方辽阔，战后交通，至感困难，受害损失，当不止此数，唯限于时间，须即结束。敝会为求钧会得与敌人总清算计，印刷表格簿据，雇用工薪，不惜耗去 1000 余元，抵得这区区结晶，成绩甚微，抱憾何以，除将各人原填表格汇呈外，并作一概括统计，略陈办理经过。敬希检存赐示，实为德便。仅呈

南侨筹赈总会主席陈

麻坡中华总商会主席刘国士

中华民国三十五年一月廿三日

麻坡华侨被害损失一览

据麻坡中华公会调查：被寇杀戮麻坡如下：

前麻坡殉难侨领名录（按：麻坡侨领共 15 人，殉难者 13 人）

张开川连家属 9 人

李天赐全家 12 人

郑文炳连家属 3 人

颜廻华 1 人

郑友专连家属 9 人

罗美东连家属 9 人

林春农连家属 5 人

陈和尚 1 人

罗文渔连家属 2 人

林彬卿连家属 4 人

林太宗连家属 3 人

何益谦 1 人

郭诗善 1 人

其他平民受害者亦多。计被日人杀戮已来会报告者，共 280 人（仅限于市区内），而房屋之被马来人焚毁者，尤为更属难数，据截至 10 月 14 日止之报告，巴里爪哇区房屋之为马来人所焚毁者计有：

斯里眉南契 131 间

松盖蒲罗 48 间

巴里配却 73 间

松盖甘多尔 35 间

巴里普龙干 30 间

松盖芽笼 7 间

巴里補拉 63 间

松盖普赖 7 间

巴里东哥尔 4 间

松盖格力塞克 21 间

巴里开冬塘 45 间

松盖苏塔 40 间

巴里普赖 44 间

松盖罗干 3 间

巴里干冬 3 间

巴里挺加 6 间

巴里戴平 24 间

巴里孔宠 6 间

巴里加失 3 间

巴里里巴 1 间

五百亩地 98 间

巴里三味拉 8 间

巴里开契及巴里倍萨 121 间

亚扶西泰 5 间

阿萨姆蒲亚 29 间

又在巴里爪哇为日本人焚毁者 1 间，共计 856 间，截至 10 月 9 日止，向荷纳少将报告者共有 1670 间。上列数目较少者，因口头报告，不算在内也。

峇株巴辖是柔佛州的一个小镇，华侨人口只有数万。因为英军退守柔佛时，当地华侨曾组织自卫团，协助英军守备、救护等工作。遂使英军在这里坚守了 10 多天。峇株巴辖沦陷后，许多华侨青年奔赴森林，组织游击队进行斗争。因此，峇株巴辖华侨也成了日军屠杀的重点。

大约日军占领峇株巴辖 1 个月，驻守当地的日寇便派汉奸挨家挨户去通知当地筹赈会的领袖去宪兵司令部开会，名曰商讨地方善后事宜。侨领们人在矮檐下哪敢不低头，只好乖乖前往。他们到司令部后，立即遭到拘捕，命令他们交出抗日爱国分子的名单。这些侨领共 16 人。他们只承认自己是抗日分子，拒不连累别人。于是乎，这 16 人就受到了严刑拷打。敌寇知道无法使他们屈服，便把他们以及在麻坡抓来的十余名华侨，一起关进死牢里。后来日寇又抓了抗日分子多人。就这样监禁了 20 多天后，于 1942 年 3 月 17 日，分成两批押至宋加兰路三条半石与五条半石的偏僻处，用机枪扫射，再用刺刀刺杀。其中有 3 人——周细粒、郑明月、许思恭因未刺中要害，逃了出来。但许思恭因伤势过重，知无生望，遂自杀丧命。郑明月则医治无效而死。只有周细粒活了下来。

在柔佛州东海岸的哥踏丁宜，因为军事地位重要，曾作为英军守卫新加坡的后门。日军攻进哥踏丁宜后，发现华侨商店几乎都成为残垣断壁（其实均为日军炮火摧毁），就认为是华侨在搞焦土抗战，遂对华侨实行报复。2 月 21 日，英军撤退前，他们打开班兰的粮仓任人挑运。因为战乱，百姓生活窘迫，因此去挑粮的人甚多。日军事前不下禁令，却沿途派兵拘捕所有的挑粮华侨，然后用机枪射杀，计死难者多达 500 余人。2 月 23 日，日寇开始进行肃清，他们包围了拥有上百工人的福成德火锯厂，命令所有工人上他们派来的卡车。工人们以为叫他们去干活，许多人还踊跃上车呢。谁知日寇将他们运到附近一座橡胶园，便把他们一一反绑双手，然后推下车用机枪扫杀。此后日军每日挨户搜查，不论男女老幼，逢人便杀。先后被杀者达 200 多人。为了活命，许多华侨逃入深山老林，过着野人般的生活。

日寇还在柔佛州振林坡薄港进行大屠杀。1942 年 3 月 5 日那天，日本兵一口气杀了 250 名华侨。接着，又以中日亲善为名，召集华侨开会，然后将华侨全部拘捕，分 3 批分别押至海边、防空壕和车房里，用机枪扫杀，共计 312 人。在新山区屠杀的人数更多了，据 1946 年 2 月，新山华侨筹赈会的初步调查，被害人数多达 3099 人。

据《马来亚人民抗日军》一书记载：马来半岛在肃清中被屠杀的华侨情况如下：

受害最惨地区是柔佛州的峇株巴辖和文律一带。1942 年 2 月 20 日，日军数次围剿屠杀无辜平民 1300 多人；巴力士隆、张厝港由日军杀害无辜华侨数千人；2 月 13 日，日军屠杀士乃、德茂村男女老幼900余人；麻坡屠杀300余人；振林数次屠杀千余人；哥踏丁宜2月23—25日屠杀3100余人；十四条石先后4次屠杀500余人；丰盛港屠杀400余人；新山东山屠杀百余人。每次屠杀，都伴随强奸、烧屋、抢劫。

马六甲3月21日大检证，群众被杀300余人，逮捕3000余人；其中被刑杀、冤杀和病死狱中的有数百人；亚沙汉被围屠杀198人；火锯厂被关进木屋焚烧者156人；热水湖被刺死50余人；野新区被围枪杀27人。

森美兰洲知知港余朗朗村在3月18日被日军包围，残杀1680人；马口、冷宣一带农村、胶园，被杀1000余人；见农底打土屠杀数百人；霹雳州美东地区被集体屠杀数百人；宋溪埠被杀150余人；金保新路被屠杀200余人；仁丹被屠杀37人；吉打州3月21日在双溪大年地区被屠杀300余人；亚罗士打等地也被杀200余人；彭亨州文德甲、淡马鲁、直凉各地被检证屠杀数百人。

槟城仅4月5日以后3次大检证，逮捕5000余人，超过半数当场被屠杀，在狱中被刑杀或病死千余人。

吉隆坡及雪兰莪州各地被捕死近千人。

《马来亚人民抗日军》一书作者说：在日寇屠刀下，“全马没有一块未染血腥的洁净的土壤”。至于被捕无辜华侨遭酷刑致死致残者估计不下3万人。英国维德上校在东京法庭指控日军在马来亚的暴行时，明确指出被害人数15万余人。加上日军肆意施以暴虐，造成刑杀、饿死、病死马来亚各族人民人数超过50万余人。

日寇在第二次世界大战期间，在亚洲制造了3次惨绝人寰的大屠杀——南京大屠杀、新加坡大屠杀、马尼拉大屠杀。前两次大屠杀，杀的全是中国人。后一次大屠杀，杀的主要是菲律宾人。3次大屠杀中，新加坡大屠杀与马尼拉大屠杀直接指挥者均为山下奉文。加上他在中国华北地区实行的“三光”政策，可以说，他到哪里，哪里的人民就必遭灭绝人性的屠杀！

林谋盛烈士公祭

第五章

大屠杀之外的大屠杀

1 五千万奉纳金出笼前后

日本侵略军在新加坡制造的检证大屠杀刚刚结束，每 10 户华侨就有 1 户沉浸在失去亲人的悲恸欲绝之中，日军又在这个昭南岛上开始导演一出既滑稽又卑鄙的傀儡戏。

这场戏的舞台就设在新加坡著名的翠兰亭吾庐俱乐部内，这个俱乐部，在战前是百万富翁才有资格进出的地方。

1942 年 2 月 27 日早上，一辆豪华的轿车风驰电掣而来，突然咔的一声，在吾庐俱乐部门口停住了。先是从车里跳出来两个虎背熊腰的日本宪兵，他们腰挎短枪，一脸杀气。接着，一位银须白发的老者，颤颤巍巍地被从车里扶出来，他一身笔挺的西装，那保养很好的脸像纸似的苍白，显得相当憔悴。宪兵一左一右搀扶着他，一步一步地走进俱乐部的一间会议室。会议室的四周，早布满了岗哨，一见老者进来，一双双眼睛如临大敌似的唰地全盯在他的身上。他抵挡不了这利剑般的视线，赶忙把胆怯的目光移向会议室坐着的几个人身上。

这几个都是新加坡富有的华侨，是他早就认识的。他向他们苦笑了一下，就算打了招呼。等他在他们当中坐下之后，大家便你看着我、我看着你，人人心里恰似十五个井桶打水——七上八下的。因为他们和这位老者一样，都是刚刚从日本监狱里被拉到这儿来的。日本人又要搞什么名堂？他们在监狱里虽然受到优待，没有经受折磨，但是，许多知名的侨领们都与他们关在一起。对那些侨领们，日本人常常把他们拖出去，剥光衣服，美其名曰“训练”——来一番拳打脚踢。打够了，扔回牢里，哪天高兴又拖出去“训练”一番，直折腾得一个个死去活来。这些平日里娇生惯养、养尊处优的富商们哪见过这世面，现在想起来都心惊肉跳！

就在他们心慌意乱的当儿，会议室门外传来了一阵皮鞋的咯咯声。大家一下子屏住了呼吸。只见进来的是一位日军打扮的假东洋鬼子，却不是什么长官。此人不是别个，是昭南时期赫赫有名的日本红人台湾人黄堆金。黄堆金走到讲台上，用三角眼扫了扫台下的每一个人，干咳了两声，就狞笑着对老者喊道："林文庆博士，你好呀！"

林文庆赶忙点头，起立："还好。"

黄堆金挥了挥手，说："坐下，坐下，咱们都是中国人，不必客气。"他又瞪了瞪台下的那几个富商："今天把你们几位请到这里来，不为别的，是为了你们以及昭南岛，甚至是全马来所有华侨的财产和生命大事！"

事关身家性命，富商们的心一下子提到了嗓子眼，一个个竖起了耳朵。

"大家知道，我是日本人军政监部的翻译官，七品芝麻官，但皇军瞧得起小人，现在又让我当上日本军事当局与全马华侨商会之间的联络员，今天，我是以联络员的身份来替他们向你们训话的。"黄堆金故意卖关子停了停，突然提高了声调，"日本军事当局军政监部部长渡边大佐，要我把他的话一字一句传达给你们。他说，昭南岛的大多数华侨，马来的大多数华侨，到目前为止，还是拥护重庆政府、拥护英国人，积极反对大日本帝国的。渡边大佐说，昭南的华侨、马来的华侨，虽然是东方民族，但实际上是东亚叛徒。对于这些叛徒，日本皇军是不会饶恕的，是要斩尽杀绝的！然而，皇军本着八纮一宇、四海一家的精神，本着上天有好生之德，准备宽恕你们，放你们一条生路！"大概嗓音喊得过高，他被噎住了，又干咳了一阵，才嘶哑着继续道："你们要知恩图报！渡边大佐决定，要你——"他指了指林文庆，"要你牵头，"他又指了指其他几个，"要你们几个出面，组织一个昭南特别市华侨总协会，领导全昭南市的华侨，同皇军协力，共同建设大东亚共荣圈。这是个光荣的任务，你们看……"

林文庆回头看了看大家，但谁也没有吭声。他们心里都明白，这个华侨协会只是日本人的御用组织而已，他们几个只不过是当当走狗罢了。这种出卖祖宗的缺德事，能干吗？！

黄堆金见大家不吭声，脸色陡然一变，他“啪”地拍了一下讲台，声色俱厉道：“你们要放明白一点，这是渡边大佐的命令，你们干也得干，不干也得干。你们的生命全捏在皇军手里，你们胆敢不与皇军协力，要么就回牢房里去接受‘训练’，要么就送你们到海滨去吃‘东京丸子’。你们自己掂量掂量吧！是聪明人，就赶快商议一下，拿出个组建华侨协会的方案来，否则——”黄堆金甩下长长的尾音，跳下讲台，扬长而去。

林文庆和那些富商们，一下子“洋鬼子看戏”——傻了眼。

林文庆像木桩一般钉在那里，一动不动，心里却刮起了12级风暴。这位在新加坡赫赫有名的社会活动家，曾为中国辛亥革命与华侨社会做出过重要的贡献。早在1897年他与宋旺相一起创立了《海峡华人杂志》，与邱菽园一道组织了中国好学会，致力于华侨社会与华文教育的改革。他还在新加坡创办了第一所女子学校——中华女校。他历任新加坡市政局委员、立法会议华人议员、内务部顾问，以及中华总商会副会长等职，为维护华侨的利益做了不少好事。1906年，他加入中国同盟会新加坡分会，孙中山因宫崎案在新加坡被捕时，他曾鼎力进行营救。中华民国成立后，他应聘出任南京临时政府内务部卫生局局长。1921–1936年，担任著名的厦门大学校长。退休后他又回到新加坡。没想到……

林文庆真想从窗户跳下去，以一死来保全自己的晚节，然而不可能，因为有日本兵看守着。他的心像被黄堆金插上一把尖刀，流着血。他还清楚地记着，5年前，在陈嘉庚主持召开的新加坡华侨纪念“七七”事变一周年的大会上,他曾经登上讲台，做过慷慨激昂的演说。现在，言犹在耳：

“在这周年当中，凡吾中华民族，都过着悲愤仇恨的非常生活，这种生活是由于敌人不断侵略所造成。这种仇恨，我们不要忘记，我们要坚决抗战到底，我们要加紧抗战力量，出我们的生命，用我们的热血来换取我们的自由，收复我们的失地……

“……我们要站在最前线，凡有可以援助抗战前途的工作，我们要不顾任何辛苦，任何牺牲，起来援救我们本身以及我们的子子孙孙。祖国是我们生命财产的保险圈，我们如果失去了我们的祖国，就是完全失去了我们的生命财产，我们绝不受任何强盗或侵略者来危害，我们应该用我们的心力物力，以及生命来保全我们的祖国，我们尽可牺牲我们自己救活后代，或牺牲我们一世救活后代万万世。不可自私自利，贪图高的策动机关，共同站在救亡的统一指挥之战线来拯救我们的国家。”

现在，身不由己，他林文庆要食言而肥，心里不是滋味，他把嘴唇咬得紧紧的，几乎咬出了血。

于是，以林文庆为主角的傀儡戏在紧锣密鼓声中，于 1942 年 3 月 2 日下午 3 时，在翠兰亭吾庐俱乐部开幕了。40 位从日军监狱放出来的“华侨代表”，在宪兵看押下，“欢”聚一堂，召开了大会，宣布昭南特别市华侨协会正式成立。3 月 7 日，通过了黄堆金精心策划炮制的协会章程。章程明确规定：“本会秉承大日本帝国政令，领导全体华侨服从一切施政为宗旨。”“本会由皇军司令长官指委全体华侨组织之。”林文庆由昭南市厚生科科长荼崎护的鼎力“推荐”，当上了华侨协会的会长。但是，根据日本军事当局的指令，黄堆金也当上了华侨协会的指导。华侨协会的一切大权不在林文庆手中，而在黄堆金手中。

华侨协会成立了，“新贵”登了场，为了报答日本人的恩典，为了讨好军事当局，黄堆金天天往军政监部渡边那里跑，大事小事都请示报告。

日本军事当局军政监部部长是渡边，而具体主管华侨事务的是高濑。此人可谓是日本研究华侨的专家，战前，他就写过一部研究华侨的书。在这本书中提出的华侨策略，就成了军政监部华侨工作的指导方针。因此，高濑便成了渡边的得力干将和红人。

高濑专门研究过英、美、西班牙、荷兰等殖民国家对华侨敲诈勒索的手段。他最欣赏的手段是对华侨征收各种名目的苛捐杂税。从 1850 年至 1870 年间，美国加利福尼亚州议会就制定多种苛例，向华工征收矿照税、人头税、公安税、渔业执照税、医院税、码头税、死人运输税、进口税、过桥税、洗衣税、提篮税，等等，真可谓自古未闻屎有税，那时唯有屁无捐。这期间，加利福尼亚州的华工向加州政府缴纳的苛捐杂税，每年达500万美元，占加州国库收入的一半。加州的许多县政府的经费，几乎全靠此苛税收入来维持。在1886–1923年期间，加拿大政府光从华工身上征收的人头税，就有2637000元。这收入除办理移民事件种种开支外，光盈利就有743909元。当时华工各行各业平均工资每月为4元，人头税每人却为50元，约等于1年的工资。1901–1903年期间，人头税由50元增至100元，100元等于华工两年的工资。1904–1922年，人头税又增至500元，500元等于华工10年的工资……

这几天来，由于战争刚刚结束，日本军事当局财政支出相当困难，军政监部的行政经费更是捉襟见肘。高濑突然想起战前陈嘉庚领导的南洋华侨筹赈祖国难民总会，发动南洋华侨捐款支援中国抗日战争的壮举，心里猛地一动，何不如法炮制，也来个就地取材——向华侨“募捐”资金？这招太妙了，比苛捐杂税要高明100倍，真是一石三鸟呀！他越想越高兴，拔腿就直奔渡边办公室。

渡边也正在为行政经费发愁呢，一听高濑的方案，连连拍手道：“高招，高招，快谈谈你的见解。”

高濑双眼发亮，觉得到了在上司面前表现表现自己的时候了，便滔滔不绝道：“长官，南方派遣军司令部不是有指令，说他们无法给我们拨行政开支，要我们当地筹款吗？”

“没错。”

“我们向华侨募捐，就是就地筹款。再说，这些华侨历来是亲蒋亲英反日的，他们应当受到严厉的惩罚，要他们捐款是给他们一个赎罪的机会！”

“对，这理由太充足了。”渡边激动起来，“我在战前也曾想过向华侨筹款的方案，曾经跟佛教真宗派的领袖大谷光端谈过，他十分赞赏。咱们真是英雄所见略同，不谋而合啊！”他顿了顿，问，“你看，应当向他们筹多少款？”

高濑眨了眨眼睛，牙一咬，心一横，道：“既然是惩罚，就不能手下留情，得让他们出干身上的血，没有五六千万元不行！”

“五六千万！好，就这么定了。”渡边说，“你快找去黄堆金，叫他华侨协会出面，赶快把钱搞来！”

“是。”高濑转身就走。

“慢！”渡边喊住了他，“这款不是我们日本人向他们募捐，而是他们向我们自动自觉心甘情愿的捐款，你懂我的意思吗？”

“我的明白！”高濑两脚一并，来了个标准的立正姿势。

3 月初的一天，经过黄堆金的“启发”，林文庆等华侨协会的头头们“主动”提出了一个赎罪方案，要求向渡边直接汇报，渡边决定今天接见他们。

林文庆一行人，在黄堆金带领下，战战兢兢地来到了设在邮政大厦的军政监部。

军政监部部长渡边和高濑早在办公室里等候了，他们正襟危坐着，见林文庆他们进来，连眼也不瞄他们一下。林文庆他们顿觉这里的空气好像窒息了一般，胸口堵得慌。他们规规矩矩地向渡边和高濑行了一个 90° 的鞠躬礼后，便手足无措地呆呆直立在一边。

渡边仍然不瞧他们，只向旁边的高濑眨了一下眼。

高濑蓦地站起身，双手往腰间一叉，两眼睁得溜圆，好像要吃人似的，吓得林文庆他们下意识地后退了半步。

“我一看见你们这些人，心里就火冒三丈！”高濑一开口，就如狮子吼，“你们华侨一直同我们大日本帝国作对，就是到现在，皇军已经解放了马来，解放了昭南，把你们从英国统治下解救出来，你们还有不少人搞颠覆活动！告诉你们，皇军就凭这一点，就可以把你们统统枪毙！”他见林文庆他们的脸一会儿红，一会儿白，才缓了缓口气，“听说你们要赎罪，要洗心革面，想真心和皇军合作，这很好嘛！所以，渡边长官才开恩接见你们。你们有什么要汇报的，快说！”

林文庆赶忙推了推身边的吕天保。他是华侨协会的理事长，是日军真心推荐的，当然是协会的实权派之一。今天向渡边汇报，自然非他莫属。

吕天保双手颤抖着，结结巴巴地说：“我们……来、来这里的目的，是、是……是要向军政监部表示矢志支持皇军。”

“矢志支持？！”高濑打断他的话，问，“什么意思？”

“我们、们、们的意思是，有、有钱出、出钱，有、有力出、出力……”

“八格牙路！”高濑一听咆哮起来，“你们所有的钱，甚至你们的狗命，都掌握在皇军手里，你们还有什么钱可出？有什么力可出？！滚蛋吧！”他一手往门一指，“回去想一想，华侨社会应当怎么样才能向皇军赎罪！”

林文庆他们一行屁滚尿流，仓皇逃窜。

高濑一个普通的官员，竟敢在自己的上司渡边面前，对别人如此放肆，可见他俩早已有默契。

回家的路上，黄堆金对林文庆他们点拨道：“想赎罪就得出血，不拿出身家和老命来担保，日本人能饶你们吗？”

“啊……”林文庆他们终于如梦初醒，明白了日本人的底牌。

第二天，经过黄堆金的联系，林文庆等人又恭恭敬敬地来到了军政监部，这次接见他们的只有高濑一人。

这会儿，大概因为吕天保心里有了数，手也不抖了，嘴也不结巴了。他行过鞠躬礼后，就报告说：“长官，我们这次来，就是要把我们的财产和我们的生命，全部交给军政监部处置。现在是军事时期，我们对天发誓，我们一定同皇军同心同德，忠于大日本帝国，做大日本帝国的良民！”

高濑面露喜色，连声说：“好，好，看来你们有赎罪的真心了。但是，你们的财产怎么交法，还得有个具体办法才行。明天，你们再到这里，我们听你们的具体方案。”

翌日，林文庆等又来到了军政监部。他们向高濑汇报了他们献财的具体方案：他们的全部财产，先献一半给日军；另一半暂由他们代为日军看守。高濑知道：他们已落入了“募捐”资金的圈套，心里直喜。但他却声色不动，只说了一句：“这方案行不行，等我请示了上峰再说。”

又过了3日。这3日当中，林文庆他们真是惶惶不可终日：难道我们把全部身家都交给他们，他们还不能饶恕我们？他们还要什么呢？

“铃铃铃……”电话突然响了起来，林文庆拿过话筒，就听到黄堆金公鸡般的声音：“你们几个，快到那森路渡边大佐的官邸来，渡边长官要接见你们！”

“是，我们马上就到！”林文庆不知此次接见是凶是吉，赶忙打电话找车。

赶到那森路，接见他们的还是渡边和高濑两人。渡边的眼神依然闪着凶光，但比上次和蔼了许多，而且还看了看他们。林文庆他们受宠若惊地把鞠躬礼行得更低更卑恭。

这次，渡边依然像上次一样，徐庶进曹营一言不发，依然是让高濑滔滔不绝做长篇训话。

高濑再一次严厉斥责了华侨的“罪过”后，说：“我是一个孔子的信徒，我家6代人都信奉大圣至诚先师文宣王孔夫子！我最最崇尚的是孔子的仁义道德的学说。所以，我一直关心着你们的生命安全。按你们的罪过来说，皇军枪毙你们10次也不为过！我专程从东京跑到昭南来干什么？就是来解救你们的。我曾经3次来过马来，在酒席间和你们见过面，我认识你们华侨许多人，只不过你们当时没有注意我罢了。我现在是主管南洋华侨事务的负责人。现在，你们心甘情愿献出自己的生命财产来报答皇军不杀之恩，很好！其实，我们皇军根本不想要你们的钱财……”他用目光扫了扫每个人的脸，见他们个个毕恭毕敬，洗耳恭听，十分满意。“我本人替你们想了个办法，如果你们能够带头发动全马的华侨，给皇军奉献5000万元奉纳金，我一定尽力请求皇军司令官接受，这样你们的生命、你们的财产，就可以保住了。你们不要忘了，你们华侨过去曾经捐献过几十万万元给蒋介石，并且还给英国人效力，为此还威胁了这里的日本侨民的生命安全。你们到现在还没有完全悔改，也没有得到应有的处分。我却反过来替你们想办法，拯救你们，你们应当感谢我的宽宏大量才对！”

“是！是！是！”吕天保一边连连点头，一边感恩涕零：管他5千万几千万，反正摊在全马200多万华侨的头上，大家的死活他管不了，他的财产生命却保住了，何乐而不为呢！林文庆则木然地站立着。

于是，华侨“自愿”捐献5000万奉纳金给日军的决定，就在渡边和高濑的导演下开场了。

5000万元，这是什么概念？按当时新加坡价格，每斤大米1元5角算，可买大米3333万斤。按抗战前英国政府每月男子定量供应大米36斤计，可供新加坡几十万华侨，吃上 1 个多月。

黄堆金十分了解日本人雷厉风行的作风，现在，主子既然下达了命令，那么，就得说就干，毫不含糊。于是，他便天天给马来亚各州的华侨协会打电话，通知各州协会的会长副会长，于 6 月 6 日到昭南岛来开会，研究成立泛马华侨总协会。其实，成立泛马华侨总协会，日本人早就安排好了，只不过叫各州代表来走走形式而已，真正的目的是摊派那 5000 万元奉纳金。

代表们有的是坐破烂不堪的火车三等客厢来的。因为，英军从马来半岛南撤时，把好的火车头和火车车厢都破坏了，留下来的都是旧式狭小的三等车厢。所存的极少的二等车厢，那是留给日本高级长官享用的。有的是坐汽车来的，因为，各州的华侨协会的头头，“地位”也不算低，他们可以向日军民政当局借部汽车，虽然一路要经过无数日军哨卡的检查，但有日军最高当局发放的通行许可证，倒也一路顺风。不过，由于铁路坏得严重，火车倒没有汽车跑得快，所以，坐汽车来的要比坐火车来得多。

代表们一到新加坡，就被关在翠兰亭吾庐俱乐部的会议室，整整开了两天会。会上听取的不是日本人就是黄堆金的训话。训话无非是老调重弹：什么皇军南进以来爱民如子呀，对华侨仁至义尽呀，大检证抓走的只是共产党和抗日分子呀，在大东亚共荣圈里，大家才能过上安居乐业的生活呀，日本皇军一定要遵照大东亚共荣圈的理想实现中日大亲善呀……过去华侨抗日是非常错误的呀，应当从速对日本皇军的效忠有所表示呀……总之，话儿绕来绕去，终于九九归一，归到了 5000 万元奉纳金上来。

“本会兹为表示我华侨爱戴皇军悃诚，特决议呈奉纳金，以申敬意，其总额为 5000 万元。”当黄堆金宣读早已拟好了的泛马华侨总会第一次代表大会的通告时，代表们仿佛晴天霹雳，一个个目瞪口呆。

不是 5000 元，也不是 5 万元、50 万元、500 万元，而是 5000 万元！但是，这是赎命钱呀，不交行吗？何况，他们全是得了软骨病的顺民，还有什么可讨价还价的。于是，会议立即转入研究如何募集这笔巨大的奉纳金，研究如何把这沉重负担，转嫁到每一个华侨身上。

这一来，会议立即变成了狗咬狗。因为，5000 万元，首先必须分摊到每一个州，那么，各州摊多少？怎么样摊？有人提议以各州华侨人数多少来分摊，但立即遭到了多数人的反对。原因是，许多州虽然华侨人数不少，但多为穷人。这样以人数多少来分摊，显然不合理。经过反复争吵，总算议定了一个大家勉强接受的方案：以各州华侨拥有的产业多少来分摊，产业多的州多分摊，产业少的州少分摊。分摊的结果如下：

昭南岛（新加坡）：1000 万元；

雪兰莪州：1000 万元；

霹雳州：850 万元；

槟榔屿：700 万元；

彼南市（吉隆坡）：500 万元；

马六甲州：550 万元；

柔佛州：500 万元；

森美兰州：200 万元；

吉打州：800 万元；

彭亨州：50 万元；

吉兰丹州：30 万元；

丁加奴州：20 万元；

玻璃市：20 万元。

但是，这个分摊方案一公开，雪兰莪州的华侨协会会长黄铁删就跳起来大喊不公平。这位炮筒子，一时间忘了主席台上还坐着日本军事当局派来泛马华侨总协会当顾问的田更呢。

他说："太不合理了！太不合理了！我们雪兰莪州的华侨人数、产业都远不如昭南岛，为什么我们和他们分摊的钱额一样多？我提议，立即重新研究分摊方案！"

田更一听他吵吵嚷嚷，无视自己的存在，早已不满了。又听他要求重新研究他早已点头的分摊方案，立刻从椅子上站起来，喝道："闭上你的臭嘴！你也太不知足了，实际上雪兰莪州有钱的华侨多得很嘛。你们华侨是战败国的待宰羔羊，你们有什么权利喊不公平、不合理！"

黄铁删被骂得狗血淋头，只好哑巴吃黄连，再也不敢哼哼了。有人说，黄铁删为此事还挨了日本人田更的几个耳光，这自然是以讹传讹了。日本人对这些走狗，还是多少给点面子的。

分摊方案就这么定了。但代表们都清楚：当时战乱刚过，华侨生命财产受到了严重破坏。同时，由于英军撤得太快，许多华侨都来不及或不敢从银行里把现款提出来。加之，战乱中趁火打劫的一大批赃物，在战事平息后，纷纷抛售出来，也吸收了华侨手中的不少现款。另外，战前，英国发行的货币总额只有 2 亿 2 千万元，不仅流通于星马，还流通于北婆罗洲。因此，银根十分紧缺，要在短期内向华侨筹足 5000 万元现款，谈何容易。他们坐在会议室里如坐愁城之中，一个个一筹莫展。

黄堆金却不管这些，带着指挥刀，来回在会议室走来走去。田更也不时坐镇会场，威迫这些"公鸡"下蛋。

大家没有办法，便组织了一个奉纳金筹备委员会。这个委员会的成员，除了华侨协会的各位代表外，还有华人银行的重要人员、外国银行的买办、所得税税务员、地政局局员，等等，这都是些"能人"。果不其然，筹委会很快地拿出了勒索华侨的办法：规定华侨拥有的财产除 3000 元以下者可以免交奉纳金外，其余一律按财产总额 8% 交纳。

黄堆金见大功告成，向田更请示后，立即向代表们传达了日本军事当局军政监部的命令：各州每 10 日必须将收集的奉纳金现款，存入日本的台湾银行和正金银行。5000 万元奉纳金上交的最后期限是 4 月 20 日。到期交不齐者，拿各州华侨协会的正副会长是问。

不过，这次代表大会，在日军的策划下，终于成立了全马来华侨所谓"自己的组织"——泛马华侨总协会。林文庆因为"首创"筹捐奉纳金"有功"，日本人让他当了总协会的会长。副会长有两个，一个是彼南市华侨协会会长连裕祥；一个是雪

催缴奉纳金公告

彼南州華僑協會通告

爲通告事・本會茲爲表示我華僑愛戴
皇軍 悃誠・特議決呈獻奉納金・以申敬意・凡我華僑務各自動歡欣奉獻・是爲至切・茲爲利便起見・特分帮委派調查員・向各商家及殷戶・進行調查・以便統計彙集・所有塡報須在四月　日以前送交本會・不得延緩・等由涌過在案・特此通告・務希我華僑各商家及殷戶・於調查員到店戶調查時・切實照表格塡報・並予以種種便利・爲要・若能自動到本會塡報者・更爲兩便・事關重要・仰各遵照辦理爲荷・此佈・

附發調查表格一份

彼南州華僑協會

No. 14703

彼南州華僑協會
OVERSEA-CHINESE ASSOCIATION.
(PENANG & PROVINCE WELLESLEY)

29- 4- 2602.
日期

茲收到
Received from 賴寶水

來銀
the sum of Dollars 壹佰叁拾陆元九角三占

爲自動呈奉大日本皇軍獻金
being voluntary contribution to Dai Nippon Imperial Forces.

$136/93
銀數

主席
Chairman

義務總務
Hon. Secretary

義務財政
Hon. Treasurer

Phoenix Press, Penang.

An official receipt issued by the Overseas Chinese Association to an individual 'voluntary contributor'. It was signed by the protem Chairman, Soon Eng Kong.

华侨被迫缴纳的奉纳金收据

兰莪州华侨协会会长黄铁删。特别是黄铁删，日本人竟然没有亏待他，使他激动得好几宿都没有睡好。这位死心塌地当日本侵略者走狗的大汉奸，后来还积极带头为日本建立慰安所，帮助镇压抗日力量，作恶多端。1945 年初，马来亚人民抗日军第一独立队的活动从山区扩展到吉隆坡。他们决定除掉黄铁删。经过侦察，他们摸清了这个大汉奸的行踪及其活动规律，于是派出锄奸队长李秀峰和石娇（叶石）执行此次任务。5 月间，他们在黄铁删家附近埋伏了 4 天，才抓到伏击机会。那天黄铁删从警察局刚回到家门口下了小车，此时，石娇在李秀峰掩护下，冲到离黄铁删约 3 米远处，连开了两枪，黄铁删应声倒地。李秀峰又向他头上补了一枪。这位全马来亚最著名的汉奸就这样命丧黄泉，得到了应得的下场。这当然是后话了。

泛马华侨总协会捐献奉纳金的通告一发表，日本军事当局主办的英文报纸《昭南时报》就来了劲，几乎天天都有各州华侨积极交纳奉纳金的消息，好像全马来亚的华侨是多么真心实意地与日军合作似的。而事实上，为了交纳奉纳金，多少华侨家庭被日军和各州华侨协会逼得家破人亡、妻离子散。

霹雳州的华侨，大都经营锡矿和橡胶园。战乱以来，这些矿场、胶园均濒于破产。特别是锡矿，全州华侨的锡矿场有 470 多个，遭到日军破坏直至战后初期才能复工的只有 30 个。至于橡胶，在沦陷期间，那些橡胶树不是停割丢荒，就是被砍作柴火，或者斩去胶树改种杂粮。因为，当时英美联军把海面全封锁死了，锡矿与橡胶无法运出，完全失去了国际市场。没有了锡矿、橡胶的入息，哪来那么多现款？许多华侨开始采取观望态度，迟迟不交。这一来可惹恼了州华侨协会的“新贵”们，他们给警方打小报告，请警方干预。警方很快编制出一份华侨业主的名单，然后按名单把他们一个个叫到警察局，对他们提出警告，说如再不交，将受严厉惩罚。在死神威胁下，业主们有现款的乖乖交出现款，没有现款的只好将自己的资产，包括土地、商店、金银珠宝，甚至于汽车、机器，以低得可笑的价钱卖出，换回现款交纳。就是这样，到了最后期限，整个州才筹集了 450 万元，还缺 400 万元呢！

马六甲华侨协会的头头们，行动迅速，他们从新加坡开会回来后，就组织了一个“马六甲华侨奉纳金总会”，着手调查每个华侨的财产。然后，做出了一个按财产多少分等级征收奉纳金的办法。征收额从 3% 到 25% 不等。由于华侨手中现款不多，因此，每家每户按规定交足的很少。于是，马六甲华侨协会又做出一个新规定：可以用黄金首饰、地契来抵押。这样一来，华侨协会的大门前，便人如潮水车如龙。华侨们有的拿着胶园的地契，有的拿着老婆女儿的首饰，来到这里交抵押金。刹那间，华侨协会变成了交易所。就是这样，到了最后期限，马六甲还少 100 万元。华侨协会的头头们没有办法，把收到的所有地契又拿到日本的正金银行做抵押，再强迫马六甲市 30 多名富商出面做担保，才算凑足了分摊的数额。

雪兰莪华侨协会的“新贵”们，不仅为虎作伥，积极威迫华侨缴纳奉纳金，还从中作奸，大发国难财。他们规定，上交的现款，日本军用票与叻币都收，价格同等。但不收地契、金银首饰之类的抵押金。这样，交不足现款的，只好把这些抵押物交给奉纳金筹集委员会的诸公转卖，他们就在这转卖中捞足了油水。

如此用尽心机，巧取豪夺，到了 4 月 20 日这一天，全马各州收缴到的奉纳金现款，离 5000 万元还远着呢！高濑暴跳如雷，把各州华侨协会的头头们找来大骂一顿，说他们无能，说他们不真心实意与皇军合作。但他也知道他们的难处，于是，开恩把最后期限再推后 1 个月——5 月 20 日。然而到了 5 月 20 日，收取的华侨奉纳金仅仅是 5000 万元的 1/3，弄得高濑无可奈何。经过黄堆金再三斡旋，高濑又一次把最后期限往后推迟，一直推至 6 月 25 日。不过，高濑下了死命令：这是最后最后的期限，不可能再推了，否则拿他们华侨协会的头头问斩！

于是，《昭南日报》出现了昭南华侨协会的通告：

“启者：凡是尚未缴付捐款之人士，希立即交清。凡是忘记提出呈报者，务希于本月底以前照办。凡未照此两项要求之一行事者，将受罚款处分，数额为本会所定捐款数目之一倍。任何人士提出有关侦察逃避捐款者之情报，将绝对保密，而且将获得适当的酬谢！”

“新贵”们黔驴技穷，只好救助于恐吓与威胁了。

6 月 25 日眼看就要到了，全马来亚只收缴到了 2800 万元，其中有一部分还是黄金珠宝和橡胶等实物呢！林文庆他们想起高濑一次次的暴怒，真是不寒而栗。他们再也不敢去见渡边和高濑了，只能去找黄堆金。黄堆金三番五次去找高濑说情，高濑也明白：这些头头们已使尽了浑身解数，华侨的钱财也榨得差不多光了，可以适可而止了。不过，要他们交5000万元奉纳金的事，他已在上司面前夸了海口，而且报刊上也大做特做做足了文章，满世界人都清楚，收缴不足，说明他太无能，岂不是掉分子！他毕竟是老谋深算，难为不住他。他决定让日本横滨的正金银行，给泛马华侨总协会贷款2200万元，以凑足5000万元，借期为1年，年息为6厘，并让各州的华侨协会的头头联名具保。至此，5000万元的奉纳金终于筹到了手！

5000万元奉纳金筹足之后，山下奉文十分高兴。他觉得这是件大事，应当做笔大文章。他指令，要在昭南岛开个隆重献金仪式，以表示日军对华侨的宽宏大量，表示中日亲善如一家。

献金仪式的会场设在军政监部礼堂，时间就安排在6月25日。代表日军政府接受5000万元奉纳金的，当然只有日军第25集团军司令长官山下奉文本人了。

日军最高司令官将莅临大会，这非同小可。日本军事当局军政监部要求泛马华侨总协会拿出一篇很好的献金词来，以便在献金仪式上宣读。林文庆不敢怠慢，连忙找了几个秀才，一连打了几个通宵，写出了初稿。

初稿是这样写的：

伏维

天皇陛下，英明神武，盛德孔昭，万民钦戴，威震八纮，树东亚新秩序之帜，立各族共荣圈之基，凡属神胄，莫不欢欣。溯自圣战发动以来，为期七旬，而南洋各属，次第奠定。应天顺人，扶倾济弱，华侨民众得解悬于水深火热之中，登衿袷衲席之上，感恩戴德，莫可言宣。用是发动合群奉金之举，借表华侨献曝之忱。荏苒数月，始愿完成，受于本月20日，召集全马华侨代表大会，公推林文庆、连裕祥、黄铁删等代表全马华侨，于昭和十七年六月二十五日，晋谒司令长官，敬献奉献金5000万元，借表华侨感谢皇军之悃诚，及协作之至意。伏乞鉴纳。

此后华侨等，当更同心一德，服从政府施行德治之新献，使南岛人民，永受帡幪之赐，同沾雨露之恩。尤望长官阁下随时指导一切，庶马来亚得以日臻繁荣，人民安居乐业，不胜惶恐待命之致。

谨呈

大日本军司令官阁下

泛马华侨总协会会长林文庆
副会长连裕祥、黄铁删
昭和十七年六月二十五日

这献金词读起来真是字字肉麻，可谓竭尽了歌功颂德之能事，林文庆满以为送到山下奉文那里，这位最高司令官一定会对华侨总协会大加赞扬一番。没想到，6 月 20 日交到山下奉文手里，他还没有看完就勃然大怒，骂道：“这些家伙一点儿认罪的诚意都没有，不重写不行！我们不要他们表忠，要他们认罪！认罪，懂吗？！”

“马来之虎”发怒了，这还得了。黄堆金连夜把林文庆、连裕祥等找到军政监部受命重写。凌晨两点钟，林文庆、连裕祥赶回协会总部，把秀才们统统找来，研究提纲，逐字逐句遣词造句，反反复复地改了 8 遍，才又重新拟了一份献金词。

这份献金词可谓完全是一份悔过书。这篇悔过书写得不伦不类，许多地方还文理不通，但山下奉文却很快通过了。

6 月 25 日下午，军政监部礼堂被布置得庄严肃穆。礼堂舞台的后墙上悬挂着一幅巨大的膏药旗。舞台上摆了一排桌子，桌子上铺着白布，还放了几只插着鲜花的花瓶。桌子的后面是一溜十几排的椅子。礼堂四周布满了便衣，他们来回巡视着。各州的代表早在礼堂的座椅上坐着，等候多时了。

3 时整，林文庆等华侨总协会的头头们就来了。林文庆穿了一身白西装，一撮雪白的山羊胡子飘逸在胸前。他一会儿走到舞台上看看，一会儿走到大门口瞧瞧，反反复复，嘴里还喃喃着什么。其他头头则在舞台下静立着，神情严肃，使会场气氛变得更为紧张。

4 点钟左右，山下奉文终于出现在大门口。他一身戎装，肩、领章血红晶亮，腰

挎长刀，左右两排护卫的不是日军就是宪兵。他一脚踢进门，身后的大门就被关上了。礼堂里人们一见他，马上全体肃立。

日军与宪兵前呼后拥地把山下奉文拥上了舞台，等日本国歌奏过，他坐在正中的位置，渡边与高濑立即一左一右地坐在他的两边。黄堆金和另一个日本翻译，则分立于渡边与高濑的身旁。

这时，林文庆、连裕祥和黄铁删 3 人走上舞台，恭恭敬敬地端立在山下奉文的面前。台下的代表们，也学着他们的样子，直立着，脸作谦恭之色。会场上鸦雀无声，仿佛空气都凝固了似的。等司仪高声宣布“献金典礼现在开始——”代表们才像从睡梦中清醒过来一样，一双双眼睛唰地集中在林文庆、连裕祥和黄铁删 3 人身上，这会儿才看清楚，连裕祥和黄铁删两个副会长，双手各捧着一个亮闪闪的银盘。一个银盘上托的是献金词即悔过书，一个银盘上托的是 5000 万元奉纳金的银行支票。

司仪的声音刚落，林文庆、连裕祥和黄铁删 3 人像同时被什么牵动似的，同时低下头颅，向山下奉文深深一鞠躬，不仅动作一致，而且鞠躬的角度也丝毫不差。

“由林文庆会长宣读献金词！”司仪又朗声喊道。

林文庆战战兢兢地从黄铁删的银盘上拿过献金词，小心翼翼地在面前展开，一字一句地朗读起来。台下的代表们静静地听着，大气都不敢出。

伏思过去数百年间，英美所施与东亚诸民族之恶逆无道政策，乃以自国之繁荣为前提，不顾其他。吾等久不知其真意何在，追随其后，作其傀儡，常作妨害大日本帝国一切。及至皇军兴击灭英美之师，不出七旬，平定南洋诸地，大日本军此回之行师，乃由英美极恶民族压政下，救起东洋诸民族，而树立大东亚永久之福祉。吾等至最近不能了解其真意之所在，自圣战以来数年间，当受极恶英美之嗾使，妨害大日本帝国之举动。虽至今始知其非，但不知如何以偿其罪，诚恐慌惭愧之至。反对皇军，照英美敌对之例而受处分，乃当然之事。爰将吾等生命财产呈上军司令官之前，而谨慎待命。然圣武坚德之大日本天皇陛下之军司令官阁下，对吾等加以特赦，还吾等以生命财产。故吾等对皇军之真情，天高地厚，不能不粉身碎骨以报答此鸿恩，乃将华侨全部财产半额，恭请接纳。然而，军司令官阁下，怜悯下情，而赐予下还。吾等华侨对此宏大无量怜情，及抚民之真情，无以奉报，今后当赤诚尽心立誓，对大日本尽忠之道无他，当用一大日本良民之心情，对大日本帝国协力，立此誓言。因此吾等为谨表示赤诚起见，兹于短促时期间，仅筹奉纳金 5000 万元，聊表微志，奉献于军司令官阁下，伏乞

大日本司令官阁下，

鉴纳！

泛马华侨总协会会长林文庆

副会长连裕祥、黄铁删

昭和十七年六月二十五日

献金词好不容易读完了，林文庆又小心翼翼放回黄铁删双手捧着的银盘上，又从连裕祥手中接过那托着 5000 万元奉纳金银行支票的银盘，双手端正地举在胸前，然后，轻轻地向前一步，献在山下奉文的面前。

山下奉文站起身，但他没有去接林文庆手中的银盘，就让他双手在那里捧着，让林文庆 3 人像木头一样在舞台上直立着。他摸了摸嘴上的人丹胡子，眼睛骨碌碌

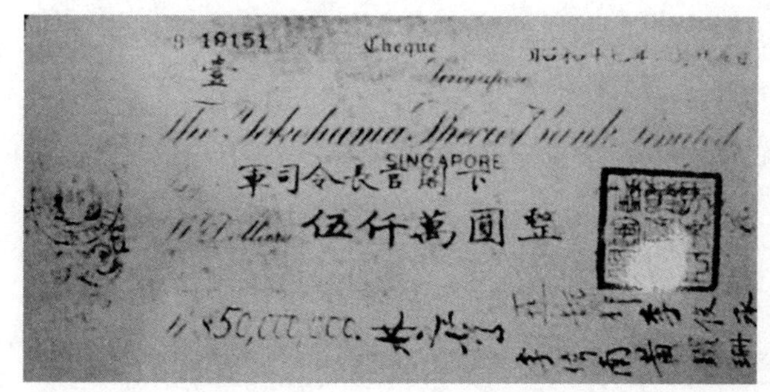
8 19151 Cheque
壹
SINGAPORE
軍司令長官閣下
伍仟萬圓整

给日军的奉纳金支票

地转了一圈，像演戏一样，破口就嚷开了：

“今天，那么多华侨代表到这里开这个会，本司令官能与你们见面，当然是高兴的事。本司令官认为，我这次给你们的讲话，意义非常重大！

“目前，世界上有两大潮流：一大潮流是东亚民族以正义为骨干的，以道德为根本的潮流；另一潮流是以英美的私利为内容的自私主义、物质万能的潮流。就人类进化历史来看，我东亚民族是神的后裔，而英美则是从猿猴变来的。所以，英美一向以搜括物质、自私自利行事为他们的宗旨。但是，世界虽然很大，然物质是有限的。他们拼命搜刮的物质占有欲望却是从来不知足的，所以经常发生争斗！他们一向对昭南岛进行的欺诈手段，是天人共知的。今天的混乱世态，就是英美的恶意所造成的。英美的思想，一日不除，全世界就没有和平安宁的一天！”

山下奉文似乎对他的世界两大潮流的宏论十分得意，讲得唾沫横飞，眉飞色舞。

“大东亚圣战，就是大日本帝国对物质万能思想进行彻底清除的神圣行动，也可以说是，3000 年来，我们大日本帝国在全世界培养的道德精神的集中表现！”

山下奉文吹嘘了他那一套侵略有理的强盗逻辑后，话锋一转，言归正传——谈到奉纳金上来了。不过，不谈则已，一谈起来，他就气不打一处来，说着说着，就骂起了娘：

“当本司令官进驻昭南岛后，你们华侨曾多次对我提出善后处理意见，并提出献金的建议。今天，任务算是完成了，奉纳金已准备献给日本政府了！”山下奉文说着，用手指了指林文庆双手捧着的银盘，吼道，“这 5000 万元的数目，算不了什么大数！何况，日本政府也不看重金钱。我们所注重的，不是金钱，而是崇高的精神！

“华侨在战前，由于受英美的反宣传，更由于重庆政府的欺骗怂恿，曾经有过反日的行动。更严重的是，参加了英美的宣传，帮助英军来抵抗日本皇军，按道理是应当以敌人论处的。考虑到华人，几千年来都是受孔孟之道熏陶的，所以，你们能够幡然觉悟，痛改前非，以自觉自愿的态度，创筹奉纳金。但是，你们必须明白，大日本是注重精神的，你们不要以为奉献了奉纳金就没事了，你们每个人的责任就完成了。你们必须痛改前非，洗心革面，如果不认识到自己的罪过，你们仍然要受

缴纳奉纳金后与会人员合影

到严厉的处罚！”

吼声在礼堂里回荡，代表们的耳膜被震得嗡嗡直响，一个个心里像揣了只兔子。

山下奉文端起茶杯，喝了一口水，又接着吼：“今天你们能够幡然觉悟，如果是真心的，就必须与大日本同心协力，向大东亚共荣圈迈进！至于今后你们怎么样与大日本同心协力，可以向军政监部部长请示。”他指了指身边的渡边，渡边连忙站起来，向台下狞笑了一下。

山下奉文示意渡边坐下后，又接着吼：“我们所器重的，不是言论和形式，而是事实与行动。你们在这世界有限的物质上，一定要避免争执，避免纷乱，应当以无限的精神，去从事无限的光荣事业。千万不要因追求区区的物质利益，而丢掉了人类的体面。你们若能与军政监部各部同唱一个调，那么，这个调一定是悠扬动听的！

“目前，还有一部分华侨，还没有深刻理解大日本的精神，还存在着仇视日本的情绪，你们马上要负起宣传的责任，要善于领导这些人。最后，我对这次华侨的初步工作成绩，非常欣喜，望能向建设大东亚共荣圈迈进！”

山下奉文不愧为武士道精神培养的军人，整整吼了1个多小时，仍然声不哑、气不喘。他吼毕，啪地坐回座椅上，仍不接林文庆手中的银盘。

高濑一看，连忙向山下奉文说情，好说歹说了几分钟，山下奉文才勉强重新站起来，代表日本政府，从林文庆手里接过5000万元的奉纳金支票。

林文庆、连裕祥、黄铁删和台下代表们，这才如释重负深深呼出了一口长气。

据说，这献金的仪式还被拍成纪录片电影，在全马各州、在日本到处放映。

华侨的5000万元血汗钱，就这样被日本人勒索走了。而且，还美其名曰为自愿捐献的奉纳金。这是什么逻辑？地地道道的强盗逻辑！

战后，新加坡的华侨、华人组织了集体鸣冤大会，向日本政府要求清偿5000万元奉纳金。他们在1947年5月12日发表的公报中指出：

过去日寇在马来亚加诸我华侨之一切残暴兽行，无所不用其极，只1942年2月22日及23日前后时日，无辜被屠杀中华民族优秀的侨胞，其数全马亦达十万之多，讵侨众之血泪未干，复于同年3月25日起，再追逼侨胞缴纳所谓“奉纳金”数达5000万元之巨。其违背国际公法的狂妄行为，实为中外人士所共愤，而其狼毒及勒索手段，务于置我全体华侨于绝境而后已，使我侨胞不即死于枪杀活埋酷刑之下，亦将逐渐被摧毁于饥饿贫困之压迫，其毒辣措施，诚亘古未有，其予全体华侨之深切痛恨，亦属永远不能或忘。

这段话，一针见血地道出了日军勒索5000万元奉纳金的真正目的！

华侨们还清楚记得，战前，南洋华侨筹赈祖国难民总会的一份报告中提到，从1938年10月至1941年11月的26个月中，全马来亚的华侨汇给祖国的捐款总共850万元。平均每月只300万元。而日本的勒索，仅仅一两个月，竟达5000万元，而且都是价值较高的货币，华侨所受的损失可想而知。这5000万元，“完全是我华侨血汗之资，亦是我全体苦难侨胞血泪之结晶”！它使得华侨多少人倾家荡产、家破人亡！

星马华侨的生命财产的损失何止5000万元！

除直接受到战争的破坏损失之外，日本占领军还滥发无数军用票。根据日军政监部通货管理官军用票用纸重量加以估计，先后印发了七八十亿元。这些军用票，最初发行的时候，就是以26位的罗马字，而不是以十进位的阿拉伯字为编号的。当时，军用票与叻币等价，同为合法的货币，到1942年9月间，军用票发行已相当可观，叻币已在市面上绝迹。这时的军用票也不再印编号了。1944年12月，百元面值的军用票开始在市面上流通。日本投降前夕，已有面值为千元的军用票了。战前，英国殖民当局的货币委员会所发行的马来亚通货，只有2亿1980万元。由此可见，日本军用票滥印滥发的惊人程度。

与此同时，日本帝国主义还采用高压政策，不断增加各种税率。到1945年7月为止，税率普遍增加到战前的100%～4000%。如捕鱼税，增加了4000%；女招待及花税，增加了2000%；菜市场小贩执照税，增加了1500%；等等。通货膨胀，税收猛长，必然造成物价的飞涨。如大米，新加坡沦陷前每斤1元5角，到日本投降前每斤竟涨至85元。至于日用品，平均涨了100倍以上。如牙膏，战前每支二三角，日本投降前涨至每支五六十元。日本帝国主义不知从中搜刮了多少民脂民膏，造成了多少人倾家荡产。

2 扫荡马来亚人民抗日军

马来亚沦陷后，不愿当亡国奴的马来亚各族人民，特别是广大华侨，纷纷揭竿而起，参加了敌后反抗斗争。这些敌后反抗组织中，最主要的有马来亚共产党领导的马来亚人民抗日军、中国政府和英国政府共同组织了136部队，以及中国国民党海外部领导的华侨抗日军。

李光耀在他的回忆录《风雨独立路》一书中指出：当时马来亚华人的90%“他们效忠对象是中国，不是英国。日本侵略中国之后，进入马来亚森林同日本人作战的正是他们，其中多数成了马来亚人民抗日游击队队员”。

马来亚广大华侨之所以多数参加马来亚人民抗日军，首先是因为它是马来亚最早成立的一支敌后抗战武装队伍。12月8日日军打响侵略马来亚的第一枪后，12月11日，中国政府最高统帅蒋介石立即发表《对日、德、意宣战告海外侨胞书》，指出：“当次太平洋战祸扩大之日，对我海外侨胞，尤其侨居英、美、奥、荷、纽西兰（即新西兰——引者注）、加拿大各友邦、各属之我亲爱同胞，更深怀念，而特致殷切之希望。”他说：“今者……反侵略各友邦之立场与利益，已结为一体不可分，友邦之敌人即吾人之敌人，友邦之成败，即吾人之成败。”他号召海外侨胞要“奋其义勇，协助友邦，贡献一切人力物力，为消灭共同敌人，达成最后胜利，而做英勇坚毅之奋斗。对于当地一切战时工作，并望一致踊跃参加。凡吾侨胞在海外之努力，将不下于在祖国效命疆场之战士”。而早在12月9日，中国共产党就发表了《太平洋战争的宣言》，号召全体华侨应与各友邦政府及本地各民族协同一致，共同反对日本法西斯的进攻。12月19日延安《解放日报》还专门发表《太平洋与华侨》的社论。社论指出：“华侨不仅会发扬传统的爱国精神，继续拥护祖国的团结抗战，而且会一致奋起参加居留地的对日抗战，保卫他们的‘第二故乡’，这是可以断言的。”号召：“华侨一切阶层，一切党派和一切社团，必须进一步精诚团结，共同进行反日斗争，赞助和参加当地政府的一切抗战措施，以及继续宣传和拥护祖国的团结抗战。”因此，爱国华侨纷纷响应祖国召唤，参加当地抗日斗争。此时，马来亚共产党中央也发表了全民动员，保卫马来亚的号召。马共一边与英国殖民当局谈判，订立共同抗日的协议；一边着手组织地方游击队。所以，日军占领吉兰丹、吉打、槟城和大半个霹雳州的时候，从新加坡 101 军校毕业的马共学员立即北上，他们与马共雪兰我地委组织的地方武装结合，建立了马来亚人民抗日军第 1 独立队；与马共森美兰地委组织的地方武装结合，建立起马来亚人民抗日军第 2 独立队；与马共柔北地委发动起来的抗日群众组织结合，建立起第 3 独立队。而第 4 批 101 军校毕业的学员，奔赴柔南士乃区德茂芭时，那里的马共地方组织已集合了近百名的抗日干部与群众，于是，第 4 独立队就这样诞生了。马来亚人民抗日军 4 个独立队的建立，给马来亚各族人民，特别是华侨的抗日斗争以巨大的鼓舞，也为他们树立起以武装革命反对武装反革命的大旗。加上它们成立的时间，远比 136 部队、华侨抗日军早，而且活动范围几乎遍及马来半岛，又具有一定规模，一定实力，因此，马来亚各族抗日的人民，包括华侨纷纷集合在马来亚人民抗日军的大旗下。

马来亚广大华侨多数参加马来亚人民抗日军，还与马来亚共产党在支援中国抗战中的表现分不开。“七七”事变以来，马来亚共产党积极支持中国抗战，无论是它的半公开组织——马来亚华侨抗敌后援会，在协助南洋华侨筹赈总会，为中国筹赈资金和抵制日货各方面，成绩斐然；同时它还在领导星洲华侨义勇军保卫新加坡的战斗中，功勋卓著。因此在华侨心目中，马来亚各党派各团体当中，马来亚共产党是最积极抗日的。所以，马来亚共产党领导的抗日武装——马来亚人民抗日军会像一块大磁铁一样吸引着各族青年，特别是那些决心保卫自己第二故乡与身家性命的广大华侨青年。

正因为得到了马来亚各民族，特别是华侨的大力支持，马来亚人民抗日军从无到有从小到大得到了迅速发展。他们活跃在敌后，神出鬼没，声东击西，使日军防不胜防。

强盗有强盗的逻辑。日本强盗的逻辑是：它占领了你的国土，屠杀了你的亲人，你要反抗，你就是“匪”，就是十恶不赦。所以，他们把马来亚人民抗日军看作头号敌人，组织大批军力进行扫荡。特别是人民抗日军成立之初，日军恨不得把他们全部扼杀在摇篮之中。

请看看马来亚人民抗日军各独立队成立之初，经受的日军扫荡的残酷事实吧！

由新加坡 101 军校第一批受训学员共 15 人为骨干组建的马来亚人民抗日军第 1 独立队（简称“一独”），于 1942 年 1 月 4 日，在雪兰莪州北区双文丹举行成立大会，任命徐庆彪为党代表，陈天庆为队长。由于雪兰莪的战略位置十分重要——它是南北铁路、公路干线与东西海岸公路的交通枢纽，且该州又盛产橡胶、锡、煤炭等日军急需的战略物资，是日军企图控制马来半岛的心脏地带。所以，“一独”一成立，立即成了日军的眼中钉。他们出动数千兵力，妄图把“一独”消灭在襁褓之中。“一独”成立当天，会场就遭日机扫射。接着，日军便衣队跟踪而来，“一独”只好被迫撤至附近的热带原始森林中坚持斗争。“一独”初建时，只有 3 个分队，每个分队人员只有 50~60 人。武器更差，每个分队只有长短枪 30~40 支。

1942 年 4 月间，日军出动几百兵力分两路扫荡驻守在古毛地区的“一独”第 1 分队，使该分队遭到严重破坏，不得不撤出古毛地区，转移到顿巴央，与第 2 分队合并。6~7 月间，日军又派几百名兵力围攻新成立的第 4 分队，迫使第 4 分队撤出暗邦山，也转移到顿巴央，与第 1、第 2 分队合并，组成“联合中队”。在这个过程中，第 3 分队也遭到了日军袭击。“一独”在敌人的围剿中，许多联络站、驻地的抗日群众组织均遭到严重破坏，使部队粮食药品供应非常困难，许多战士与群众惨遭杀害。这时，“一独”可以说是处在最困难的时期。

第 2 独立队（简称“二独”）活跃在马来半岛中南部的森美兰州。黄国平为党代表，赖莱福（杜龙山）为队长。“二独”成立之初，正是日寇大屠杀之际，全森美兰州被杀的华侨多达 3000 多人。因此，“二独”便主动出击敌人，以保护群众。他们先后出击多次，毙伤敌人 100 多人。因此，引起日军的高度重视。

“二独”的根据地建在知知港。这是森美兰州一个偏僻的小镇，处在大森林之中。1943 年 2 月，日军出动 200 多人，分乘七八辆卡车，气势汹汹地向“二独”的根据地发起进攻。“二独”在中途的山林中设下 4 个埋伏点，当敌人进入埋伏圈内，即刻遭到游击队的猛烈伏击，死伤数十人，而“二独”则无一伤亡。日寇只好用屠杀百姓来泄愤。

3 月 18 日，日军封锁了知知港各村路口，然后进村到处抓人杀人。其中余朗朗村全村被血洗，老人妇女孩子无一幸免。1976 年 11 月中旬，新加坡南洋大学中文系日本留学生大西三男，受日本东都立大学教授小尺有作的委派，到知知港收集当年日军屠杀余朗朗村的史料，查实当时全村被屠杀的人数为 1474 人。

没过多久，不甘心失败的日军，利用叛徒带路，动员数百兵力，直扑“二独”司令部所在地。幸亏发现得早，“二独”边抵抗边撤退，才避免重大损失。由于日寇连续扫荡，活动十分艰难，“二独”最后只好撤出森美兰州，东撤至彭亨州之西的西彭地区，与当地马共领导的地方武装队伍结合，组成第 6 独立队。

第 3 独立队（简称“三独”）于 1942 年 1 月 20 日成立于新加坡。党代表为陈书，队长为小杨（吴科雄）。成立当天，他们分乘英军派出的 3 辆大卡车，越过柔佛海峡上的长堤，北上柔佛州。原来目的地是昔加末，但此时昔加末已被日寇占领。他们只好在顺天港停下了脚步。顺天港是一个华侨村落，周围都是橡胶园，地处森美兰州与马六甲州边境，又处在大森林包围之中，是座理想的游击区。因此，“三独”便在这里驻扎下来。

“三独”刚刚安下家，就被日本的奸细发现，立即遭到了 100 多名日军的包围。“三独”不得不迅速转移，刚搭建好的营房，全被日军烧毁。好在只牺牲了一名中队长，其他均无损失。日军封锁了各个山口，并不时用大炮轰击山林，还实行市场管制，对油、盐、电池、煤油等实行定量供应，禁止上山割胶的人将这些物品带上山。同时，禁止老百姓到游击队活动地区收割粮食，把被疏散群众的粮食抢收一空，还把周围的房屋全部烧光。因此，“三独”指战员缺粮食、油盐、医药，许多人患上水肿病，相继死亡不少。

1942年5月30日，日本宪兵队还专门派遣当时窃取马共中央书记的内奸莱特来到“三独”，企图煽动游击队解除武装。他在柔北三合港召开了一次中南马高级军政干部会议。他公开说：“日本已经占领全马，马来亚战争已经结束。为了不给敌人一片树胶、一斤锡砂，今后要以产业部门的工人为重点，以罢工、怠工等斗争来破坏敌人的生产。”他提出马共当前斗争方针是“保存力量，积累力量，等待时机”。他还指责“三独”袭击日本兵的军事行动是冒险，暴露了我军目标，招致敌人进攻，吓跑了群众，孤立了自己。他要求把武器藏起来，让战士们分散到农村去活动。“三独”一支小分队照莱特的指示办了，把武器埋藏起来，队员到附近的胶园当割胶工。没过几天，一叛徒突然带着日本兵包围了他们，他们没有武器反抗，结果有的当场被杀，有的被捕后被杀，一支30多人的小分队就这样全军覆没。血的教训告诫“三独”指战员们，绝不能放下手中武器！为此，莱特的阴谋没有得逞，日寇企图解除马共武装的阴谋也宣告破产！

第4独立队（简称“四独”）也成立于新加坡。党代表陈路（胡天保），队长阿福（余洪）。1942年1月30日，日军占领居銮后正向新山进军，白思华下令炸毁柔佛海峡的长堤。第4独立队便抢在长堤炸毁前渡过长堤，进入柔佛州南部开展敌后游击活动。

柔佛州是马来亚各州中面积较大、人口密度较高的一个州。这里交通发达，物产丰富，又毗邻新加坡，所以，也成了日军重要的战略要地。因此，“四独”从开进柔佛州泗隆港原始森林建立第一个根据地开始，就碰上日寇对柔佛州华侨的大屠杀，柔佛州南部地区原来的工会、抗日会以及各群众组织的领导人、骨干、群众惨遭屠杀，损失惨重，使“四独”活动相当困难。1942年4月，日军采取“三光”政策，制造无人区，企图切断“四独”与群众的联系。此时期的“四独”只好靠木薯、番薯、野菜充饥，加上缺医少药，疟疾、伤寒在游击队中流行，使不少战士因此失去了生命。从1942年初至1943年初，日军又对“四独”司令部所在地——柔南中部山区士乃与古来一带，发动了8次扫荡，围剿兵力有上千人。游击队紧紧依靠当地群众，采取灵活机动的战略战术，终于粉碎了敌人的进攻。

1942 年 12 月 1 日，第 5 独立队（简称“五独”）正式成立，这是马来亚人民抗日军中最早成立的但不是由 101 军校培养出来的学员为骨干组建成的游击队。党代表为张奇生（石山脚事件牺牲后，由廖伟中继任），队长是从“二独”调来的赖莱福。1941 年 12 月 26 日，日军占领霹雳州首府九台保后，马共霹雳州地委做出决定，组织抗日武装部。因此，马共霹雳州地委便以朱毛、和丰、怡保市的山区胶园和华侨乡村为根据地，组建起朱毛、美罗两个中队和沙叻、仕林河两个分队、怡保市一个别动队，共 300 多人。这支部队被命名为“霹雳州人民抗日军”。1942 年下半年，日军为了扑灭这支抗日火种，开始对“五独”进行大扫荡。“五独”在敌人反复扫荡下，指挥机关受到严重破坏。与此同时，日军还阴谋从内部瓦解“五独”。他们抽调叛徒高克平、黄国平等 10 多人，组成“昭南队”，协同日本宪兵部的特高课，制订“3 个月灭共”的计划。他们冒充马共霹雳州地委，还出版假的马共霹雳州地委机关报《人道报》，诱骗群众上当，诱杀马共党员与游击战士。“五独”则采取针锋相对的办法，积极开展锄奸活动，狠狠地打击了敌人的反动气焰。

第 6 独立队（简称“六独”）虽然于 1943 年 8 月 13 日才成立，但他的前身为 1942 年 2 月以前成立的上彭人民抗日军。那是 1941 年 12 月 31 日，日本侵略军占领彭亨州下彭地区的关丹后，就开始对彭亨州华侨进行清剿。在马共上彭地委的领导下，很快组织起一支 200 多人的游击队，这就是上彭人民抗日军。它的主要活动地为彭亨州西部（即上彭）的 4 个县——立碑、劳勿、文冬、淡马。原本马共上彭地委曾经派了 7 名骨干到新加坡 101 军校培训，以便回来担任上彭人民抗日军主力的，可惜，他们毕业后，由于英军撤退太快，这 7 人无法北上，只好留在“三独”了。因此，人民抗日军成立后，武器缺乏，军事素质差，他们第一次攻打文冬警察局就遭遇了挫折。不仅未能攻克，还损失了一名战士。过了两天，由于有叛徒带路，100 多名日本士兵包围了抗日军 3 分队的驻地，有 10 多名抗日军的病号来不及转移，全部惨遭杀害。抗日军就这样在敌人反复扫荡中，经受了考验，保存了实力，很是不易。

1943 年 5 月，原在森美兰活动的“二独”，一部分因为敌人的疯狂清剿，被迫转移到上彭，遂与上彭人民抗日军合并，正式成立了“六独”。“六独”党代表是峰云（章传庆），队长为曾庆彪（从“二独”调来）。此后，日军对“六独”也进行了10多次的清剿，均被“六独”粉碎。

至于1944年11月7日成立的第7独立队（简称“七独”），则是在1942年2月初，以马共东彭地委组织的“东彭关丹抗日游击队”为基础建立起来的。党代表是庄清，队长是张祺。“七独”活跃在彭亨州东部的关丹与北根两个县及丁加奴州。“七独”成立后，日军先后聚集千余兵力，多次发动对其根据地雅姆山区的扫荡，迫使“七独”不得不化整为零，与敌人周旋。

活跃在泰马边境的吉打州和玻璃市的第8独立队（简称“八独”），其前身为马共领导的在吉打州东部的华玲游击队与吉打州北部活动的纯笃游击队，而这两支游击队也是日寇进行检证大屠杀期间，马共吉打州遭受到严重破坏，人民惨遭涂炭的情况下，以许多自发组织的抗日游击队为基础建立起来的。他们组建之初，也遭到了日军反复的围剿。

据亲历者曾冠彪回忆：“在抗日战争期间，马来亚人民抗日军各个独立队都不同程度遭受到敌人的进攻和围剿，有些多达二三十次，日军动用的兵力通常是三五百人至一两千人，有时多达三四千人，还调动空军、海军来配合。”他列举了许多例子：如1942年11月扫荡“一独”雪兰莪乌鲁音地区联合中队和“九一”吉隆坡石山脚战斗，日军动用了2000余兵力。又如1943年在森美兰知知港扫荡“二独”司令部，1942年10月扫荡“五独”怡保波赖第3中队，1943年2月进剿“六独”吉兰丹牙拉顶中队，1944年底进剿“七独”东彭亨雅姆山区司令部根据地，等等，日军都动用了1000以上的兵力。又如1944年9月，日军分4路围攻“四独”天吉港根据地，动用的兵力有3000以上。

在整整3年零8个月的马来亚抗日战争期间，马来亚人民抗日军总共有1000余人献出生命，加上被捕后杀害的，因疾病而死的指战员多达3000余人。这也是日寇对马来亚人民犯下的滔天罪行之一。

日军扫荡马来亚人民抗日军最残酷的事件，要算是发生在1942年9月1日吉隆坡间津石山脚事件。石山脚靠近著名的旅游风景区黑风洞，因此又称之为黑风洞事件。

马来亚半岛及新加坡沦陷后，1、2、3、4 独立队先后成立。但是，由于日军的阻隔，他们分散在柔南、柔北、马六甲、森美兰、雪兰莪等州各自活动，互相间联系几乎中断，与马共中央的联系就更加困难。于是，马共中央就派出中央委员朱佬（朱日光）和阿乌两人骑自行车跑遍了中马与南马，一直到 4 月下旬，才与各独立队取得联系。随后，马共中央决定召开一次中、南马干部会议，以便统一思想和对日斗争的策略。1942 年 5 月中旬，中、南马高级干部会议在柔北三合港召开。出席会议的有新加坡、柔南、柔北、马六甲、森美兰、雪兰莪等州的书记，三、四独立队的党代表与队长。中央委员有莱特、小忠、小平、刘文、朱佬、蔡克明等。会议认为，这次会议只是部分高级干部会议，还应当召开一次全马性的高级干部会议——中央扩大会议。于是决定中央扩大会议于 1942 年 9 月 1 日在吉隆坡石山脚召开。会后便分头秘密通知各独立队的领导、各州地委书记及有关中央委员出席。谁知如此机密的高级干部会议召开的消息，竟被内奸透露给了日军。各地代表往吉隆坡石山脚赶的时候，日寇已在那里布下了天罗地网。

这内奸不是别人，正是马共中央书记莱特。

莱特是中、南马高级干部会议的主持人，又是全马高级干部会议的决策者。由于各独立队及各州地委与中央中断了联系，加上全马各州领导干部大多被日寇屠杀，机构遭到严重破坏。因此，莱特在新加坡叛变无人知晓。在日本特务组织的配合下，莱特仍以中央的名义控制、指挥全党。在新加坡沦陷不到 3 个月的时间里，被他出卖而遭屠杀的马共中央委员就有黄诚、阿宁、张锦章、林江石、白衣、刘文、小路、阿丘等人，使马共新加坡市委领导几乎丧失殆尽，组织几乎全部破坏。其中黄诚是马共的第二把手。然而，莱特的一举一动竟然没有一个人怀疑。后任马共中央总书记的陈平说：“我们一直忠心耿耿地支持党中央拥有绝对控制权，看来令人难以置信。对所有事务，中央委员会有最后决定权。中央拥有绝对的权力。为着组织安全的需要，我们完全接受。我们也欣然同意绝对保密，严格执行隔离各个党组织，互不知道对方的事。这是为了要保卫党，实际上却变成了掩护莱特。”莱特正是利用这一“组织原则”，以总书记身份，召开马共各级会议，同时又通知日本宪兵部开会的日期、人员和地点。这是一个极其惨痛的教训。

石山脚离吉隆坡约16公里，是座小山村，这里住的全是华侨菜农，是马共活动的重要据点，有“小延安”之称。全马高级干部会议的地点就设在离村不远的小山岗下一间群众亚答屋里。这里地势偏僻，而且容易转移。因为屋前面有条小河，河对面是胶林，胶林背面是森林，屋后则是大山芭。

来参加会议的有马共中央委员小忠（李振忠）、朱佬、蔡克明、小平（林旺生）、霹雳州书记阿苏（梁友生）、吉打州地委书记阿福（翁福）及地委委员陈炳宏、柔佛特别队党代表小康（钟晋康）、“四独”队长阿福（余洪）、柔南地委书记杨木、“三独”党代表陈书、“五独”党代表奇生（张浪平）、“六独”党代表小张（章传庆，又叫张凌云）、槟城市委书记文雁、解放社代表陈勇、森美兰地委书记阿里（罗常）等40多人。因斗争需要，这些中央委员和独立队代表大多以化名出现。8月31日，通知与会的代表全部到齐，独缺莱特没有到会。“一独”为了保卫这次会议，特别选派以模范中队队长阿燕为首的警卫班担任保卫工作。模范中队也布防在离石山脚不远的间津山警戒。警卫班备有3挺机枪，以及步枪、手榴弹。会议代表也分配有10余支手枪，没有手枪的也配有两枚手榴弹。同时，会议还安排了紧急情况下的紧急措施：由中央委员、雪兰莪地委书记小平统一指挥，从屋后的小山向模范中队队部撤退。

此时，日本警备司令部与宪兵队早已调集了2000多兵力，对会议场地悄悄地展开了四重包围。可惜，与会者与保卫者，甚至当地的群众均没有察觉。

当晚，马共中央委员小忠主持召开了预备会议。9月1日凌晨5时，敌人完成了包围圈后，便向会议逼近，很快被警卫班发现，立即喝问口令，但对方随即开枪射击，卫兵奋起应战。小平叫醒还在熟睡的代表们，他们一边回击一边撤出会场，往屋后的小山撤退。他们正向小山冲击时，小河对面胶林的敌人出现了，他们用密集火力向代表们扫射，小康中弹受伤，别人要替他包扎，他拒绝了，催促大家赶快撤，自己则一滚滚到一个小树丛中。代表们冲上山顶时，敌人已经冲过了河。不一会儿，就听得小康喊：“马来亚共产党万岁！”跟着手榴弹爆炸声响起，他与敌人同归于尽了。代表们含泪沿着山脊继续往前冲，目标是间津山模范中队队部。但前面又出现了敌人。

小平果断指挥大家向左冲下小河，经过 20 分钟激战，他们刚到河岸沼泽地带，又发现对岸胶林里有敌人。这时，他们才清楚：大家已处在四面包围之中了！他们立即分成两组，一组朝向间津公路，一组朝模范中队驻地，拼死突围。经过五六次冲锋，打死打伤敌人 100 多人，其中还包括 1 名中佐军官，10 多名尉级军官与军曹。但自己也遭到重大伤亡。当场牺牲的有中央委员小忠、中央委员兼“四独”党代表朱佬、“一独”党代表许庆彪、“三独”党代表陈书、“四独”队长阿福、“五独”党代表奇生、特别队党代表小康、吉打州地委委员陈炳宏、槟城市委书记文雁、警卫中队中队长阿燕，战士黄光、保伦、小林、刘友、彭友，服务员刘三耐、刘琨、张观风（女）等 18 人。其中 9 人为马共高级干部。突出重围的有二三十人。此时，在间津山警戒的模范中队，已被敌人 400 多兵力牵制住无法前来支援，遂使保卫会议的战斗成员只有一个警卫班在孤军作战。

9 名马共党、军高级干部的牺牲，是马共对敌斗争的一次重大损失。特别是小忠的牺牲，使马共又丧失了一位卓越的领导人。

小忠原名李振宗，1918 年生于中国福建安溪。父亲早年到新加坡谋生，在新、槟两地的茶叶行业中颇有名望。小忠 8 岁随母到新加坡。15 岁在槟城读书时就加入了马来亚共产主义青年团，是学生中的活跃分子。18 岁那年转为马共党员。他在新加坡积极参加支援祖国的抗日活动，为此，曾被英国殖民当局逮捕，在牢里受过刑罚，但他坚贞不屈，后因查无证据不得不被释放。1938 年他调到槟城担任市委书记，他领导槟城华侨积极开展抗日救亡运动。1939 年 4 月在马共召开的第六次中央扩大会议上，他当选为中央委员，并调任新加坡市委书记。在新加坡市委工作期间，他组织领导多次工人大罢工，特别是 1940 年轰动全马的星洲工人纪念五一大游行，显示了新加坡工人阶级的大团结。英国殖民当局十分恼怒，对马共进行了大逮捕。小忠因身份暴露，马共中央将他与雪兰莪地委书记林江石对调，任雪兰莪州地委书记，并领导彭亨州特委工作。1941 年马共第七次中央扩大会议之后，他又以中央代表身份，领导雪兰莪、森美兰、彭亨等州的工作。1941 年 12 月 10 日，小忠被马共七届二中执委会推选为中央常委。日本发动对马来亚的侵略后，小忠领导各州筹建抗日武装队伍，抽调干部到新加坡 101 军校集训。因此，在新加坡沦陷前，雪兰莪、森美兰、彭亨等州均建立起地方武装，为后来的马来亚人民抗日军独立队建立创造了条件。马来亚沦陷后，他辗转中马、南马，推动了各州的组织恢复以及抗日军的建设，并抵制了莱特企图使马共放弃武装斗争的错误路线。在石山脚事件当中，他沉着指挥，带领战友奋勇突围，使马共一些高级干部突围出来，没有全军覆没。而他却不幸在突围中中弹牺牲。他牺牲时只有 24 岁！

石山脚事件后，石山脚这座小延安村落，遭到了日寇残酷的镇压，日军与宪兵挨家挨户进行搜查。青壮年全部被捕，集中检证。有 2 名养伤的抗日军女战士，被查出来后拉到山后的胶林里枪杀了。被捕的大多数从此失踪，只有少数几个被关了几个月才释放回来。

9 月 1 日那天，在吉隆坡爪哇街与暗邦路上，日寇挂上了二三十颗人头，这是在石山脚事件中牺牲的马共领导干部、抗日军战士以及无辜群众。日本宪兵队大肆宣扬："马来亚共产党干部与抗日军主干已在此战役中被全部消灭了！"

由于马来亚人民抗日军成立之初，缺乏武器，没有作战经验，更没有充分给养和医药，在敌人大扫荡面前，伤亡惨重，只好转战到原始森林之中。当时，成立的 4 个独立队，第一任司令部人员有 80% 牺牲或被捕。"四独"在短短半年内就被迫更换了 4 个党代表。"二独"在石山脚事件之后，司令部的领导人员仅剩下 2 人。因不适应原始森林生活，病死、饿死者占抗日军总人数的 1/3 。至于马共党员，从中央委员到一般战士，牺牲人数占原有党员人数的 1/2，超过 1 万余人。

但是，马来亚人民抗日军并没有在日军屠刀下屈服。在马来亚各族人民，特别是在广大华侨的大力支持下，马来亚人民抗日军不屈不挠，越战越勇。石山脚事件之后，他们又成立了 5、6、7、8 四个独立队，人数最终发展到 9900 人。加上各州抗日后备队、自卫队等组织，总人数计 15000 人。

1943 年 2 月，马共在雪兰莪州召开了三中执委会。会上，马共除制定了"抗日九大纲领"，除把"日本法西斯驱逐出马来亚，建立马来亚民主共和国"作为抗日军基本宗旨外，还以中国共产党领导的八路军、新四军为榜样，制定了四条纪律、十项注意：

四条纪律：

1. 绝对服从指挥；

2. 严守军事秘密；

3. 没收敌产归公；

4. 爱护群众利益。

十项注意：

1. 态度要和蔼；

2. 买卖要公平；

3. 借东西要还；

4. 损坏东西要赔；

5. 内务要整洁；

6. 肮脏要打扫；

7. 不打骂俘虏；

8. 不调戏妇女；

9. 大便上厕所；

10. 洗澡避女人。

同时，会议还制定了马来亚人民抗日军军旗、军帽、军礼、军歌、军纪等，从而使抗日军有了明确政治纲领和最高行动准则，成为一支有坚强战斗力的部队。

在马来亚 3 年零 8 个月的艰苦抗战中，马来亚人民抗日军尽管受到武装到牙齿的日军残酷的扫荡，大批高级干部被捕遇害，党中央屡遭破坏，甚至党的总书记也成了叛徒和内奸，但他们仍顽强地与敌进行了 345 次战斗，其中主动战斗达 246 次，共击毙日军 5500 多人，并牵制住日军 10 万兵力，为捍卫马来亚各族人民的生命财产，为反法西斯战争的胜利做出了贡献，使之成为马来亚人民抗日的中流砥柱。它的存在与作用大大提高了马来亚人民的信心，为以后开展民族解放运动，摆脱英国殖民统治增添了无穷的信心和力量。

日本投降后，英国重返马来亚时，于 1946 年 1 月 6 日，在新加坡市政局大厦举行授勋仪式，英军东南亚最高指挥官蒙巴顿上将亲自检阅了马来亚人民抗日军的队列，他在致辞中表彰了马共人民抗日军在战争中的功绩，还给陈平授予了一枚银星勋章，用李光耀的话说：这是表示“官方承认抗日军为打败日本做出了贡献”。作为 8 位获得英国当局授予特别勋章之一的陈平后来也说：“我当时肯接受这个勋章是因为它对于我们继续搞和平斗争是有利的。表面上看来是英国人承认了我个人在抗日战争上的贡献，可是从我的角度来看，这就是承认了我们的组织，那是抗日军、共产党和支持我们的人民做出的贡献。如果没有这些，我个人算得了什么？”同时接受英军授勋的还有“一独”党代表刘尧。同年 4 月 6 日，陈平与刘尧还接受英军东南亚总部司令巴顿上将的邀请，率马来亚人民抗日军第八独立队代表组成的马来亚人民抗日军代表团，去伦敦参加了庆祝世界反法西斯胜利大游行。代表们还接受了英军颁发的胜利勋章。据说陈平因故并未出席这次活动。

至于那位出卖了 100 多位马共领导成员的内奸莱特，当然没有好下场。抗战期间，有位曾因经不住日本军警严刑拷打的马共党员，后来在日本宪兵部办报。有一次他走进日本宪兵部图书馆，看到了一本专供日本宪兵内部传阅的刊物《宪友》，内有一篇文章提到日本宪兵部情报组渗透进马共内部的情况。他曾是马共领导干部，一眼就看出，莱特就是将马共内部秘密给日本宪兵提供情报的人。日本投降后，他写了一封公开信，揭露了莱特内奸的身份，但当时马共没有人信他的话。1945 年 10 月，在马共州委书记联席会议上，莱特还把这封公开信拿出来让大家讨论，会议还做出决议，要开展一次“拥护莱特运动”呢！

不过，后来不断有人对莱特在抗日战争期间的行为提出怀疑。特别是石山脚事件，一向准时到会的莱特竟姗姗来迟，还说是因为汽车半路上出了故障，抛了锚。1946 年底，在一次会议上，有人当场责问莱特，莱特无法解释，推而说下次会议再回答。于是，大家约定于 1947 年 1 月，再开一次会议，让莱特说清楚。他做贼心虚，带着 100 万元的党基金逃跑了。在 1948 年八九月间，有几名可能是泰国共产党的党员在曼谷发现了莱特。他们前去抓捕，莱特拼命反抗，由于怕惊动旁人，那几个党

马来亚人民抗日军

马共中央军委秘书长陈平

员失手把他掐死了！1977 年，原昭南岛日本宪兵分队长大西觉在他的回忆录《昭南华侨被肃清事件》一书中揭露，莱特在新加坡出卖过 13 名马共中央委员与大批埋藏的武器军械。出卖过 1942 年 9 月 1 日在石山脚召开的马共党、军高级干部会议，出卖过大批抗日领导干部，出卖过“不胜枚举的各种情报”。莱特，这个混进马来亚共产党中央长达 13 年的内奸，这个窃取马来亚共产党总书记职位长达 8 年的叛徒，给马来亚共产党组织，特别是马来亚人民抗日军造成了重大损失，其罪恶累累，死有余辜！

3 围剿 136 部队与林谋盛之死

马来亚沦陷后，参加敌后反抗斗争的华侨，除了大多数参加马共领导的马来亚人民抗日军外，还有一部分参加了中国国民党海外部或是中国政府与英国政府组织的敌后反抗组织。

为了消灭这些地下反抗组织，日军在马来半岛、新加坡实行恐怖的特务统治。其中最著名的特务情报机关就是被称为浪机关的组织。它是由日军南方派遣军总司令部的参谋部第 8 特别班所组建的。负责人有参谋官芋绪、太郎良、饭岛、吉永等，都是曾经在中国广东和安南长期从事过间谍活动的老手。他们的特务与汉奸遍布全马城乡各地。同时，他们还通过收买亲日市民，调查共产党、抗日分子的情报。其办法是：利用一些市民的私心，为他们提供糖、石油、布匹、鸦片这些奇缺物品，鼓励他们走私到外地去交换米粮土特产以获取暴利，浪机关则以此为诱饵，获得有关情报。浪机关还设立运输公司，鼓励商人用他们公司名义作为护身符，可以在全马自由通行，不受军警检查，从中替他们收集情报。全马地下抗日组织被破坏，无不与浪机关和宪兵的黑手有关，地下反抗组织一举一动，日本人常常“一清二楚”。

在众多反抗组织中，较著名的一支是华侨抗日军，它是中国国民党海外部于 1942 年 2 月组织成立的。主要在马来亚北部的吉兰丹、霹雳、彭亨一带活动。领导人为林志民、王成勋。成立时，办事处设在吉兰丹毛生埠。指战员的服装、帽子、帽徽与中国国军完全相同，举的旗帜也是当时的青天白日满地红国旗。据该军第 13 中队正队长韦济民、副队长韦森所做的该中队作战情况报告：该中队自 1942 年 2 月成立以来，作战数 10 余次，击毙击伤俘获日本士兵、汉奸、伪警察、间谍数 10 人，还救助过逃亡的英军军官和跳伞逃生的英国飞行员。

1944 年 12 月 16 日，英军罗美中校乘飞机降落在华侨抗日军驻地附近的山林，并组织起一支百余人的马来武装游击队。翌年 1 月 20 日，罗美中校会见华侨抗日军 17 中队队长洪芝才，这样，华侨抗日军才与英军发生了联系。英国给抗日军提供了武器、物资与薪饷。当时，核准发给抗日军月薪的人数为 200 人，可见抗日军人数并不多。4 月 24–28 日，日军对罗美中校领导的马来游击队发动围剿，营地被毁，部队被冲散，整个游击队仅剩下 30 人。华侨抗日军闻讯后，前来救援，但罗美部队已人去营空。他们在那里待了 20 多天，招回了 14 名冲散的马来武装队员。后来，华侨抗日军与罗美部队终于会合在一起，一共 80 多人。不久，日本便投降了。1946 年 2 月，华侨抗日军队员自动解甲，仅剩第 13 中队与第 17 中队因嫌英军“歧视”他们，不肯复员，于是，发生了大批英印军对他们的“扫荡”行动。经调解，3 月 21 日，华侨抗日军最后一批队员，共 150 人左右，才接受了复员条件，走出了森林。

此外，据有关资料记载：中国政府与英国政府也曾联合培训了一批中国特工人员，在日本占领马来亚之后，留在敌后进行了破坏与刺探情报工作。据说有 11 个单位之多，可惜大都为日军所破获。如 1943 年，有 20 多名特工人员，在柔佛西海岸登陆，准备进入山林打游击，不幸全部被俘杀害。中国国民党军事委员会调查统计局（俗称“军统”）也先后派过两批人员，进入马来亚卧底。第一批由一位姓秦的率领，共 7 个人，潜伏在新加坡，用秘密电台与重庆方面互通信息。后为日军破获，全部牺牲。另一批由刘戈青率领，潜伏在槟城，以做生意为掩护，暗设电台为重庆方面收集情报。后来，因为新加坡机关被破获，牵出了刘戈青。他们被捕后，骗过了日本人，没有被杀，但却受到了日本人监视，无法再进行工作。中国政府国防部第二厅还派过以庄世鸿为领导的特工人员，潜伏于槟城。他们曾在海上引导英国潜水艇击沉日本补给船 7 艘。后来事泄，庄世鸿逃往泰国。

这些华侨抗日地下活动，影响最大的还是 136 部队。它是日本宪兵与情报机关除马来亚人民抗日军之外，最关注的“部队”。

136 部队其实并不是作战部队，而是一个情报组织。它的成立与新加坡著名的侨领、中国国民党人、南侨总会劳工部主任林谋盛有密切关系。

林谋盛出身于一个拥有百万身家的华侨家庭。20 岁那年父亲去世，他接管父亲经营的制砖业与饼干业，数年工夫，就成为马来亚建筑业后起之秀。随后，他被新加坡同行推举为新加坡建筑公会会长。此后又被选为新加坡中华总商会董事。“七七”事变以后，他又被选为南侨总会劳工部主任。过去在福建帮里，有“元老派”与“少壮派”之争。元老派代表就是陈嘉庚，而少壮派领袖人物则为林谋盛。但在南侨总会里，他捐弃前嫌，与陈嘉庚同心同德，努力做好支援祖国抗战各项工作。1938 年 1 月 9 日，新加坡华侨与印度侨民共同举行“中国日”大游行，英殖民当局以“非法集会”罪名逮捕了 180 名华侨。林谋盛闻讯后积极协助中华总商会进行营救，终于使这 180 名爱国华侨获得保释。同年 7 月 7 日是中国进行全面抗战两周年纪念日，林谋盛组织新加坡建筑界华侨召开纪念大会，他在会上带头捐款，给同行做出了很好的榜样。他曾发表《负起艰巨奔赴光明前程——建国纪念日感言》的文章，指出华侨界“最大的缺憾，那是帮派疆界之分还未泯灭，救国步骤不一致”。他认为只有消灭帮派，才能完成统一战线，才能加强抗战力量。他是这样说的，也是这样做的。他在南侨总会里，积极加强各帮派各党派的团结。1937 年底，日本在马来亚的胶园与铁矿场，先后发生多次华侨工人罢工事件。如峇株巴辖与甘马挽的华工罢工，人数达上千人；又如文德甲、芙蓉、彭年兰的日本人橡胶园，参加罢工的华侨工人也有数千人。这些日本企业的华工罢工，表明了马来亚华侨工人，对日寇侵略中国、屠杀中国人民的愤慨。其中罢工人数最多、影响最大的是发生在 1937 年 3 月，日本政府直接控制的龙运铁矿场华侨工人大罢工。龙运铁矿内有华工 3000 多人。日本人禁止所有报纸进入矿山，并收买工头监督工人，企图扑灭华工罢工之火燃烧到龙运。林谋盛了解情况后，放下资本家身段，决定组织这次工人大罢工。他派他的战友庄惠泉深入龙运矿工进行发动。庄惠泉通过说服工头，再通过工头说服工人，并晓以民族大义。于是，矿山的 2000 多名华侨工人纷纷辞职，脱离矿山。林谋盛还在龙运埠组织了一个救济会，收容这些退职的工人，并输送到新加坡。每一批退职的工人抵达新加坡后，都受到新加坡华侨的慰劳。在林谋盛的主持下，这些退职的龙运工人，得到了妥善的安置：愿意回国的，被送回国；愿意工作的，被推荐到各地就业。

这一段经历，使林谋盛认识了英殖民当局许多负责人，也认识了来马来亚慰问华侨的中国国民党海外部部长吴铁城等人，还认识了一些共产党人，有许多人成了他的朋友，为他后来参与组建136部队打下了基础。

新加坡陷落前夕的2月12日，林谋盛离开了新加坡，一个月后抵达印度。随后，被中国国民党军事委员会授予上校军衔，负责在印度的"中国留印海员战时工作队"的总务。当时因太平洋战争爆发，有2000多名中国海员滞留在印度。这个工作队就是处理这些海员善后工作的。

1943年6月，林谋盛在加尔各答邂逅了也从新加坡撤至印度的英国军官古费罗少校。林谋盛曾与他在新加坡见过一面。古费罗曾在新加坡策划过一个特别行动——东方任务，即组织一个"抵抗运动"机构，其目的乃是"从沦陷国家中或将被敌人占领国家中，招募经过慎重选择的男女，加以训练，并配发武器，然后遣回沦陷区去扰乱敌人。尤其是当联盟解放军展开攻击战时，配合行动，歼灭敌人"（136部队顾问英国军官布伦上尉语）。可惜因为英军在马来半岛、新加坡战斗中，不堪一击，使这个"东方任务"来不及完成。但是，他们并不死心，把组建这样一个特别行动组织带到了印度。古费罗对林谋盛久闻大名，早知道林谋盛在新加坡领导华侨支援中国抗战的事迹，因此，便邀请林谋盛参与志在收复马来亚的敌后工作。林谋盛认为自己是新加坡人，应当挺身而出，为马来亚人民的自由做斗争，于是欣然答应。不过，成立这样一个组织，必须经中英两国政府同意合作才能办成。因为这个敌后组织，遴选的人员必须是中国人。如果是白人，很难在马新地区展开秘密行动。林谋盛立即给重庆中国国民党海外部部长吴铁城写信汇报。后来又亲自回国与吴铁城商议。

1942年冬，吴铁城飞往印度与英国驻印大使协商并签订协议，决定共同成立136部队。协议如下：

1. 中国国民党海外部须派出代表1人为联络官与英国经济作战部马来亚支部负

136 部队林谋盛区长

136 部队成员谭显英

136 部队成员龙朝英

136 部队成员李汉光

联络之责。

2. 中国海外部须派遣适于马来亚工作之人若干名，隶属于马来亚支部，担任特种任务；此项人员并由中国海外部继续补充缺额送至印度，一切费用由马来亚支部负责。

3. 中国所派之人员，由马来亚支部训练装备，设法送入马来亚工作。

4. 马来亚支部对于工作人员之薪津、待遇、服装等，经中国海外部核定后，完全负责。

5. 关于所派工作人员，其工作计划及实施方案，由马来亚支部完全负责，但联络官如不同意时，有否决之权。

6. 联络官对一切事项，须全部明了，均应受马来亚支部之完全信任。

7. 按以上规定，所有工作人员，均应受马来亚支部之训导。

8. 中国海外部与马来亚支部，依此合同，应交换各种情况，便利工作；又合作进行中所获之情报亦应交换。

为此，136部队正式成立后，林谋盛被任命为中国联络官与正区长，庄惠泉被任命为副区长。训练基地分别设在德里、本那、加尔各答及锡兰（今斯里兰卡）等地。总部则设在加尔各答。136部队由古费罗主持，曾在新加坡101军校负责的戴维斯、布伦为顾问，他们都是“马来通”。

136部队训练，主要是培养两种人员：一是情报员，一是收发报员。中国政府先后遴选几十名人员派往136部队受训，其中大部分是归国华侨青年，还有懂无线电技术的人员等，其中派往马来亚的有50人。这些中国人以“龙”为徽号，被冠名为“龙一”、“龙二”、“龙三”……林谋盛虽然为区长，又是富家子弟，但在训练中不怕苦不怕累，以身作则，因此在队员中树立起较高的威信。

马来半岛距锡兰24000公里，新加坡离锡兰也有640多公里。由于当时缺少飞如此远距离的飞机，因此，如何把人员送往马来亚，成为136部队极其头痛的问题。潜水艇倒是可做如此远距离航行，可当时在远东水域只有两艘荷兰的潜水艇，他们正忙于破坏日本的补给船。经多方谈判，才获得一艘荷兰潜水艇。1943 年 5 月 13 日，由戴维斯中校率领吴再新、龙朝英、李汉光、谭显英乘潜水艇直向马来亚。

他们于 26 日在马来亚霹雳州与马六甲海峡交界的邦咯岛北部成功登陆。他们在红土坎附近的森林里隐藏下来。戴维斯派吴再新、龙朝英分头出去，寻找落脚点。最先找到的是龙朝英，他在一家咖啡店找到了服务员的工作，老板还答应替他办身份证。因为那家正缺人手。吴再新刚好到这家咖啡店喝咖啡，没想到龙朝英却在这里当了雇员，他既高兴又十分吃惊。

李汉光被派往邦咯岛找船从潜水艇中运出武器物品。但被马来警察所注意，他被带回警察局盘问，因为他穿的衣服太破旧，被认为是坏人。不过，警察从他身上搜出来 60 元，改变了对他的看法。在警察眼中，有钱人都不是坏人。于是，警察释放了他，不过要求他找一个人作保。李汉光记起他从红土坎到邦咯岛时在渡船上认识的一个叫蔡群英的当地侨领，蔡群英很干脆地答应了。李汉光告诉蔡群英他是来此地寻生意做的，他在苏门答腊的朋友想做鸦片与粮食走私生意，因为日本人控制很严，一旦失手不堪设想。因此想与蔡群英联手，并提出试做 3 个月，赚钱的话，蔡可得利三成，蚀本则与蔡无关。蔡群英动心了，便与李汉光合作，派出一条帆船负责运输。但第一次出海回来，船员告诉蔡群英，哪里是去运鸦片、粮食，而是去与停在海上的盟军潜艇联络，蔡群英大惊失色。这时李汉光才告诉他自己的真实身份，并说：大家都是中国人，希望共同保守此秘密，一旦出事，他会全权负责，绝不会连累蔡群英。好在船上只有两个船员，经李汉光晓以大义，也答应共同保守秘密。其中一位船员，后来还参加了马来亚人民抗日军。

李汉光扮成船商，蔡群英还替他弄了一份通行证，可以来往马来亚各地。不久，他们在怡保马结街 77 号开创了一家叫建益栈的商号，做进出口粮食、鸦片、黄金等买卖。蔡群英任经理。接着，他们又在马来亚各重要城市开设了分号。这些商号就是 136 部队的联络站。到 1944 年元旦，全马的谍报网可谓基本建成。以商人身份出现的李汉光、吴再新在“经商”中结识了不少商人、日本政府的官员、日军军官，还经常设宴宴请他们。因此，从中获得不少有关情报。

蔡群英还告诉李汉光，他认识离邦咯岛不远的美罗山森林中的马来亚人民抗日军总部的人，因为他们经常派人出来到他店里买米。戴维斯知道后十分高兴，因为他知道马共领导的马来亚人民抗日军中的领导人中，有不少是他在 101 军校的学生。而在抗日这一共同事业上，马共这支有高度组织与训练的部队，是他最忠诚的同盟军。这样，通过蔡群英与马来亚人民抗日军取得了联系。7 月 28 日在木珍歪，戴维斯会见了马共中央军事委员会秘书长陈平的代表。10 月 10 日，在游击队员护送下，戴维斯乘船到峇眼那督转登美罗山，到了马来亚人民抗日军总部。他在美罗山马来亚人民抗日军总部架设起电台，开始与 136 部队总部联系。

第 1 批队员很快建立据点的消息，传到了印度的 136 部队总部，大家异常振奋。于是 1943 年 7 月 24 日，第 2 批 136 部队，由布伦中校率领梁元明、陈崇智、余天送等队员登上了荷兰潜水艇。25 日，区长林谋盛、副区长庄惠泉也登上了这艘潜水艇，准备与第 1 批队员会合。几经周折，10 月 25 日抵达邦咯岛附近海面。11 月 1 日晚，有一条渔船靠近潜水艇。这是条马来亚人民抗日军派来接他们的船，船上两个渔翁打扮的人，一个是第 1 批登陆的龙朝英，另一位是赫赫有名的共产党人陈平。陈平，原名王文华，生于马来亚霹雳州实兆远华侨家庭，原籍福建福清。他是马来亚人民抗日军的实际领导人。陈平这次亲自来接的是林谋盛,因此庄惠泉只好随潜水艇返回。

布伦上校、林谋盛等在陈平带领下，进入了美罗山，与先期到达的戴维斯上校汇合。他们是通过活跃在建益栈的队员收集有关情报的，不过其中大部分情报是由马来亚人民抗日军提供的。这些敌情、侨情等通过电台发给了 136 部队总部。

如“情报第一号”，包含有日本军政总监部在马来亚实施政策之要点：一、尽量搜刮军用原料运往日本；二、增加粮食与棉织品之生产。可见，日本已处艰难状态。又如，马来亚粮食供应日见恶化，每个男丁粮食供应量，已由每月 18 斤减至 15 斤，再减为 8 斤。百姓因此缺乏营养，死亡率极高。粮食缺乏，造成了其他食品价格不断上涨，百姓更叫苦连天。

又如“情报第二号”，则提供了日军需要的重要战略物资——橡胶的生产情况。1940 年，马来亚栽种橡胶总面积为 348989 亩，现有 60 万亩已被强迫改种粮食，加上私人橡胶园停业不少，因此，橡胶产量为日军定额 54856 吨之 1/2，等等。当然，这些 136 部队情报员，还向英国提供了不少马共、马来人民抗日军内部的情况。

1944 年 4 月 12 日，136 部队第 3 批队员郑新法、张德爵也乘潜艇在霹雳州登陆。其中郑志雄原为马来亚人民抗日军成员，因乘帆船出海与盟军联系，不幸船翻，被盟军救起，后送到印度 136 部队受训。接着，第 4 批队员共 4 人，于 1944 年 4 月 21 日乘潜艇在柔佛州登陆；第 5 批队员两人和两名英国军官共 4 人，乘潜艇在霹雳州登陆。此后，又有两批，即第 6 批队员 6 人，第 7 批 4 人，分别于 1945 年 2 月 26 日与 4 月 28 日改乘飞机，空投到吉打州、霹雳州。后来还陆续有少数 136 部队队员空降到马来亚。据有关资料显示，先后派到马来亚的中国籍队员有 40 多人，英国人 90 多人，其中中校军官 21 人。

据第 4 批队员黄仁达回忆：他们乘潜艇抵达柔佛海岸时，有七八个马来亚人民抗日军游击队员来接应。但是第二天，日军便发现了他们登陆的踪迹，很快就追击过来并企图包围他们。游击队员立即向日军开火，并边打边撤，把敌人引向别处。136 部队队员则藏在丛林里，静伏不动。整整战斗了一上午，游击队才把敌人引开。后来，他们到马来亚人民抗日军第 4 独立队总部，才知道日军围剿游击队已经多次。但黄仁达还是没想到日军行动如此迅速，如果不是游击队接应，后果不堪设想。

第 6 批 136 部队队员梁铭章在他所写的工作报告中说："登陆后，抗日军帮助我们搬运物件，那晚，我们全体只休息了 4 个钟头。第二日，我们离开海边到内地森林中的根据地。第三天，我们正搬运东西时，忽接抗日军报告，敌人已发觉我们，当日我们全体又紧张了一天，将根据地迁到另一处。这样还遭到敌人进攻 4 次，我们在 1 个月中也迁了 4 个地方。最后一次进攻，敌人 3 路追来，次日证实敌人已在我们周围了。我们立即沿河北上大约 3 公里，在此地躲藏一星期之久。这一星期中我们每天搬运粮食等物。第八天下午 6 时许，正当食饭时，忽闻机关枪声，甚急，连续不停。天已暗了，我们也无法觅路撤退，只有等待第二天早上跑。第二天，我们决定向西北方向走，以后我们竟迷失森林 7 天之久。在此 7 天的最后两天，我们粮食已尽，只有食树心充饥。第八天我们找到了抗日军。"

第 6 批队员张朝国等，他们是被空投至吉打州大山脚附近。因为没有人来接应，环境又不熟，因此，降落后，除了带必需用品，连粮食也不敢多带，其他只好埋藏在山里。但是，他们空降早已引起日军注意，日机随即飞来侦察。这使得领队英国人喜士叻中校十分紧张，带着大家立即转移。队员们不断爬山，不让休息，加上不习惯负重，个个累得腰酸腿痛。几经请求，喜士叻才让休息一会儿。联络的时间到了，他们打开电台，却没有电，大伙儿愕然，与 136 部队总部失去了联系，人人不知所措。当晚，大雨倾盆，他们被淋成落汤鸡，一夜都没有睡眠。

第二天，他们继续爬山，喜士叻禁止大家午餐，他担心路远又与总部失去联系，总部无法来支援。这一来，大家每人只发了一粒糖块充饥。他们涉过一条河，喜士叻回头看见河边有一脚印，不知是哪个队员留下的，立即勃然大怒，命令张朝国回去把脚印擦了。张朝国本来一路上窝着一肚子火，见喜士叻这么个态度，顶撞道："我不去！"喜士叻更是火冒三丈，大声吼道："什么！什么！我命令你去！"说着拔出手枪对准了张朝国。张朝国一直看不惯英国人盛气凌人的态度，也不示弱回答："你少给我来'命令'两字！"喜士叻见张朝国如此强硬，只好软了下来。这次顶撞也使喜士叻对队员态度和蔼了许多。

此后天天下雨，而且蚊子、山蚂蟥又多，他们真所谓"八方受敌"，吃尽了苦头。一周之后，他们所带的粮食已经吃光，这时好在电台修好了与总部联络上了，便急呼总部派飞机来给他们空投食物。但飞机总不来，大家只得满山去找吃的，有的去打猎，有的去钓鱼，有的去砍树心可吃的莒檬树。可是，野兽、鱼连踪影都没有见到，他们吃的只有莒檬树树心。按约定空投食物的时间到了，飞机声由远而近，然而飞机在天上看不见密林中的他们，又飞走了。过了几天，飞机才发现他们，给他们空投了一批粮食，这才结束了饥饿的生活。他们又经几天的跋涉，终于在八条碑这个地方找到了马来亚人民抗日军第 8 独立队。张朝国说："自从联络上游击队后，生活就感觉舒适多了。"136 部队的队员，离开了马来亚人民抗日军可谓寸步难行。

136 部队与马共游击队，尽管价值观不同，目的不一致，但因为有着打倒日本帝国主义的共同目标，相处得还算融洽。

第3批队员张德爵登陆马来亚，在奔赴美罗山总部中，一直由马共游击队员带路。他在途中一处橡胶园受到了马共中央军委秘书长陈平的亲切接见。他后来记下了这段难忘的会见："我们走了两三点钟，到一间茅屋内休息。郑志雄给我介绍，这位就是中委秘书长陈平同志。握手后，陈平先生非常客气地对我说：'联军张同志，这次你和郑同志二人都辛苦了。'我答说：'工作是我们的本分，应该的，今后尚请秘书长陈平先生多多指教。我们二人的一切经过，我想郑先生已向陈平先生报告过了，我不再重述，现在我唯一的要求是快点会见英国负责人。'这时陈平先生连说几声：'当然的，当然的，快了，快了。'同时，陈平先生又问：'你是福州人、新加坡华侨，战前来的，是吗？'他问我答，谈了1个钟头。他满脸笑容，非常高兴。最后他对交通员说：'你送联军张同志去总部，我和郑同志慢一天才到。'"张德爵到了美罗山马来亚人民抗日军总部后，"一独"特别队还开了一个联欢会欢迎这批新到的136部队队员，还请张德爵在联欢会讲话。在同抗日军共同生活战斗中，张德爵还发现："抗日军内，所有老少男女人等，唯一的目标就是打倒日本军队，没有要求代价。每队都有一位指导员（马共党宣传思想），在每晚都有一点钟座谈会（检讨会），内容为工作检讨、宣传党义等。我所感到一点，就是所有参加抗日军的年轻人，都非常热情，在队伍中工作没有一点怨言，唯一要求打倒日本军阀，将他们赶出马来亚领土。"

正是在这互相信赖的基础上，1943年12月30日，未暴露内奸身份的马共总书记莱特和军委秘书长陈平代表马共与136部队代表布伦、戴维斯、林谋盛、查普曼，一起在美罗山签订了《美罗山协议书》。协议书全文如下。

美罗山协议书

1943年12月30日及31日，张红（莱特）、陈金生（陈平）与布伦先生、戴维斯先生、陈春林（林谋盛）先生及查普曼少校在美罗山地举行会谈之记录。

A．综合条件

一、张红先生为马来亚共产党、马来亚人民抗日军和抗日同盟的当选代表，能够执行此会议所达成的任何协议。

二、戴维斯少校、布伦上尉和陈春林先生是东南亚联军统帅部的军事代表，赋有充分的权力，可与马来亚任何抗日党派进行合作。

三、张洪先生同意其一方联军进行收复马来亚期间，将给予充分合作，为此目的，将遵循联军统帅部对马来亚作战的指令行事。

B. 提议与决议细则

一、张洪先生扼要地介绍了马来亚各个抗日组织的人数和财力物力之后，探询联军方面希望这些抗日组织如何给予合作。

联军代表则概述了他们在军事上和间谍活动上的期望。于是双方同意当前除了使民众继续保持抗日精神以外，唯一可采取的行动，就是挑起工人纠纷，以及对航运、船坞等进行破坏，对于其他方面，双方同意目前要有一个阶段的准备，以便采取联合行动。张洪先生强调他们目前所要展开的宣传，是联军在反攻马来亚时，有必要给予全面合作。

二、关于这个抗日组织盼望得到何种协助的问题，张红回答说：

a. 武器与合作；

b. 医疗用品，包括医生；

c. 军事训练；

d. 财务资助。

对于 a 点和 b 点，联军代表表示，为了有效地合作起见，联军统帅部将竭尽所能，运送所需要的武器和医疗用品到马来亚。至于从外地派遣医生到马来亚，在目前情况下，则有其困难的地方。不过联军方面将研究派遣的可能性。

关于 c 点，（1）目前在印度待命的华籍教官，将在交通许可的情况下，尽快派遣到马来亚。（2）华籍学生将从马来亚派往印度受训，然后回到马来亚当教官。有一批学生 6 人已准备不久动身到印度去。（3）有关稍后派遣欧籍教官来马事，将予研究。

关于 d 点，联军代表已经要求上级给予财政援助，预料一个月内会有答复。张红先生估计每个月 5 万到 7 万元，将能应付当前的需求。

三、联军代表强调迫切需要装置无线电设备之后，以上第二段（按：即b二）的细节乃进行讨论，结果，有关立即运送第一载武器和医疗用品的详细计划宣告拟出。双方也同意进一步研究具体供应路线的事项。

以上决议必须获得马来亚共产党、马来亚抗日军和抗日同盟的联合总部批准，同时亦须对下列附加条款或类似条款表示同意，方为有效。

附加条款如下：双方的合作，在联军负责维持马来亚的和平与秩序期间，应予继续。

签名：张红

约翰·戴维斯

理查德·布伦上校

陈春林

查普曼少校

一批又一批的136部队官兵，不管乘潜艇来，还是坐飞机空降，只要一踏上马来亚的土地，日军或日本宪兵便如影随形一般跟着到来，满山搜捕。如果不是由马来亚人民抗日军出兵保护，他们很难登陆成功。抗日军在掩护他们撤离时，还消灭了他们所有的踪迹，如降落伞等，使日军要证实136部队队员登陆的证据很难找到。

不过，136部队第一批队员在邦咯岛上岸后，日本就侦探到了这一情报，立即派出数千兵力封锁了这一地区。不久，内奸莱特向马来宪兵队报告了戴维斯他们与美罗山马来亚人民抗日军联络的情况。此时已任日本宪兵队队长的大西觉马上派遣石部藤四郎及其分队，赶往邦咯岛与红土坎进行调查。但一连6个月，都没有找到136部队人员的踪迹。后来，他们了解到有一个叫黄福财的华侨，曾让一位白人与几位华人在自己家里住过，便拘捕了他，黄福财经不起拷打，很快就承认自己是马共同情者，曾奉马共命令，把那批136部队的人员送往美罗山。还供出这些队员是乘潜水艇来的，以及队员与蔡群英的关系。

大西觉获得此信息后如获至宝，马上派中野率领20多名宪兵去增援石部藤四郎。他们在怡保、邦咯岛进行搜查，并在红土坎以南1公里海岸一带设立隐蔽警戒区。与此同时，他们拘捕了蔡群英，并派人监视建益栈店。

在审讯中，中野要蔡群英做双重间谍，引诱136部队继续派人员来和马来亚人民抗日军联系，中野警告蔡群英："为了你的事，害得我们兴师动众。你不实说，明天大部队一到，全岛居民将被杀光，房屋也要烧光！"被捕前蔡群英已发现全岛开来大批日军，海上还开来4艘巡逻艇。并发现有6架日机在天上做低空侦察，猜测日本人已发现了136部队与他的关系，遂向日本宪兵坦白了一切。

蔡群英很快被释放，照常做他的生意，但一切活动均在日本宪兵暗中监视下进行。

1944年3月24日，李汉光为此被日本宪兵捕获。李汉光是经过严格训练的特工人员，日本宪兵不管用刑还是拷问，他一直一言不发。不过，坚持到当晚，他便招供了，李汉光随后被押到怡保。日本宪兵认为取得了辉煌成果，于是找个地方喝酒庆祝。只派了两个宪兵看守李汉光。李汉光摆脱看守，钻出厕所上方的窗户逃跑了。

日本宪兵的一切逮捕活动都是秘密进行的，在美罗山林谋盛并不知道。这时，从印度开来的潜艇，常常时间不准。1944年3月，还几次接不到。靠潜艇运送物资过日子的136部队吃穿成了问题。而外面开设的商号还准备发展以建立更多联络站，资金更成问题。在美罗山待了两个月的林谋盛决定自己亲自下山一趟，利用他战前做生意的关系，筹措一笔资金。同时，他还想把外边的组织做一次调整。但是这计划实在太冒险了，无论是英国盟友还是战友，没有人不反对的。但固执的林谋盛仍坚持下山。大家没有办法，只好送别林谋盛，谁知这一别竟成了永别！

林谋盛下山后，化名陈春林，隐居在怡保郊区一座小洋楼里。他在这里召开了一次外线工作队员秘密会议，调整了一下工作部署：派吴再新去新加坡借款，派龙朝英去邦咯岛接潜艇。但是，吴再新乘火车南下途中，忽然接到林谋盛密电，说建益栈被封，不知是生意上出了问题，还是情报工作出了问题。吴再新赶回吉隆坡到各联系的商号去询问，知道日本人不仅查封了建益栈，经理蔡群英也被捕，红土坎分栈的陈天松也被捕。邦咯岛全岛被日军封锁，不准商人来往，但原因不详。因此，他不敢回怡保了。

3 月 31 日，他坐车到思士巷一家商号去。下车后发现巷头巷尾架有机枪，埋伏有宪兵，可逃跑已来不及了，他就这样被捕了。他记起了蒋介石关于“我们做军人的要抱不成功即成仁的精神，无须贪生怕死！”的训示，以头撞墙，连撞了七八下，便昏死过去了。而派往邦咯岛的龙朝英没有接到潜艇，不久，全岛戒严，他赶紧返回美罗山。

3 月 26 日，逃出敌人魔掌的李汉光也逃回了美罗山，报告了蔡群英被捕以及情报网被日本破坏的经过，这时才知道事情真相。然而，此时已无法告知林谋盛了。

同日，陈天松在怡保东亚旅店里被捕。林谋盛派莫巨去了解情况后，两人不敢怠慢，连忙外逃。但他们逃到务边市，就被日本宪兵抓住了。接着，在外线工作的 136 部队秘密工作队队员连连被捕：28 日，陈石夫在打巴埠被捕；30 日，吴再新在吉隆坡被捕。至此，136 部队的联络站基本上被日本宪兵破坏。龙朝英后来说：“而后我们一切的事务完全由抗日军扶助。”

5 月 30 日，日军对美罗山发动大规模进攻，包围了 136 部队的营地。在马来亚人民抗日军拼命抵抗与掩护下，136 部队虽然损失了一部分器材，但人员却没有损失。他们突围后，把营地转移到了安全地区。但是，由于敌人封锁，粮食成了大问题。他们常常以木薯和榴梿果核充饥。直到 1945 年 2 月 26 日，联军空投了一批粮食、服装、日用品，他们才渡过了难关。此后，按照《美罗山协议》，盟军空投了大批武器给抗日军，136 部队队员便转入当联络官或教官，帮助人民抗日军训练部队、扩充队伍，以增强实力，准备迎接盟军反攻马来亚。

再说，吴再新撞墙昏死，被日本宪兵送到怡保陆军医院救醒后，于 4 月 25 日被押入华都牙也监狱。没想到在这里碰上了他的领导——林谋盛区长。林谋盛对他说：“我们能为国家民族而光荣牺牲，实在是很难得的机会！”他已抱定为国献身的决心了！吴再新深受感染，表决心说：“至于我们组织的情形，我们要一滴都不走漏，即使鬼子捉到我们，也只是我们几个人，其他一切，他们没有办法知道一丝一毫！”

林谋盛在华都牙也监狱里先后待了 3 个月，日本宪兵用尽各种酷刑，希望从他嘴里了解 136 部队在马来亚情报网的秘密，但他始终坚贞不屈，不透露半点秘密。

1945 年 6 月 29 日，这位爱国华侨惨死在监狱中，时年 35 岁。

136 部队顾问布伦上校对林谋盛牺牲有这样的评价："林谋盛之死是一个悲剧，且对我们在马来亚战时的计划，是一个沉重的打击。如果他还活着，他必能对抗日胜利后马来亚出现的种种问题的解决做出伟大的影响。"他还说："他的死，对我是失掉了我所认识的、最有能力的、最勇敢的和最可爱的人之一。"

林谋盛是为华侨、为祖国的自由解放，也是为英国重返马来亚而牺牲的，因此，他受到了中国政府与华侨的敬重，中国政府追授他为少将军衔。英国政府也十分敬重他，于 1949 年 1 月 13 日，在新加坡工部局举行了公祭林谋盛烈士大会。当时的英国军政长官麦加伦准将在致辞中说：英国政府重返马来亚以后，在此地举行了几个重大的典礼，一次是接受日本武装队伍投降；一次是给马来亚抗战运动领袖授勋；再一次就是为林谋盛公祭。他说："向这位抗战运动的伟大领袖致敬，是因为他已为马来亚的国家而牺牲其宝贵的生命。"又说："此位勇敢的人民、伟大的战士，即将在今日以军队最荣耀典礼安葬在新加坡岛上风景秀丽之地点。"他还说："吾人今日共同追悼英雄，愿后人之瞻仰其碑文者，须知，彼为拯救国家生存而丧生之英雄也。"1954 年 6 月 29 日，林谋盛烈士纪念碑终于落成，他的忠骨永远埋葬在他曾经热爱并为之奋斗的土地上。这也是英国殖民者在马来半岛与新加坡为牺牲的华侨烈士建立的唯一一座纪念碑。

4 最后的疯狂

日本发动太平洋战争是从偷袭美国珍珠港同时出动海陆空军对东南亚突然袭击开始的，到 1942 年 5 月上旬，不到半年时间，就占领了暹罗、香港、马来亚、新加坡、荷属东印度、菲律宾、缅甸、关岛、威克岛、所罗门群岛，以及新几内亚的一部分，面积 380 多万平方公里，人口 1.5 亿。这时，日本扩张侵略可谓达到了最高峰。加上此前占领中国、朝鲜、印度支那的领土，其扩张领土总面积已达 700 万平方公里，人口达 5 亿之多。

1940 年 8 月，日本第二届近卫内阁松冈外相第一次把“大东亚新秩序”改为“大东亚共荣圈”，并明确把“大东亚共荣圈”作为战争的目的。这战绩大大超出了日本大本营的意料，更圆了明治天皇关于实现“八纮为一宇”的日本帝国梦！所以，山下奉文在攻陷新加坡时，发表的《大日本军司令官声明》中，得意扬扬地说：“帝国这次决然挥剑而破邪，所以帝国累次声明，众所明了，兹吾人所希求，扫荡暴慢不正义的英国与万民同苦乐，则声气相通，各民族各个人，各其能力所应得者而应享，则所谓八纮一宇之大精神为基础，正义之下建设新秩序。”在山下奉文的心目中，他与他的大日本帝国，俨然成了东南亚各民族的“解放者”。但是，“声明”中的“八纮一宇”的建设所谓“新秩序”的精神基础，却赤裸裸地暴露了他的狼子野心。1943 年 10 月，日本公布《大东亚省官制》，明确把东南亚各国以及满洲、朝鲜当成日本帝国一个省来统治。官制设大东亚大臣，管理大东亚各国的政务、海外殖民事业与文化事业。大东亚省，下分“总务局”、“满洲事务局”、“支那事务局”、“南方事务局”，分别掌握有关各国事务。这彻底击穿了日本所谓大东亚“共存共荣”的谎言。

然而，历史的逻辑往往就是这样，敌人最疯狂的时候，也正是它走向灭亡的开始。日本偷袭珍珠港，却迫使实力雄厚的美国加入了战争，大大加强了反法西斯阵营的力量。日本对东南亚人民实行最残酷的法西斯统治，迫使人民更加激烈地反抗。就马来亚而言，整个抗日战争期间，马来亚敌后抗日游击队，特别是马共领导的马来亚人民抗日军，在日军反复扫荡下，不仅没有被消灭，反而越剿越多，队伍日益壮大。陈文章在《日寇在拉美士丑态》一文中回忆日军在柔佛州拉美士地区暴行时说得好："敌军把抗日军称作共匪，3年多来，无时无日不在搜捕、围剿、枉杀无辜，使得人民提心吊胆，寝食不安，因之也就渐渐参加到抗日军里去。所以，抗日军的实力一天雄厚一天，抗日军的声誉也更为人民称赞、拥护，终于变成了一支真正的武装队伍了。"到1944年，马来亚人民抗日军已发展到1万多人，民兵数万人，并解放了全马半数以上的乡村。

1943年，反法西斯统一战线进入了转折的一年：苏联取得斯大林格勒保卫战胜利后，转入全面反攻阶段；而在北非地中海战场，英美联军肃清了德、意法西斯残敌，实行了西西里登陆，开辟了欧洲第二战场。不久，意大利投降，法西斯轴心国土崩瓦解。与此同时，在太平洋战场中，日军被迫从爪达卡纳岛撤退后，已彻底丧失了战略主动权。这一年夏天，美国从北、中、南、西南太平洋方向，与日本展开岛屿争夺战，揭开了太平洋战争反攻序幕。

日本帝国主义的丧钟已经敲响了！

1945年2月25日，马尼拉被美军占领。曾指挥日军在占领马来半岛、新加坡立下赫赫战功的"马来之虎"山下奉文，此时正担任保卫菲律宾的指挥官——第14方面军司令官。他在下令部队撤出马尼拉时，海军少将岩渊三次发现他领导的1.6万水兵和海军陆战队，被美军切断了退路。他的上司河内传七不仅没有命令他杀出一条血路突出重围，相反却命令他返回马尼拉，炸毁海军仓库与港口设施，并与马尼拉同存亡。岩渊三次返回马尼拉之后，把当地3750名治安部队队员控制在自己手里，与美军展开了逐街逐屋的巷战。他们在与美军拼杀的同时，对马尼拉居民大开杀戒。在这近1个月的日子里，日军肆无忌惮，先后被他们杀害的菲律宾人有10万之多。

还有许多妇女被强奸后杀死，婴儿眼珠被挖，男人被杀后还割掉生殖器。马尼拉有4/5的地方被摧毁。这就是有名的“马尼拉大屠杀”！直到2月26日，岩渊三次和他率领剩余的垂死挣扎的日本士兵一起自杀身亡后，这场大屠杀才宣告结束。美军在这次战斗中，付出了1000多人的生命。而日军损失更严重，有2万士兵当了炮灰。

从日军在太平洋的广阔战场节节败退开始，英美盟军便开始对马来半岛、新加坡的日军军事基地实施大轰炸。

新加坡著名的实里打海军军港，被日军占领后，改名为“昭南第101海军工作部”，日本南遣舰队最高司令部就设在此军港内。因此，此军港就成了盟军轰炸的最重要目标。

1945年10月2日9时，这天正好是星期天，正在休息的日本官兵，忽听得警报呜呜作响，这些号称不怕死的日军，吓得四处奔跑，一头扎进防空洞里。不一会儿，瞭望员报告：从新山方向发现美军的B-29轰炸机，它们一批又一批向军港扑来。军港里的高射炮开火了，就连机关枪也朝天射击。停在军港船坞里正在检修的日本航空母舰“能登吕”号也投入了战斗，把舰上所有火力射向美机。这种有4个发动机的可做长距离飞行的B-29轰炸机，做波浪式的轰炸。它们先瞄准高射炮与机关枪的位置，下蛋似的投下一连串炸弹，随着天崩地裂的炸响，高射炮与机关枪立即变成了哑巴。接着，它们对准军港、航母做地毯式轰炸，先后投下了500多磅炸弹，而且全部命中目标。“能登吕”号航空母舰再次遭重创，被炸成了两段。工场、发电机房、宿舍、食堂全被炸塌。

第一次轰炸后，工人拒绝上班，因为担心遭轰炸。日军为了安慰工人，说要加强防御工事，增加防空哨兵。但是工人还是不敢上班。日本人又以增加工资来诱惑工人，然而美机再次临空。这次，炸毁了几乎全部的工场与仓库。日本人只好把工场迁至实里打13英里、八条石、武吉智马，甚至新山板兰区的树林里。自此以后，日军再也不敢把受伤的舰船拖到军港来修理。美国B-29轰炸机来轰炸，日军的高射炮也不敢再开火。不过盟军并没有放过这座军港，再次进行大轰炸。这次轰炸持续了3个小时，工场、仓库80%被炸毁，周围交通道路也被炸断，连船坞里一只运输船也连同船坞一起，被炸沉于海底。位于 13 英里的日本军官宿舍，也挨了一枚 500 磅的炸弹，房屋几乎炸塌，许多高级军官被炸死。如此一来，日军只能把机械搬到地下防空洞里，防空洞里蚊子多，空气污浊，致使 90% 的工人患病，日本人患脚气病的也不少。可日本人仍打肿脸充胖子，宣扬日军“不知投降为何物”，一旦联军登陆，必做自杀式的决战，“全体玉碎”。日军首脑还把全军港日本人都编成特攻队，日夜加强军训，企图把军港变成他们负隅顽抗的最后堡垒。

离新加坡市区约 55 公里的俘罗泽光小岛，因为它与章宜、浮罗敏岛呈三足鼎立之势，是扼守柔佛海峡、保卫新加坡的战略要地。因此战前英军曾在这里修筑了许多炮台。新加坡沦陷前，英国人破坏了这些军事设施。日军登陆俘罗泽光后，曾为此迁怒于岛上的华侨，并进行过残酷镇压。当地人口约 4000 余人，华侨占 3000 多人。正如沈汉光在《俘罗泽光沦陷期间回忆录》所说：“当地华侨爱国热忱素不落后，深知并亲历沦陷区地狱生活，因此，更刺激华侨抗日救亡之决意，虽处弹丸孤岛，环境特殊，而爱国之心，无时或释，不惮艰难，在人民抗日军领导之下，在敌后方工作者，其实大有人在。”1945 年春天，许多特务汉奸纷纷拥到俘罗泽光小岛来，原来，这时世界法西斯轴心国已面临崩溃之势，他们是来此地打探百姓动静的。春节前两天，日本宪兵 200 多人，突然开入东西两区，命令华侨带上户口本到各区指定地点集中。宪兵把华侨包围起来逐个查问谁是抗日分子。稍有嫌疑，即被拘捕，然后严刑拷问。两天检查后，宪兵又进入山顶区，对华侨住宅进行搜查。那天正好是除夕，华侨就这样在恐怖中度过春节。日本法西斯在灭亡之前，还如此猖狂！

同年 1 月，中国远征军收复中缅边境的重镇畹町并且与中国驻印军在缅甸境内的芒市胜利会师，标志着中美联军在缅甸战场取得了重大胜利，日军只能龟缩于曼德勒、仰光一线。3 月 9 日晚，美军第 20 航空队 333 架 B-29 轰炸机，携 2000 吨燃烧弹，从关岛、塞班岛、提尼安岛起飞，向东京 25 个区投下了燃烧弹，使东京 27 万栋房屋化为灰烬，占全东京建筑物总数的 1/4，造成了 8.3 万人死亡，100 多万人无家可归。日本朝野受到巨大震撼。马来亚日军已开始感到日暮途穷了。可他们不甘心失败，开始做死守马来亚的准备。他们开始在马来亚各州征兵，凡是 18 岁至 40

岁的男子，不管是马来人、印度人，还是华侨，都被征集入军营受训。许多富家子弟不愿意当兵，便设法用钱向日本人疏通。因此，征兵成了日本军官发财的极好机会。这些人被征集训练后，便立即被派往山区剿共。

日本人还恶毒地挑拨马来人与华侨的矛盾，借刀杀人，制造排华事件。

1945 年五六月间，在柔佛西岸宋加兰发生的排华事件，就是这样爆发的。日军先派走狗化装成人民抗日军到回教堂去杀猪、拉屎，然后烧教堂，用这些渎犯真主的行动，激怒马来人。同时日本人发枪给马来暴徒，于是，一场针对华侨的民族大屠杀开始了。这些暴徒手段十分残忍，他们冲入华侨聚居的村镇，逢人就杀，连小孩、妇女、老人都不放过。杀完便抢财物，抢完财物后便烧光一切房子。死者不下数千人。当时驻扎在这里的马来亚人民抗日军第 4 独立队第 20 中队，闻讯后立即分成若干小分队，到受害地区去，配合地方自卫队与群众一起，组织起军民大联防，进行自卫。同时，还派出一支由马来籍队员组成的宣传队，向马来群众揭露日本人挑拨民族仇杀的阴谋，阻止大屠杀蔓延。

军民联防刚刚建好，暴徒们的杀人队便气势汹汹杀过来了，他们手拿一米长的大砍刀，口中念念有词，大喊大叫冲过来。联防队员开始向天鸣枪，警告他们。但是，杀人队头子依然不退。于是，联防队只好以枪还击，把杀人队压了下去。这样平静了两天，抗日军发现在附近的龙引街上开来几百名马来警察，由一个日本军官指挥。因为联防队员的反抗，他们认为是人民抗日军所为。人民抗日军小分队立即布下埋伏，利用椰林做掩护，仅 1 个小时，就打死打伤敌人 50 多人，其中还包括日本指挥官和警长 5 人。龙引战斗，保住了从龙引至笨珍一大片胶园、村庄的华侨群众，也平息了民族大屠杀。

但是，此时离龙引不远的文津，暴徒们正在酝酿着另一场大屠杀。因为埠中心绝大多数是华侨。狡猾的日本人派了一支“慰问团”，假惺惺到文津来慰问华侨，企图引诱游击队来抢救百姓，造成根据地空虚，好乘机偷袭。人民抗日军识破了敌人阴谋，采用反偷袭办法，占领了文津警察局，并在文津街上打死了两个日本军官。为了保护广大群众不被日寇报复，人民抗日军组织群众撤出文津。他们坚守了 4 个钟头，终于把华侨群众护送到了人民抗日军控制的地区。敌人不甘心失败，便调动大部队，围剿文津附近的森林，企图一举消灭人民抗日军。人民抗日军化整为零，分散到群众中去，不仅使敌人扑了个空，还处处伏击敌人，使敌人坐卧不安。这状况一直到日本投降才结束。

5 月 10 日，在柔佛峇东区，日寇又制造了一次煽动马来人的排华事件。事情缘起于在峇东笨珍路 15 里附近，一辆汽车被劫，司机当场毙命，汽车被焚。车主逃脱后，向警察局报告了马来警察与马来歹徒合伙抢劫的经过。但是，日寇却一口咬定这是“共匪”所为。于是,煽动了马来人对华侨的仇恨,开始在新加兰市搜捕华侨“嫌疑分子”，接着洗劫华侨财物，进而大开杀戒。每次行动，马来警察都当保镖。歹徒们不分男女老幼，凡是华侨，必加追杀，房屋烧毁，财产抢光，华侨遇害者达数千人。他们在巴力君望、巴力西池、峇东 11 里附近烧、杀、抢，疯狂至极。接着，他们沿着公路自 16~26 公里逐渐向北推进，然而分成若干股，一股沿新加兰北上，或东上；一股沿河西北上兼南下，一路高喊：“华人无抵抗力，我们有皇军做后盾，不久之后华人的产业将被我们瓜分！”因此，沿途有不少马来人加入暴徒队伍。他们一路“扫荡”。“扫荡”后还向日军报告斩杀“共匪”数字和烧毁“匪舍”数字，甚至把英国人撤退时他们拾获的枪支冒充缴获“共匪”枪支，以获得日军嘉奖。

华侨在如此绝境之中，被逼团结起来，配合人民抗日军，奋力反抗，死里求生。日寇还调集大批马来警察来支援暴徒，这些警察有的来自霹雳，有的来自马六甲。后来日寇发现警察没有多少战斗力，干脆自己动手。他们出动数千人，进行围剿。不久，裕仁天皇宣布投降，马来亚最后一次排华事件才宣告破产。

丁加奴州是马来亚最北一个土邦，日军占领该州后，把它与吉兰丹州、吉打州、玻璃市划归暹罗。尽管当时暹罗国标榜为中立国家,但是这四个州仍归日本宪兵管辖，暹罗人无权管理。

1945 年 4 月下旬，盟军在轰炸新加坡的同时，也派出 B−29 轰炸机空袭丁加奴。到 8 月上旬为止，袭击次数多达 18 次。每次飞机通常 1 架，有 4 天是 2 架，但也炸得日军无处可逃。有一次日军竟敢用机关枪回击，结果全部被炸死。第一次空袭炸死了日军一位摩托车手;第二次空袭，炸毁了近丹绒海面一艘日船，船上载满了摩托，引起大火。6 月末，盟军飞机做低空飞行，向海关码头攻击，爆炸声连成一片，炸沉日军许多船只。真是人心大快!

1945 年 4 月 25 日，美军与苏军在柏林以南易北河畔胜利会师。德国法西斯于 5 月 2 日宣布投降。德国投降后，美、英、苏三国于 7 月 17 日至 8 月 2 日，在柏林近郊波茨坦召开首脑会议，研究解决欧洲反法西斯战争胜利后一系列政治问题。会议发表了《中英美三国促令日本投降之波茨坦公告》。《公告》警告日本："吾人通告日本政府立即宣布所有武装部队无条件投降，并对此种行为诚意实行适当及充分之保证。除此一途，日本即迅速完全毁灭。"《公告》重申："开罗宣言之条件必将实施，而日本之主权必将限于本州、北海道、九州、四国及吾人所决定其他小岛。"然而，日本却对《波茨坦公告》不予理睬。

8 月 6 日，美军在日本广岛投下第一颗原子弹，当日死亡人数达 17.7 万人，整个城市化为一片灰烬。

8 月 8 日，苏联向日本宣战。第二天，百万苏军越过中苏边境，对关东军发起全线总攻击。75 万关东军顷刻瓦解。

8 月 9 日，美国又在长崎投下第二颗原子弹，当日死伤 6.7 万人。

8 月 15 日 7 时 21 分，东京日本广播协会大楼广播员播送了一个特别通知："天皇陛下已发布诏书！今天中午 12 时将广播诏书。届时请大家恭听天皇御音！"通知很快传遍日本全国，几乎所有的日本人都恭敬等待聆听他们神的"鹤鸣"。

12 时，广播员和田信贤宣布："从现在起有重要广播，全国听众请起立。"接着奏起了《君之代》国歌。

国歌终了，裕仁天皇那沙哑的声音像喷出无数针尖一样，直插入每一个日本人的心中。

致忠良臣民书：

朕深鉴于世界之大势及帝国之现状，欲采取非常之措施，收拾时局，兹告尔等臣民，朕已饬令帝国政府通告美、英、中、苏四国，愿接受其联合公告。

盖谋求帝国臣民之康宁，同享万邦共荣之乐，斯乃皇祖皇宗之遗范，亦为朕所眷眷不忘者。前者，帝国所以向美、英两国宣战，实亦为希求帝国之自存与东亚之安定而出此，至如排斥他国之主权，侵犯他国之领土，固非朕之本志。然交战已阅四载，虽陆海将兵勇敢善战，百官有司励精图治，一亿众庶克己奉公，各尽所能，而战局并未好转，世界大势亦不利于我。加之敌方最近使用残酷之炸弹，频杀无辜，惨害所及，实难逆料。如仍继续交战，则朕将何以保全亿兆之赤子，陈谢于皇祖皇宗之神灵乎！此朕所以饬帝国政府接受联合公告者也。

朕对于始终与帝国同为东亚解放而努力之诸盟邦，不得不深表遗憾：念及帝国臣民之死于战阵、殉于职守，毙于非命者及遗属，则五脏为之俱裂；至于负战伤、蒙战祸、失家业之生计，亦朕所深为轸念者也。今后帝国所受之苦难固非寻常，朕亦深知尔等臣民之衷情，然时运之所趋，朕欲忍所难忍，耐所难耐，以为万世开太平。

朕于兹得以维护国体，信倚尔等忠良臣民之赤诚，并常与尔等臣民同在。若夫为情所激，妄滋事端，或者同胞互相排挤，扰乱时局，因而迷误大道，失信义于世界，此朕所深戒。宜举国一致，子孙相传，确信神州之不灭，念任重而道远，倾全力于将来之建设，笃守道义，坚定志操，誓必发扬国体之精华，不致落后于世界之进化。望尔等臣民善体朕意。

从明治维新以来，日本人在“进取开国”当中，从来都是战无不胜、攻无不克，没想到今天却战败了，而且还要向敌人举手投降。这对每个日本人，特别是那些法西斯分子来说，简直就是奇耻大辱！何况，这些日本军人都是经过严格的武士道精神培训出来的。他们个个牢记《军人训导手册》中的一句话：“记住这样一条：当俘虏不仅意味着自己身败名裂，而且意味着父母妻小永世不能抬头。最后一颗子弹无论如何要为自己保留着。”因此，他们宁死不降！

此时，任昭南岛防卫司令的是在中国东北、华北、华南转战过，并于 1938 年在近卫文磨内阁中任过陆相的板垣征四郎，他就声言绝不投降，要与昭南岛同归于尽。为此，从 8 月 14 日至 8 月 18 日，日军连续召开高级军官会议，讨论是战还是降，一直争持不决。驻在安南的日本南方派遣军总司令寺内寿一知道后，十分着急。他比较清楚日本当前处境，理解天皇投降的原因。他急召板垣征四郎到西贡，当面进行训斥。日本法西斯理论家大川周明说过："武士道是以对君主纯一热烈之忠诚为经，至死不失自己体面的凛然之自尊为纬。"寺内寿一告诉板垣：日本军人就应当"以天皇的意志为意志"否则就是不忠。武士道虽然视流血为荣，流泪为耻，有辱于天皇的事绝对不能干，否则就要自杀谢罪。但天皇的投降诏书讲得很明白：再战下去，日本将连同天皇一起全完蛋！这是对天皇的更大的不忠。板垣自己本不想切腹自杀，也觉得天皇意志不可违。但不表示一下自己宁死不屈的意志，似乎不像个合格的法西斯军人。于是，自然顺从了寺内寿一的意见。

他回到新加坡，天皇派出的皇族专使又来说服他与他手下主战派的将领，他顺坡下驴，公开表示接受投降。为此，新加坡避免了一场玉石俱焚的战争，不然的话，那些日本士兵又会制造像马尼拉大屠杀一样的大屠杀！不过，寺内寿一大概受不了这投降耻辱的巨大打击，于 9 月 4 日突患中风，住进医院。1946 年 6 月 12 日，他再次脑溢血，一命呜呼于柔佛冷金的一个英国人别墅里，享年 68 岁。他的遗体被运到新加坡，埋在杨厝港泉和大道与南洋园之间的"日本冢"。这日本冢是日本投降后，昭南警备队队长藤田肇觉瞒着英军偷偷建起来的。这里除了有寺内寿一的墓外，还埋有攻占新加坡时战死、病死的海陆军官兵，被远东战犯法庭判处死刑而处决以及自杀身亡的日本战犯百余人。这个日本冢可称作日本法西斯留在新加坡的小靖国神社！

8 月 23 日，正好是中国的中元节。所谓中元节，即为鬼节，就是送野鬼入酆都城的日子。新加坡华侨大加庆祝，到处都挂上写有"庆祝盂兰盆会"的大横幅。虽然此时英美盟军还未到来，但日本投降的消息早已传遍了每家每户。这送鬼节，不正是送那些杀人不眨眼的日本鬼子入地狱的节日吗！人们把日本发行的军用票当成纸钱，百元百元地扔在街上烧，或捆在爆竹上放。

9 月 5 日，英军在新加坡登陆。尽管此前这支军队在马来亚战争中丢尽了脸面，尽管回来的仍是殖民主义者，但是比起那些人神共愤的日本法西斯来说，还是好多了。因此，新加坡群众拥在街上，夹道欢迎这些英军！不过，英军回到新加坡不到3天，英国军政部就宣布：日本军用票作废。这一来，市场立即大乱，许多商店关门，无数华侨破产。人们又陷入灭顶之灾！

但是，在英军来不及登陆的地方，日本军队与宪兵依然手握屠刀，他们在垂死之际，更加疯狂地对华侨进行报复。

日本宣布投降后一个星期，驻守在丁加奴州实兆远地区的日军，就制造了一起屠杀事件。

原来此前这个地区的人民抗日军曾经抓捕过一名日籍警长和一个台湾籍帮凶，还袭击了十字路的警察署，缴了鬼子的枪械。日军为此迁怒于华侨，把囚禁在牢房里的4名侨胞，带到十字路的飞机场，用刺刀刺死。其中有一人，身上中了七八刀，可能未刺中要害，半夜苏醒后逃了出来。第二天，即8月28日，人们发现了他，正在围观，忽然来了一车日本军人，大家四散，鬼子竟用机枪、迫击炮向街市疯狂扫射，还有两个青年被捕。他们洗劫了店铺，把钞票抢劫一空。第三天，日军又开来两辆坦克，在街上来回示威了半个多小时，嚣张至极。

霹雳州仕林的日本警察署周围挖有深沟，插有木桩，还围上铁丝网，门口还垒有碉堡，而且警察署与街道店铺相通，每10多家店铺就住着一个日本警察。凭借这坚固的防御工事，日军拒不投降。这时，新加坡、吉隆坡已召开庆祝抗战胜利大会，这里人民抗日军进攻警察署的战斗却还在进行。警察局长叫嚣："如果抗日军继续进攻警察署，就杀掉街上的全体华人！"他们把所有华侨赶到街上，让他们去挡人民抗日军的子弹。第二天，人民抗日军发起进攻，好在华侨们已回到店铺里，但日本人不准他们关门。抗日军用大炮轰击警察署，从中午打到下半夜，双方均有死伤。警察恼羞成怒，抓了两位华侨富商枪毙了。有一位丹戎马林的华侨商人，坐汽车去怡保，路过警察署，立即被扣留，身上的十七八万元被警长收缴，接着把他处死了。第三天，日军眼看守不住了，才仓皇逃往怡保。这是发生在8月26日、27日的事了！人民抗日军接管警察署后，有10多辆载满了日军的卡车经过仕林，他们在路上还杀死了几个抗日战士，因此，人民抗日军只好用武力把他们解决了。

9 月 5 日，在马六甲发生了一桩更加骇人听闻的报复事件：这时，马六甲华侨各界已经成立“马六甲人民委员会”，准备迎接盟军接收。马六甲出版的《大众报》已开始刊文揭露日军暴行。这可惹怒了日本宪兵队长大木，他竟冒天下之大不韪，出兵包围了“人委会”。“人委会”几个负责人吴世键、郑学琛、陈应祯、林振锡、林撰义、谢重生、陈易经、康景南、彭玉楼、张淼森，还有一位姓雷的，同时被捕。他们都是战前抗日救亡活动的积极分子与领导人。他们被押在宪兵部审问后，于晚上 8 点，又被押上卡车，在三保山转了两圈。此时，康景南、张淼森乘机跳车逃跑，宪兵追了一段，没有抓获。接着，卡车开到海边。宪兵把他们押上电船，向海上开去。大家此时还很镇定，觉得日本已经投降，不敢对他们怎样。船行进了 1 个多小时，人们发现前面是 5 个小岛屿，那是日本检证期间屠杀华侨的地方。有数千人在这岛屿上被屠杀。于是，人们开始紧张起来，知道此行凶多吉少。大家准备逃走，怎捺双手反绑着，无法动弹。陈易经与郑学琛悄悄地互相解开了绳索。这时，船舱板被打开，一个日本宪兵用手电照了进来，喊：“上来 3 个！”彭玉楼、吴世键、谢重生被押上船尾。“再上 3 个！”宪兵又喊。陈应祯、陈易经、郑学琛又被押上船舱。宪兵走过来，用手电照着，要检查陈应祯的绳索。说时迟，那时快，陈易经纵身一跃，跳入大海。陈易经身体健壮，擅长潜泳，他潜过船底，向右边游去。日本宪兵的 10 多支手电筒向海里左右来回照射，接着，扑、扑、扑地开了枪，可连人影也没有看见。与此同时，郑学琛也跳进了大海。他不谙水性，但他觉得，宁愿自己葬身鱼腹，也不愿被日寇惨杀！后来，郑学琛的尸体俘出海面，人们才知道他已牺牲。陈易经一口气游上了督屿，他爬上沙滩，就听得前面树丛里传来人声，原来日本宪兵把其他人押在那里进行屠杀。宪兵把谢重生、陈应祯、林振锡、雷同志四人押到一个古井边，强迫他们喝下麻醉药，然后让他们跪下，一个宪兵把头按在一个木架上，另一个宪兵挥刀往下砍。至于吴世键、彭玉楼、曾才，则被宪兵用刺刀乱扎，然后抛入古井中。彭玉楼、曾才受伤较轻，宪兵走后，他俩还合力救出没有断气的吴世键。不过，吴世键回到家不到两周就去世了。马六甲华侨怀着悲愤心情，一起安葬了这几位烈士，出殡那天，有数千人执绋。

位于婆罗洲（今称加里曼丹）岛北端的沙捞越与沙巴，原属于文莱，1888 年沦为英国保护国。现为马来西亚的两个州。战前，中国政府在沙巴首府山打根设有领事馆。1942 年 1 月 9 日，日军在山打根登陆。他们直扑中国领事馆。当时，中国领事馆工作人员没有一个逃跑的。领事馆上照样高悬青天白日满地红旗。领事卓还来照样在办公室里办公。日寇冲进办公室，勒令卓还来领事交出所有的文件，卓还来指着地上一堆灰烬说："文件都在那里，你们拿去吧！"敌人大怒，立即把卓还来、随习领事杨登程、主事万鼎元，以及他们的妻子儿女全部捆绑起来送进牢狱，然后毒打一顿。他们被打得遍体鳞伤，万鼎元还被打掉了 9 颗牙齿。接着，日寇把卓还来押到沙捞越首府古晋，关进离市区 3 公里的巴都林丹俘虏营。这个俘虏营关押的从沙捞越各地俘获的英军俘虏有几千人。在监狱里，日寇威逼利诱卓还来，妄图使其屈服，让他带领当地华侨，拥护南京的汪伪政权，卓还来坚决拒绝。1944 年 9 月，卓还来被押到亚庇。1945 年 5 月，英美盟军轰炸亚庇，监狱也被炸，卓还来被炸伤，后又被转移到保佛监狱。这时，卓还来认识了一位在为被关押者看病的华侨医生王逸生。王逸生劝卓还来逃跑，卓还来说："现在我如果逃跑是很容易的。不过我鉴于双十游击队事件，恐此侨胞受累，所以我宁愿牺牲自己，也不愿出走，这样可以保全大家生命。"他还勉励王逸生："不要灰心，不要忘记祖国！"原来当地抗日游击队异常活跃，日寇以搜捕"反日分子"为名，进行了两个多月抓捕。被捕者 30 多人，均受尽酷刑，许多人因伤重而死。由于联军加强了对日军空袭，卓还来又被转移到根地咬。这时，日寇看守较松，当时许多华侨知道卓领事在此，纷纷来看望，并送来食品衣物。6 月，盟军轰炸更加频繁，日寇不得不往山林里躲。此时，有人表示愿意带卓还来逃进山里去。卓还来认为自己是中国驻北婆罗洲的外交官员，是北加里曼岛 10 万华侨的保护人，没有祖国命令，绝不能走。7 月 1 日，卓还来因服役期满，日寇不得不准其自由行动。7 月 6 日晨 3 点，卓还来还在睡梦中，突然闯进两名日宪兵，说要把他押解去兰斗。卓还来一看来者不善，知道此去凶多吉少，但仍神态自若。他当时住在华侨何永连家里，一同住的还有郭永光等。卓还来对郭永光说："联军快到了！联军到后，请将我的行止报告给他们，再见！”

卓还来此去不见踪影。日本投降后的10月间，有人在飞机场附近，挖掘出5具尸体，均无头颅。后来，人们把骸骨拼在一起，才认出其中一位尸骨为卓还来领事。日本在投降前，竟然疯狂到如此程度，竟然杀害享有豁免权的外交官！战后查清，杀害卓还来领事的是日本根地咬警备司令部司令阿部木内和芥川光谷。

害人者也没有好下场，1946年9月20日，阿部木内、芥川光谷在新加坡樟宜监狱被绞死。

日本投降后，日军对华侨的屠杀何止是马六甲这几位爱国抗日分子和卓还来外交官，他们还屠杀了一位在中国现代文学史上著名的作家——郁达夫。

1938年2月28日，“五四”新文化运动以来，与鲁迅、茅盾、巴金、郭沫若等齐名的小说家、诗人郁达夫，受新加坡《星洲日报》社的邀请，与妻子、儿子一家来到新加坡，担任《星洲日报》的编辑，并主持编务。他是带着对日本法西斯的深仇大恨来新加坡工作的。因为他曾在祖国抗日前线武汉，目睹过日军烧、杀、抢、掠、奸淫的滔天罪行;他的老母亲饿死在沦陷区的家乡，他的哥哥曼陀在上海殉难。因此，一到新加坡他就全身心投入华侨抗日救亡运动。据他的战友张楚琨记述：郁达夫除了主编的《星洲日报》的“晨星”副刊、“文艺”周刊，以及《星洲日报》的“晚报”的“繁星”副刊，又兼编《星洲日报》姐妹报《星槟日报》的“文艺”双周刊、《星光画报》的文艺版,并任《华侨周报》杂志主编。同时还经常在《总汇报》的“世纪风”副刊、《星洲半月刊》等刊物上发表文章。

郁达夫在新加坡先后待了59天，一共担任过11种报纸杂志的主编。据统计，从1938年12月至1941年底,他同时主编的报纸与刊物,最多时有8种,最少时3种。不仅如此，从1940年8月3日到10月25日，他又兼任《星洲日报》代主笔，期间，发表不署名的社论30篇，平均隔一日一篇。

他白天编副刊，参加社会活动，晚上写社论，审阅新闻稿，看校样，常常忙到清晨才休息。他写的大量抗日救国文章中，最有影响的是《抗战两年来的军事》《抗战两年来敌我之经济与政治》《今后世界战局》等。其中致日本文艺批评家新居格式的信《敌我之间》，曾引来新居格式的回复。新居格式表示："愿两国间的不幸能早一日除去。"郁达夫则明确答复："中国的民众，原是最爱和平的，可是他们也能辨别真正的和平与虚假的和平不同。和平是总有一天在东半球出现的，但他们觉得现在恐怕还不是时候。"

郁达夫还积极参加抗战救国活动。1941 年 12 月 28 日，他出席星洲华侨文化界战时工作大会，并被推选为团长。他与胡愈之、王任叔一起，共同起草了大会宣言。后来，他又兼任该团战时青年干部训练班主任，负责对抗日文艺宣传青年干部的培训。

1941 年 12 月 30 日，在新加坡文艺界联席会议上，他被选为文化界抗敌委员会执行委员，兼任该委员会文艺组负责人。

1942 年 1 月 6 日，郁达夫出席星洲华侨文化界抗敌联合会，并被推选为理事、常务理事和主席。他的战友张楚琨回忆起郁达夫在新加坡那段日子，感慨地说："在轰炸中，他从一个地方到另一个地方，眼里挂着红丝，用沙哑的声音，从不畏缩，瘦弱的身躯爆发着火一般的生命力，仿佛一个在为希腊自由而战的拜伦！"对于这样一位反法西斯文艺战士，日本特务组织早已把他列入黑名单之中，欲除之而后快。

1942 年 2 月 4 日，郁达夫与胡愈之、王任叔、张楚琨等 28 位文化名人，在新加坡沦陷前夕，乘一条只有 4 米长的摩托舢板，冒着日机大轰炸，离开了新加坡，逃往苏门答腊岛。几经辗转，郁达夫在西部一个叫巴雅公务的小镇上住下来。他靠当地华侨的帮助，化名为赵廉，开了一间"赵豫记酒厂"，胡愈之任会计，张楚琨任经理兼酿酒师，而老板就是郁达夫。巴雅公务 33 公里外的武吉丁宜驻有日本宪兵。有一次郁达夫碰到一位日本兵，不小心与他说起了日本话。被武吉丁宜宪兵部知道后，便强迫郁达夫当了他们的通译（翻译）。

郁达夫当通译后，有一次，一个汉奸强拉着两位曾经当过实武牙筹赈会委员的人，来苏门答腊岛西部地区寻找陈嘉庚。这两个委员曾经在新加坡见过陈嘉庚，所以拉他们来认人。其实，陈嘉庚早已离开苏门答腊岛，从巴东到爪哇岛去了。汉奸不会讲日本话，向宪兵队长报告了自己寻找陈嘉庚的任务，郁达夫却给宪兵队长翻译成："陈嘉庚已回国去了，这帮家伙还来找人！"宪兵队长一听火冒三丈，骂道："八格牙路，你们敢来讨人！”吓得汉奸抱头鼠窜。郁达夫用中国话告诫汉奸：“中国人要像中国人的样子！”

又有一次，日本宪兵带着郁达夫到市郊去印尼共产党一个机关抓人。人没有抓到，却发现了一份印尼共产党组织名单。日本人不认识印尼文，郁达夫通过自学，早已认识了不少印尼字。因此，宪兵把名单交给郁达夫让他翻译。郁达夫一看名单上牵扯的人不少，急中生智道：“可恶，放高利贷，一份剥削老百姓的高利贷账单！”宪兵随即把名单撕了。郁达夫就这样，借“通译”的身份，为当地华侨、老百姓办了许多的好事。

1943 年 5 月，日本第 25 集团军司令部从新加坡移到武吉丁宜。日本宪兵总部也跟着设在了武吉丁宜。这一来，日本的汉奸特务加强了在这一地区的活动。从新加坡调过来一个叫洪根培的汉奸，认出了赵廉就是郁达夫，于是报告了宪兵队。但狡猾的宪兵队并没有马上动手抓郁达夫，而是放长线钓大鱼，企图把藏在巴雅公务等地的抗日文化人一网打尽。郁达夫发现了这一征候，做好了随时牺牲的准备。他立下遗嘱，还说：“天有不测风云，每年岁首，例作遗言，以防万一。”他劝战友们能走的都走，大家劝他一道走，他说：“我已被监视，逃不了。索性不动声色，有时机再说，但是你们必须走！”

1944 年夏，日本宪兵向他摊了牌，指出他不姓赵，要送他到昭南岛、上海或东京去，还说是“为了安全”。郁达夫说：“我哪儿也不去！”严正拒绝了。

8 月 28 日，日本投降后的第 19 天，郁达夫在家和朋友们正在闲谈，突然有人来把郁达夫叫出门去，从此他再也没回来。日本宪兵怕他太了解他们的罪行，以后审判他们罪行时做见证人，于是使出了杀人灭口的毒招。

郁达夫以自己的死，实现了他的誓言：

一死何难仇未报，
自身可赎我奚辞。
会当立马扶桑顶，
扫穴犁庭再誓师！

马来亚的华侨永远不会忘记这位杰出的文学家、爱国者！

南洋华侨永远不会忘记这位反法西斯的英勇战士！

日本在“密苏里”
舰上向盟军投降

第六章

讨还血债

1 铁证如山

1945 年 9 月 2 日，是世界人民扬眉吐气的日子。就在这一天，日本东京湾的美国军舰“密苏里”号上，举行了一场日本正式投降的签字仪式。日本外相重光葵代表日本天皇与日本政府，陆军参谋长梅津美治郎代表日军大本营，在投降书上签字。接着，盟军最高统帅麦克阿瑟将军首先签字，然后代表美国的尼米兹将军，代表中国的徐永昌将军，代表联合国的费雷泽将军，代表苏联的杰列米扬科将军及澳大利亚、加拿大、法国、荷兰、新西兰等国家代表依次签了字。

9 月 9 日，侵华日军总司令冈村宁次在中国首都南京的中央军校礼堂向中国陆军总司令何应钦上将呈交了投降书，宣告日本军国主义发动的长达 14 年之久的侵华战争彻底破产。

9 月 12 日，在新加坡工部局大厦（即今新加坡共和国政府大厦）也举行了受降仪式。9 月 5 日才刚刚登陆的英国人、东南亚盟军总司令蒙巴顿上将，从日本南方派遣军总司令寺内寿一的代表坂垣征四郎手中接过投降书。蒙巴顿宣布：日本投降是无条件的。并指出：寺内寿一本应来签署投降书的，因病在西贡，不能前来，但他一旦病情好转，必须来新加坡向盟军投降。可惜，后来寺内寿一从西贡来新加坡途中，病死在柔佛，躲过了历史对他的审判。出席这次受降仪式的有英国、印度、中国、荷兰、法国军队的代表约 1000 余人。中国代表为冯衍少将。

出席受降仪式的还有马来亚人民抗日军的代表。他们 9 月 7 日就开进了新加坡。据 1945 年 9 月 10 日《华侨生活》创刊号报道：“最活跃、最受人崇仰的，艰难困苦、与倭寇奋战 3 年有半的马来亚人民抗日军，9 月 7 日，开始以武装的英雄姿态，公开入城与市民相见。他们设立驻星办事处于亚米年街，市民前往瞻仰风姿的络绎不绝。”为保卫马来半岛、新加坡做出重大贡献的这支军队，怎能不被百姓敬仰与爱戴呢！

至于重回新加坡与马来亚的英军，人们，特别是华侨心情是复杂的。1946 年 1 月 8 日的《南洋商报》上，屈哲夫有一篇文章写道："乃至日寇发动南进，不数月间，整个南洋群岛便都沦陷了，本来负有保土之责的统治者们，自己的侨民尽管撤退，中国人却不许走，而且不让他们武装自卫，结果呢，大家都知道中国人在生命财产两方面的损失都是空前浩大的。”尽管英国殖民者要比日本殖民者文明得多，但是，他们贪婪性、自私性却是一致的。特别是，英军一登上新加坡的第三天，英国军政部就宣布日本统治时期发行的钞票——军用票一律作废，遂使无数百姓又面临破产。这些不顾受尽 3 年零 8 个月苦难的马来亚百姓死活的做法，激起了广大人民的愤怒。所以，在受降仪式上，中国代表冯衍少将的发言，专门谈了军用票作废问题，表示了对英国政府的不满。他还强调要进行一次调查，究竟日本发行了多少军用票，然后呈报中央政府，以便与日本政府交涉，或者向中央政府申请救济。不过，此事后来不了了之，使华侨损失无法补偿。

但是，尽管面临如此的困境，此时华侨的关注点还是集中在日军侵略者身上，因为 3 年多的血腥统治，家家户户都有太多怨恨要平息，沉冤要申雪，血债要偿还！

9 月 9 日，缴械投降的日本兵在英军监视下，开始在新加坡服劳役——清扫街道。他们清扫到哪里，哪里就有一大群围观的人群。人们高声叫骂这些杀人魔鬼，为他们落为阶下囚拍手称快。有一天，日本俘虏在离邮政大厦不远的五树丛扫街，一位老太婆突然冲上前去，抱住一个日本士兵的腿，用牙撕咬起来，她嚷着要为死去的儿子孙子报仇。那些与这位老太婆有同样遭遇的人，立即也拥上前去，对那士兵你一口我一口咬开了，硬是把这日本兵咬得吱哇乱叫，体无完肤。人们恨不得剥他的皮吃他的肉才解心头恨。

与此同时，1945 年 7 月 17 日，随着德国投降，美、英、苏三国在柏林签订了《波茨坦议定书》。议定书重申对希特勒德国的主要战犯必须严于法律制裁，“使所有一切的战争罪犯，予以公正与迅速之惩处”。于是，同年 8 月 8 日，共同设立了纽伦堡

蒙巴顿将军接受日军投降书

日军代表向盟军投降

INSTRUMENT OF SURRENDER OF JAPANESE FORCES UNDER THE COMMAND OR CONTROL OF THE SUPREME COMMANDER, JAPANESE EXPEDITIONARY FORCES, SOUTHERN REGIONS, WITHIN THE OPERATIONAL THEATRE OF THE SUPREME ALLIED COMMANDER, SOUTH EAST ASIA.

---

1. In pursuance of and in compliance with :

   (a) the Instrument of Surrender signed by the Japanese plenipotentiaries by command and on behalf of the Emperor of Japan, the Japanese Government, and the Japanese Imperial General Headquarters at Tokyo on 2 September, 1945 ;

   (b) General Order No. 1, promulgated at the same place and on the same date ;

   (c) the Local Agreement made by the Supreme Commander, Japanese Expeditionary Forces, Southern Regions, with the Supreme Allied Commander, South East Asia at Rangoon on 27 August, 1945 ;

to all of which Instrument of Surrender, General Order and Local Agreement this present Instrument is complementary and which it in no way supersedes, the Supreme Commander, Japanese Expeditionary Forces, Southern Regions (Field Marshal Count Terauchi) does hereby surrender unconditionally to the Supreme Allied Commander, South East Asia (Admiral The Lord Louis Mountbatten) himself and all Japanese sea, ground, air and auxiliary forces under his command or control and within the operational theatre of the Supreme Allied Commander, South East Asia.

2. The Supreme Commander, Japanese Expeditionary Forces, Southern Regions, undertakes to ensure that all orders and instructions that may be issued from time to time by the Supreme Allied Commander, South East Asia, or by any of his subordinate Naval, Military or Air Force Commanders of whatever rank acting in his name, are scrupulously and promptly obeyed by all Japanese sea, ground, air and auxiliary forces under the command or control of the Supreme Commander, Japanese Expeditionary Forces, Southern Regions, and within the operational theatre of the Supreme Allied Commander, South East Asia.

3. Any disobedience of, or delay or failure to comply with, orders or instructions issued by the Supreme Allied Commander, South East Asia, or issued on his behalf by any of his subordinate Naval, Military or Air Force Commanders of whatever rank, and any action which the Supreme Allied Commander, South East Asia, or his subordinate Commanders, acting on his behalf, may determine to be detrimental to the Allied Powers, will be dealt with as the Supreme Allied Commander, South East Asia may decide.

4. This Instrument takes effect from the time and date of signing.

5. This Instrument is drawn up in the English language, which is the only authentic version. In any case of doubt as to intention or meaning, the decision of the Supreme Allied Commander, South East Asia is final. It is the responsibility of the Supreme Commander, Japanese Expeditionary Forces, Southern Regions, to make such translation into Japanese as he may require.

Signed at Singapore at 0341 hours (G.M.T.) on 12 September, 1945.

陸軍大将板垣征四郎　　Louis Mountbatten

SUPREME COMMANDER JAPANESE EXPEDITIONARY FORCES, SOUTHERN REGIONS.

SUPREME ALLIED COMMANDER, SOUTH EAST ASIA.

坂垣在新加坡签署的投降书

国际军事法庭，开始对德国主要纳粹战犯起诉。

根据波茨坦公告与日本投降文书，远东盟军最高统帅部也着手设立远东国际军事法庭，准备落实“公告”第10项：“吾人无意奴役日本民族或消灭其国家，但对于战犯，包括虐待吾人俘虏者在内，将处以严厉之法律制裁。”清算日本军国主义罪行的时机已经到了！所以，参加新加坡受降仪式的中国代表冯衍少将在出席新加坡中华总商会一次会议上，首先提出马来亚华侨团体应立即调查在日本占领期间殉难与失踪华侨情况，写出详细报告呈中央政府，以便向日本政府讨还血债。最先响应冯衍将军号召的是《华侨生活》杂志社，他们先后随刊发出了1万份调查表给市民登记。

避难在荷属爪哇岛的陈嘉庚，此时已公开亮相，离开藏匿地，来到巴达维亚。他从1942年2月2日，离开新加坡，曾辗转于苏门答腊、巨港、爪哇、梭罗、玛琅等地，在他于福建家乡创办的集美学校与厦门大学的校友掩护下，最后隐居在玛琅的一座橡胶园里。他目睹荷兰殖民者的军队在日军进攻下望风而逃，曾感慨“世界最坏之军人及公务人员，想无如荷人之不负责者”。以致日军还未入城，城里便秩序大乱，抢劫成风，华侨财产惨遭损失。他还从朋友口中知道，日军占领巴达维亚后大肆搜捕华侨，连著名的印尼侨领庄西言也没能幸免。后来，日本侦探似乎查到了陈嘉庚的行踪，不断派人来搜查。陈嘉庚深感自己安危未卜，于是，“作俚诗一首以见志”：

领导南侨捐抗敌，会场鼓励必骂贼。
报章频传海内外，敌人恨我最努力。
和平傀儡甫萌芽，首予劝诫勿昧惑。
卖国求荣甘遗臭，电提参政攻叛逆。
爪哇避难已两年，潜踪难保长秘密。
何时不幸被俘虏，抵死无颜谄事敌。
回检平生公与私，尚无罪迹污清白。

冥冥吉凶如有定，付之天命惧奚益。

日本投降，清算和惩罚日军罪行就成了南侨总会最重要的工作任务。所以，陈嘉庚一到巴达维亚，立即以南侨总会主席的名义，发布了《南侨总会通告第 1 号》。

通告首先概括了南洋华侨在日本军国主义统治下遭受的痛苦："南洋各属不幸沦陷敌寇三年余，生命财产损失惨重，尤以马来亚、新加坡为甚，他如缅甸菲律宾华侨较少，然地当战区，损失必更剧烈。至于爪哇侨胞，遭难虽次，但既受土人枪杀，复被敌寇劫掠物资，几至竭泽而渔，工厂没收或拆毁，略有声望侨胞，多遭拘禁集中营，酷虐待遇，苦不忍闻。其他侨众，虽获些少自由，然拘捕任意，朝不保夕，一入囹圄，释放无期。酷刑虐待，非死则伤。加以公务人员，狐假虎威，助桀为虐。人民疾病伤亡，难以数计。"为此，通告提出："至于侨胞被敌寇酷刑虐杀，迫取金钻，掠劫货物，应当严惩报复，及请追回，或求赔偿。各处侨领宜速组调查委员会，呈请中外政府，务期达到目的，此为战后侨胞首要之任务也。"陈嘉庚是提出成立专门组织，调查日军罪行的第一人！

10 月 6 日，陈嘉庚乘飞机回到他阔别 3 年的新加坡。这位受人尊敬的爱国侨领平安归来，受到了新加坡华侨各界的热烈欢迎。21 日，新加坡 500 多个华侨社团联合召开了盛大欢迎会。

远在重庆的 10 个团体闻陈嘉庚平安回归，也召开了庆祝大会。毛泽东专为陈嘉庚题写了条幅"华侨旗帜，民族先锋"。周恩来、王若飞题写了祝词："为民族解放尽最大努力，为团结抗战受无限苦辛，诽言不能伤，威武不能屈，庆安全健在，再为民请命！"冯玉祥将军更作一首"丘八诗"曰："陈先生，即嘉庚，对人好，谋国忠，一言一行皆大公。闻已返旧居，远道得讯喜难名。"大会一致通过给陈嘉庚的贺电：

陈嘉庚先生赐鉴：

暴敌投降，公莅星岛，消息传来，万众骄欢。顷由 10 个团体发起庆祝大会，本月 18 日举行，贺辞满壁，到者盈门。会上公决，奉电致敬，祝公康强，为国宣力，和平永奠，端赖老成，盼赋归欤，群情所企，海天万里，无任神驰，谨电奉闻，诸维垂察。

陈嘉庚安全庆祝大会公叩

这场庆祝大会，由邵力子任主席，到会的有郭沫若、黄炎培、柳亚子、陶行知、沈钧儒，以及国民党海外部副部长赖琏等知名人士500多人。

欢迎会与庆祝大会，特别是毛泽东的题词及大会的贺电，给陈嘉庚极大的鼓舞，他决心领导南洋华侨为讨回日寇血债做出新贡献。他不顾鞍马劳顿，于11月15日主持召开新加坡华侨筹赈会委员会。会议除了报告该会在沦陷时期所遭受财产损失及存款情况外，着重研究了“敌寇入境惨杀华侨，及检证时期被其捕去，以及后来累次掳杀”及财产损失的情况。特别是“现今英政府对于伪币价值若不予相当承认，则吾侨几等于全部破产，损失惨重如斯，前途奚堪设想”的情况。大家一致决定成立调查委员会，负责调查上述损失。18日，陈嘉庚便召开调查委员会第一次会议，商讨了调查办法。随即发表了《南侨总会通告第2号》。通告全文如下：

日敌寇南侵至于投降，南洋各属华侨生命财产，损失惨重。各处若不妥备手续，分户调查，则不能知确实数目，既不知确实数目，无以造报中外政府，严惩敌寇，责偿损失。至于调查之机关，如由“七七”抗战后各坡组成之筹赈会、慈善会等，亦甚相宜。其中如因战争解散，回复为难，则由当地侨胞之新成机构，或原有公团如商会者，负责主持，常无不可。查英属马来亚原分12区，各区原设有筹赈会。现新加坡区经组成调查委员会，推进工作，按一个月内可以竣事，其他11区因交通不便，未悉情况如何，是否应行变动办理，最好就地解决。兹付去新加坡区调查表格4种，凡未举行诸区，可以参考。并希从速举办，最迟尽本年内调查完毕。统报本总会，以便汇集转行呈报英政府及我国政府，依照公意，请求办理，为死者谋申冤，为生者谋救济，或不至完全希望也。

此布

在陈嘉庚的领导下，新加坡筹赈会调查委员会行动最为迅速，它首先进行了分工，市区：大坡推杨缵文为召集人，小坡推李亮其为召集人，郊区则由该区筹赈分会负责。他们把调查表挨户分送，限时间填好收回，然后汇集统计。

陈嘉庚在爪哇藏匿期间，曾撰写了一部30多万字的回忆录《南侨回忆录》，着重记述了南洋华侨支持祖国抗战的业绩，为中国华侨史留下了宝贵的文献资料。回到新加坡后，此回忆录即付梓出版。由此，陈嘉庚想到现在战争已结束，和平已胜利，这场战争，各国都会有人书写。但是“欲求详载我华侨之惨遇与牺牲，永为后之资者，料不可得”。他萌发了编辑出版《大战与南侨》一书的构想，准备发动南洋各地的战争亲历者，撰写回忆录，揭露日寇暴行，展现华侨英勇与牺牲。他的动议，很快得到了南侨总会各委员的同意。于是，南侨总会又发出了第3号、第4号通告。

通告指出：“自日寇‘七七’启衅至南进为止，我侨对祖国筹赈救亡工作，余已详述于《南侨回忆录》。迨日寇南侵后，南洋各属沦陷，侨胞生命财产损失惨重。大战告终，我侨遭难经过，不应无所记载。本总会爰拟集合此项文字，编成一册，名曰《大战与南侨》，特登报广求爱国侨贤，将前后见闻事实，堪留信史者，撰文惠交本总会。征文内容，分军事、刑杀、贪污、奸淫、奸贼、损失、政治七项。详述地方一切或一二项情形均可。详细说明，另印散张寄存马来亚各区筹赈会分会、苏门答腊中华商会。要者请向贵处机关索取，或来函索寄。至截止期，马来亚限至本年终，苏门答腊限至明年1月终。”《大战与南侨》征文的发动，又引起了许多华侨重温过去3年多来所遭受的日寇血腥统治的痛苦，更加激发了广大华侨向日寇讨还血债的决心。《大战与南侨》由于种种原因，只征集到马来亚征文，最后只好编成30万字的“马来亚之部”于1947年1月在新加坡由新南洋出版社出版。其他各地的征文终究未能征集与出版，使之失去了许多弥足珍贵的历史资料，实在使人遗憾。

按照一般国际惯例，属于主要战争罪犯，即甲级战犯，均由国际军事法庭审判；而犯有违反普通战争罪行或违反人道罪行的乙级战犯和丙级战犯，均由犯罪地国（即暴行实施所在地国）的国内的或当地的军事法庭审判。所以，在远东国际军事法庭成立不久，于 1946 年 2 月，盟军东南亚战区司令部在新加坡设立东南亚第 7 战区战争罪犯法庭，即着手调查战犯，先后逮捕日籍战犯 1101 人，嫌疑犯 861 人。他们根据远东国际军事法庭审判原则，采用“证据主义”，即法庭最后判决必须根据法庭已经正式采纳的证据做出。因此，诉讼双方最重要的事情就是全力搜集有利于己方的证据向法庭提供，并促使其采纳。陈嘉庚与南侨总会大力调查日寇暴行，就是为战犯的审判提供证据做充分的准备。此时，英国新加坡殖民政府也成立咨询局，负责收取日本军队在新加坡暴行的证据。由于他们印制的调查表是英文的，很多华侨不认识，加上又没有挨家挨户发放，因此，对华侨生命财产损失了解挂一漏万。何况，他们主要精力是放在日军对英国人的暴行上，而不是放在华侨身上。

1946 年 1 月，陈嘉庚正式向外公布新加坡筹赈会初步调查报告：

新加坡被杀害的华侨：

市区 2493 人；郊区 1795 人。合计 4288 人。受敌酷刑的 393 人。

新加坡华侨财产损失：

个人：叻币 11781400 元；日军用票 146948000 元。

商号：叻币 505836800 元；日军用票 123874000 元。

合计损失：叻币 517618200 元；日军用票 270822000 元。

陈嘉庚强调指出：“关于人命损失，绝不止此数。听说政府咨询局所得报告，失踪及死亡人数 3000 余人，两家统计合计也不过七八千人，与传闻被害者数万人数字，相差甚大。其间，或者因为调查不周，或者因为全家被杀，无人登记;或者众所周知，遭受日寇的灌水、电击、火灾、碾腿、跪玻璃等酷刑者，不愿再诉说。因此，我希望各界侨胞，凡有此身受者，请函告新加坡华侨筹赈祖国难民大会调查委员会，以便更准确统计数字。”

与此同时，英殖民政府咨询局也公布了新加坡华侨在大检证期间失踪人数：

中峇鲁 59 人；

海山街 433 人；

丹戎百葛 123 人；

芽笼路 125 人；

爪哇街 276 人；

惹兰勿刹 242 人；

直落古楼 723 人；

后港（7 英里）283 人；

武吉智马 69 人；

万代（11 英里）74 人；

巴诗班让 11 人；

杨厝港 37 人；

其他 267 人；

合计 2722 人。

1947 年 2 月 7 日，咨询局局长陈彼得专门拜访了陈嘉庚。他说：大检证被杀的华侨应有 5000 人，现收到登记的有 6000 人。除去重复登记的只有 3000 人。因此，登记工作还必须继续进行。

东南亚第 7 战区战争罪犯法庭战犯调查队也公布了他们调查的信息：日寇在新加坡进行检证大屠杀时，有十七八处不同地点被当作屠场，大抵都在新加坡东南部。据有关日本人承认有 3000 人在这些地方被杀害：

旁鹅区：2 月 28 日开始，约有 150 人被杀；

章宜区：在一洞穴内 2 月 15 日有 70 多名星洲华侨义勇军战士被杀；

巴拿梅拿：2 月 2 日有 500 名多中国平民被杀；

东海岸十条石：被杀数目不详；

牙龙士爱：若干华侨被杀；

外加东因巴路：若干华侨被杀；

丹戎百葛码头：2 月 17 日 20 人被杀；

勿拉干么地：有若干人被杀，日期未详，曾获尸骸 118 具；

武吉智马五条石：2 月 14 日，约 60 人被杀，内有妇女儿童；

改革路：若干人被杀，日期不详；

小坡碗店口海滩：若干人被杀；

巴诗班让：有 96 人被杀（均为马来士兵）。

完成了新加坡华侨损失初步调查后，南侨总会的历史使命宣告完成，陈嘉庚即向社会宣告历时 8 年的南洋华侨筹赈祖国难民总会结束。结束前，陈嘉庚还没有忘记当年奔赴滇缅公路的 3000 多名机工。缅甸失守，日军切断滇缅公路后，国民政府解散了运输队，使 2000 多名华侨机工流落云南，无以为生，而国民政府又不闻不问。因此，陈嘉庚除多次向国民政府呼吁设法救济，帮助他们复员回居住地外，还发动各地筹赈会为他们筹集差旅费，遂使 1000 多名机工终于返回了南洋居住地。南侨总会，这个抗日战争期间成立的跨国家、跨地区之抗日救国联合组织，是南洋华侨抗日救国运动发展到一个新阶段的重要标志，它团结广大爱国华侨结成统一战线，为支援祖国抗战做出了永不磨灭的贡献，在华侨史上留下了浓墨重彩的一笔！

南侨总会宣告结束，但东南亚战区调查战犯罪行的工作仍在进行中。因此，华侨生命财产损失在南侨总会调查委员会初步调查的基础上，仍需继续深入调查，以求对战犯罪行彻底清算。为此，1946 年 5 月 29 日，由郑古悦发起成立“新加坡华侨被日寇检证及杀害集体鸣冤大会”（简称新加坡华侨集体鸣冤会）。他在邀请新加坡华侨各团体参与的信函中说：“前年日寇入境，吾侨其检证掳掠及戮杀残害，为数不可胜计。盖以狂虏猖獗，逆焰冲天，实为亘古所无。每忆冤深填海，仇愤移山，宜雪恨清偿。”郑古悦的提议得到了广泛响应。

1946 年 5 月 30 日，鸣冤筹委会召开第一次会议，6 月 2 日，鸣冤会宣布正式成立。大会推举郑古悦为主席，杨缵文为副主席。成立大会同时也是集体控诉大会，因为，参加大会的除了一部分社会知名侨领外，绝大多数为当年日军检证大屠杀的受害者家属，有 1000 余人。受害者家属在会上的血泪控诉，使与会者人人义愤填膺。郑古悦在致辞中说：“倭寇侵星，对我华侨作有计划之屠杀，意欲扫灭我优秀青年。其残酷行为，胜过毒蛇猛兽，此仇不共戴天，倘不图报，不特无以对死难侨胞，且被外人笑我无复仇勇气，故请侨胞一致奋起。”又说：“当时敌宪兵部诳我侨胞领取‘良民证'，分10余区检查杀害，故以凡宪兵皆属本案罪犯。又敌人由杨厝港及蔡厝港登陆，敌锋所指不分男女，尽遭杀害，故又以谓凡先头部队，非首犯即为帮凶。我等为尽未死者微责，必须报此血仇。"他号召全体侨胞"鼓起大国民勇气，立志复仇，提供证据，庶不复被害侨胞。此番集体控告，请促英政府尽法惩办，务使宪兵及先头部队悉皆落网，俾达目的"。

中国驻新加坡领事也出席了大会，表示中国政府对鸣冤会工作的支持。他告诉大家，虽然到4月为止，调查检证大屠杀人数"不过6000至8000人，但实际上一定不止此数"。他又说：检证大屠杀主犯大石正行正从日本引渡到新加坡审判，第7区战犯调查局主任基伦中将，将约中国驻新领事商谈审判有关事宜，因此，希望侨胞"从速到本馆或贵会（即鸣冤会——引者注）或失踪人事调查部报告"。领事馆还印有《失踪人员登记书》，"倘尚未向失踪人事部，或市民咨询局报告的，请到本馆或贵会登记，以便统计。本馆俟调查完毕，拟将详情呈请中央分别予以褒扬并抚恤遗孤，以慰忠贞"。

鸣冤会除了继续调查受难华侨生命损失外，还把追讨5000万"奉纳金"作为自己的主要任务。正如曾任136部队副区长、现任鸣冤会总务的庄惠泉所说："星岛沦陷之后，日敌非法压迫马来亚侨胞，缴纳'奉纳金'5000万元，限期由台湾及正金两银行汇收，侨胞以惨被屠杀之余，复遭经济劫夺，且当时所缴均为坡币，侨胞痛入骨髓，虽至今数年，遗恨犹新。"因此，他首先提议"由本会名誉要求当地政府，坚向日敌索债此5000万元'奉纳金'以为全马被敌杀害家属之救济基金"。由于日本政府先以此赔偿已超出和约范围为借口，后又以英国已获得400000540元的战争赔款为理由，拒绝偿还。因此，此项任务经过长期斗争，一直到1967年9月才得以完成。不过，索还"奉纳金"的运动，也进一步激发了华侨对日寇的仇恨，促进了讨还血债的斗争。

就像当年新加坡华侨筹赈会率先成立，引起了马来亚各地筹赈会如雨后春笋般生长一样，新加坡鸣冤会的成立，也在马来亚各地引起了连锁反应，各地纷纷成立鸣冤会：槟城、峇株巴辖、庇捞等集体鸣冤会先后成立，他们积极组织广大华侨控诉日寇暴行，奋起向日本大小战犯索还血债。只有华侨2万余人的庇捞，被屠杀的就有 4160 人，占总人数的 1/5 强，其主犯是日军岩田、乔本忠等。庇捞鸣冤会精确地统计了受害人数以及主要杀人犯，并将此情况呈报给当地民政官以及中国驻吉隆坡大使馆。槟城鸣冤会更是加班加点工作，在收集大量证据的前提下，向槟榔屿战犯调查队提供了 49 人战犯名单。而新加坡鸣冤会的调查与追债则不仅限于新加坡，还涉及马来亚一些地区。虽然，统计数字很不完备和全面，但其公布数字相对而言，具有一定的权威性。

新加坡：财产损失：叻币 67628200 元；

日军用票 270822000 元；

人命损失 4681 人。

新　山：财产损失：叻币 643365 元；

日军用票 3715540 元；

人命损失 3241 人。

麻　坡：财产损失：叻币 9405744 元；

日军用票 9123185 元；

人命损失 331 人。

森美兰：财产损失：叻币 1345000 元；

日军用票（缺）；

人命损失 1900 人。

紧跟在南侨筹赈会公布新加坡华侨损失初步调查报告之后的是，麻坡华侨筹赈会也公布了麻坡华侨损失调查之结果："计调查所得：吾侨生命牺牲者有 164 人；商号损失者 394 家，共叻币 31406000 余元（存货除外，净失数目），伪币 4859000 余元，其他损失达 1012000 余元。至于个人损失共 796 名，伪币 3933744 元，其他损失计 955000 余元。此外尚有去年土人大屠杀华侨时，于 7 月 1 日成立之麻坡救济难民委员会救济金（伪币）40 余万元。至于个人受刑，残酷异常，何殊人间地狱，统计凡 51 名。"报告还说："本坡地方辽阔，战后交通至感困难，受害损失，当不止此数，唯限于时间，须即结束。"因为麻坡华侨在战前筹赈成绩全马第一，因此，日寇对麻坡侨领杀戮也为全马之冠，所以麻坡筹赈会还公布了被杀的侨领名单，战前共有 15 名侨领，其中 13 人殉难。加上其他筹赈积极分子，在市区遇害的就有 280 人。在麻坡筹赈会公布调查报告的同时，新山华侨筹赈会也公布了柔佛州新山区华侨损失的调查报告：

生命损失：被杀害 3099 人；

受刑 141 人。

财产损失：商号损失：战前存货价值叻币 3357761.5 元，现存实物价值叻币 349451 元；

现存日军用票 5407647 元；

工厂、胶园、屋宇及其他损失等共叻币 2173726 元。

个人损失：叻币 1238277.6 元；

军用票 3715540.5 元。

柔佛州峇株巴辖华侨筹赈会也公布了调查报告：被日寇杀害的该地华侨，有姓氏地点可考者，成年男性 456 人；成年女性 117 人。不明岁数者男性 3 人。合计 833 人。这里还不包括在排华暴行中被杀的人数。

槟城筹赈会在调查登记华侨生命财产损失的同时，还进行殉难同胞遗骸寻找挖掘工作，为审判日本战犯提供有力证据。据 1951 年 6 月 11 日《南洋商报》报道："收拾之全数骨殖检点共计 66 箱，均为殉难者之遗骸，然全者仅 16 具，余均不全。计腿骨 790 具（每具 1 人），头颅有破者、裂者 331 个，另有甚多碎骨，几不可辨。总数尚共达千人以上。"挖掘遗骨地点，均在槟城的荒郊野地，是当年日寇秘密杀害或活埋华侨的地方。

不管是哪个筹赈会还是鸣冤会，或是其他组织，他们调查出来的死亡数字成百上千，实在惊人！这些数字虽然枯燥，但一个个都是用华侨鲜血写成的！这些数字虽然很不完整，也很不全面，但个个都是铁写的事实，铁证如山！它足以揭穿日本侵略者在马来半岛、新加坡犯下的滔天罪行，足以为审判日本战争贩子提供无可辩驳的证据！

2 山下奉文的下场

新加坡华侨、马来半岛华侨清算的第一个对象就是山下奉文。

山下奉文不仅仅是新加坡检证大屠杀的罪魁祸首，他的双手还沾满了中国华北人民和菲律宾人民的鲜血。因此，日本天皇宣布投降之后不久，南京军事法庭、新加坡军事法庭、马尼拉军事法庭均要求引渡山下奉文进行审判。山下奉文成了盟军军事法庭审判的“香饽饽”。

但是，此时山下奉文却关在菲律宾吕宋岛著名的旅游胜地——碧瑶利萨县门天鲁帕街的毕利毕监狱里。因此，美军事法庭拒绝了中国政府和英国政府的引渡要求，把山下奉文留在马尼拉，由马尼拉法庭审判。

原来，1944 年下半年开始，美军开始对日本本土与南洋各战略要地展开了大规模的进攻，企图切断日本与南方资源地区的联系，最后占领日本本土。7 月下旬，日军大本营制订了“捷一号作战”计划，计划判断菲律宾是美军登陆的最可能地区。因此，把防守菲律宾与美军决战列入“捷一号作战”。被东条排挤到中国东北担任第 1 方面军司令官的山下奉文，因东条内阁倒台，这位“马来之虎”为此于当年 10 月 5 日调任新组建的第 14 方面军司令官，负责保卫菲律宾。第 14 方面军下辖第 35 集团军以及 5 个师团、1 个旅团，约 23 万人。

山下奉文又获得了为天皇孝忠卖命的机会，于是踌躇满志地飞到马尼拉。他决心拿出当年驰骋马来半岛和新加坡的“虎威”，以及在丛林战中勇猛冲杀的经验，来守卫具有战略地位的菲律宾群岛。山下奉文知道：这个拥有 7107 座大小岛屿的国家，不仅有丰富的铁、铬、铜、锰、石油等战略物资，它还是扼守太平洋和印度洋的交通要冲，地理位置十分重要。所以，他第一次与他的第 14 方面军部属见面时，就说："山下此次奉天皇之命，出任第 14 方面军司令官，将与各位官员在菲律宾岛进行日美最后决战……我们既无海军，也无空军，但作为陆军，坚决实行陆军独自作战。望各位官员从现在起，坚定这一决心！"山下奉文认为，美军登陆菲律宾的方向在南部，即菲律宾的最大岛屿吕宋岛。他把 13 万人的兵力布防在吕宋岛上。

然而，此时日本的气数已尽，又碰上美军鼎鼎有名的悍将麦克阿瑟，山下奉文再也无法展现"马来之虎"的"虎威"了。麦克阿瑟记着 1942 年他被日军赶出菲律宾时留下的"我会回来的"一句话，高喊着："我已经回来了！"在莱特岛与日本倾尽全力的海军进行了一场史无前例的大决战。结果，日本海军大败，几乎丧失了日本海军所有的力量。这宣告着日本人对菲律宾的统治即将土崩瓦解！

山下奉文只有招架之功，而无还手之力。他果断做出放弃在平原地区与美军决战，而转入山地构筑能够自给自足的据点，与美军作持久战。这个计划实属无奈。此时的日军已失去制空权，在平地作战，有全军覆没的危险；日军运输力量被分散在各岛，根本无法在平地机动作战。同时，日军粮食奇缺，第 14 方面军自 11 月以来，每个士兵每日只配给 8 两粮食。更主要的是菲律宾全岛人民抗日情绪高涨，抗日游击队几乎遍及全国。为此，山下奉文曾对第 14 方面军的同僚十分不满。他指责说："因为你们不采取果断的态度，才使对方放肆起来，在新加坡最初是这样，"他说着举手挥了一下，"咔嚓干了一下子，以后就老实了！"他抱怨同僚在统治菲律宾 3 年多期间，没有实行像新加坡那样的检证大屠杀。

于是，山下奉文在吕宋岛上建立了 3 个据点：一个在马尼拉东面的山岳地方，叫"振武集团"，有兵力 10 万；一个在克拉克机场西边山地，叫"建武集团"，有兵力 3 万；一个在吕宋岛中部，从西边林加近湾到东边的巴勒湾，叫"尚武集团"，有兵力 15 万。山下奉文则把第 14 方面军指挥部设在吕宋岛中西部的碧瑶日军医院里。为此，山下奉文下令放弃马尼拉。

1 月 26 日是麦克阿瑟将军的生日，美军准备这一天进驻马尼拉，因此加快了进攻速度。这样一来就切断了日军守卫马尼拉的海军陆战队的退路。本来就拒绝执行山下奉文撤退命令的大河内传七，干脆把海军从各地调集到马尼拉，决心与马尼拉共存亡。这些海军官兵知道自己活下去的日子不多了，便昼夜饮酒狂欢，接着就开始砸沿街的商店，做好了逐街逐屋巷战的准备。日军不仅顽强抵抗美军，还见人就杀，见女人就强奸然后杀死。先后被杀的马尼拉市民就有 10 万人之多。这其中有多少华侨，没法统计。据有关人士估计：当时全菲有华侨 13 万人，有 1 万多人被日军杀害；财产损失约 200002000 比索。作为菲律宾最高指挥官，山下奉文对日本海军士兵在马尼拉的残酷非法行为，则不闻不问，放任他们胡作非为。最后子弹打光，这些日本士兵就在所有高大建筑物上装上炸药进行爆破，然后集体自杀。

盟军最高统帅麦克阿瑟

麦克阿瑟一进马尼拉，就直奔马尼拉大酒店，他准备在那里举行一场“我已经回来了”的演说。但到马尼拉大酒店一看，它已经变成了一堆瓦砾，顿时火冒三丈，恨得咬牙切齿，发誓要活捉山下奉文，将他碎尸万段！

4 月 5 日，美军攻进碧瑶，山下奉文率部队逃往近干山区。一路上，疾病、饥饿威胁着这些完全丧失战斗力的日本官兵。病死、饿死者超过战死者 10 倍以上。他们在丛林中吃树皮草根，甚至吃自已战友的尸体。

首先是 105 师团参谋长岛田切腹自杀，接着，士兵们接二连三拉响手榴弹。被包围在阿辛山涧的山下奉文也做好了切腹准备。他下令将兵力分为两股，一股突围到吕宋西北；一股冲出包围圈后去打游击。他与参谋长武藤则决定“自裁”。为此，他设立了剖腹场，并在剖腹场埋下炸药。与此同时，山下奉文把从东南亚抢掠出来的价值约 13 亿美元的宝藏埋在秘密地点，致使“二战”以来许多人还在寻找“山下奉文所藏的宝藏”。

然而，正如山下奉文后来回答美国记者时所说：“陛下没有下达让自决的命令。”而下达的却是投降诏书。

8 月 19 日，南方派遣军司令部给山下奉文下达了停战命令。24 日，山下奉文举行了祭奠战死亡灵的仪式后，他没有自杀，却顺从美军命令，走出深山，向美军投降。

9 月 3 日上午 9 时 30 分，在碧瑶的高级专员别墅里举行了投降签字仪式。山下奉文第一眼就看见美方代表中有一位似曾相识的军人，再细看，他大吃一惊，竟是他在新加坡之战中俘获的马来亚英军陆军总司令白思华中将！这是麦克阿瑟专门羞辱山下奉文的一个重要环节。麦克阿瑟把从日本监狱里释放出来的白思华中将，用专机送到碧瑶出席这次投降仪式。当然出席投降仪式的还有一个美军降将温赖特将军。他是 3 年前率 7.5 万美军在巴丹向日军投降的。这 7.5 万美军士兵，在日军刺刀威逼下，前往 100 余公里外的圣费尔南战俘营，一路上跋涉于原始丛林，又不给吃喝，还常常遭日军毒打、枪杀，先后死去 7000 多人，因此，有“巴丹死亡行军”之说。温赖特也是麦克阿瑟从战俘营释放出来，立即送到碧瑶，用以羞辱报复日本人的。

山下奉文面对着这两位昔日的手下败将，恨不得找个地洞钻进去。他后来对此时此刻的心情是这样描述的 :“我在那时，甚至想到要自裁！”

山下奉文就这样落在美军手中了!

纵观山下奉文一生,他可是地地道道法西斯军人的缩影,是个杀人不眨眼的魔头。

1936 年，山下奉文因参加“二二六”事件失败后，被贬到朝鲜日军步兵第 3 联队任联队长。他在任联队长期间心狠手辣，制造了一桩灭门惨案。山下奉文的副官，在他的日记中这样记述 :“少将（指山下奉文）让我们密察金泽河的身份以及他送来宝物的目的。其实金泽河的身份在当地相当公开，根本谈不上任何秘密。他是一个正直有骨气的人，是一家银行的老板，很受人尊重。他不知从哪里得来的消息，说山下奉文所率领的部队，主要任务是剿杀朝鲜人，以便让日本移民过来居住，使日本更加牢固地控制朝鲜局势。作为一个银行家、富翁和一个民族主义者，金泽河决定把自己的传家宝贡献出来，企图求得山下少将的宽容，这是十分笨拙的办法。山下弄清情况之后，大笑数声，一改他往日庄严稳沉的风格，从此，我们真正地开了杀戒，金泽河那些稀世珍宝统统收入少将的府库里去。这次是山下奉文亲自带人到金泽河家抢夺宝物，并把金泽河全家统统杀死的。”

1937 年 7 月 7 日，卢沟桥事变爆发后，山下奉文所在部队由朝鲜调往华北前线，他所在联队，在北平南苑附近的黄村，曾与中国政府军发生遭遇。当时士兵趴在射击位置向敌人开火，山下奉文是第一次上战场，却愣愣地站在趴着的士兵背后，用马鞭指着敌方的目标校正着。子弹扑扑地在他前后左右乱飞，他却纹丝不动。有人朝他大喊 :“危险！快退下来！”他还是愣愣地站在那里。有人形容他，当时就像指挥士兵演习打靶似的。山下奉文身上那种武士道不怕死的精神，使他在士兵中赢得了很高的威望。调往中国华北作战，让山下奉文时来运转，靠华北方面军总司令官寺内寿一与山下奉文的岳父永山元彦的铁哥们关系，山下奉文很快就被提升为日本华北方面军的参谋长，成了寺内寿一的主要助手。当时，中国共产党领导的八路军在华北敌后游击战场得到了很快的发展与壮大。他们先后挺进冀鲁平原、冀南、冀鲁豫边区，还挺进冀东、冀鲁边区、冀中……创建了晋察冀根据地、冀鲁边根据地等 10 多块抗日根据地，总人口超过 5000 万。八路军与新四军，从 1937 年 9 月至

1938 年 10 月，同敌人作战 1600 余次，毙伤俘敌 5.4 万余人。八路军发展到 15.6 万人。到 1940 年，中国共产党领导的武装力量发展到 50 多万人，在华北、华中与华南创建了 16 块抗日根据地，拥有人口 1 亿多，抗击了半数以上的侵华日军和全部伪军，成了坚持抗战的中流砥柱。

为了扼制中国共产党武装力量在华北的大发展，日本华北方面军根据大本营关于“确保占领地区，促使其安定，以坚强的长期围攻的阵势，努力扑灭抗日残余”的基本方针，寺内寿一与山下奉文把日军的重点放在华北的“治安战”上，决定对中国共产党创立的第一块敌后根据地——晋察冀抗日根据地实行大规模的清剿。

山下奉文率 5 万兵力，采用分进合击、压缩包围、分割清剿、各个击破的战法，不断对根据地进行疯狂的扫荡，并实行极其野蛮的烧光、杀光、抢光的“三光”政策，制造无人区。山下奉文先后在河北蠡县王辛庄，无视国际公法，指使部下明目张胆地使用毒气，一次就杀害了群众 70 多人。在廊坊韩村镇，烧毁了民房 300 余间，杀害了 68 名无辜老百姓。同时还在大曹村，烧毁 2300 间民房，残杀了 73 名群众……

1941 年 8 月日军对晋察冀边区北岳区，动用 10 万兵力发动两个月扫荡，边区政府发动各级政府对 5 个专区 23 个县进行调查。调查结果是：被杀民众 4500 人；抓走 1.7 万余人；烧毁房屋 15.2 万多间，抢走粮食 2895 万公斤，毁坏农家具 23.7 万件，村以上干部牺牲者 201 人，被捕 426 人。

这是山下奉文因围剿八路军伤亡惨重，而对中国普通老百姓实施的报复。

当时，中国政府为马尼拉法庭提供了山下奉文在中国农村进行报复性大屠杀的 123 项战争罪行。

这一桩桩血写的惨案，暴露了山下奉文吃人不吐骨头的老虎本色。山下奉文打下新加坡，得了“马来之虎”的绰号，他曾极力否定这一称号。他对老虎有过注释，他说：“虎这东西归根到底不过是个胆小而危险的兽类，专从背后袭击比自己弱小的对手。等到年老体衰时，就找动作迟钝的人，成了吃人的老虎。可以说是品质低劣的野兽！”山下奉文绝妙地活画出自己老虎的形象。

遗憾得很，山下奉文在中国华北的罪行，在马尼拉审判中没有得到很好的清算。

马尼拉军事法庭公开审判山下奉文是于1945年10月8日在马尼拉高级专员官邸大厅进行的。由于此次公开审判是在美军主持下进行的，因此，审判的内容主要是山下奉文在菲律宾的罪行。

审判一开始，山下奉文便威风凛凛地坐在被告席上，仿佛还是日军的最高指挥官。他嚣张地要求，要他的参谋长武藤和参谋副长宇都宫作为他的助理辩护人。他特别在“参谋长与参谋副长”几个字上加重了语气。

首席检察官R.喀少校当即顶了回去：“检察官不承认提出的两个人为参谋长、参谋副长。山下奉文拥有参谋长、参谋副长的时代已经结束了！”

就在此时，法庭外的街道上响起了一阵阵雷鸣般的口号声：“绞死山下奉文！”“向日本讨还血债！”原来马尼拉的市民听说今天公审山下奉文，纷纷拥到这里，要求严惩杀人凶犯。口号声一浪高过一浪，吓得山下奉文坐也不是，站也不是，不断地哆嗦着两腿。那高傲的头，不得不低了下来。

在此起彼伏的口号声中，法庭以“美利坚合众国”的名义，宣读了对山下奉文的起诉书：

日本帝国陆军大将山下奉文，由1944年10月至1945年9月2日期间，在马尼拉及菲律宾群岛以及其他各地，身为与美国及其盟军作战的日本司令官，对于美国国民及其盟国国民和所属地市民，特别是菲律宾市民，任其部下进行野蛮残暴行为和其他重大犯罪，指挥官忽视了管制部下行为的义务，因此，山下奉文违犯了战争法规。

法庭指控山下奉文对1944年在菲律宾帕拉万岛烧死的150多名美军战俘负有不可推卸的责任。

出席法庭作证的是美海军陆战队队长陶格拉斯·威廉·波格。他控诉说：“我们150名美国战俘关在菲律宾帕拉万岛一座集中营里。那天，我们刚进入防空洞，便听到一声爆炸声和不断的凄厉的叫喊声，也夹杂着日军官兵的大笑声和机关枪声。我看到一股烟从 A 连的防空壕入口处喷出来，有 50 多个日本兵拿着步枪、手榴弹、轻机枪、火把，推着一桶桶汽油冲来。他们把汽油从门口倒进去，又抛出一个大火把把汽油点着。俘虏们冲出逃命时，不是被刺刀捅死，就是被棍子打死，或者被开枪打死……后来，我们与个别侥幸逃出来的参加了游击队！”

法庭还指控山下奉文对马尼拉大屠杀负有不可推卸的责任。

马尼拉大屠杀骇人听闻。当时，防守在马尼拉的日本官兵把对不断进攻的美军的愤怒，完全发泄在马尼拉的平民身上，甚至儿童、妇女身上。在圣保罗大学的餐厅里，日本士兵在悬挂房顶上的 5 盏枝形吊灯上缚系数捆手榴弹，然后在餐桌上放上许多美味点心，随后引诱一大批菲律宾儿童来吃点心。正当这些天真无邪的儿童高兴地吃着的时候，一位日本兵拉响了悬在儿童头上的集束手榴弹。儿童们即刻血肉横飞。没有炸到的孩子四散逃跑，日本兽兵却扫开了机关枪，这一下，994 名儿童就这样丢失了花一样的生命！

从 2 月 4 日到 10 日，日本士兵还在马尼拉巴石河南岸，大肆放火，本来马尼拉的房屋多是木制的，顷刻火光冲天，连躲在避难所的 3000 多难民也被烧成灰烬。

2 月 5 日，日本更为疯狂，他们把城中居民全赶上街道，男女分成两排。接着，开枪将男子全部射杀。女子则强奸后杀死。没有杀死的，就用手榴弹炸，用机枪扫。马尼拉顿时血流成河，尸体遍地，成了人间屠宰场。后来，美军缴获了一份日军的命令，上面写道：“杀死菲律宾人时，尽量集中在一个地方，采用节省弹药和人力的方式进行。尸体处理很麻烦，应把尸体塞进预定烧掉或炸毁的房屋里，或扔进河里。”日本士兵正是遵照他们上级命令这样做的。

证人的控诉，让山下奉文哑口无言。他沉默了好一会儿，突然咆哮起来：“每次事件发生，我们都没有得到报告，而事前我也不知道它可能发生……我没有下令进行屠杀……我做出了最大努力来控制我的军队！”他还狡辩说：当时日军处于一种绝望的狂暴情绪当中，所以干出了一系列残暴恐怖的事情。

这狡辩显然是苍白无力的。法官拿出新加坡大屠杀事件作为证据，当场给予山下奉文有力回击。法官说：“新加坡于 1942 年 2 月 15 日投降日本后，你率军占领新加坡全岛，你当天即向你所属 4 个司令官下令，必须将新加坡全部华侨男子集中到指定的地点调查身份，有抗日情绪的人和政府人员都要处死。你还规定，这项工作必须在 2 月 23 日完成。根据这一命令，大批新加坡华侨惨遭屠杀，按你们日本人自己统计的数字也不下 5000 人！”

山下奉文倒吸了一口冷气，张大了嘴巴僵在被告席上。

军事法庭乘胜追击，立即传马来亚丹戎巴葛警察署约翰出庭作证。约翰说："日本人命令我们把本区内 700 多名华侨带到警察署禁闭起来询问姓名，然后用汽车把他们运到丹戎巴葛全部枪杀！”另一个来自新加坡的证人，即华侨李秀国，他作证道："1942 年 2 月 23 日下午，我看见了 3 辆满载中国人的汽车从我家门前开过，汽车在离我家不远的地方停下来，日本强盗将 3 个人为一组绑在一起，经过华人游泳会旁的一条小巷，将他们押到海滩上，日本鬼子让华侨面向大海跪下，只见一个日本军官挥动红旗，日本兵一齐开枪射击，之后又举起军刀砍死了那些受伤者！”

法庭庭长雷诺鲁兹少将严厉指责山下奉文："根据你的命令屠杀了无数华侨，还能说你没有下令过屠杀的事？！”

山下奉文又倒吸了一口冷气，歇斯底里喊起来："不知道，什么也不知道！”一个日本帝国的堂堂大将，竟在法庭上耍起无赖来了。

新加坡大屠杀算是在马尼拉军事法庭对山下奉文审判时稍带进行了清算。

此外，法庭还对山下奉文的部队在菲律宾八打雁省进行大屠杀，杀死 25000 平民的惨案进行了揭发与控诉。

经过 1 个多月的审理，法庭做出如下判决："很明显，一个人被任命为军队指挥官就被赋予了很大的权力和很重的责任。这在军队中从来如此。当然，如果仅仅因为其下属实施了谋杀或者强奸就认定上司是谋杀者或强奸者，显然是荒唐的。然而，当杀人、强奸、邪恶的报复行为是如此广泛，而指挥官没有有效地去发现并控制这些犯罪，那么，这个指挥官将对其部队的非法行为根据其具体情况而承担责任，甚至是刑事责任。”何况这些非法行为，规模如此之大、时间如此之长，又在山下奉文指挥部附近发生，山下奉文不可能不知道。"要么他命令了，要么默许了这些有组织的行动。”这当然是针对他在马尼拉大屠杀中应承担的责任而说的。至于在中国华北地区的大屠杀、新加坡大屠杀、马来半岛大屠杀，那是山下奉文直接指挥下发生的。这行为直接违反了 1907 年 10 月 18 日签订的海牙第三公约规定之“杀人罪”。所以，曾在新加坡扛着白旗向山下奉文投降的英军参谋纽比根少将，获释后特地来到马尼拉见山下奉文。他对山下奉文说 :“如果在马尼拉宣告无罪，英方准备马上把当事人要过去，在新加坡军事法庭判以死刑，请做好思想准备吧！”

首席检察官罗伯特 · 科尔更一针见血地说 :“这些暴行在菲律宾各地都发生过，如山下奉文稍微尽其本职，就会知晓这些事情，但他对这些事情却视而不见。”他称山下奉文是“人民的公敌”，不然不会这样做，这样唆使与纵容部下杀人如麻！

法庭当场判决 : 山下奉文“判处绞刑”。

也许是山下奉文左耳听力有问题，也许是他当时吓蒙了，他回头问坐在旁边的翻译 :“什么刑？”

“绞刑！上吊！”翻译小声回答。

“绞刑？！”山下奉文心头一震 : 绞刑，对于日本人来说，这是最具侮辱性的死刑啊！他想到过他逃脱不了死亡，但万万没有想到是如此死法！

11 月 12 日与 26 日，山下奉文先后向菲律宾最高法院与美国最高法院提出上诉，但最终均被驳回。

盟军最高司令官麦克阿瑟于 1942 年 2 月 4 日，最终批准了绞刑判决。麦克阿瑟说 :“山下奉文没有履行他作为一个战士，对他的国家、他的敌人和全人类的责任。”他后来又说 :“我重新研究了山下案件的诉讼程序，以便寻找某些可以减轻他罪恶的事实，但我是徒劳的，我没有找到任何事实……此军官对其部队、其祖国、其敌人，且对于人类不履行其义务，其犯罪……乃对文明之耻辱……其经历是供军职者之耻辱！”

1942 年 2 月 22 日，午后，山下奉文被押送到马尼拉南郊的罗斯 · 巴尼约刑场。行刑前，他做了对日本人的最后讲话，他说 :“由于我的不注意和天性昏庸的缘故，耽误了全军的指挥和统率，杀了许多用什么也换不回来的您的儿子和梦中也难忘的夫君，实在是很对不起的事情……”至于那些被他杀死的千千万万的他国人的儿子与夫君，他没有一句“对不起”，他至死仍不悔过！所以，他还说：“我到地狱当阎罗王去吧！”这个不知耻辱的家伙，就连死后也还想当杀人的魔王！

人之将死其言也哀，还剩下40分钟就要上绞刑架了。山下奉文思绪万千，他大概想到这60年来，自己怎样从一个乡村医生的穷孩子，变成“二战”中日军赫赫有名的战将，成为陆军中少有的大将，靠的是什么？是学历、能力和“闺阀”（裙带关系）。他庆幸自己找了永山元彦的女儿做老婆，有了可靠的靠山，也庆幸他一直受日本陆军幼年学校、士官学校和陆军大学的系统军国主义的教育，使他成为一个典型的法西斯军人。至于能力……他来不及再想了，考虑他的这个最后遗言会传出去，他赶忙说了如下3点“希望”：

“第一，是履行义务的问题……这话我向部下官兵曾经讲过好多次。”什么是“义务”，就是要所有日本人担负起实现“八纮一宇”霸占全世界美梦的义务吧！

“第二，希望把重点放在科学教育的振兴上。

“第三，特别是对子女的教育……我对于现代教育从学校开始的这一点，常常感到不满……教育不从赋予可爱的婴儿以新生命的哺乳期开始是不行的。我甚至想把这叫作‘乳房教育’的。请把这平凡的话放在诸位的心中吧！这是夺去了诸位孩子的我最后的话。”这是法西斯军人对法西斯军人遗孤的嘱托，很明显这教育是法西斯教育，而且还要从娃娃抓起，使军国主义代代相传、香火不断。

山下奉文至死还念念不忘在日本复辟军国主义！

1942年2月22日2时50分，山下奉文的头被蒙上了黑布，手与脚被捆上了绳索，送上了绞刑台。他向东方——他崇敬的日本天皇所在方向深深一鞠躬，然后他的脖子就被套上绞索。突然，他脚下的踏板被抽开，山下奉文那90公斤重的身躯往下一沉，被吊在绞刑架上。3时27分，山下奉文气绝，终年60岁。

这位一路攻伐指挥杀人的法西斯魔王，终于得到了他应得的下场，成为人类不齿的狗屎堆！山下奉文在中国与新加坡的罪行，虽然没有得到很好的清算，对中国人民与新加坡、马来半岛以及南洋华侨来说，不能不说是一个很大的憾事。李光耀说得好：“他（指山下奉文）在马尼拉受审，因冷酷血洗马尼拉的罪名成立，上了绞刑台，而不是因为他批准杀害了 5 万到 10 万无辜的新加坡青年。”然而对山下奉文的结局，大家还是满意的。

对山下奉文的审判，是盟军军事法庭对日本战犯审判的第一人。山下奉文案给东京军事法庭对日本甲级战犯的审判定下了基调，并提供了许多经验与法律原则。狗屎堆可以做肥料，山下奉文的下场则成了一个很好的反面教材。

3 罪责岂能逃（上）

1946年1月19日，盟军最高统帅麦克阿瑟发出特别通告：成立远东国际军事法庭，审判日本主要战犯——甲级战犯。与此同时，远东国际军事法庭在日本横滨、中国上海、马来亚、新加坡、菲律宾马尼拉等30多个监狱，逮捕了5600多名乙、丙级战犯。所谓甲级战犯，就是拥有很高地位与很大权力，犯有策划、准备、发动或实行侵略战争罪行的“元凶”。所谓乙、丙级战犯，即在战争中违反《海牙国际公约》，犯下虐俘、屠杀平民、抢劫等罪行的战犯。其中指挥、监督的军官为乙级，而具体执行的士兵、士官等则为丙级。按照国际惯例，乙、丙级战犯，均由犯罪地国的国内或当地军事法庭审判。因此，在东京远东国际军事法庭受审的有包括东条英机在内的28名甲级战犯，他们都是法西斯日本的重要领导人，其中4人曾任首相。

在新加坡军事法庭受审的是新加坡大屠杀的主要执行者日军近卫师团师团长西村琢磨、警备队队长河村三郎和他的下属大石正行、横田吉隆、城朝龙、大西觉、久松春冶7人。

这7名战犯系由盟军最高统帅部命令日本政府成立的战犯调查委员会加以逮捕并进行了初审。大石正行在初审中就承认在其管辖区内屠杀了华侨约5000人。但是，日本政府的调查委员会对这个本来就大打折扣的数字，又大打折扣，认定新加坡大屠杀只杀了1500～2000人。

1945年9月、10月，大石正行与河村三郎，先后由东京引渡到新加坡。河村三郎有写日记的习惯，他在大屠杀期间留下的文字，是新加坡大屠杀最有说服力的罪证，可惜英军战犯调查部总联络部韦尔上校从东京飞新加坡时，飞机在安南西贡失事，

战犯编号：1. 西村琢磨，2. 河村三郎，3. 大石正行，
4. 横田吉隆，5. 城朝龙，6. 大西觉，7. 久松春治。

新加坡军事法庭审判战犯情况

使河村三郎的日记毁于大火。

新加坡审判是严格按照远东国际军事法庭宪章、组织与程序进行的。法庭设主控官，由英国人华特少将担任；助控官，由中国人林泉和律师担任；主审官，由英国人霍赛德中校担任；陪审官，由英国人克勒少校、霍斯达少校、丹尼斯少校、泰逊上尉担任。每个战犯均配有辩护律师，其主要辩护律师为日本人黑濑。

1946 年 3 月 10 日起，新加坡大屠杀审判在维多利亚纪念堂二楼公开进行。

法庭一开庭，主控官就用洪亮的声音，宣读了对 7 名战犯的控词：

被告:西村琢磨中将、河村三郎少将、大石正行中佐、横田吉隆中佐、城朝龙少佐、大西觉少佐、久松春冶大尉。

上述诸名日本军队官员被控违犯战争罪。

被告日本近卫师团司令西村琢磨中将、警备队队长河村三郎少将以及其余宪兵队军官，身负平民生命安全之责，竟于 1942 年 2 月 18 日至 3 月 3 日之间违背战争公法，全体参与屠杀新加坡岛上之居民，尤其于榜鹅、章宜路、奄巴路、新加坡船坞、马打依干、章宜实必及丹那美拉为最。

接着，按照“英美法系”的要求，先后在法庭上听取了 38 名控方证人的证词或书面证词。然后，证人对法官与辩护人提出的各种问题进行答辩。其间有反诘、再直讯、再反诘。

第一证人是供职于马来亚吉隆坡的马来联邦印度籍警长亚特戎。新加坡大屠杀期间，他在新加坡丹戎巴葛警察局当警察。1942 年 2 月 16 日，即新加坡沦陷第二天，他所在的警察局被日本宪兵队久松春冶分队接管。他说，当时，丹戎巴葛警察局所管辖的华侨集中地点有 3 处，一处在尼津，包括广东街；一处在中峇鲁；一处在新加坡港湾。久松部队到处张贴布告，悬赏抓华侨知名人士，并发给他们警察局一份华侨抗日分子的名单。久松集合警察进行训话指出，华侨集中的时间是 2 月 17 日至 24 日。一共被检人数达 700 多人。大部分关在警察局的禁闭室里，一部分则被随来的卡车运走，每车大约30人。运走后再没见他们回来，至于运往哪里，不晓得。不过卡车驶去的方向是巴诗班让。被检的多由日本军官亲自盘问。2月22日，他去巡视新加坡港湾时，在快艇俱乐部附近海面，看见有具无头尸体，双手反绑着，臂上还刺有花纹。他判断是被杀华侨的尸体。

证人提供证词后，马上受到了被告律师日本人藤岩的诘问：

“你说，集中华侨的地点有3处，而你供职在警察局里，怎么知道外面检证的情况？”

“我的职责是巡视辖区内各处，我亲眼所见，当然了解情况！”

藤岩又问：“我知道你的职责是管货仓的，怎么会了解外面情况？”

亚特戎回答：“我上午管理仓库，下午则外出巡逻，何况被检出的人都要被带回警察局监牢里，而监牢就在货仓旁边。如不外出巡逻，也可以看见被关的人。”

藤岩问：“你看见那些被关的人，不一会儿都释放了吧！”

亚特戎坚定地回答：“没有此事，所有被检的人都用卡车载走。一批押入，一批载走。统计有700人之多。监牢有大有小，但每次只能容60人，通道也可以容四五十人。所以，不得不押来一批又运走一批。”

“你知道除久松部队之外，还有其他部队参加检证的吗？”

“不知道。”

藤岩又问：“你说，事后曾去港湾看见海上有无头的尸体。你知道，港湾内是不准任何人进入的，你虽然是警察，但也属于不准之列的。”

亚特戎回答：“可见你不了解情况，港湾有一多半是不准人进入的，但另一部分是归丹戎巴葛警察局直接管辖的。我发现尸体的地方，就在我们警察局管区之内，而且是在巡逻中偶然发现的，不是有意前往或者是听别人说的，而是我亲眼所见！”

“你曾将此事报告你的警长吗？”

“我曾经报告了警长，但警长有没有报告日本上司就不知道了。因为我们都不懂日语。”

“你发现尸体后，曾经调查过他们的死因吗？”

“没有。因为当时时局十分混乱。”

“你知道抓的华侨，是被人指证才被宪兵抓去的吗？”

“不知道。我只知道华侨是被日本人乱检乱抓的。”

辩护律师被反驳得哑口无言。

接着，主审官福寨中校开始诘问。他说：“那尸体都没有头，你怎么辨别他是华人？”因为主审官认为证人是印度籍人，不知他是如何辨别华人的。

亚特戎回答：“我是警察，经常与华侨打交道，与华侨结交了不少朋友，所以一眼就知道那是华侨。”

主审官又问：“你看见尸体上有花纹，那是什么标志？”

亚特戎回答：“那是为了美观。”

藤岩又问主审官：“华侨身上刺花纹是私会党的标志，他知道吗？”所谓私会党，是指华侨黑社会的秘密组织。

亚特戎回答：“不知道。”

问到这里，足以证明证人的供词是真实的、可靠的了。

第二证人即亚特戎的警长，现任马来亚联邦总警察长印度籍的爱式。他当时在新加坡丹戎巴葛警察局当警长。他说：“日本宪兵接管警察局后，下的第一条命令就是通知辖区的华侨居民，不分男女，须带三四天的粮食到指定集中之地点集中。集中的目的是抓捕反日分子、恐怖分子、抗日军及一切非法之徒，以便处死他们。集中之地点，一是中峇鲁，从兴得逊律、亚历山大律、石叻律，至中央医院、监光峇鲁律。包括火车头、恭锡街、武杰巴梭，南至油港，为新加坡港湾内之工人宿舍。当时宿舍内有工人 5000 人。集中之地点，一律用障碍物团团围住，由警察把守，不准人随便出入。围圈内则五步一岗。有一坏蛋跟在日本军官后边，专指他们所说的‘坏蛋’，然后逮捕之。其中也有共产党人。凭我的记忆，当时久松手下的宪兵有 30 多人，警备队有 100 多人。一经那坏蛋指出，便由宪兵逮捕，反绑双手。久松则在集中地点指挥一切。我亲眼看见中峇鲁被抓的有 30 人左右。港湾工人宿舍被抓去的有 25 人。被检出的人，没有审问，也无罪名，甚至连问话也没有，便被宪兵用车载走。这些载走的人，永远没有回来的有500人之多。记得事后不久，亚特戎曾向我报告，在快艇俱乐部附近的海面发现无头浮尸，其身上还刺有花纹。据我所知，凡刺有花纹的，都与私会党有关。有刺星形于臀部的，有刺有三四个圆点的。当然也有刺花纹是为了美观的。”

爱式的控词进一步证明了亚特戎证词的真实性。辩方律师藤岩站起来盘问："宪兵队的头头曾对你说，被检出的人一概处死？你不要胡说啊！”

“确有此事！”

“你知道抗日军以及义勇军都是一般平民协助下指认出来的，并非由宪兵队自己检出的。”

“不是那回事！”

主审官接着诘问："你所说的坏蛋，是从哪里来的？”

“是从牢狱里放出来的，也有平时专门当密探的，都是坏蛋！当时他们从牢狱里刚刚放出来，有了报私仇的机会，何况还急于找生活，所以担当起这个指认的任务。我看见一次有一个日本宪兵用手掌猛扇坏蛋的脸强迫他指认，因此，有些无辜的人被他乱指抓走。”

“当时那30名宪兵是什么装束？”

“都佩有长剑。记得有一辆插有红旗的车开过来。插红旗的车是校官坐的，插蓝旗的车是尉官坐的。久松是尉官，常来的车是插蓝旗的。当然，也有比他级别高的军官来，但我不认识他们。”

藤岩听到这里，恳请主审官让他继续提问。

“你所说的坏蛋，是否是指共产党？”

“不对，那些坏蛋都是抢劫杀人犯，有的还判了7年徒刑呢！他们还居然协助日本宪兵检证。他们与共产党风马牛不相及！”

证人当中有4名英国人，他们原是守卫新加坡的官兵，后来当了日本俘虏。因为他们远在英国，无法到庭作证，因此，法庭派人到英国录下他们的口供，由别人当庭宣读。

一位是士密少校。他被俘后关在新加坡的岛外小岛——勿勝贡马抵要塞俘虏营里。1942年2月17-18日，曾亲眼看见1200 ~ 2000名华侨，被日军用汽船载至海中，然后，5 ~ 7人一起用绳索捆绑在一起，推落海中，等他们浮出海面时，用机关枪扫射。过了几日，尸体浮出勿勝贡马抵海面，这时尸体已腐烂发出恶臭，又被冲到海滩上。因为影响卫生，日军不得已命令这些俘虏去掩埋。他们共掩埋了海滩上尸体108具或者是118具，现在已记不清了。死者全为华人，多为男子，女子也有。

一位是汤逊少校。他被俘后也关在勿勝贡马抵俘虏营里。2月20日，曾看见尸体漂浮在海中，几具连成一串，至少有十余二十具之多。他们都是手腕被反绑，背靠背。据说，是日本士兵把他们推下海后，然后用机枪扫射。他与他的一起当俘虏的同僚，把这些尸体埋葬在海滩上。

一位是炮兵战士路易士·怀特。他在新加坡沦陷后当俘虏的第二天，因为运粮食，来到勿勝贡马抵。远远看见海滩有一群日本兵在绑一群华人，然后把他们推下海中。两三天后，尸体浮出海面，计有68具，其中有女子与一婴儿绑在一起的，真是惨无人道。他们在该岛先后掩埋了150具尸体。

一位是易鲁斯中尉。他也被关押在勿勝贡马抵俘虏营里。2月16-24日，他远远看见戎逊码头将近1公里处，有机关枪响，看见许多人被推入大海，机枪就是向他们扫射的。几天后，尸体浮出海面，被海浪推至海滩，其中有妇女背着两个婴儿也被杀。

这4名证人，用亲眼所见的事实，证明新加坡大屠杀期间，勿勝贡马抵岛是日军的杀人屠场。

证人当中还有一名新加坡沦陷时期的宪兵队的乡志大尉，曾亲自参加过新加坡大屠杀。因为他在吉隆坡犯有非法处死市民罪，被关在吉隆坡半山芭监狱里。他是自动提供书面证词的。证词如下：

予兹自愿供述如下：予于1942年2月20日莅星勾留至于同年3月2日或3日。当予到星之后，受横田委以主管一个分区之职，因予不及参加大石在康宁炮台召开之会议，所以，一切命令，皆从横田接到，第一次为口头，第二次为书面者。

从广义而言之，予乃受命将予管区之华侨，集中于本人选择之一个地点，以期从中搜索抗日分子，而解交于辅助宪兵。关于集中华侨之工作，由本人辖下之宪兵负担。予指派彼等驻于一切战略点与交叉路以实行此项命令。予本人迄未尝与大石会面，直至行将与横田同赴苏门答腊之时方被召见。大石似乎不满意予之工作。当予晋见大石之时，伊认为予选出之抗日分子为数太少。予以为集中于管区之界限，予已记不清晰，但予以为不至如示予参阅地图显示之大也。予以为其中被检出之抗日分子，为数不超过 80，乃由予之部属负责检出其中之抗日分子，予从未有亲自为之。

执行于集中地点中检出抗日华侨之职责者，有 3 名曹长（现在苏门答腊）为其中一人，此 3 人由山口（亦被调至苏门答腊）指挥。

在我等未开始检证之前，予接到横田交来之名表一单，予嘱僚属只照横田表单中检出华人，非由其本意而检出之也。予本意欲扣留携有军火之华侨，但予管区之中从未有发现。

予本常欲向横田汇报所扣留之数目，予扣留之数既少，但亦未尝虚报总数以掩盖之。盖就予记忆所及，根据予区内之部署，此举实属不可能者。盖不独须将数目呈报横田，而且名单之虚表亦须呈报，当予就任时彼以此虚表与予，已常计算其名字。

予已不能记忆在予分区集中地点之位置。据予所能记忆，从该处可俯览康宁炮台之全境。予常将扣留者先交与辅助宪兵而后将名单之虚表呈报横田。因是被屠杀者为何人，横田亦不知之，直至施行射杀后乃知之。

辅助宪兵乃由横田分配与本人，由其属下之人员拨给。

辅助宪兵司令官为田中中尉，协助本人工作之辅助宪兵即由其中拨出。予已不记其名，但略记其为近卫师团之人员。

田中并非由予指挥，其所受一切训令皆直接来自横田。予只将疑犯交与彼等处置，但在何地射杀，则非予所知矣。

余确认予扣留之一切市民皆交与辅助宪兵，此外，别无其他人交与。

辅助宪兵促本人辖下之集中区中，将扣留者聚集于一罗厘车，此为唯一分配之运输工具。

上野于集中地点检出之当地之警察，予未尝雇用之。予前经只有横田交来名单之华侨被扣实属错误，盖其他反日之华侨无被检出也，予以为其中多出于10人，予又确认前言只有80多华人被扣者，并非言其实，盖其中定有更多之人员也。

关于横田之全部命令如何，予不能尽言之，唯彼曾告予谓凡华人之具有抗日思想者，须被检出，并射杀之以保存日后之和平。

予备悉经予属下宪兵检出之华籍平民，将被射杀。

至于老者与妇孺及其他人士同被扣留，但不久后便被释放。

予不知在何地射杀，但略记是在章宜海岸地方。

至于青年人受检记之准确日期，予亦不大记忆，是在2月22日或23日。予兹已记起集中地点，乃在由南方至迫至总督府之大道，其旁有一幅大矿地，即为我人所用者。予仍不能记起被屠杀者总额，所提380名之数，或属正确，此大概就予记忆上之所言也。被扣留之华人，连续二日被载去并加以射杀，一日间所扣留者，就于当晚射杀，俾于翌日便可以清数。

予授权予辖下之宪兵，将扣留之华人点交于辅助宪兵队，但予事前究不知谁被屠杀，直至予于全部工作完竣后接到名单之虚表乃知之也。

上述之供词，须由通译员宣读予知晓，为予所言者之实在与准确之译本，兹予签署承认上述全部之供词。

1946年6月8日乡志大尉签于章宜监狱

乡志的供词尽管许多地方闪烁其词，避重就轻，为自己开脱罪恶，但对检证与屠杀之情况都交代得一清二楚。作为大屠杀之重要分子，他从内部为7名被告战争罪行提供了有力的证据。

作为证人，大量的是被屠杀的幸存者或见证者。例如商人杨书宪，在1942年2月22日检证中，他侥幸脱险，但他的爱子及弟弟却被检出，至今生死不明。当时他检证集中地点是利峇峇里律，他告诉主控官，他离开该地时，被扣留蹲在一道旁的就有 400 多人。日本人在检证中，只问姓名职业等一两句话，就随便让人蹲在一边，他弟弟是就这样被检出去的。

被告律师黑濑在诘问中提出："检证时间从什么时候开始到什么时候结束？"

杨书宪答："由 21 日早晨起至 22 日下午 4 时。"

黑濑又问："你怎么记得那么清楚？"

杨书宪答："怎么不记得！当我回家后，隔天就不见许多人的踪影。"

黑濑再问："你怎么知道有 400 多人被扣？"

杨书宪生气地答："你的提问很奇怪。我的弟弟与爱子就在那被扣的队列里，至今消息全无，何况是我亲眼所见！"

此外，如车夫黄炳贤，3 月 14 日被检出押至海滨，日军射杀时，左肋中弹未死，后逃脱。义勇军战士黄新润也于 3 月 14 日被检出，押至章宜海滨，身中 6 弹，但均未打中要害，因而逃脱。小波居民黄亚伦，他儿子 3 月 14 日在爪哇街被检出，同时检出的一共有 19 车，他们均一去未回。小学校长陈憨生 3 月 17 日在青龙桥检证中，被抓到爪哇街当检证的登记员，他先后登记被检出来的华侨有 400 人，其中有商人、教员、学生等，陈憨生认识的就有四五十人。这 400 人统统被卡车运走……这些亲历者与幸存者以不可辩驳的事实，揭露了日军在新加坡大屠杀中，检证的儿戏性，以及抓人的随意性，屠杀的残忍性。

经过 8 天的主控方提供证人的证据后，3 月 20 日法庭进入被控方辩护阶段。

首先由被控方代表律师黑濑为 7 名战犯做集体辩护。他代表 7 名战犯对在新加坡被屠杀的华侨表示歉意，同时也对在广岛被美国原子弹杀害的日本同胞表示哀悼。

注意，他对被杀的成千上万的华侨仅仅使用的是"歉意"一词，连一声"道歉"或"对不起"也没有，更不用说是"谢罪"了。他把新加坡大屠杀与广岛原子弹等同起来，企图混淆战争的非正义性与正义性的区别。

接着，黑濑指出，新加坡大屠杀产生，是有其合理根据的：一是一切屠杀系当时军事行为所认为是必需的；二是日军从北马南下，经过了多次苦战，军纪已经很差；三是当时新加坡秩序已相当混乱，不采取这样的措施就不能维持社会治安。他为 7

名战犯所犯的罪行进行开脱。他说，屠杀的命令是总司令官山下奉文下达的，根据日军法令，下级必须服从上级，不得提出异议。他还引经据典，说明服从乃世界各国军人之天职。他还说，当时新加坡十分混乱，华人中有共产党、反日分子、私会党、抗日军人，不加以肃清，不利于日军下一步军事行动。黑濑的辩护词很明显，他企图把日军实行大屠杀的主观原因推到客观环境上。另一条是把 7 名战犯的罪行完全推到山下奉文身上，而这时山下奉文已在马尼拉伏法，这样就造成了生人对死案，完成为 7 名战犯开脱罪责。

第一个提审的战犯是西村琢磨，59 岁，日本陆军中将。1942 年 2 月 15 日，任 25 集团军近卫师团师团长，直接受山下奉文指挥。他在供词中为自己辩护说：“我的部队开进新加坡后，只有少部分驻守在市区，大部分驻守在郊区。17 日便奉 25 集团军总司令山下奉文的命令,调往苏门答腊作战。当天就开始做准备,3 月 5 日准备就绪，七八日便开始调动。这时，又接到肃清新加坡华人的命令，这个命令不是我直接接到的，是我的参谋到总司令部，由总司令部参谋长传达的。命令的大意是：肃清的对象是华侨反日分子，枪决地点设在市郊。肃清的时间不能超过 2 月底。我说：这命令太突然，怎么来得及完成？这么短时间，怎么能检查出哪些人是亲日哪些人是反日呢？参谋说：‘我何尝不是这样认为呢？’所以接受命令时，我向 25 集团军参谋长提出上述意见。参谋长说:此项命令已经发出，不能收回，你们应当接受并照办。因此，我们无法不接受。我没有办法，经过再三讨论，决定借一部分兵力给 25 集团军参加检证行动，并委任林少将（当时为少佐——引者注）统率并执行。因此，命令虽然是交给我，实际上是我借一部分兵力给 25 集团军，由小林指挥一切。既然接受了上级的命令，自己就不能不根据命令再向自己的下级传达，总算是依样画葫芦罢了。我让我的参谋长小幡少将转给小林去执行。等到我快往苏门答腊时，小幡参谋长曾向我报告过肃清华侨的事，没有什么重大事件发生，便觉无事了。小林少将也曾向我报告肃清命令执行的经过，当时我的全部精力注意在赴苏门答腊作战之事情上，想的是如何作战、如何取胜，所以，对肃清之事，认为已有人专门负责，就没有再介意了。至于榜鹅和漳宜地区的屠杀，那里虽然是我近卫师团管辖之区，但我实在不知道曾经屠杀过几百人，因为该两个地方之肃清归宪兵队执行。

“负责该区之宪兵队的是辻政信少佐……我下命令的时候，并没有指定要肃清的数目，我也没有通知小林要肃清多少人。

“河村中将(当时是少将——引者注)接管我留下的部队的时间,大约是3月5日，因为我将开赴苏门答腊作战。大部分部队要移动，同时对河村中将我预料他也能完成此命令。河村中将接管我留下的部队后，我便开赴苏门答腊岛。因为上述两个地方屠杀系小林与辻少佐之事，他们怎么执行，我也不知道。

“此事我了解也很巧，因为有一日我等闲谈，小林曾夸口肃清华侨抗日分子的功劳，应当属于他与辻少佐。所以，我认为此事，不应当由我负责。命令由上峰下来，如果有错误，应当由上峰负责。此事何况又由辻少佐负责，士兵虽然属于我，但是借给他用，由他来指挥。至于上峰下这种命令，自然经深思熟虑，当时认为是必需的。我既然是奉命，不可能考虑其可行与否。

“山下奉文大将是一位军人，他有杀任何一个士兵的权力，但绝不会无故屠杀非战斗人员。这种命令谁也不愿下，谁也不愿执行。但环境恶劣时，不能避免不执行。我作为军人，只有服从而已。不然有不听命令之罪，如在战场上，必遭枪毙。军人之耻辱，无出其右者。所以，军人只听命令，不愿蒙耻辱而生，这就是日本武士道之精神！你们没看见神风突击队奉命进攻敌人之军舰，明明知道去死也要前往，因为这是命令。日本兵就是奉命前进。别人是人,日本人也是人,哪能无故去屠杀他人?原因就是日本兵服从命令比自己的性命还重要。当天皇下诏投降时,命令一下就停战,我们一律放下武器，并没有发生丝毫意外事件，什么原因，也是服从命令啊！”西村琢磨越说越激动，大肆宣扬起日军武士道精神来了。同时，他激动，他找到了遁词——上推山下奉文，下推辻政信。山下奉文已死，辻政信已经潜逃，东京远东国际法庭并没有抓到他。

主控官华特等西村琢磨的辩词一落下，就单刀直入进行盘问：

“马来亚战争，你参加了吗？”

“参加了。”

“当时你统率的兵力有多少?

“我统率的近卫师团有六七千人。”

“一路南下到新加坡为止，死伤多少？”

“包括染病的有 800 人，后来参加苏门答腊作战的还有 6000 多人，战后活着留下来的不多了。”

“肃清新加坡华侨的命令是何时下达的？你什么时候开始执行？”

“21 日开始肃清，23 日完成。”

“何为反日思想？怎么肃清？”

“我不知道详细情况，我委托小林执行，辻少佐全权负责。”

“什么叫全权负责？能操生杀大权吗？”

“能。他全权办理。”

“你知道士兵犯法，罪归主帅吗？难道武士道可以随意杀人胡作非为吗？你将杀人之责任，推到上峰身上，算武士道精神吗？”

华特这一问，击中了西村琢磨之要害，他脸色一阵红一阵白，回答开始不流畅了。

西村琢磨支吾地回答：“不是我故意推诿责任，实在不是我所应负的责任，完全是小林与辻少佐的事。”

华特问：“如果是刑事责任，你能逃脱？！”

“不是我想逃脱，实在是辻少佐之责任。”

华特进一步追问：“你知道下令肃清，被肃清者必死吗？”

“我当然知道，他们是反日分子，杀他们是军事上的需要，当时是在战争中啊！”

“你知道当时形势，究竟恶劣到什么程度？”

“我不太了解，因为我当时注意力集中到我的部队要开往苏门答腊去作战，没办法兼顾。”

“所以你才这样说。你奉上峰命令后，立即传达给下属，命令执行的是肃清华侨，你怎么能说你不知道。你认定当时下这种命令是合法的吗？”

“我没有考虑这命令是否合法的时间，只知道服从命令。总司令山下奉文大将聪明绝顶，自然他是经过考虑才下达这命令的，所以我只能服从。山下奉文为大将，断断乎不会乱下命令的。”西村琢磨绕弯子了，又把责任推回到山下奉文身上。

华特又问：“你把这责任推到山下奉文身上，小林也会按此办法将责任推到你身上。”

“我认为不会发生此事。”西村琢磨有点理屈词穷了。

华特再问：“该命令原文，要求你主裁一切？”

“对。不过一人办不下来，所以让辻少佐协助我指挥一切。但这命令我实在没有亲眼看过，只知道其大概意思而已。”

西村琢磨的辩解已进入恶性循环——上推下卸，再问已无必要。华特便开始盘问具体屠杀问题：“榜鹅和章宜地区是你近卫师团管辖范围吗？”

“是，但我们不负责行政事务。”

“杉田、萘崎等交代说你负责一切，连屠杀之事也掌握在你手中。”杉田即杉田一次，是第25集团军报道部长，大佐军衔。萘崎即萘崎护，是昭南市厚生科长。这两位日本人都是新加坡大屠杀的证人。

“这……这未必是这样。”

“我现在要请教你一个重要的问题，日本军法中哪一条准许军官和士兵可以杀戮非战斗人员？”

“没有这样的军法，不过在紧张时期不在此例。”

“你能举出一例，说明日本军法能容许无辜杀人？”

“出于不得已时，在环境不能避免时，自然能杀人。”

“我认为这是你个人的见解，日本军法未尝有之。”

“根据日本军法当然没有，但一定有在某种情况下是可以的。我不能详细地回答你，因为我不是法律专家。”

华特再问：“你的意思是，服从命令比个人性命更重要？”

“当时我未考虑过，但两者比较，我认为服从命令远比个人生命重要。”

华特再转话题盘问：“辻政信少佐究竟何人所管？”

“辻参谋属第25集团军，属于总司令山下奉文部下。”

“他与警备队有关系吗？”

“这个我不太知道。”

“他有什么权力？”

“身为参谋，当然有参谋之权。他属总司令部，当然能协助总司令办事，所办的事多属作战计划。他借我的兵力，管我的兵，用我的名义杀人，我实在不敢负此杀人之责任啊！”

“但是杀人的命令是你下的！”

西村琢磨声音越来越小，他嘟囔着：“我下的这命令是我的参谋起草的，我不过是签个名认可而已，起承上启下的作用。”他知道，上推下卸杀人责任已经很难了，他已被逼到山穷水尽的地步了。

4 罪责岂能逃（下）

第二个提审的战犯是河村三郎，52岁，陆军中将。1942年2月15日新加坡沦陷时，任日军第9步兵旅团司令官，由25集团军管辖。英军投降后，该部驻守在淡申津蓄水池下的高尔夫俱乐部。2月17日，河村三郎奉命任新加坡警备队司令。

他在供词中说：他18日上任警备司令，司令部设在莱佛士专科学校。他部下有林少佐，担任警备队指挥官；有大石正行中佐，当时还是少佐，统率驻守于第二区的宪兵队。此外，还有两个大队，大队长是宫本与市川。当时总司令山下奉文在地图上给他指示他们部队管辖的地区（市区），加东与芽笼也在他管辖范围内，由宫本负责。

河村三郎说："我除了接受任职命令外，上峰还命令我肃清反日的华侨，要求从速办理，不得迟缓。当时25集团军的参谋长铃木中将、参谋辻少佐及林少佐都在座。任务很重大：一要肃清游击战分子；二要消灭反日分子。这是命令的大体内容。过后，任务便具体化为下列几条：

"一、肃清日期：由2月21日起至23日止。

"二、肃清目的是剿灭抗日义勇军、共产党和藏匿军火或枪械者，因为当时英军惨败后，遗下许多军火。还有反日分子，他们妨碍地方治安。

"三、肃清办法：阻止抗日分子遁逃；与当地警探合作，由社会知名人士指认，进行分区检证；严密搜查嫌疑分子，发现有非法物件，一律没收充公；检出的华侨，押运到秘密地点进行枪决。此事委托辻少佐全权办理。我还委任他为联络官。

"我认为肃清要求太急，实在很难完成任务。铃木参谋长给我解释，他说：25日总司令曾召开过军事会议，这在当时是军事秘密。开会地点在市里，提出必须首先集中肃清华侨抗日分子。因为当时近卫师团即将开赴苏门答腊作战，第5师团将分散驻守马来半岛各地，18师团也将赴缅甸以及安达曼、尼哥巴群岛，第56师团也将调往菲律宾。因此，留守在新加坡的部队只有我所管辖的大队。倘若不早计划肃清，连管理英、澳、印军投降的俘虏都不可能，哪还能再对付抗日之事？事情紧急到这样，不得不从速进行肃清。我有辻少佐全权负责，又有部下多人分担责任，自觉自己可以偷闲。我当时又认为此命令合理，所以才敢接受这一命令。于是，由总司令部草拟的布告，用我警备队的名义发表。铃木参谋长是我的同学，许多事情都得到他的帮助，所以后来经过讨论，他给我交下一份名单，我便按名单抓反日分子。至于集中华人指定地点然后释放妇女儿童，宪兵负责检查，辅助宪兵队协助守卫……”

河村三郎一边说着，脸上的肌肉一边抽搐着，有时甚至口斜鼻歪。原来他脸上患有一种怪病，眼口鼻不停地颤动。他的律师贺田不得不请求主审官，准许河村三郎在讲话时，可以用手帕掩住半边脸面。

他继续交代：“我部下为宫本与市川统率的两个中队，此外还有宪兵队，由大石正行大佐统率。当肃清反日分子命令下达各部队实施时，各守各的界，互不越界。关于辅助宪兵队，它附属于第2野战宪兵队，兵力由近卫师团、第5师团与第18师团抽调来的。这些宪兵一经抽调到辅助宪兵队，便与他们原来的部队脱离关系。辅助宪兵队，有它的领导，其责任是协助宪兵队办事，其领导与宪兵队队长同级别，或者比宪兵队队长还高些。宪兵队队长不能命令辅助宪兵队队长去执行任何任务，只能与他商量。

“关于总司令下达肃清反日分子这件事，我奉命必须在2月23日汇报执行情况。于是，我在那天中午召集宫本与市川以及大石正行大佐等人，要求他们报告肃清工作的经过。不过，当时报告的准确数字现在已记不清了。但三家汇集统计，已检出并被枪决的计有四五千人。我根据他们的汇报再报告总司令部，事后还有多少人数被枪决，实在不清楚，因为汇报之后，肃清工作还在进行。

“总司令山下奉文大将对我的报告，做过如下训示：‘你尽力奉公，我深表谢意。

我相信反日分子还未肃清，所以你们还应继续努力！’我离开总司令部后，还去拜见参谋长铃木中将，并向他报告了被扣留人数，并告诉他我们将继续努力工作。铃木很高兴，对我勉励有加。我说，此项肃清行动，预料今天完成了。但被扣留的人，考虑到战后复兴问题，可以利用这些人才，建议将他们释放。铃木中将点头同意了。

“到 2 月尾，本警备队参谋部接到命令，其内容是：一、近卫师团应继续如前肃清反日分子余党；二、设法防止反日分子潜逃，如再检出反日分子，立即枪决。

“我立即传达给我部下执行，结果被肃清的并不多。从 3 月 4 日我被委任为警备队司令至 3 月 18 日解职，先后仅 1 个月。”

河村三郎继续说：“关于屠杀反日华侨的命令，我当时是警备队司令，对于军事及地方上的实际情况不甚了解，经过总司令部参谋长训示，以及解释我军之苦衷，当时我认定这命令非接受不可。如不服从命令，不须经过军事法庭审判，就可枪决。而服从命令，乃日本军人之天职，这道理昨天西村琢磨中将已说过。今天我被控于军事法庭，乃是天命。我对于那些牺牲的华侨，深表歉意，同时也对在广岛以及在其他战场牺牲的日本官兵，表示哀悼与同情。不过，这已是一切皆空了！”河村三郎的狡辩术和西村琢磨一样：上推下卸。不过，河村三郎是警备队司令，是新加坡大屠杀最主要执行人。他岂能逃脱罪责！

主控官华特少将开始提问：“你说你奉总司令之命令肃清反日分子时，你不了解当时军事及地方的情况，你又讲参谋长铃木中将、林中佐、辻中佐给你解释清了，怎么说你不甚了解呢？”

“经过解释，当然清楚了。”

“你既然了解当时情况，敢问你的意见，你们总司令下这种命令合适吗？”

“当然合适。”

“你认为合适，自然接受此命令了？”

“当然。”

“你应当答‘是’。究竟是命令合适，还是接受命令合适？”

“我认为该命令合适，因为当时情形很混乱，假如不下此命令，没有办法对付。”

“你们命令讲肃清的是反日分子，为什么被检去的有律师、学校教师、学生、政府工作人员等，他们与反日分子毫不相干。”

“该命令讲应当肃清的分五类人。那些律师、教师、学生、政府工作人员，表面上是这些职业者，暗中却系被列的五类人。这五类人是共产党、义勇军、反日分子、劫匪、持藏军械者等。”

“但是，被检去的都死了，一位逃生回来的在这法庭作证，说他不是共产党、义勇军、反日分子……”

“这是他自己说的，不足于取信。总司令部有名单，而且名单记得很详细。他们除了正当职业外，思想上是反日的，当然属于嫌疑之列。”

“你认为有被冤枉枪毙的吗？”

“没听说有这种事。”

“但是，那些还只是被嫌疑的人都被你们枪决了！”

华特一环扣一环，步步进逼，河村三郎则处处设防，穷于应付。

华特问：“你曾经用多少小时去巡视集中检证地点？有什么感受？”

河村答：“我曾巡视过 10 分钟，据报告我感觉他们检验没有什么差错。”

“10 分钟便了解了一切？检证的方法是不是都一样？”

“各处略有不同。”

“你有没有规定你部下检证的方法？”

“各处负责人各有自己的妙招，他们都勤于奉公，不会出错。”

“看来，你还是规定了统一检证方法。”

“没有。他们告诉我，他们与地方警察和名流合作，办法很周密，自然不会出错。”

“你完全相信你部下各检证地点的负责人吗？”

“当然。”

“如此说来，你相信你部下的一举一动，只要是属于嫌疑的，你部下就可以随意枪决！”

“这是上峰的命令，何况还有名单，根据名单抓人，有证有据，应当枪毙！”

华特说："你这话太滑稽了，假如我手头有一名单，名单上有你河村中将的大名，便可随意将你枪毙吧！"

河村一听"枪毙"两字，吓了一跳，以为要枪决他自己，急忙辩解："不是这么简单，名单上的人是经过调查的，又经检证，才检出该人，便可以枪决，这个道理很明白而且公平。"

"但是第一二天有妇女儿童被集中，难道妇女儿童也有共产党、抗日分子、劫匪、持藏军火的？"

"她们足以妨碍我们的军事行动啊！所以，也属嫌疑犯。不过，第三天上峰下令释放，我便把他们放了。所以集中妇女与儿童，原因是最初命令是集中全体华人，集中在一处，以便于检查。"

"我认为你集中一切华人妇女，目的是加害她们，使她们狼狈不堪，才放她们回去。"

"不是，我不是这种人，我也同情妇女儿童。"

"23日你召大石及其他两处检证负责人报告工作，有此事吗？"

"有。"

"大石杀了多少人？"

"不记得了。"

"总共杀了多少人？"

"确切数字不记得了，好像4000人。此外，还有数百名被扣留的，也包括其中。"

"辅助宪兵队由谁统领？"

"总司令山下奉文大将。"

"处决被检者生死大权操在谁人手中？是否操在各处检证集中地点的头头手上？"

"不是，他们没有此权力。"

"那为什么证人黄炳贤说，他们120人被检证出后，即由卡车运往章宜枪决？"黄炳贤是新加坡加云路居民，1942年3月14日在惹兰勿刹检证中被检出，押运到章宜海边时挣脱绳索跳海逃生。

“执行此事的是该检区的头头，但是他的执行完全是根据总司令的命令。他的权力，仅限于检出。枪毙之权，也是总司令的命令授予的。因为日本军人只服从命令，没有踌躇犹豫之可能。”

“黄炳贤说，他是在集中地被检出的，他与山下奉文素不相识，他怎么知道其反日与否？我认为操这生杀大权的是你属下检区大西觉，不可能是别人！”

“这话不错，不过他是奉命而行。”

“不错。究竟是什么人有权力检人，被检出后又被枪毙？”

“检举之权在大西觉，因此杀人之责任应由大西觉负！”好家伙，他找到了替死鬼！

接下来，审判的是河村三郎部下的几位干将。一位是第二野战宪兵队队长大石正行中佐，以及大石正行中佐属下的宪兵队队长横田吉隆中佐、城朝龙少佐、大西觉少佐。还有城朝龙少佐部下的久松春冶大尉。

大石正行辩护的策略是一问三不知。该犯由林泉和律师诘问。

林泉和问：“河村中将是你的上司，凡他的命令都由你传达给你部下吗？”

大石正行答：“是。”

“关于肃清反日分子的命令，是不是由山下奉文传达给河村，河村再传达给你，你再传达给你部下，是这个顺序吗？”

“是，正是如此。”

“按照你的说法，你将上峰命令传达给部下，没有增添任何内容啰？”

“是。我将命令转给横田和城朝龙两位：告诉他们要肃清的华人有五类：共产党、义勇军、反日分子、劫匪、持藏军械者等，还交给他们由总司令部交来的名册。”

“你就这样按照上峰命令转给你部下执行？”

“对。”

“你知不知道被杀害的人中有多少义勇军？”

“不知道。”（第一个不知道。）

“你不认为你办事太疏忽了吗？”林泉和追问。

“当时事务过忙，无暇顾及。”

“现在我告诉你，当时义勇军只有 150 名，你会惊讶吗？”

“我不能回答你的问题。”大石正行有点要赖。

“被你屠杀的人当中有多少是共产党？”

“不知道。”（第二个不知道）

“共产党三个字怎么解释，你知道吗？”

“根据该命令讲，共产党已转入地下，准备进行游击战争。”

“劫匪一类人，如果见人行劫，当场就可以开枪击毙，何须集中待检？你知道被你们屠杀者中有多少是劫匪？”

“不知道。”（第三个不知道。）

“你知道收藏军火的有多少被杀？在集中地点搜出多少枪械？”

“不知道。（第四个不知道。）不过集中地点当然无人敢带枪，有枪的都藏在家里。集中检证之前，曾由军警派人挨家挨户搜查，搜出大量军火。”

“那你知道有多少被杀的人是私藏军火的？”

“根据报告确系搜出大量军火。”

“你答非所问。你知道有多少这种人被杀的吗？”

“我不记得了。（第五个不知道。）不过私藏军火的当然不敢把枪械带到集中地点去。”

“但是，被你们屠杀的，没有一个是私藏军火的，你认为如何？”

“事实上有大批军火搜出，不过我不知道详细情况罢了。”

“你身为高级长官，东也不知，西也不知，你办事太马虎了吧！”

“不是，我曾经巡视集中地点一次。”

林泉和不让他转移话题，接着追问：“关于那份名册，其中涉及社团的会员、职员有多少是属于五类人？”

“不知道。”（第六个不知道。）

“我所问的是，根据名册，有多少人被扣留？有多少人被杀？”

“都是本地人协助检出的。”大石正行顾左右而言他。

林泉和火了：“我所问的你完全回避不回答，究竟有多少人被扣留或被屠杀？你巡视之集中地点，曾经亲眼看到吗？”

“我巡视之集中地点有亲眼看到，其他地点料定也有，这都是根据我部下报告给我的。”

“被检出之人，曾告知他们要枪毙吗？”

“我不知道详细情况。”（第七个不知道。）

“你又一个不知道！你接到你部下报告才知道杀了多少人吗？”

“是。我部下将他们检出的人，再交给辅助宪兵队去枪决。”

“根据你所说，你赋予你部下生杀大权了！”

“不对。这是根据上峰的命令。”

“你奉河村中将的命令，然后传达给横田和城朝龙中佐，你知道他们二人也照命令，再传达给他们的部下去执行？”

“对。”

“你有没有增添检证以及枪毙的其他方法？”

“按命令执行，没有增添。”

尽管大石正行一问三不知，但他却承认了他是山下奉文肃清华侨命令的坚定执行者。

宪兵队队长横田吉隆在受审中，则采取另一种手法，把自己装扮成悲天悯人的善人。他说：他本不愿意执行这肃清命令的，但这是总司令部下达的，谁人敢不执行。他还大谈他曾经救过新加坡知名人士林文庆，把他从牢里释放出来，还“劝”他出面组织华侨协会。实际上是强迫他牵头组织伪华侨协会。

主控官华特少将亲自审问：“根据你说当时新加坡形势很严重，所以才实行大屠杀。依你的意见，这大屠杀的命令是合理的。”

横田说：“你问的是什么人被屠杀了？”他打岔。

“你不是奉命屠杀吗？”

“对。这自然有人要牺牲了。”

“无缘无故白白牺牲，你认为对吗？”

“当时的情况，我认为是合理合法的。”

“那你认为这命令对了？”

“我当时没有时间去判断，只知道是奉命。”

“你奉命，就是说你愿意奉此屠杀之命令了！”

“不是，我虽奉命，但并非愿意。因为事关人道，这命令太过于残忍了。”

“既然知道残忍，有违人道，为什么还执行？”

“我是军人，必须服从命令。”

“那就是说你心里不愿意？”

“屠杀手无寸铁的人，不是勇士啊！”

“这是懦夫的行为！”华特一针见血指出。

战犯城朝龙受审，仍由主控官华特少将审问。

“你部下久松春冶大尉所管辖的丹戎巴葛区是不是你负责的地区？”

“对。不过海港局不在丹戎巴葛范围内。”

“据久松春冶大尉供称，你同意他提出的集中华人之地点、集中反日分子之地点究竟有几处？”

“仅丹戎巴葛警察局前边一处。”

“证人警察亚特戎与警察长爱式供词中说，丹戎巴葛区集中检证地点有 3 处——丹戎巴葛、中峇鲁、海港局工人宿舍，被检出的反日分子关在丹戎巴葛警察局里边再判定他们生死，你还有什么话说？”

“我不知道此事。我曾到丹戎巴葛警察局巡视过。”

“看见有人关在那里吗？”

“没有看见。当时检查，我仅仅巡视过一次。”

“巡视了多久？”

“片刻罢了，大约 10 分钟。”

“你知道共产党是怎么样检出的？共产党被检出的一共多少人？”

“不知道，因为没有亲眼见。”

“被检出的共产党和反日分子，关在章宜监狱的多吗？”

“不知道。”

华特少将指责道：“你主持该区的检证，事事不知道。你是否全权赋予久松春治大尉？给了他特权？不然怎么事事不知？”

“确实不知。”城朝龙抵赖。

“如果你真的不知，说明你不负责任。”

“不是，上峰的命令有详细规定，所以我不用授予什么办法，我只有服从命令，将上峰的命令传达给下属执行就行了。”

“这是人命关天的大事，你曾经要求部下执行命令时特别慎重吗？”

“有呀，我当时传达命令时，就曾考虑尽量减少百姓牺牲。”他顺杆子爬。

“好！你考虑过尽量减少百姓牺牲，那么，你曾想过什么办法？”华特在这里等着他。

“我曾经去警备队以及宪兵队大石正行那里，将我的意见告诉他们。结果上峰下达命令：如果不在反日分子等五类之列的人，应尽量放了，这个命令就是让百姓避免重大牺牲。”城朝龙以为把话编圆了。

“这是空话！”华特少将一针见血，“你曾经采用什么办法，以减少百姓牺牲？”

“这不是我的权限，我只服从命令，尽我个人职责去执行而已。”他只是严格执行上峰的命令，根本没有想办法减少百姓无谓牺牲。

“你说，你总共杀了多少人？”

“实在抱歉万分，我无从知道。”

“你怎么这样糊涂。该区由你管辖，上峰的命令交给你，杀了多少人怎么会不知道？”

“我虽然奉了上峰的命令，但我又传达给了我的下属植野与久松他们，要求他们谨慎执行而已。”

“但是，你完全不知道杀了多少人，竟没有数目报告！”

“不是。我属下报告过检出的数目，我接到报告后就上报给了大石正行大佐。虽然看过数字，但过后便忘了。今又过了几年更记不清楚了。况且当时我信得过植野与久松，如果有越轨行为，他们会负责任的。”

“但是，你是要负你部下的责任的。他们的越轨行为，你肯负责？”

“不是啊！我仅负责将上峰的命令传达给部下。”

“假如你部下有越轨行为，你就得负指挥之责任！”

“他们做有越出命令范围之事，我仍不负责。不过，我深信他们不会干越轨之事的。我所负的责任就是，仅仅把上峰的命令传达给部下。上峰要我传达，我没有传达，便由我负责。”

“放任部下随意捕人杀人，能逃其领导之责任吗？”

华特少将又问：“在丹戎巴葛警察局关押的人，每到关满时，便交给辅助宪兵队押去枪决，这押去枪决的命令是谁下的？”

“按照命令，便交给辅助宪兵队押去枪决，无须有人再下命令。”

“由辅助宪兵队押去枪决，一定有人下命令。”

“按照上峰的命令就是辅助宪兵队负责枪决，实在无须每次押去便要一命令，押10次要10条命令。”城朝龙振振有词。

“你怎么不明白？譬如今天要来本法庭受审，你关在章宜监狱里，你怎么来？得由监狱官命令狱卒把你从监狱里押出来，然后由囚车把你送到这里来。这是很浅显的问题嘛！现在我再问你，命令押出被关禁者交给辅助宪兵队的，是不是久松大尉？”

“是。”

城朝龙脸色突变，久松是他的部下，他知道他罪责难逃了。

战犯大西觉在新加坡检证大屠杀期间，是惹兰勿刹地区负责人。该区是检出并屠杀华侨最多地区之一。他在审讯中，好像很老实，一一交代他所检出并押送给辅助宪兵队枪决的数字，但却在数字上做文章，大打折扣，以掩盖他的罪行。他说：

在 2 月 21–23 日检证当中，第一日，他便将老年人、妇女与儿童释放了，22 日正式开始检证。这当中横田吉隆来视察过一次，大石正行来视察过一次，参谋部的辻政信来视察过一次。他的意思是告诉法官，上峰对检证十分重视，他不得不认真执行。他还举了一个例子，辻政信来视察时，问他检出了多少人，他说 70 多人。辻政信听了不以为然，还把他大骂一顿，说明他检出的人并不多。辻政信说检出的人起码得几千。他说，总计第一日检出义勇军 20 人；第 2 日检出义勇军五六十人，其他人 20 名左右；第三日检出义勇军与抗日分子 30 人。3 天总检出一百二三十人。他说，他向上报告是 110 人左右。他还拍着胸脯说："我服从命令，但对稍有些嫌疑的人都手下留情，把他们放了。"到 24 日检证结束后，他把检出来的人，交给辅助宪兵队枪决。他又说：他检出来的人，他无权决定他们生死，因为有上峰命令在。把检出来的人交给辅助宪兵队，他说他的任务便完成了。至于这些人是如何检出来的，他也有推脱办法。他说，接受命令的时候，上峰发有名册，名册上有反日团体成员的名单。可以照名单抓人。另外，检证当中有与日军合作者指认，因此，不会抓错。当然，他也重弹前几位受审战犯的老调："日本军人都绝对服从上峰的命令。因为我们入伍时就曾宣誓过，所受教育就是这样，所以服从命令不啻为我们日本军人的第二生命！"因此，他虽然觉得大屠杀命令不人道，但也得执行。总之，他的供词，说明他从主观上对上峰命令会有疑问，客观上执行起来也不积极。

最后审判的战犯是久松春治。他一押上法庭就扬扬得意地把"大东亚圣战"赞颂一番。他带着朗诵口吻念道："大东亚圣战之目的，系为解放东亚各民族，如敢阻碍日军之行动，必予消灭。"言下之意，就是大屠杀是为了"解放东亚各民族"而采取的必要措施，是正义的事业。他到此还不低头认罪！

林泉和律师立即抓住这句话，针锋相对进行提问：

"你当年接管丹戎巴葛警察局，集合警察训话时，就说过这句话：大东亚圣战，为解放东亚各民族而起，凡阻碍日军前进的，必予消灭！你当时说这句话是向他们宣传，要他们与日军合作，以建设所谓大东亚共荣圈，不然就要被消灭，被屠杀。是吗？"

“有讲过。但这与大屠杀无关。”

“这训话的意思很广泛，连不肯与日军合作的，有碍于日军前进的，都在消灭之列。这已经包括了检证，是专对华人的。”

“并没有这事。”

“这训话，是你奉上峰命令讲的，还是你自动讲的？”

“是我自动讲的。”

“你讲完这话，有什么效果？”

“警察听了很感动，表示愿意与日军合作，与日军共荣共灭。”

“以后日军无往不利，他们便一切服从？”

“对。”

“你这训话曾经对与其他你们日军合作者讲过吗？”

“讲过。”

“你相信他们是真心与你们合作吗？”

“当然相信。”

“那为什么有人看见检证时有指认人不肯指认其同胞时，你们宪兵猛扇他的耳光？”

“这是传闻，我没看见。”

“你知道你的合作者中有一位是犯人，被判有杀人罪，判处 7 年徒刑。明明是犯人，你却利用他来指认，你相信他指认的不是善良之辈吗？”

“我不知道这事。”

“你不知道事很多，足以证明你工作过于马虎，办事不认真。”

“并没有此事，我尽力奉公。”

林泉和律师当场揭穿他的底细：“你的训话，是一种恐吓，与你们合作的则生，否则则死！”

久松春治大尉一再否认，但却越辩越苍白无力。

为了驳斥黑濑律师及河村、大石等 7 名战犯的荒唐辩词，主控官华特少将于 4 月 3 日，做了长篇主控词：

就本案略为论列，俾于定谳之时，得资参考。吾人或应注意各被告所负之责任。被告律师辩词，辄以军事上所需为借口，图掩饰其 1942 年 2 月检证时之屠杀暴行。依英国刑法，“需要”一词，实不得作为借口。例如 1884 年英国有林利德及史蒂云案：该案有游艇一艘沉没于海洋中，全船有 3 成人及一小童获救。彼等乘一小艇漂流人口，粮食告罄，3 成年者杀该小童以为后四日之食粮，英法庭对于此事曾郑重声明，法律上无一前例准许杀害一无辜者以解救其一己之生命。

被告律师曾辩白：日军初占星时颇形狼狈，斯诚足启人疑。盖其至星经两三星期之短时间整顿，即可开兵往苏门答腊作战，第 5 师团往菲律宾，18 师团一部往缅甸，一部往安德曼及尼哥巴群岛，狼狈力竭之军队，能短期到处作战，诚足异也。日军违背战争公约，无任何证据以做军事上需要之借口。海牙公约对军事需要有详细解释，盖有愿望因军事之需要之可能内，减少战争之罪恶，俾交战国对居民之关系得有遵循，日军检杀平民以维持其军队安全，宁非异事。

二月之检证大屠杀，实早有预备者，得高级统帅鼓励，士兵遂无所忌。新加坡失陷仅 3 日，即备有欲加检举者之名单，对所有抗日意识之人，概须屠杀。

被告律师屡图于细小枝节，淆乱是非，此正如癌疾之初起，久则扩为恶毒而不治。

于余责所在，指出此 7 名罪犯，实为屠杀中国平民之共同犯。许多证人指明被列入屠杀者有 5 类，如法庭上认定全数被杀者为海峡殖民地义勇军，则被告情有可原，因义勇军脱去军装换上民服故也。唯原告指明义勇军人类，实占数千名被害者极小部分而已。诚然，被告非定义勇军为应屠杀之 5 类人至一乎？若与此 5 类无关之人被杀，则彼等所为显越出范围之外，此问题实须研究。此 7 被告曾否依命令而行，否则更为罪大恶极，某被告曾将其责任推诿别人，而别人又推至山下奉文。

执行此计划者为辅助宪兵队，因此，其屠杀数千百中国人均为宪兵队所定，唯遭受牺牲者，并未经过审讯，便给嫌疑或绝无根据之嫌疑而丧命。操生死权者必须审慎，英国法庭不容控方情有厘豪疑窦，然后方考虑及有判死刑之可能。

假使认为杀戮许多，均认为执行上峰所命而得幸免，则轴心国家许多罪犯，除去亲自发号施令者外，其他均可无罪矣。故余指出彼等均为乐意于共同犯此罪行，且热心从事此残戮事情。彼等知有数千人被扣留枪杀，而不理会其部下所用之方法，由于命令不严，指示不明，故被害之数大增。

控方满意彼等所犯之罪行，实离开所谓人道之一切条件，故其满手所污者数千名无辜者之血腥。法庭连日满页所记，均足证明其残忍暴行，必须伏法也。

华特少将的反驳应当说是有力的，他强调了两点：

一、这7名战犯违反国际战争法规与战争惯例的行为，对于和平人口实行集体大屠杀，无论出于何种借口，均是一种犯罪行为。

二、必须追究犯罪者个人刑事责任。而且，官职地位不能免除个人责任，长官命令也不能免除个人责任。

4月2日，经过漫长的18天的审判，法庭做最后判决。这一天，数以千计受害者的家属亲人，拥到维多利亚纪念堂，把法庭内外围得水泄不通。

下午2时整，法庭宣布7名战犯一律有罪。

河村三郎，

大石正行，

以上两名判处绞刑。

西村琢磨，

横田吉隆，

城朝龙，

大西觉，

久松春冶，

以上5名判处无期徒刑。

这判决立即引起法庭内外一片哗然。如此残酷的大屠杀，杀死的华侨至少是那7名战犯所说的5000多人，却只判了两人死刑，5人无期徒刑。判得实在太离谱了！不一会儿，法庭内外响起一片哭声和喊冤声，法官不得不宣布休庭。

5 血债一定要清偿

新加坡军事法庭宣判大石与河村两战犯死刑，其余 5 名战犯无期徒刑的当天，新加坡华侨集体鸣冤会主席郑古悦以及总务庄惠泉立即发表声明，指出这次宣判对日本战犯过于宽大，这 7 名战犯罪恶累累，而且证据确凿，个个判处死刑都不为过，都不能使数万含冤而死的华侨瞑目于九泉。他们强烈要求重审。

1946 年 4 月 4 日，华侨集体鸣冤会召开会议并做出决定：继续搜集日军大屠杀的证据，准备进行追究 5 名没判死刑的战犯罪行。同时，上书英军驻新加坡的军政长官麦嘉伦准将，对军事法庭的判决表示抗议。当时，中国政府驻新加坡总领事伍佰胜也发表谈话，支持华侨集体鸣冤会的行动，还向中国外交部报告了华侨对新加坡审判结果强烈不满的情况。但是，弱国无外交，英国政府对中国政府以及新加坡华侨的不满置若罔闻，不予理睬。新加坡军事法庭对日军新加坡大屠杀的审判，就此告一段落。十几万华侨的惨死，只换得日本战犯两条命的补偿，实在是难解千百万华侨心头之恨！

6 月 22 日，经东南亚联军总司令蒙巴顿将军批准，两位被判死刑的战犯——河村三郎与大石正行，在章宜监狱执行绞刑。华侨强烈要求绞刑应当公开执行，但英国政府只允许 6 名华侨受害者去现场观看。

与河村、大石同时执行绞刑的还有在新加坡军事法庭上自愿做证人、后被吉隆坡军事法庭判处绞刑的乡志。7 时左右，绞刑架后边的监狱里，突然传来一阵凄厉的喊声：“天皇陛下万岁！”接着，6 名身穿制服的监狱警察走了出来。他们每两人挟着一个战犯。战犯头蒙白布，四肢发抖，几乎都是瘫着被架出来的。

战犯一个个被架上绞刑台，警察把他们的头全套在绞索的活结上，他们的双脚都被捆绑着，软绵绵的站也站不稳。突然，一声令下，战犯脚下的踏板下陷，他们立即被吊在半空中，挣扎了几下便不动了。经过几分钟，警察解下尸体，法医上前逐个进行检验，证明他们确实已经气绝身死。古语云："善恶到头终须报，只争来早与来迟。"这些杀人不眨眼的元凶，终于得到他们应得的可耻下场!

实事求是地说，新加坡军事法庭对日本战犯的审判是严格按照远东军事法庭的宪章及程序进行的，不能说是不公正的。然而他们的审判是有偏颇的。因为主导新加坡大屠杀的审判者是英国人。不仅仅是新加坡军事法庭的组成、法官的任命，且战犯名单的确定，均是由英国人定夺。加上，英国长期歧视华侨华人政策作怪，因此，审判一开始就不重视给华侨申冤，不重视清算华侨血债，对战犯抱有能从轻发落就从轻发落的态度。所以，除了公开审判的这 7 名战犯外，还有许多罪恶滔天的日本杀人凶犯没有列入战犯名单，或者列入战犯名单的也没有认真追捕，以致其逍遥法外。像山下奉文的高级参谋——辻政信，他是新加坡大屠杀的策划者之一，战后虽然被盟军列入战犯，但派人到泰国去拘捕他时，他却化装成泰国和尚逃之夭夭了。3 年后，他摇身一变，居然当上了日本国会议员。1965 年秋，新加坡中华总商会考察团到日本东京考察时，考察团成员、原 136 部队副区长庄惠泉记起了这位仇敌，行前发表了一份庄严的声明："要辻政信剖腹自杀，以谢罪新加坡华人！"到东京后，辻政信避而不见。不久，辻政信又玩失踪，从此下落不明。

还有一个战犯，也一直逍遥法外。他就是曾在"昭南时期"任新加坡警备队司令的绪方。他是日军占新加坡第二年任命的司令。当年，新加坡华侨对他谈虎色变，因为他经常对被捕华侨实施酷刑。日本投降后，他竟没有被定罪，而是被遣返日本，后来还成了日本政府教育部门的要员。

1958 年 8 月 3 日，绪方代表日本政府出席在日内瓦召开的国际公众教育会议。回国时，坐荷兰的民航班机途经新加坡，准备在此故地停留 3 天。他刚走出海关，就被记者认出来了。"绪方！"记者喊他的名字，他吓了一跳，装作没听见，赶忙钻进旅客群中，但很快被记者包围了。

“根据阁下所知，在日本占领新加坡后，在检证中到底捉去了多少当地人民？其中有多少就地枪决？有多少是牺牲在建造死亡铁路上？”记者毫不客气地劈头就问。

“喔……”绪方满脸通红，他沉吟了好一会儿，才嗫嚅道，“我是在日军攻下新加坡第二年才到来的，我对这……绝不知情，对不起，绝不知情……”他两眼朝天翻了翻，摸了摸下巴，又连忙补充道，“我担任的是文职，喔喔，是文职……”

“你说你是文职，可你是警备队司令，你当时的任务到底是什么？”

“喔，喔……是维持昭南岛的社会治安……”绪方语无伦次了，不停地摸下巴，“新加坡人民都很奉公守法，都很优良……”

“既然都很奉公守法，那么，贵军怎么频频逮捕、刑棒交加呢？在你任期 3 年里，到底有多少人被逮捕？”记者乘胜追击。

绪方满头汗水，左顾右盼，狼狈不堪。

记者不让绪方喘息，又问：“打开天窗说亮话，你们的军队和警备队为非作歹，在新加坡犯下无数的罪行，那是人所共知的！这不是单单一句‘绝不知情’就能够推得一干二净的。对于这些暴行，你有什么感想？”

“这个……喔……喔……”

3 天之后，许多受难者家属都拥到机场来。他们有的双手举着一张白纸，白纸上用红墨水写着大大的“血书”两个字。更多的是举着写着：“检证大屠杀，血债要清偿！”“还我父亲儿子，血债血偿！”“绪方是检证大屠杀的刽子手！”等标语。他们说，要将这些血书与标语送给绪方，让他带回给日本政府。但是，人们一直等到下午 7 点 30 分，飞机要起飞了，还未见绪方的影子。就在这个时候，一辆小轿车风急火燎地冲入机场，它在飞机旁“嘎”地急刹车停下。人们还未弄清怎么回事，只见轿车门一开，绪方跳下车，一手拎起一只皮箱，飞也似的登上了登机梯，眨眼间就消失在机舱内。飞机即刻启动，冲上跑道，飞上蓝天。等在机场的人们愤怒地对着天空大骂：“懦夫，在本坡杀了那么多人，就这样偷偷摸摸走了，连人都不敢见，比老鼠还不如！”

新加坡大屠杀过去了 10 多年，新加坡人民依然念念不忘这笔血债，可见，新加坡军事法庭对日本战犯的审判，远未平广大华侨的愤恨。

对屠杀华侨的战犯如此宽大，对屠杀英籍人的战犯，英国政府却是另一副面孔。在新加坡大屠杀战犯审判之前，即 1946 年 3 月 18 日，东南亚联军军事法庭在新加坡高等法庭内审判了“双十惨案”。

所谓“双十惨案”，即发生在 1943 年 9 月底，停泊在新加坡海港内的 6 艘日本油船被安放的定时炸弹炸沉之后，日本宪兵队怀疑是被关在章宜平民俘虏营的英籍平民所为，突击搜查了监狱，逮捕了 57 人，包括 3 名妇女。日军对他们严刑逼供，造成 15 人死亡。因为这次逮捕行动是在 10 月 10 日进行的,所以称之为“双十惨案”。

其实，爆炸日本油船与章宜平民俘虏营的平民俘虏无关，是一名逃脱日本魔爪的澳军班长里昂所为。他组织了一个爆炸队，于 1943 年 9 月 26 日，潜进新加坡海港内，发现那里停泊了 6 艘油船。那天正好是星期天，油船上只留下很少的人看守。他们便悄悄靠近油船，并安上了定时炸弹。第二天凌晨，6 艘日本油船同时被炸沉海底。

日本南方派遣军最高当局，听说后大为恼火，下令昭南警备队进行彻查，要求彻底消灭新加坡境内的破坏分子。10 月 10 日上午，警备队首先包围了章宜平民俘虏营，第一个逮捕的是英国外交官史各脱，接着，在俘虏营里搜出收音机一台及一些收音机零件，日军认定是俘虏利用收音机里应外合传递情报。为此，第一天就抓了 19 人，以后，陆陆续续来抓人，直至 1944 年 4 月才结束。被抓的人，不断地受到严刑拷打，受尽灌水、电灼等毒刑，结果造成 15 人丧生，其中 14 人是英籍人。其中史各脱等 5 人，被判处 4 ~ 6 年的有期徒刑。

“双十惨案”审判，有 21 名战犯作为被告，均是由远东各地逮捕归案被押送到新加坡来的。控方一共传召了 24 名证人。控告 21 名被告的罪行主要是“逮捕章宜平民俘虏营内 57 名平民加以虐待、殴打、酷刑及不人道之关禁，结果造成下列 15 人之死亡”。其实，当时逮捕的有 100 多人，因为其他人均为华侨华人或其他非英籍人，因此在控告词里都被忽略。1946 年 4 月 16 日审判结束，有 7 名被告被判绞刑，有 2 名被告被判无期徒刑，有 1 名被告被判 15 年有期徒刑，有 2 名被告被判 8 年有期徒刑，有 1 名被告无罪释放。后来又发现其中有一名被告是英籍华人，有几名被告证据不确定，又改由民事法庭审判，判决结果是：7 名日本战犯被判绞刑，7 名被告被判无期徒刑，7 名被告获无罪释放。

主控官科林·斯里曼中校对“双十惨案”日军暴行有如此总结。他说：“要准确地形容这些人的胡作非为，我非得描述一些行径不可。这些行径使人接触人类最卑鄙、最堕落的一面。全案的基调可以归纳为：无法形容的恐怖。本案从一开始到结束，恐怖无处不在。那是令人毛骨悚然的恐怖，骇人程度始终不稍减。我在诸多证据中搜寻，用心地搜寻，但求能在这些人的所作所为中找到那么一丁点儿，起一些抵消作用，以减轻他们的罪恶，使案情不至于是清一色的恐怖与兽行，至少把它们化为一场悲剧。最终我承认自己失败了。”

新加坡大屠杀的人数比“双十惨案”惨死的人数多好几千倍，其受害人所受的酷刑远比“双十惨案”受害者厉害得多，但只有两名战犯判处死刑，5 名战犯判处终身监禁，何其天壤之别。可见，新加坡军事法庭的审判，只看重日本战犯对英籍人的罪行，对中国人的罪行在他们心中无足轻重。

至于新加坡大屠杀究竟死了多少人？新加坡军事法庭的判决书上说的是“5000人”，那还是战犯河村三郎的自供，其他 5 人坚持说不知道。法庭从来没有进行过调查与核实。连被屠杀的人数都无法确定，焉能准确地给战犯定罪？！

新加坡大屠杀被害的人数至今仍然是个谜。

1946 年 1 月，南侨总会的初步调查是 4288 人，但又声称“关于人命损失，绝不止此数。据闻政府咨询局所得报告，失踪及死亡者 3000 余人，合计之，亦不过七八千人，与前所传数万者，相差过巨。其间或因调查未周，不细；或因全家遭难无从填报；或认为无甚用，不欲填报，故遗漏在所难免。”

英殖民政府市民咨询局也进行过初步调查，据报告向该局登记失踪者，华侨为 3452 名。该局还根据记录造出一表，显示 1942 年 2 月 18 日至 22 日（即大检证期间）失踪者数目如下：

中峇鲁 59 人；

海山街 433 人；

丹戎百葛 123 人；

芽笼路 125 人；

惹兰勿刹 242 人；

爪哇街 276 人；

直落古楼 723 人；

后港（六英里）283 人；

武吉智马 69 人；

万代（十一英里）74 人；

巴诗班让 11 人；

杨厝港 37 人；

其他 267 人；

共计 2722 人。

咨询局负责人称，被检证数目必不止 2000 余人，因此，希望如有亲友在日军占领期间失踪的，请立即前来登记。

1947 年 2 月 7 日，咨询局长陈彼得拜访陈嘉庚时说，日寇占领新加坡后，被杀害华侨总数应在 5000 多人，现在来登记的已超 6000 余人，除去重复的外，有 3000 余人。

新加坡军事法庭在审判河村三郎等 7 名战犯时，河村三郎大概了解了南侨总会与英殖民政府咨询公布的被杀华侨初步调查的数字，因此，河村在审判中顺杆子爬，自供在他警备队管辖范围内，一共杀了 5000 人。另一个战犯大西觉却更离奇，只承认在他的管辖区内杀了 110 人。不过他的上司大石正行却承认在他的管辖区杀了 700~800 人。这自相矛盾的数字，说明他们供词的不真实性。他们为了减轻自己的罪责，所以尽量少报被他们屠杀的数目。

1947 年 6 月，新加坡华侨集体鸣冤委员会又做了一次初步调查登记，查出蒙难华侨有 4681 人。这次重新登记，仍然是挂一漏万。

这是因为日军对这场大屠杀一直严守军事秘密，而屠杀的地址又选在偏僻的东西海岸。只有极少数人目睹这场惨案，其中死里逃生的人更是没有几人，他们的叙述只能是大概数。

这是因为在这场大屠杀中，许多人是被押到海滩上或推进海中处决的，尸体有的早已被海潮冲走，无处找寻。就是埋入土中的尸体，经过三四年的腐烂，尸骸也残缺不全，很难统计准确的具数。

这也是因为日军在这场大屠杀中，致使不少人全家蒙难，或者被杀留下小孩子，不可能进行登记。还有些人认为人已经死了，又那么多年了，登记有什么用？这也使登记遗漏不少。

1962 年 1 月间，新加坡中华总商会收到报告，说在白沙地区发现人骨，据当地居民讲，是 20 年前日军占领新加坡期间被杀的华侨遗骸。于是，组织人前去调查发掘。从当年 3 月开始至年底结束，先后挖掘地点共 27 处。分布地点主要在章宜、榜鹅海岸。此外，还遍及市区的美芝律、丝丝街，市郊的武吉智马、裕廊、淡边尼、惹兰加油、实里打、乌鲁班丹、亚历山大和西海岸等地。由于掩埋多年，骨骸已残缺不全。只有惹兰培本山谷一处，因是沙质土壤，掩埋的尸体的骨骸保存还比较完整。因此，计算出有 2176 具。惹兰培本并不是当年大屠杀的主要地点，尚且有 2000 多人被杀。而其他主要地区如章宜、榜鹅等，被屠杀的人数一定更多了。因此，河村三郎说一共杀了 5000 人，或者如辻政信说的“单单新加坡就只处死了六七千人”，再或者如日本政府审定的中学历史教科书说的，日军占领新加坡时，只“夺走了六千以上被认为是抵抗日军的中国籍居民”，真不值一驳！

历史总是有痕迹可寻的。日本人无论如何掩盖或缩小新加坡大屠杀被害者数字，总会露出马脚。

1942 年 2 月 18 或 19 日，日本同盟社记者菱刈隆文到新加坡采访时，日军参谋杉田中佐告诉他，将有 5 万名华侨被杀。后来，又说：“不可能处决全部 5 万名华人，但其中约有一半已被屠杀。”在检证大屠杀一个月后，另一个日军参谋林少佐也告诉他：日军原计划杀死 5 万华侨，但在处死半数后便接到命令停止进行。

1945 年 9 月 11 日《星洲日报·总汇报》的社论，提及检证大屠杀人数时，引用当年《彼南日报》所说："新加坡检举不良分子7万余人。"日本历史学家承三郎在他的《太平洋战争》一书中，引用1942年日本出版的《朝日东亚年报》提供的资料，也说新加坡检证期间，被甄别出的华侨有7万人。英国随军记者博比·杰克逊于1945年9月，到新加坡来调查大屠杀的情况，他认为被检人数达5万名，除了立即被杀戮者外，有的被押到马来半岛、日本、所罗门群岛、暹罗等地去做苦工。

5万人也好，7万人也好，在亲历过检证大屠杀的新加坡华侨心目中，远不止这个数字。因为，早在日军占领新加坡之前，日本人早就有报复华侨的计划，而且准备了一套《华侨抗日名册》，"名册"上列明100多个华侨抗日团体的领袖、委员和主要会员的姓名与住址，作为检证的凭据。可见其检证的决心。在检证当中，日军负责人把华侨分类检证，如共产党、知识分子、义勇军……甚至是穿黄色制服者（日军认为是义勇军）、海南人（认为是共产党）、文身者（认为是私会党）等，都被看作重点检证对象。这些似是而非的笼统标准，使被检证人数众多。同时，在检证过程中，日军25集团军副参谋长马奈木及高级参谋辻政信等，都到各检证地点巡视、监督、指挥，强调务必强硬对付华侨，这必然促使日军不惜一切手段多抓华侨，多杀华侨。

在新加坡军事法庭审判7名日本战犯时，马来亚柔佛州医生德拉博士，在提供给远东军事法庭的书面证词中断言："我相信，在新加坡除去军人外，有15万以上亚洲人被日本警察秘密处死或拷打致死。"

据有关资料统计，战前马来亚人口出生率很高，达3%强。新加坡1942年总人口有60多万，华侨华人有45万，日军进攻马来半岛之后，大批华侨难民逃往新加坡，遂使总人口突增至近七八十万。战后，华侨华人只剩40万人。还有十几二十万人哪里去了？这3年多，新加坡人口大量减少，除了正常死亡之外，不可不归因于日本统治所造成的非正常死亡。在"昭南时代"的检证大屠杀，除了直接杀戮外，还有被捕后遭酷刑而死；或充劳役而死；或病死、逼死；或炸死；等等，人数起码在十五六万之多。曾在昭南市担任厚生科长的日本人莘崎护在他写的《新加坡沦陷三年》一书中这样写道："占领时确实的死亡人数，日方是极为守密的，无法知晓。唯战后据宪兵队的报告及审讯时公开的文件，其数字为：集体屠杀5000名，近卫师团

1000 名，连同炮击时的死亡者计 9000 多名……至于占领被逮捕者，其中死于欧南监狱的计 1470 名，被处死的 141 名……蒙难数字，不能不承认新加坡中华总商会的记录，较日军发表者更为正确。”

但是，新加坡中华总商会估计的数字多少，他没有说。新加坡第一任总理李光耀在他的《风雨独立路》一书中做了注脚：“日本人承认他们在 1942 年 2 月 18 日到 22 日的检证行动中，杀死 6000 名年轻华人。战后，新加坡中华总商会的一个委员会在实乞纳、榜鹅和章宜发现和挖掘了许多大墓坑，结果估计遭日军杀害的华人，多达 5 万到 10 万之众。”因此，新加坡检证大屠杀被杀害的华侨人数最少在 5 ～ 10 万。当然，中华总商会的估计数，还只是根据挖掘出的遗骸估算出来的，还有许多被害者连遗骸也没有留下；在监狱里被秘密杀害的呢？在新加坡攻防战中，被炮火打死的呢？被送到死亡铁路上病死、累死的呢？

根据多方的资料、档案以及审判材料的测算，15 万多人应该是新加坡在日军统治时期，包括检证大屠杀在内的华侨华人被害人数。这种种族灭绝行为，堪比他们在灭亡前对菲律宾马尼拉市民的杀戮！ 15 万多人的生命只用 2 名战犯来抵命合理吗？！公平吗？！

日军屠杀华侨华人，除在新加坡称为“检证”之外，随后在马来半岛的屠杀一律被称为“肃清”。那么，在马来半岛日军的肃清究竟又杀了多少人？英国人从来没有调查、核实，因此，至今也仍然是个谜。

据陈嘉庚主编的《大战与南侨——马来亚之部》一书征集的十几篇亲历者回忆记载，被杀的华侨人数：

柔佛州：

峇株巴辖与文律一带	1300 多人
巴力士隆、张厝港	数千人
士乃、德茂村	900 人
麻坡	300 多人
哥打丁宜	3100 多人

振林山	数千人
十四弹	500 多人
丰盛港	400 多人
新山东山	100 多人
马六甲州：	
市区	300 多人
亚沙汉	198 人
火锯厂	156 人
马捷区	200 多人
吉山	157 人
热水湖	50 多人
野新区	27 人
森美兰州：	
知知港余朗朗村	1680 人
马口、冷宜一带	1000 多人
见农底打士	数百人
霹雳州：	
美罗地区	数百人
宋溪埠	150 人
金保新路	200 多人
冷甲	16 人
高乌、仁丹岛	37 人
吉打州：	
双溪大年	300 多人
亚罗士打	200 多人
彭亨州：	

文德甲、淡马鲁、直凉　数百人

槟城：　　　　　　　　3000 多人

以上是写了回忆录的亲历者记录，还有更多亲历者因种种原因没有写回忆录，因此，是一个很不完全的记录。就是这些亲历者的回忆数字也是不完整的。因为当时日军屠杀华侨华人十分猖狂，死里逃生者只是少数，他们惊恐中的记忆只是个大概。此后，在日军白色恐怖统治下，没有人敢公开谈论此事，遂使许多人淡忘了。何况，上述数字只是肃清期间直接被日军所杀害的，那些被抓进监狱刑杀、病死；或者送去服劳役而累死、病死者并没有包括在内。还有其他原因造成间接死亡的就更多了。譬如，柔佛州的哥打丁宜，只是一个小镇，镇内有华侨万人。从 1942 年 2 月 16 日开始，日军在这个小镇上连续进行了 10 天的大屠杀，致使这个纵横 24 公里的市镇上，尸横塞道，血流成河。据统计，被杀人数高达 3000 多人。由于死人太多，尸体无法掩埋，尸体腐烂后，很快瘟疫蔓延开来。因瘟疫而惨死的华侨达 4000 多人。杀死与病死的加起来人数上万。也就是说全哥打丁宜的 60% 多的人口就这样消失了。所以，有人估计，在日本统治时期，马来亚华侨死亡人数占全马华侨华人总人数的 17%，约 40 余万人。英国军官维德上校在东京远东国际法庭指证日本在马来半岛曾杀戮无数所谓共产党分子的人民，其中包括妇女儿童。他估计，在日本宪兵机枪下丧生的华侨军民之数超过 15 万人。加上日军施政暴虐，造成饥饿、疾病而死的各族人民超过 50 万人。他愤恨地指出，所有犯罪之日本军官，均应被审判及处以绞刑。

屠杀马来半岛华侨的屠夫，大多没有得到惩罚。被绞死的战犯除在新加坡军事法庭判处死刑的 2 名战犯及乡志外，还有对无辜平民施行酷刑的日海军军曹长长罔，海军军曹三好多田、尼崎助一，警官三桥又一，翻译官桥田进，海军曹长中野，军曹长佐佐木三郎等。

李光耀对这一审判有这样的评价：一是在马来半岛与新加坡为非作歹的，“无论是日本战犯还是本地战犯，人数太多了。他们少数受到惩罚，多数却逍遥法外”。二是“共有 260 多日本战犯在新加坡受审，只有 100 个罪名成立，判处死刑”。可见，这 100 名日本战犯只是众多战犯中的“少数”。而这 100 名当中，又有好大一部分像“双十惨案”获死刑的 7 名战犯那样，非屠杀华侨或主要不是屠杀华侨而获罪的。

另据有关资料记载：被盟军关押的日本战犯共有 227 人。其中在新加坡为非作歹的主犯有 113 人，在马来半岛为非作歹的主犯有 66 人。这也说明被处死刑者为少数。

1951 年 8 月，由于美国准备在下个月在旧金山召开对日和约会议，于是英国陆军发布命令，将新加坡关押的战犯统统遣返日本，实际上是无条件释放。为了“冷战”需要，美国要重新武装日本，以对抗苏联与刚刚成立的中华人民共和国，英国是对日签订和约的重要国家之一，所以不惜牺牲马来半岛与新加坡广大华侨申冤的要求和讨还血债的愿望。

至于华侨在日本占领时期财产的损失，新加坡军事法庭在对河村三郎等 7 名战犯审判中，只字未提赔偿。为此，也使广大华侨愤愤不平。

新加坡光复后，陈嘉庚一回到新加坡，就在《南侨总会通告第一号》上，指出：“至于侨胞惨被敌寇酷刑虐杀，追取金钻，掠劫货物等，应当严惩报复，及请追回，或求赔偿。”随后，各地筹赈会按照南侨总会要求，组织了调查委员会，调查日本占领新加坡期间，所受的财产损失。新加坡筹赈委员会发布的调查报告，除死亡人数外，财产损失如下：

个人方面：叻币 11781400 元

日军用票 146948000 元

商店方面：叻币 505836800 元

日军用票 123874000 元

合　　计：叻币 517618200 元

日军用票 270822000 元。

这个调查也是很不完全的，因为许多人认为赔偿无望，而日军用票又被英国政府宣布作废，因而不肯去费手续登记。

1946 年 10 月，国际远东委员会开始讨论日本赔偿问题，急需在抗日战争期间中国方面的损失数字。于是，国民政府行政院赔偿委员会在对国统区损失调查基础上，编制出《中国抗战时期财产损失说帖》。该“说帖”初步统计出 8 年抗战期间，除东北、台湾以外的中国领土内的损失，还对华侨的损失也做了统计与换算。

中国抗战时期财产损失说帖

1937年7月7日卢沟桥事变起，至1945年8月14日日本投降止，计抗战8年1月又7日。在此漫长岁月，生命之牺牲，财产之损失，预期收获成为泡影，公私事业之转变，土地之被蹂躏，人民心理之不定等，直接间接损失之巨大，同盟国中无可比拟，即历史上亦复少见。以中国面积之大，交通之不便，人口之多，损失调查极为不易，兹就现有资料分别说明如后：

一、战争区之广（略）

二、直接财产损失（略）

三、全国公私财产其他损失（略）

四、士兵的伤亡（略）

五、海外华侨的损失

（一）南洋各地被侵之经过及日军盘踞之时期：1941年12月8日太平洋战事发生，日本军队长驱南下，南洋各地及缅甸陆续被侵，兹将各地被侵之经过，分别告其大略如次：

（1）菲律宾

1941年12月9日，日军在北吕宋岛登陆，10日在吕宋北部海岸自维干至阿巴利一带登陆，12日继续进攻吕宋岛，遭遇强烈之抵抗，28日猛炸不设防之马尼拉市。1941年1月1日，日军紧迫马尼拉，2日马尼拉陷。4月9日，巴丹半岛美菲守军力竭失败。11日日军在班乃岛登陆，5月6日柯里几多尔岛陷。

（2）马来亚

1941年12月9日，马来亚北段激战，10日日军继续采取海陆军联合攻势，18日主力战移往霹雳境，30日英军撤出怡保。1942年1月5日，霹雳前线英军后撤，8日日军攻入马来亚雪兰莪境。12日吉隆坡陷。20日日军向马来亚西部全线施行压力，25日全部马来亚半岛陷，2月5日新加坡炮战，8日日军在新加坡西北岸登陆，新加坡陷。

（3）荷印

1941年12月16日，日军在英属婆罗洲北部登陆，18日荷澳同盟军占领葡属帝汶岛。1942年1月11日日军在婆罗洲东北之塔拉甘岛登陆，2月2日占领坤甸，10日日军在西里伯斯望加锡登陆。15日大举进攻苏门答腊，于巨港附近登陆，16日巨港陷。20日日军在帝汶岛登陆。21日日军在峇里岛登陆。爪哇激战开始，峇里岛守军奋勇抗敌。3月2日同盟军猛烈抵抗爪哇登陆日寇，5日爪哇西部日军再登陆。6日荷军自巴达维亚撤退，8日爪哇荷军停止抵抗，11日泗水陷，13日苏门答腊棉兰陷。

（4）缅甸

1942年1月17日，日军开始攻击缅甸之米打，19日占领缅甸土瓦海口及其机场。23日缅南战事转剧，31日英军自毛波棉东南撤退至萨尔温江对岸，2月11日玛打万陷，24日英军撤至西汤和。3月7日仰光陷。18日日军入侵东瓜，23日东瓜以南血战四昼夜。4月21日仁安羌及平蛮北部有剧烈战事，27日东线战况严重。29日日军入腊戍，继续北犯。5月3日瓦城陷，11日密芝那陷。

战事发生后6个月内，全部南洋群岛及缅甸均被入侵日军掌握，直至日本投降时止，日军盘踞达3年之久。（越南系1941年7月即被日军占领，暹罗——现在称泰国——于1941年12月1日与日本缔结军事同盟，1942年1月25日向英军宣战。）

（二）华侨遭受损失情形，因华侨人数之众，财产之富，日军侵占地区之广，劫掠破坏之大，致所受财产损失，包括房屋器具衣物珠宝金饰营业货物等项约达6亿余美元（菲律宾受损失者，达1.2万余家，暹罗达1700余家，槟榔屿达200余家，新加坡达73000余家），人口伤亡各地多寡不等（见下页附表），遭受损失之情形：则或直接损失于炮火之下（如马来亚、荷印、缅甸），或由于日军之劫掠（各地一律），虐杀（如北婆罗洲），及征用强占（各地一律），或由于战争后期盟军飞机之轰炸（如暹罗）。

（三）我国所定华侨损失赔偿原则，与一二华侨居留地政府所定办法之不同，我国所定海外华侨战时损失，向对日和会提出专案要求赔偿一案，系呈奉行政院35年

12 月 4 日节京捌字第 22002 号指令核定者。唯据各驻外领事馆报告，侨民居留地政府亦有对我侨损失负赔偿责任者，如驻巴达维亚总领事馆报告：荷印政府对于境内所有居民之战时损失赔偿问题，业已成立委员会，研究赔偿性质及办法，将不分国籍，一概受理。驻雪梨（即悉尼——引者注）总领事馆报告：澳洲代管地华侨所受损失，在澳洲之战争损失赔偿计划下，与澳人享受平等待遇。迄 1936 年 5 月 20 日止，我侨战时损失赔偿统计数字如下：赔偿结案者 991 份，部分了结或在清算中者 385 件，赔偿金已厘定者 549342 镑，赔偿金及利息已清付者 442984 镑，赔偿金在厘定中者 24 万镑。驻河内总领事馆报告：日军占领越南期间侨民所受损失，有极小部分（越币 2500 万元）已由法国政府赔偿。

侨　民 居留地	海外华侨战时财产损失数字 当地币	当地币与美元比率	美　金	备　注
香　港			40857848.60	
菲律宾	277155077.17 （菲币）	每菲币 1 元合 美 金 5 角	138577538.58	
越　南	266919302.86 （越币）	每 越 币 7 元 合 美 金 1 元	38131328.98	
缅　甸	34698169.70 （缅币）	每缅币 3.3 罗比合美金 1 元	10514596.88	
暹　罗	113200010.00 （暹币）	每暹币 14.7 铢合美金 1 元	29002861.27	
新加坡	60909009.26 （马来币）	每马来币 2.10673 叻合美金 1 元	29002861.55	
槟榔屿	1990907.00 （马来币）	每马来币 2.10673 叻合美金 1 元	935726.30	
吉隆坡	27414967.34 （马来币）	每马来币 2.10673 叻合美金 1 元	13023737.45	此数是根据行政院赔偿委员会所送统计表数字换算而得
苏门答腊	152548720.27 （荷币）	每荷币 2.65 盾合美金 1 元	57565554.82	
爪　哇	201062126.92 （荷币）	每荷币 2.65 盾合美金 1 元	75910236.57	
西里伯斯	516799223.25 （荷币）	每荷币 2.65 盾合美金 1 元	195018574.81	
婆罗洲	41116905.00 （荷币）	每荷币 2.65 盾合美金 1 元	15515813.20	
北婆罗洲	4805989.00 （婆币）	每婆币百元合美金 47.625 元	2288852.30	
帝　汶	3500000.00 （葡币）	每葡币 24.69 元合美金 1 元	141757.80	
新几内亚	100000.00 （澳币）	每澳币 1 镑合美金 3.237 元	3237000.00	
毛里西斯	1450000.00 （毛币）	每毛币 3.25 元合美金 1 元	446153.85	
共　计			**628868261.96**	

“说帖”中只提到马来亚的新加坡、槟城、吉隆坡这3个华侨人数较多的侨居地的财产损失，合计共有6000多万美元，可见华侨损失之巨大。

“说帖”中还说明上述统计结果，也仅是初步调查的结果，并不代表中国抗战损失的全部，因“我国抗战八年所受损失，自非短时期所能调查完竣，日本人占领较久之区域，尚在继续调查，凡未及时报毕之损失的，或遗漏未报之损失的，均应保留补报列”。“说帖”并未公布发表，只提供给国际远东委员会参考。

对于华侨生命财产损失的赔偿，1947年4月，新加坡中华总商会致函英殖民政府当局，要求把华侨损失，特别是被逼交献5000万“奉纳金”列入英国政府对日索赔计划。

1951年9月4–8日，美国纠集52个国家，主要是非对日作战国参加的旧金山会议，竟把对日作战中做出重大贡献与牺牲的中国（包括大陆与台湾）排除在会议之外。旧金山会议签订了《对日和平条约》，在赔偿问题上对日本赔偿数额没有提及，却对战胜国的要求赔偿做出原则上的限制，指出赔偿必须在“日本可以维持生存的经济范围内进行”，日本可以用劳务来做赔偿，实际上是大大减免了日本的战争赔偿。英国政府曾准备向日本政府提出29850万英镑的赔款，据说包括5000万元“奉纳金”在内的赔偿。但旧金山和约后，却宣布放弃了这笔战争赔款，遂使华侨损失赔偿付之东流。

1962年以后，随着新加坡及马来半岛在日本占领期间被杀害华侨遗骸大量发现与挖掘，又激起了广大华侨的义愤。向日本追讨血债又重新被提起。新加坡中华总商会在继续寻找和挖掘死难者的同时，成立了“日本占领时期蒙难人民纪念碑募捐委员会”，着手建立纪念碑公园，以安葬那些死难者遗骸。还成立了各民族行动委员会，着手向日本政府追讨血债。

1959年6月5日新加坡自治邦政府成立。李光耀出任总理。

1963年4月21日，新加坡注册的609个各民族社团，在自治邦政府支持下，召开了千人代表大会，会议一致支持中华总商会提出的向日本追讨血债的提案。中华总商会会长高德根在会上大声疾呼：“血债未清沉冤未雪，日本良心何在！”李光耀总理也在会上做了发言。他说：“我们新加坡人民是讲道理的，是爱好和平的，但我们的意志是坚决的，我们要让日本和世界知道，为了维护人类尊严公理正义，我们举起的堂堂正义之旗是光荣的。”表示对日讨还血债的行动，不获全胜绝不收兵的决心。

但是，日本政府态度傲慢，声言新加坡自治邦政府没有谈判的资格，何况赔偿问题在旧金山和约上已经解决。中华总商会派出代表与日本外务省交涉，日本代表竟横蛮不让提5000万“奉纳金”一事。还威胁如果新加坡再提索取战时赔偿问题，日本政府将拒绝与新加坡商谈。

1963年8月25日下午，10万新加坡人拥向政府大厦前的广场，举行向日本追讨血债大会。

大会一致通过3项决议：

一、联合马来亚、沙巴、沙捞越人民，采取共同步骤，向日本追讨血债；

二、血债不还，即发动人民实行对日本不合作运动；

三、不达目的，即要求政府停止允许日本人入境。

李光耀总理也莅临大会。他在大会演讲中，回忆了自己在检证大屠杀期间死里逃生的经历，警告日本政府，如果拒绝赔偿“二战”期间在马来亚等地区的暴行损失，它将失去马来亚、北婆罗洲、沙捞越等东南亚地区的市场。他又说：“我跟我的同僚都十分重视新加坡的工业化计划。我们的主要政策是向外邀请技术人才和工业人才到新加坡来加速工业化的步伐，在东南亚地区，最廉价的技术人才和经理人才是来自日本。”为了支持大会通过的决议，他宣布将不再发给入境签证以供更多的日本新工业或商业计划。

这时，日本政府已于1965年5月对菲律宾赔偿战争损失55000万美元及借贷25000万美元；于1958年赔偿印尼22300万美元，借贷4亿美元；于1959年赔偿南越3900万美元，借贷750万美元。缅甸要求24000万美元的赔偿，3000万美元的借贷也达成协议。唯有新加坡与马来亚的赔偿，已过20多年，分文未给。这更使新马两地人民强烈不满。在新加坡的日本商人也强烈要求日本政府改变态度，以利于两

新加坡华侨集会向日本讨还血债

地贸易。

但是日本政府仍然顽固不化。于是新加坡各族行动委员会不得不宣布从 1963 年 9 月 16 日实施对日本不合作运动：

1. 号召全民团结一致对日本实施不合作运动；

2. 支持政府采取不发给日本人新入境签证的措施，请求政府不再展延日本人居留本邦签证期限；

3. 号召新加坡电台、电视台及丽的呼声停止播送或放映日本节目；

4. 号召电影院停止放映日本影片，人民勿看日本影片，夜总会不聘用日本歌星及表演日本歌舞；

5. 号召报馆、电影院、无线电台、丽的呼声、公共汽车、广告公司及业主不接日本广告；

6. 号召全新加坡的工友，实施有效对日本不合作行动；

7. 号召各银行自 9 月 16 日起不再开出日本方面信用票及接受日本方面的押汇；

8. 号召新加坡的入口商自 9 月 16 日起停止向日本日商采办日本货，9 月 16 日以前开往日本信用票、货物限于 11 月 16 日以前由日本配出。新加坡的出入口商自 9 月 16 日起不再卖货予日本商家，9 月 16 日以前卖予日本人之货物，于 11 月 16 日以前从新加坡配出；

9. 号召新加坡、槟城、马六甲、巴生港口等地码头工友不装卸日本货物；

10. 号召新加坡、马来联合邦运输工友不运输日本货物；

11. 号召机场及码头工友不要为日机日轮加油及其他服务；

12. 号召各行业团体其通知各该会员商家，不与日本人来往及往日本旅行。

这 12 条措施，可谓对日本实行全面经济制裁。战后日本，经济开始起飞，正急于打开东南亚市场。这不合作运动给了日本政府当头棒喝。

9 月 23 日开始，各海港、各机场纷纷拒绝给日本轮船和飞机加油，很快扩大到了马来半岛各地，立即收到了对日本敲山震虎的作用。

1963 年 9 月 16 日，新加坡、沙巴、沙捞越与马来亚联合邦合并组建马来西亚联邦。首相东姑·拉赫曼不仅支持对日不合作运动，并以中央政府名义，向日本交涉，提出马来西亚 11 个州要求日本赔偿 11000 万美元。

1965 年 8 月 9 日，因为关于建立联邦国家的一些根本问题上存在分歧，新加坡又退出马来西亚联邦，宣布成立独立的新加坡共和国。但是，不管是在新加坡自治邦时期也好，在马来西亚联邦时期也好，在新加坡共和国时期也好，新加坡与马来西亚华侨华人一直没有停止向日本索还血债的斗争。

1966 年 10 月，日本政府被迫与新加坡政府达成协议，日本在新加坡欠下的血债以这种方式解决：

日本政府给新加坡及其人民提供叻币 5000 万元，其中 2500 万为赠予，另外 2500 万元为贷款，用于建设裕廓造船厂向日本购买所需材料的资金。该贷款有 5 年宽限，宽限期满后，还款时间为 18 年，年息为 5.5%。

1967 年 9 月，日本政府也与马来西亚联邦达成协议，由日本政府赠予马来西亚两艘价值马币 2500 万元的远洋货轮，作为解决“二战”中日本欠下的血债问题。

日本区区这点赔偿怎能抵几十万人的生命！庄惠泉说得好：“据战后估计，日本当时在星大检证大屠杀华人，被害者至少当在 5 万以上，吾人今日向日本追讨血债 5000 万元，倘以 5000 万元伸算，每条人命价值不过千元，较之澳洲牧场优种水牛，每头价值亦在千元以上，以此例彼，诚不胜有‘人不如牛’之叹了！”如果以 15 万被害者人数伸算，或以全马 50 万被害者人数伸算，那更是有“人不如鸡”、“人不如蚁”的感叹了！更何况，日本借赔偿这一契机，打开了东南亚市场的大门，让日本货源源不绝地涌向新加坡、马来西亚……

血债虽然是还“清”了，但日本政府对他们在“二战”中对马来西亚、新加坡的滔天罪行，却没有说一声道歉，更不用说是谢罪了。相反，他们的许多届首相与内阁大臣，纷纷去参拜供奉有 14 名甲级战犯以及许多屠杀东南亚人民的乙级战犯、丙级战犯牌位在内的靖国神社，还在教科书上大做文章，抹杀南京大屠杀、新加坡大屠杀的罪行。他们从不对法西斯主义和侵略战争进行认真、深刻的反省！他们企图使那些东南亚受害国家与人民，忘却那段不堪回首的惨痛历史！

然而，东南亚人民不会忘却！新加坡人民不会忘却！马来西亚人民不会忘却！

在马来西亚的国土上，许多城市都建立抗日时期殉难华侨纪念碑。像建于1951年3月的槟城升旗山麓的“抗战时罹难侨胞暨殉职机工纪念碑”，碑下埋有千余具遗骸。据云，揭幕那天华侨中学生歌唱的追悼歌，一直在华侨华人中广为传颂。

卢沟鲸浪满天飞，
淘尽英雄去不归。
生而为英死为灵，
阴磷化作万年青。
丰碑屹立傍旗山，
丁令何时化鹤还？
城廓依然人已非，
扶桑空自对斜晖。

歌词为罹难者家属管亮工所作，他在诗中寄托了华侨华人对遇难烈士的永远怀念。

建于1946年的马六甲三保山山下的纪念碑，人们称之为忠贞足式纪念碑。因为，纪念碑上有当年中华民国总统蒋介石题的“忠贞足式”四个大字。碑上的碑文也是当时中国国民党海外部部长戴公槐亲自撰写。纪念碑下埋有400多具遗骸。

沙巴在根地咬有建于1959年7月的中国外交官卓还来烈士纪念碑。在亚庇建有华侨抗日神山游击队烈士纪念碑。

此外还有建于1967年3月的柔佛州亚依淡的遇难华侨公墓。吉兰丹州等处，也都为死难的侨胞烈士建有纪念碑，以供人民祭奠。

建立最庄严雄伟的当属新加坡日本占领时期死难人民纪念碑。

这座纪念碑是由新加坡中华总商会于1962年2月成立的遗骸善后委员会筹备建立的。参加遗骸善后委员会的有在新加坡注册的华侨华人各帮派的社会团体。1963

年 4 月，根据李光耀总理的建议，中华总商会又邀请华族以外的其他兄弟民族注册的社团参加，致使参加社团共 609 个，显示了新加坡各族人民建碑奉祀死难者的共同意愿。新加坡政府批准拨出美芝路三军俱乐部左边的 4.5 英亩空地，作为建立纪念碑公园之用。同时，宣布建碑资金由政府承担一半，另一半由中华总商会自筹。

纪念碑于 1962 年 6 月 15 日举行动土仪式至 1967 年 2 月 15 日揭幕，前后历经三四年时间。纪念碑高 60 米，用 4 条上细下粗的大理石柱子结合而成，通身雪白，直插云霄。这 4 条柱子象征新加坡四种不同文化源的民族——华族、马来族、印度族及其他民族的大团结。纪念碑四周有水池环绕，4 条柱子的中空地上，立着高 1.2 米的长方形石碑，石碑上篆刻着如下汉字：“一九四二年二月十五日至一九四五年八月十八日，日军占领新加坡，我平民无辜被杀者其数不可胜计，越二十余年，始得收敛遗骨，重葬于此，并树丰碑，永志悲痛。”在这块石碑顶上端放着一个黑色的铁坛子。这铁坛子与埋葬在纪念碑地下面的装有遇难者遗骨的 609 个坛子一模一样。4 条巨大的石柱上，还用华文、英文、马来文、泰米尔文 4 种文字，记下这座纪念碑建造的始末，其文曰：“本纪念碑之树立，肇始于新加坡中总商会之倡导，复承政府之赞助，并与人民捐巨资，始克臧事，1967 年 2 月 5 日碑成，并承总理躬临揭碑，式表幽宅。”

揭幕那天，本来几天来都是蒙蒙细雨的天气，突然放晴了，人们都认为是死难者在天显灵。出席揭幕式的有各国外交使节、新加坡各族商会与社团代表、遇难者家属等 1000 多人。李光耀总理亲临揭幕仪式并致辞。揭幕仪式上，各宗教团体还分别举行了祭奠仪式，共同为死难者祈祷，并祝永远安息于兹。

李光耀总理在致辞中说：“这座纪念碑标志着一种沉痛的经验，今天我们痛定思痛，认真记取历史的教训，巩固我们的将来，这样，死难的同胞，才不致白白地牺牲掉！”他要求新加坡人民永远不要忘记这一段惨痛的历史。

日军在新加坡犯下滔天罪行，新加坡人民立碑永志，无可非议，但却引起了日本人的不满。1972 年 4 月，日本时事通讯社新加坡分社主任神田四郎，在日本《世界周报》发表文章，说：“该纪念碑仍以 5000 万元血债补偿金之一部分所建立，时至今日，向日本政府付出补偿金后，新加坡人民对日感情已大变化……”并要求日本政府做出决定，迫使新加坡政府搬迁纪念碑。用偿还血债的补偿金建碑，不值一驳。但要求迁碑这一举动，却引起了新加坡人民的哗然与义愤。曾任新加坡华侨集体鸣冤委员会总务的庄惠泉一针见血地指出："今忽有搬迁之议，且此议出于旅星日侨之口，而促其政府做最后决定，察其意，乃欲将此安埋忠骨之纪念碑墓，彻底毁灭，俾旅星日侨赏心悦目，得意笑傲，并将过去日军暴行，一笔勾销。昔定盦（即清朝中后期著名思想家、文学家、哲学家龚自珍——引者注）有书：'灭人之国，必先去其史；夺人之枋，败人之纲纪，必先去其史；绝人之材，湮塞人之教，必先去其史；夷人之祖宗，必先去其史。'今吾人面对此'去史'之威胁，能不惕然惊醒乎？"

日本占领时期死难人民纪念碑永远屹立在新加坡的国土上。每年 2 月 15 日，即日军检证大屠杀开始日，新加坡各族人民，都会来到这里祭奠死者。他们在纪念碑前焚香烧烛，敬献鲜花，吊念亡灵。特别是华族同胞，他们世世代代都不会忘记那段他们的先辈最悲痛的历史——新加坡检证大屠杀！

请翻开华侨的历史吧！这里几乎每一章每一节都沾满了斑斑的血迹。在长达几百年的历史长河中，殖民主义者曾经制造过多少次对华侨的大屠杀，有多少无援无助无辜的华侨惨死在异国他乡：

在西班牙统治下的菲律宾，有：

1603 年的马尼拉大屠杀，被杀华侨达 23000 人；

1639 年的吕宋大屠杀，被杀华侨达 22000 人；

1662 年的马尼拉大屠杀，被杀华侨达 4000 人；

1762 年的红色圣诞节大屠杀，被杀华侨起码在 6000 人以上；

1686 年的西伯利安大屠杀，被杀华侨有几百人。

在荷兰统治下的印度尼西亚，有：

1740 年的巴达维亚大屠杀，被杀华侨达 1 万余人。

然而，最惨无人道的还要算日本法西斯统治下的马来半岛与新加坡的检证大屠杀，被杀的华侨各有 15 万余人。

2013 年 1 月 27 日—2014 年 2 月 21 日一稿

2014 年 3 月 12 日—8 月 12 日二稿

8 月 15 日— 9 月 3 日三稿

9 月 10 日—25 日四稿

后记

黄浪华

我出生在马来西亚一个华侨家庭里。呱呱落地不久，就爆发了太平洋战争。日军占领新加坡制造对华侨大屠杀后，回过头对马来半岛的华侨又进行了一次大屠杀。我大哥在马六甲遭捕而被杀害。父母带着4个子女，逃入热带森林中。在那3年零8个月的日本法西斯统治岁月里，我一个妹妹饿死，我染上了恶性疟疾病，折腾得半死不活。也许是我命大，也许是日本投降得快，不然我早就夭折在天荒地老的地方了。因为大哥被杀，父母日夜以泪洗面，年年忌日，他们都会悲痛万分地焚香烧纸，以慰他们这个最心爱儿子的冤魂。这深仇大恨并未随时光流逝而减弱，父亲活到近百岁去世，母亲活到88岁去世，他们生前经常告诫自己的儿孙，勿忘这笔血泪仇。为此，我一辈子牢记这一笔血债。正因为这一点，写一部反映新加坡大屠杀，控诉日本侵略者暴行的书，就成了我的夙愿。

1989年5月，我从中国人民解放军总政治部所属的解放军文艺出版社调到中国侨联所属的中国华侨出版社工作，使我有机会接触广大的华侨华人、归侨侨眷，有机会重返马来西亚、新加坡这个曾被我大哥鲜血染红的第二故乡。一座座罹难华侨纪念碑，让我又重新回到当年血雨腥风的岁月；一个个老华侨的控诉，更使我心中怒火燃烧。尽管我经历这段历史时少不更事，对它了解甚少，但我还是按捺不住义愤写下了一篇7万字的《星洲屠城录》。后来此文还收入到我1993年出版的《星洲屠城录——华侨异乡漂泊纪实》一书里。

区区 7 万字无法表现新加坡大屠杀的全貌，更难消我心里块垒。于是，我便利用一切机会继续搜集有关资料。马来西亚和新加坡的华文作家，听说我要写这段华侨华人血泪史，拍手欢迎，并表示大力支持。他们说，因为各种原因，他们不便也比较难全面再现这段历史，因此寄希望于中国作家，特别是像我这样的马来西亚归侨作家。这 10 多年来，帮助我收集资料的新、马华文作家太多了。

骆明是新加坡两大华文作家组织之一——新加坡文艺协会的创始人与领导者。是个大忙人。他除了要做生意养活全家外，还要写文章，要帮助会员作品找出路出版，要组织协会参加国际交流……他在这百忙中，千方百计帮我找到了一本陈嘉庚主编的《大战与南侨》最早版本，并帮我全文复印装订成册，然后趁带新加坡华文作家代表团访问中国的机会，面交给我。虽然是复印件，但我一直把它当作真本珍藏着。

我的北京朋友夏善彬，在一次宴会中邂逅了一位新加坡商人，谈起我准备写新加坡大屠杀之事。这位素昧平生、未曾谋面的华人，回新加坡后竟专程到新加坡国家图书馆里借了十几本有关图书，并把它带到北京转给我。这些可贵的国内很难读到的书籍，使我了解了很多在大屠杀中不为人知的史料。这些书，后来又由这位未曾谋面的朋友带回新加坡，还给图书馆。至今，我和夏善彬均不知道他的姓名。

新加坡大屠杀是秘密进行的，留下的图片资料极少。骆明托他的朋友，给我收集了 20 多张。马来西亚著名的华文作家彼岸、李忆莙，也帮我收集了一部分。这本书中一部分插图，就是他们的友情奉献。

流军是新加坡为数不多的长篇小说作家，他出生于马来西亚，他的家乡就是当年马共游击队活动的地区。因此，他很关心我这部作品的创作。1998 年 6 月间，马共总书记陈平第一次公开露面接受《星洲日报》独家采访，该报连续 10 天报道了这次专访。流军认为这次专访对我的创作很重要，便主动给我复印了一套，使我获得了许多不可或缺的材料。

香港新马侨友会是香港特区新加坡与马来西亚归侨侨眷的联谊组织，成员中有不少人参加过马来亚与新加坡的抗日战争，该会组织整理了大量的马来亚人民抗日军的材料。1998 年 8 月，我有幸接待了他们的访京代表团，获得了这批宝贵的被许多人忽略的历史资料。

至于上面提到的夏善彬，他是我的忘年交。他叫我“黄老”有十几年了，但我们之间却一直以朋友相处。他对我写新加坡大屠杀的帮助更是不惜工本、不遗余力。我只要收集到有关资料，不管它几十字还是几百万字，他都帮我一页页地复印保存，免得我受许多手抄之苦。

我收集到的大量资料中，最为珍贵的要算著名侨领、当年南侨总会领导人陈嘉庚写的回忆录《南侨回忆录》及其主编的《大战与南侨》。前一部，记录了战前南洋华侨慷慨纾难支持祖国抗战的事实，展现了华侨爱国爱乡的博大情怀；后一部则真实地记录了南洋华侨，特别是马来亚、新加坡华侨，在日本铁蹄下遭受的人间地狱般的苦难，以及他们不屈不挠的反抗。其他资料，虽然也有比这两部更为洋洋大观者，但基本上都是以这两部书为基础编纂的。尽管收集的资料比它们更为完备，但都没有它们客观与公允。后来编写的资料集也好，专论集也好，大都有意无意贬低了以华侨、华人为主要成分的马来亚共产党，以及其领导的马来亚人民抗日军在马来亚抗日斗争中的中流砥柱作用，或者有意无意地把必须在马来亚人民抗日军保护下才能进行抗日活动的136部队，夸大为马来亚抗日的主力军。马共在内战中虽然失败了，但它在抗日战争中的作用是有目共睹的，就是它后来的“敌人”也予以承认。这笔血泪斑斑的华侨史，不能被歪曲，更不能被遗忘。

然而，正当我要动笔之时，我的爱妻杨丽琴的尿毒症进入了晚期。我立即放下手中的笔，全身心地投入到侍候她的生活当中，这一眨眼就是11年工夫。妻子常常遗憾地对我说，是她耽误了我的创作。这期间，骆明几次来北京，见面时总是要问：新加坡大屠杀写出来了没有？我总是无言以对。不过，我不遗憾，因为我尽了一个做丈夫的责任。2012年2月23日，回天无力，妻子不幸撒手西去。

我与妻子共同生活了43年，一直相敬如宾，相濡以沫，恩爱有加。她是我的伴侣，也是我的文友。她大学读的虽然是体操专业，但酷爱文学。年轻时，她全力相夫教子，直到病入膏肓，才开始写作，常常以此来转移病痛。她的离去，使我有天塌地陷之感。那些日子里，我悲痛万分，连家门都不敢入。因为家里处处留有她的芳踪。睹物思人，备感伤悲。许多朋友、战友和亲戚了解到我的情况，纷纷劝我走出去，散散心。于是，我到夏善彬家住了近 1 个月，又到妻弟家里住了一些时日，然后便飞海口，在战友曾令瑞家里住了 10 多天，那里的战友如陈绍炎等，分头来看我。接着又到广州，住到了战友陈定兴家里，他们夫妇二人把我当亲人一样地接待。广州的其他战友，像黎永雄、苏圻雄等人，以及我的嫂子、妻子的姐姐姐夫、妹妹妹夫，还设宴为我洗尘。后来，又去了上海，住在战友张国琦工作的宾馆里，一住又是 10 多天。回京后，又去承德，这次是我当兵时的老领导候凤歧接待。和朋友战友亲人相聚，使我忘却了许多苦痛与孤独，但一回到家，这种情绪又会重现。女儿女婿、儿子儿媳担心我的身体，让我到他们家轮流居住。

宇之，本书的合作者，她是我的老朋友。我在中国华侨出版社和《海内与海外》杂志社担任领导期间，她曾两次采访我，介绍我这个刚刚成立的出版社与杂志社的办社理念与设想。此后，她一直是我领导的一个慈善组织的积极分子。她知道我丧妻之后，不顾自己摔折腿骨刚刚出院，行动还不方便，便来看我。她见我意志消沉，便劝我用转移注意力的办法摆脱痛苦。这使我忆起妻子生前常用写作来转移病痛的办法，颇有醍醐灌顶之感。作家之间都喜欢谈创作，当我谈起新加坡大屠杀有关素材与自己多年的夙愿时，她认为这题材新鲜且重大，应当立即写。她的鼓励，使我休眠了 10 多年的创作念头又复活了，我又有了创作的冲动。宇之虽然没有这一段生活与经历，但她出版过长篇小说，有长篇写作经验。于是，我邀请她当这部作品的合作者，她欣然同意。我们共同研究了我早拟定的写作大纲，并约定由我执笔写出纸质的第一稿，由她在排成电子版的过程中做文字上的修饰，然后打出纸质样稿，我再改，她再改电子版……

著名作家李玲修知道我正在写这部《新加坡大屠杀》，建议我向中国作家协会申报该会设立的重点作品扶持项目。我是 1983 年加入中国作家协会的，算是老会员了，但中国作协机关却一个人也不认识。我抱着试试看的心情填写了申请表，没想到竟然被列入 2013 年中国作协重点作品扶持项目，使我大为惊讶，也大为感慨：它不看你的关系，不谈什么人情，只看作品题材与内容！这又给我的创作增添了正能量。

写这样一部著作，对我这个已届古稀之年的人来说，并非易事。何况，我经受丧妻之痛，身体状况下了好几个台阶。这期间，我还搬了家，并为山东烟台牟平区文化中心捐书，为此，清理出几千本自己珍藏的图书，接着是装箱、托运……忙得不亦乐乎。但是，2015 年正逢中国人民抗日战争胜利 70 周年暨世界反法西斯战争胜利 70 周年，为了能让此部书稿赶在这个有纪念意义的日子出版，近两年来，我不得不拼命了，利用一切空余时间不停地写，终于写出了“心跳间歇”。医生建议我安心脏起搏器，于是我住进了医院。心血管医生虽然最终没有给我安装，却判断我属于“极高危人群”。出院后，我还是照旧写、写、写…… “死生有命”，我对生死看得很淡，总觉得这部作品没完成，我有一份责任没有尽，也无以告慰父母及大哥在天之灵。

这是一部纪实作品，必须完全忠实于历史真实。因此，本书所记录的史实均有档案性的渊源和文本出处。感谢当年亲历者和研究者给我留下了大量的资料。我就在这故纸堆里，挑拣着一页页历史碎片，就像拾贝者那样，在无垠的海滩上，寻找埋在沙土中的五颜六色的贝壳，然后把它们连缀成一串美丽光鲜的项链；我把这些历史碎片进行剪辑加工，编成五彩丝，织成这部长长的画卷。贝壳是造物者的恩赐，而历史碎片则是亲历者所留，是无数华侨先烈鲜血所凝，是历史家所集。因此，真正的作者是他们，我只能算一个编著者。

既然是历史，因此涉及有关外国人名地名都保留当年华侨译法。

还应当感谢李玲修抽空认真通读了这部书稿的第三稿，并提出了许多宝贵的建设性修改意见。我的战友、作家曾繁华、黄喜民在这部书稿写作中曾给予鼓励与帮助，在这里一并表示谢意。

2014 年 10 月 5 日

参考文献

1. 陈嘉庚著 . 南侨回忆录 . 香港：香港草原出版社，1979

2. 南洋华侨筹赈祖国难民总会大战与南侨编纂委员会编纂 . 大战与南侨——马来亚之部 . 新加坡：新加坡南洋出版社，1947

3. 许云樵编 . 新马华人抗日史料 . 新加坡：新加坡文史出版私人有限公司

4. 汤重南，汪淼，强国等主编 . 日本帝国的兴亡 . 北京：世界知识出版社，1996

5. 张越主编 . 烽火东南亚 . 北京：外文出版社，2010

6.【日】儿岛囊著，天津政协编译级译 . 马来之虎——山下奉文 . 天津：天津人民出版社，1981

7. 邱新民编著 . 昭南时代史话 . 新加坡：新加坡青年书局

8. 孟凡俊，李春光著 . 太平洋战争史话：燃烧的东南亚 . 海南：海南出版社，2006

9. 李光耀著 . 李光耀回忆录：风雨独立路 . 北京：外文出版社，1998

10.【英】约翰・科斯特洛著，王伟，夏海涛等译 . 太平洋战争 . 北京：东方出版社，1985

11. 林庆元，杨齐福著 . "大东亚共荣圈"源流 . 香港：香港社会科学文献出版社，2006

12. 高平，唐芸，阳雨编著 . 对日索赔纪实 . 北京：国际文化出版公司，1997

13. 新马侨友会编 . 马来亚人民抗日斗争史料选辑 . 香港：香港见证出版有限公司，1996

14. 新马侨友会编 . 马来亚人民抗日军 . 香港：香港见证出版有限公司，1996

15. 张楚琨著 . 张楚琨诗文选 . 北京：中国华侨出版社，1994

16. 陈炎著 . 战斗中的马来亚 . 北京：东方书社，1951

17. 陈平著 . 我方的历史 . 新加坡：新加坡 Media Masters Ptelta

18. 星洲日报独家专访马共总书记陈平 . 刘鉴铨，许春，萧依钊等 .1998，6，19~1998，6，29. 马来西亚：星洲日报

19. 冯仲汉主编 . 和平的代价——马来半岛沦陷期间，136 部队及其他反侵略势力纪实 . 新加坡：新加坡中华总商会，1995

20. 单汝洪著 . 森美兰抗日游击战争回忆录 . 香港：香港南岛出版社，1999